Mythologische Landeskunde von Graubünden

Band 4

Mythologische Landeskunde von Graubünden

Ein Bergvolk erzählt

Unter Mitwirkung
der Walservereinigung Graubünden,
der Lia Rumantscha
und der Pro Grigioni Italiano

herausgegeben vom Staatsarchiv Graubünden

Arnold Büchli

Mythologische Landeskunde von Graubünden

Ein Bergvolk erzählt

Band 4

Register und Nachwort
zur Gesamtausgabe
von Ursula Brunold-Bigler

Desertina

Die Herausgabe des vorliegenden Bandes
wurde in verdankenswerter Weise ermöglicht
durch Beiträge

der Peter Kaiser Stiftung, Vaduz
des Kantons Graubünden
des Schweizerischen Nationalfonds zur Förderung der wissenschaftlichen
    Forschung
der Walservereinigung
der Lia Rumantscha
der Pro Grigioni Italiano
der Engadiner Kraftwerke AG
der Kraftwerke Hinterrhein AG
der Graubündner Kantonalbank
der Kraftwerke Brusio AG
der Albula-Landwasser Kraftwerke AG
der Calancasca AG
der Misoxer Kraftwerke AG
der AG Bündner Kraftwerke
der Cuminanza culturala Val Schons
der Korporation der Konzessionsgemeinden der Engadiner Kraftwerke

Herstellung: Stampa Romontscha Condrau SA,
7180 Disentis

Arnold Büchli
und seine «Mythologische Landeskunde von Graubünden»

Lebensstationen

Am 20. August 1964, im Alter von 79 Jahren und zwei Jahre vor dem Erscheinen des zweiten Bandes seiner «Mythologischen Landeskunde von Graubünden», schrieb Arnold Büchli in einem seiner zahlreichen, von Resignation und Verbitterung zeugenden Briefe: «Mein Lebenswerk sind die Schulstunden und die *Gedichte*, die totgeschwiegen werden. Dort suche man Phantasie, Lebensüberschau, eigene Formulierungen, nicht in den armseligen Bauerngeschichtlein, an die man so enorme Mühe verwendet. Reue ist meiner letzten Lebenstage Teil.»[1] Wer war dieser Mann, der im flächenmäßig größten Kanton der Schweiz während gut dreißig Jahren in direktem Kontakt mit ungefähr 1000 Erzählern und Erzählerinnen stehend, immerhin gegen 7000 «Bauerngeschichtlein» gesammelt hatte und somit der Nachwelt die umfangreichste schweizerische Sagensammlung hinterließ?[2]

Arnold Büchli wurde als drittes von fünf Kindern am 27. Mai 1885 in Lenzburg geboren. Seine Eltern besassen einen bescheidenen Kolonialwarenladen, den seine Mutter nach dem Tode ihres Mannes im Jahre 1897 allein weiterführte. Im Alter beschrieb Büchli seinem langjährigen treuen Freund und Mäzen, dem Ingenieur Ernst Großenbacher in St. Gallen[3], die existenziellen Unsicherheiten und psychischen Nöte einer unterschichtlich-kleinbürgerlichen Kindheit, in welcher auch der Alkohol seine unheilvolle Präsenz zeigte: «Die Angst meiner Kindheit ist wiedergekehrt, die Angst vor den gefährlichen, mächtigen Menschen, die Angst vor dem Unheil der nächsten Stunde. Oh, die Angst damals, wenn der Vater spät in der Nacht betrunken heim kam! Die Lebensangst, wenn nach seinem Tod die Mutter abends im Lädeli die 'Losung' zählte, die geringe! Die Angst: 'Wenn uns [die Wohnung] gekündigt wird!' Wie sich so ein Erleben im Alter wiederholt.»[4]

Die tapfere Frau vermochte zwar ihre Kinder vor großer materieller Not zu bewahren, der «Sohn der armen Witwe» indes wurde in der Schule trotz gleichbleibender guter Leistung zurückgestellt und gedemütigt. Angst, Unsicherheit, Unzufriedenheit mit seiner äußeren Erscheinung sollten Büchli zeitlebens begleiten: «Und auf der Straße werde ich jetzt Schritt und Tritt verspottet wegen des Kinnbartes von Buben und Jugendlichen. Es wird gehetzt von irgendeiner Seite. Und doch muß ich die paar Haare unter dem Mund wachsen und 'leuchten' lassen,

weil sonst ein zu häßlicher Zug hervortritt – von der Mutter Seite her. Die Büchlis haben bessere 'Visagen'.»[5]

Büchli gehörte zu denjenigen Menschen, die erlebte und erlittene Demütigungen mit intellektueller Aktivität zu kompensieren suchen. Nach bestandener Maturität im Jahre 1906 studierte er anfänglich drei Semester Theologie in Basel, darauf Altphilologie und Germanistik, vorerst noch in Basel, dann in München und Freiburg im Breisgau. Große Anregungen verdankte er in Basel dem Alttestamentler Bernhard Duhm, der ihn auch auf die Sagen der Brüder Grimm aufmerksam machte. Wie seine Ehefrau Emmy bezeugt, verfolgte er bei all seinen Studien *nur* den einen Zweck, sich eine möglichst vielseitige Allgemeinbildung zu verschaffen».[6] Nach einer Stellvertretung an der höheren Stadtschule in Glarus besuchte er 1911 während des Sommersemesters in Zürich Vorlesungen bei Albert Bachmann, der als Ordinarius an der Universität zugleich die Leitung des Schweizerdeutschen Idiotikons innehatte. Bei diesem Gelehrten, der sich zunehmend auf die lexikographische Verarbeitung und das präzise Erfassen von Mundarten auf Schallplatten konzentriert hatte[7], holte sich Büchli das nötige Rüstzeug für seine spätere jahrzehntelange Arbeit mit «mündlichen Texten». Da Bachmann seinen Schülern minutiöses Spezialistenwissen abverlangte und «in seinem Sondergebiet ein schwer zu befriedigender Lehrer»[8] war, hätte Büchli nach zehn Semestern zur Erlangung des Doktorats noch weitere fünf studieren sollen, was ihm aus finanziellen Gründen vereitelt wurde. Dieser unter ökonomischen Zwängen erfolgte Abgang von der Hochschule begründete seine lebenslänglichen Aversionen gegen graduierte Universitätsabsolventen.

Im Herbst 1911 legte er das aargauische Bezirkslehrerexamen für Deutsch, Latein und Griechisch ab, wurde im Frühjahr 1912 an die Bezirksschule in Zurzach gewählt und 1921 an die von Aarburg als Rektor berufen. Von 1915–23 unterrichtete er zugleich als Hilfslehrer im Fach Religion am Lehrerseminar Wettingen. Seine Frau schilderte 1945 einfühlsam die mit der Schullaufbahn ihres Mannes entstandene Problematik, wobei auch sie ihre Enttäuschung mit traditionellen Feindbildern abstützen mußte: «Der Unterricht am Seminar war ihm eine große Freude und Anregung, und er hat viel und gern für diesen Unterricht gearbeitet, weil es ihm Freude bereitete, von seinem reichen Wissen älteren Schülern mitteilen zu können. Obgleich er auch von beiden Bezirksschulen *nur* die besten Inspektionsberichte hatte und sehr gute Lehrerfolge zu verzeichnen hatte, konnte er sich auf der Bezirksschulstufe niemals voll entfalten. Ein Platz in Wettingen

Arnold Büchli
1885–1970

wäre das Richtige für ihn gewesen und hätte ihm gehört
bei seinen umfangreichen Studien. Aber er war zu beschei-
den, um sich durchzusetzen; man brauchte ihn nicht zu
fürchten, wenn man ihn ablehnte, und es hat sich nie je-
mand energisch für ihn eingesetzt. An die passenden aar-
gauischen Bezirksschulstellen, besonders Aarau, wählte
man mit Vorliebe Außerkantonale; aber am übelsten
machte man es in seinem Heimatort, wo man den alten
Lehrer mit Gewalt fortbringen wollte, sich seiner (A. B.s)
Zusage vorher vergewisserte, und dann, als es soweit war,
einen außerkantonalen Freimaurer, der sich als schlechter
Lehrer entpuppte, wählte. Das waren Erlebnisse, die sich
vielleicht in dem einen oder andern seiner schwermütigen,
resignierenden Gedichte abzureagieren versuchten; aber
diese Gedichte sind zu teuer bezahlt, und der bittere Bo-
densatz ist doch geblieben.»[9] In seinen Gedichten, die in
einem «unzeitgemäßen»[10], schweren pathetischen Stil ab-
gefaßt waren, der mythische Überzeitlichkeit markieren
sollte, behandelte Büchli Themen aus dem Alten Testa-
ment und Sagenstoffe, die er in der Sammlung «Schweizer
Sagen aus dem Aargau» von Ernst Ludwig Rochholz[11]
vorfand. In seinem kleinen Leserkreis befanden sich ein-
flußreiche Freunde, so etwa der Aargauer Staatsarchivar
Nold Halder, der die Aargauer Regierung überzeugte, ei-
nen kantonalen Literaturpreis zu schaffen und diese neue
Ehrung 1949 Arnold Büchli zu verleihen.
Für Büchlis Entwicklung vom Sagenkompilator am
Schreibtisch zum Sagenforscher im Feld liefern die Auf-
zeichnungen seiner Frau die genauesten Informationen:
«1926 wandte sich der Verlag Sauerländer an A.B. mit
dem Auftrag, die Schweizer Sagen von Herzog[12] neu her-
auszugeben. Das war der äußere Anstoß, sich intensiver
mit Sagen zu befassen. Schon bei der Bearbeitung der vor-
handenen Sammlungen ergaben sich bei der an gründ-
liches Arbeiten und Forschen gewöhnten Art meines Man-
nes die eingehendsten Quellen- und Lokalstudien. Er un-
ternahm oft wegen einer kleinen Sage, wo ihm irgend et-
was in der Lokalität nicht zu stimmen schien, eine Reise[13];
von umfangreichen Korrespondenzen ganz zu schweigen.
Schon während der Arbeit am 1. Band [der] Schweizer Sa-
gen äußerte er, daß ihm das Umformen, d. h. ‹Umstylen›
des vorhandenen Stoffes nicht so behage, er möchte lieber
sammeln, was noch im Volke lebe, vor allen Dingen
möchte er Bündner Sagen extra herausgeben. Das kam
von unserer gemeinsamen Vorliebe für Graubünden. Hier
waren meines Mannes erste Bergerlebnisse auf einer Kan-
tonsschulreise und später bei einer Einladung als Student
nach Davos zu Bekannten. (Außerdem haben wir uns in
Graubünden kennen gelernt.) Seit 1923 haben wir fast alle

Arnold und Emmy
Büchli-Baumhard

Sommer-und Herbstferien in den Bündner Bergen zuge-
bracht, auch schon vorher einige Male.»[14] In die Jahre
1933/34 fielen denn auch die ersten Erhebungen bei Klein-
bauern und Kleinhandwerkern sowie einer Dienstmagd,
deren Erzählungen er zwar stilistisch ausgestaltete, doch
in einem relativ schlichten Hochdeutsch im zweiten Band
seiner 1935 erschienenen «Sagen aus Graubünden» wie-
dergab; zwei Drittel davon stammen bereits aus münd-
lichen Quellen.[15] Wie seine Frau weiter festhält, wurde die
Schweizerische Gesellschaft für Volkskunde allmählich
auf Büchli aufmerksam und verschaffte ihm 1938/39 vor-
erst einen 9 Monate dauernden Urlaub für Forschungen
im Felde. 1942 gewährte ihm die Aargauer Regierung ei-
nen letzten großen Urlaub für 3 Jahre, das heißt Befreiung
vom Lehramt bis zur Pensionierung, und im selben Jahr
zog das Ehepaar Büchli nach Chur, «um die zu bereisen-
den Gegenden für die Sagenforschung bequemer erreichen
zu können».[16]

Weder in seinen «Sagen aus Graubünden» noch in seiner
nahezu 3000seitigen «Mythologischen Landeskunde von

9

Graubünden» erwähnte Arnold Büchli die ständige Hilfs-
bereitschaft seiner Frau; bloß in einem Brief an die be-
freundete Anneliese Großenbacher-Günzel rühmte er das
Sprachgefühl und den Beistand seiner tatkräftigen und
praktischen Lebensgefährtin, einer ehemaligen Lehrerin:
«Und ich will hier einmal grundsätzlich festlegen – später
anderswo auch gedruckt – dieser Frau Emmy, geborene
Baumhard, geboren in dem nun ruinierten Berlin, ist die
oft gerühmte, klare, korrekte, ruhige Sprache der Sagen-
bücher zu verdanken, ihr Schweizer Leser! nicht etwa mir.
Ich hätte, zum Nachteil der Sagen, einen viel blumigeren,
ja schwülstigeren, lyrischen Stiefel verbrochen. Aber die
Tante hat Satz für Satz durchgeebnet und geklärt. Und sie
hat mehr getan. Sie hat für die Sagenarbeit ihr letztes Erbe
geopfert, und sie hat die Beurlaubung gemacht, sie ist
überall hingefahren: nach Aarau, nach Basel. Und sie hat
mir zugeredet, wie ich schwankte, unschlüssig war: ich
sollte das Begonnene mutig vollenden.»[17] Für seine «Sagen
aus Graubünden» erwarb sich Büchli die Anerkennung
des Schweizerischen Lehrervereins, der ihn 1943 mit sei-
nem ersten Jugendbuchpreis auszeichnete: die zweibän-
dige Sagenanthologie war ja in erster Linie als Lehrmittel
für den Heimatkundeunterricht gedacht.

Mit dem Umzug nach Chur im Jahre 1942 vollzog Arnold
Büchli einen bis jetzt in der Schweizer Folkloristik ein-
maligen Schritt, nämlich als professioneller Volkserzäh-
lungssammler zu leben und zu arbeiten. Vom Schuldruck,
dem «Aufsätzleinanstreichen»[18], befreit, von wohlwollen-
den und wohlhabenden Freunden moralisch und finanziell
unterstützt, litt er dennoch unter der Desavouierung
durch die wissenschaftlichen Vertreter der Schweizeri-
schen Gesellschaft für Volkskunde, die er elitärer Positio-
nen bezichtigte. Viel schwerer wog indes das Gefühl eines
verpfuschten Lebens, zumal ihm der Verlag Sauerländer
die Liquidation seiner schlecht verkäuflichen Gedicht-
bände mitgeteilt hatte: «Doch ich habe kein Recht, je-
mand anzuklagen außer meiner eigenen bodenlosen Tor-
heit, die sich ohne behördenschaftlichen Auftrag – Geiger
und der schlaue Meuli weigerten sich stets, mich als von
der 'Gesellschaft' beauftragt auszuweisen – aus lauter Ei-
fer und Freude an der Sache so tief in die Folkloristerei
eingelassen hat. Das ist Weisheit für Universitätsprofesso-
ren, die zu den Quellen Zugang haben und jeden andern
als 'Dilettanten' kaltstellen. Mir hat die Volkstümlichkeit
ein Drittel Leben und Kraft weggefressen und unverant-
wortliche, zwecklose Geldopfer abgefordert, und jetzt
lacht mir der Teufel in einer Meulischen Maske[19] Hohn,
wie er mich zwischen staubigen Manuskriptbergen dem
Erdrücktwerden nahe sieht zur Schadenfreude unserer

zahllosen Dichter- und Schriftstellerlinge und der federfuchsenden Weiblichkeit.»[20] Die Anspielung auf literarische weibliche Aktivitäten bezog sich auf die erfolgreiche Jugendschriftstellerin Lisa Tetzner[21], die in der Büchergilde Gutenberg (Zürich) zwei umfangreiche Märchenbände herausgegeben hatte und deswegen «ja auch in unsern Bergtälern umhergeklettert [war], um den Alterchen Märchen abzulauschen».[22]

Es war nämlich Büchlis langgehegter Wunsch gewesen, «der Schweizer Jugend auch noch ein musterhaftes *Märchenbuch – ohne die Grausamkeiten der bekannten Märchen,* ohne abgehackte Mädchenhände und Pferdeköpfe, ohne verbrannte Hexen u.s.w. – zu schenken».[23] Doch auch die Schweizerische Gesellschaft für Volkskunde hatte Büchlis Märchen-Projekt abgelehnt und bevorzugte stattdessen eine Kompilation von Curt Englert-Faye, der mit Karl Meuli befreundet war.[24] «Nun sagt, Ihr Guten, woher ich Mut und Aufschwung nehmen soll, weiter zu arbeiten an der schweren Anthologie rätischer Traditionen!» klagte der Feldforscher Büchli 1952 seinen St. Galler Freunden.[25] Zu diesem Zeitpunkt hatte er den größten Teil seiner Materialien bereits erhoben, doch was anschließend erfolgte, war jahrelanges Feilen an den Notizen, war das Einbetten der Texte in den Kontext: «Aber: das ist ja nur Baumaterial, Steine, Balken, Eisen, Glas und viel Unbrauchbares dabei, noch kein Haus. Das Ordnen, Aufrichten, Zusammenfügen, Erklären, mit liebevoller Hingebung und Erinnerung an die Sammeltage und die Erzähler, das Studium der Fachliteratur nicht zu vergessen; meine Arbeit am Stoff baut erst auf und gibt der Sammlung Wert und Reiz.»[26] Noch in den letzten Lebensjahren verließ er immer wieder den Schreibtisch, um Dialektstudien im Feld zu tätigen; nur die nähere Umgebung von Chur, zum Beispiel das Domleschg, konnte der alte Mann mit dem Taxi erreichen[27], und nur in Ausnahmefällen suchten ihn die Dialektkundigen in seinem Studierzimmer auf.[28] Büchlis ständiges Auswechseln von Manuskriptblättern verlangte seinen Freunden in St. Gallen höchste Geduld ab, zumal er sich vor der Drucklegung geradezu in einen Perfektionswahn steigerte: «Aber ist das tadelnswert, wenn der 70jährige frierend und schwitzend, laufend durch Regen, Schnee, Staub und Hitze, oft todmüde, oft, 1955 noch, zum Narren gehalten auf stundenweiten Irrwegen, ausharrte, um abzuhören und zu bessern die erkämpften, erdauerten Texte? [...] Man muß so ein Manuscriptblatt im Reinen gesehen haben, wie ich es abliefere, 5farbig unterstrichene Zeilen, mit Farbstiften am Rand ausgeführte Anweisungen u.s.w. Diese Extrabezeichnungen und alle Nachkorrekturen in die Kopien

auch noch einzutragen, dazu fehlen mir Zeit und Kräfte.»[29] Mit derselben emotionalen Vehemenz kämpfte Büchli gegen eine Edition seiner Manuskripte in Faszikeln, die «verloren gehen würden wie ein illustriertes Heftli».[30] Obwohl der Sammler immer wieder über die enorme Fülle seiner Materialien klagte – «die Notizen sind Blei im wahrsten Wort»[31] – und mit zunehmendem Alter diese Last «mehr und mehr auf den krachenden Schultern»[32] spürte, ja selbst immer weniger daran glaubte, das Erscheinen seiner monumentalen Sammlung zu erleben, konnte er sich dennoch nicht für eine Auswahl-Edition entscheiden.[33] Wer will es Arnold Büchli verargen, daß er das Ergebnis seines «unsinnigen oder doch unbedachten Fleißes»[34] in Form möglichst stattlicher Bücher auf dem Regal sehen wollte, daß es seine Absicht war, nicht nur seinen Erzählern und Erzählerinnen, sondern eben auch sich selbst ein Denkmal zu setzen? Und dies erst recht, nachdem auf dem Buchmarkt eine Reihe von repräsentativen Bänden erschienen war, die ihn zur Nachahmung reizte: «Es ist eben ein riesiges Werk geworden, die Sammlung, und sie wird – das zeigt ein Blick in das neu orientierte Geschichtswerk 'Historia mundi' [...] – ein Denkmal der 'zeitlosen Bauernkultur' sein.»[35] Die unzähligen Varianten lösten in ihm einerseits das Mißgefühl aus, nur zugunsten der verhaßten Wissenschaft gesammelt zu haben, andererseits charakterisierten nach seinen Aussagen gerade sie die Erzähler und deren Milieu, worauf er besonderen Wert legte.[36]

Entgegen allen Widerwärtigkeiten wie Aufkündigung des Wohnrechts – «'dem Erforscher und Sammler des bündnerischen Sagengutes' wird der aus Balkenwerk der Barockzeit bestehende Boden unter den Füßen und Schreibtisch weggezogen und der Estrich über dem weißen Kopf abgedeckt»[37] – und entgegen allen düsteren Prophezeiungen eines vorzeitigen Lebensendes erschien der 1954 (!) in Druck gegebene erste Band der «Mythologischen Landeskunde von Graubünden» im Jahre 1958. Er umfaßt Materialien aus den Fünf Dörfern, der Herrschaft, dem Prättigau, der Landschaft Davos, dem Schanfigg und der Stadt Chur. 1966 lag der zweite Band mit Erzählungen aus den Tälern am Vorderrhein vor. Parallel zur Drucklegung der ersten beiden Bände bearbeitete Büchli seine Notizen für den geplanten dritten Band: « [...] und ich habe mich mit der interessanten, doch schwierigen Aufarbeitung und Ordnung des italienischen Materials über den Winter hinweg – illusioniert [...] Der größere Teil dieses Unternehmens ist geschafft, viel Dialetto – nach 12–14 Jahren Unterbruch – entziffert [...] Es wäre schade gewesen um das seinerzeit mit vieler Mühe und großen Opfern zusammengebrachte

Misoxer und Calanker Material.»[38] Mit zunehmendem Alter verlor Büchli immer mehr den Lebensmut; die Erinnerungen an seinen Vater, der die Nähe des Todes anderer Menschen ahnte, scheinen ihn derart belastet zu haben, daß er jedes zufällige Vorkommnis als Todesvorzeichen interpretierte: «3 schlimme Omina verheißen nichts Gutes für 1965: Am hl. Abend ist unser Adventskranz dicht unter der ausgedörrten Holzdecke (3 Estriche, ein ganzer Wald von Gebälk darüber!) in Brand geraten. Die Geistesgegenwart der Tante hat ein großes Unglück für das 'Alte Gebäu' knapp verhütet. Niemandem erzählen! Dann ist die Jahrzehnte gehütete Kürbisflasche, die mir Nachfahren eines Palästinapilgers überlassen, ein mir teures Andenken, unerklärlicherweise vom Schrank gefallen, in Scherben gebrochen. Und Ihr macht mich darauf aufmerksam, daß mein eventueller 80er auf Himmelfahrt fällt.»[39]

Am 13. Oktober 1970 schied Arnold Büchli einsam und verbittert aus dem Leben. In aufrichtigem Gedenken widmete ihm der Sprachforscher Paul Zinsli diese von großer Sensibilität zeugenden Zeilen: «Es war dem äußerlich fast bieder anmutenden, innerlich aber von widerstreitenden Kräften leidenschaftlich bewegten Menschen Arnold Büchli nie leicht gefallen, dieses Erdenleben. Er hat es sich selber – und oft auch andern, mit denen er verbunden war – aus einer belasteten Veranlagung heraus schwer gemacht. Aber dieses Leben war erfüllt von fruchtbarster Arbeit, geistig beherrscht, gerichtet nach selbstgewählten bedeutenden Zielen und schließlich auch gesegnet durch den Ertrag unnachgiebigen Schaffens –, nicht durch einen äußerlich-materiellen oder gar prestigeartigen Erfolg – der ihm leider oft versagt blieb, sondern durch ein einmaliges gereiftes Werk.»[40]

Im 73. Lebensjahr stehend, hatte der von Traurigkeit gequälte und dennoch unermüdliche Schaffer sorgenvoll seinem treuen Freund in St. Gallen geschrieben: «Das Bewußtsein, meine große Sammlung in der Hauptsache späteren Herausgebern überlassen zu müssen, die – in der vermeintlich besten Absicht – daran herum 'bessern' –, fälschen werden, beschwert meinen jetzigen Churer Aufenthalt mehr und mehr.»[41] Ein Drittel seiner Aufzeichnungen, nämlich die Materialien aus den Tälern am Hinterrhein, dem Albulatal, Oberhalbstein, Münstertal, Engadin und Italienisch Bünden, konnte er in der Tat nicht mehr edieren. Der wissenschaftliche Nachlaß gelangte ins Staatsarchiv Graubünden und erschien 1990, zwanzig Jahre nach des Sammlers Tod, in Buchform. Obwohl Büchli sich der Notwendigkeit von Indices bewußt war, stand er diesen, «künftige[n] Doctoranden»[42] dienenden

Arbeitsinstrumenten voller Skepsis gegenüber: «Um Himmelswillen, 'erschließt' mir aber den Büchlischen Urwald nicht mit Registern!»[43] Wenn dies jetzt trotzdem geschehen ist, so hoffentlich zu jedermanns Nutzen und Frommen.

Wissenschaftsgeschichtliche Umfelder

Im Banne der Romantik

Für eine kritische Historiographie der «Mythologischen Landeskunde von Graubünden» genügt es nicht, die Vorliebe Arnold Büchlis für diesen Alpenkanton mit rein biographischen Faktoren wie Begeisterung für die Schönheit der Berge oder Erinnerungen an den Beginn der Liebe zu seiner Frau zu erklären. Um die nötige historische Präzision zu erreichen, gilt es zusätzlich, die den Sammler leitenden Wertsysteme zu entschlüsseln. Büchli wollte belegen, wie sich heidnischer «Urväterglaube, gebunden an christliches Gedankengut und gegenwärtige Zuständlichkeit (zum Beispiel der Flur- und Familiennamen), sich ins Heute herübergerettet hat».[44] Die Träger und Bewahrer der «Jugenddichtung der Menschheit»[45] hausen nach Büchli «hoch droben in rauhen Wildenen»[46]; die Gebirgsbewohner sind «nicht selten dazu noch durch Sprachgrenzen»[47] eingeengt und «im Winter durch Schneemassen, Stürme und vereiste Wege, im Sommer durch drängendes Werken von den Nachbarn abgeschnitten».[48] Aus dieser Sicht erscheinen die Alpentäler wie von Mauern umschlossene Sammelbecken ohne Durchlässigkeit, ohne verbindende Übergänge, ohne mehrsprachige Vermittler wie Viehhändler, Hausierer, Wanderhandwerker, ohne öffentliche Umschlagplätze von Geschichten wie Wirtshäuser, Susten und Hospize. Büchli verwendete für die Umschreibung des Traditionsprozesses in der vorindustriellen Gesellschaft Metaphern aus dem Bereich des Hausfleißes, aus der häuslichen Textilproduktion: Das Bergvolk stellt nicht nur nach der Devise «Selbst gesponnen und selbst gemacht ist Bauerntracht»[49] seine Kleidung für den Eigenbedarf her, sondern verwebt auch in geistiger Autarkie den selbstgesponnenen Erzählfaden auf dem Webstuhl der eigenen Phantasie.[50]

Diesen Eskapismus der Intellektuellen zu den Exoten im eigenen Land, den natürlichen und «naiven»[51] Bewohnern des Gebirges, finden wir bereits zur Zeit der frühen Romantik. Einer ihrer führenden Vertreter, Philippe Sirice Bridel (1757–1845), Pfarrer in Montreux, Altertums- und Sprachforscher, Mitglied der napoleonischen Académie Celtique und begeisterter Alpenreisender, schuf als einer der ersten das Interpretament einer primitiven Religion der Alpen. In seiner «Lettre sur l'ancienne Mythologie des Alpes» von 1810 vertrat er die Ansicht, daß die in den Alpen am wenigsten denaturierten Reste «de notre antique

théogonie» sich auf den unabhängig von Büchern, rein mündlich tradierten Vierelemente- und Baumkult der keltischen Druiden zurückführen ließen. Die Reinheit dieser Reste erkläre sich daraus, daß «ces alpes séparées du reste du monde par le rempart de leurs rochers escarpés» bloß seltene Kommunikationsmöglichkeiten mit den Leuten des Flachlandes geboten hätten. In dieser Abgeschiedenheit wohnten zufriedene, jeder politischen Veränderung abholde Menschen.[52] Frappierend ähnlich tönte es bei einem direkten Vorbild Arnold Büchlis, Jacob Grimm: «Auf hohen Bergen, in geschlossenen Tälern lebt noch am reinsten ein unveralteter Sinn, in den engen Dörfern, dahin wenige Wege führen, und keine Straßen, wo keine falsche Aufklärung eingegangen oder ihr Werk ausgerichtet hat, da ruht noch an vaterländischer Gewohnheit, Sage und Gläubigkeit ein Schatz im Verborgenen.»[53] In Nachahmung Grimmscher und Rochholzscher Rekonstruktionsversuche der «deutschen» Mythologie interpretierte Büchli seine Materialien als germanische «survivals» und nannte seine Sammlung nach dem Vorbild Hermann von Pfisters «Mythologische Landeskunde von Graubünden».[54]

Bridels paradiesisch anmutende, alte Werte konservierende, sozial kommunikative und klassenneutrale Gesellschaft lebt indes in Büchlis Betrachtungsmuster nur leicht modifiziert weiter: «Und noch trennt hier keine unübersteigbare Kluft die Studierten von den Landleuten, die nur durch die dörfliche Winterschule gegangen sind. Der Bauernsohn aus dem Bergweiler kann Regierungsrat oder Professor werden. Der Akademiker hat in der Jugend meistens das Amt eines Kleinhirten versehen, hält Fühlung mit dem Bauern und schätzt dessen angeborene und in früh geübten Pflichten erhärtete Klugheit und Besonnenheit. Dem Bildungsstand ist deshalb das volkstümliche Denken nicht fremd oder gar verächtlich geworden.»[55]

Wie jeder verantwortungsbewußte Zeitgenosse blickte auch Büchli an der Armut im Berggebiet nicht vorbei, und wo er konnte, half er aus, etwa mit ausgedienten Kleidern.[56] Der Tourismus und der sozialpolitische Wandel hingegen verdarben nach seiner Ansicht die ökonomische Unbedarftheit, die ökonomische Autarkie, ja das urschweizerische Volkswesen schlechthin. Nach dem positiven Ausgang der Abstimmung über die Einführung der Alters- und Hinterlassenenversicherung (AHV) im Jahre 1949 bezichtigte er die Bündner Bauern gar der Zusammenarbeit mit der kommunistischen Partei der Arbeit.[57]

Im Zuge des romantischen Kulturpessimismus betrauerte Büchli den Zerfall der volkstümlichen Erzählkultur, für den er die Aufklärung[58], die Schule[59], die Geistlichkeit[60],

die Abwanderung in die Städte[61], den Tourismus[62], die Elektrifizierung und die Konfektionskleidung[63], das Radio[64] und die Lektüre[65] verantwortlich machte. So erhob er etwa seinen volkspädagogischen Zeigefinger gegen unliebsame weibliche Leseaktivitäten: «Gerade in jenen romanischen Talschaften, wo die Kenntnis des Deutschen verbreitet ist, sind die Frauen heute starke Leserinnen und legen sogar kleine private Leihbüchereien an. So ist man auch auf ideellem Gebiet mehr und mehr der Nötigung enthoben, am eigenen Faden zu spinnen.»[66] Doch in der harten Alltagsrealität des Feldforschers sah die Sache wieder anders aus, wenn es galt, die Sympathie seiner Erzählerinnen zu gewinnen: «Das Lesebedürfnis meiner Erzählerinnen in Romanien ist enorm. Ich habe meine ganze Bibliothek ausgesucht nach Geeignetem. Vielleicht, nein sicher, habt Ihr in dunkeln Winkeln irgendwo ‹oben› noch altmodische Romane liegen. Bitte schickt sie mir! Alles ist willkommen, wenn es nur romanhaft und ‹leicht›, nett sich liest»[67], schrieb er seinen St. Galler Freunden.

Büchli interessierte sich nicht nur für die populären mentalen und sprachlichen Kulturäußerungen, auch im Umgang mit den materiellen Objektivationen der Bevölkerung bewies er präzise Kenntnisse und Liebe zum Detail, wenn er beispielsweise ein Talglicht aus Avers-Cresta beschrieb: «Es ist nur klein, erstens weil es wie Mehl, Birnen (fürs Neujahrsbrot), Polenta und alle andern Eisenwaren von Bivio über den Staller Berg *getragen* werden mußte. Schon die kleinen Mädchen mußten sich im Schleppen von Waren ‹über den Berg› üben. Im Winter war der Weg nach Thusis hinaus ungangbar. Zweitens: weil im Avers mit dem Fett gespart werden mußte. Die Frauen spannen wie anderswo in Rätien die halben Nächte lang zu mehreren in *einer* Stube bei einem einzigen Licht derart. Jede brachte etwas Rinder- oder Schaf- oder Geißfett fürs Licht mit. Eine Seltenheit: daß Euer Stück die kleine Schaufel am Kettchen (zum Zusammenkratzen des heißen Unschlitts) noch hatte.»[68] Wenn der «Sammler der Tradition»[69] indes nicht zu hören bekam, was er hören wollte, schlug sein Realitätsbewußtsein in Weltfremdheit um: «Die Fähigkeit des Erzählens, wie sie das notgedrungene Sparen mit dem Fettlicht in den abendlichen Hengertstuben einst ausbildete, ist samt der Geselligkeit unter den Strahlen der elektrischen Beleuchtung in den behaglicher gewordenen Behausungen verkümmert.»[70]

Was das Verhältnis der Geistlichkeit beider Konfessionen zum populären Erzählgut anbelangt, so hätte der Sammler dank den differenzierten Aussagen seiner Gewährsleute ein von der historischen Wirklichkeit bestimmtes Bild erhalten können. Peter Zippert aus Langwies erzählte 1938

Der Forscher am Schreibtisch

von seinem Großvater, der als junger Bursche im Puschlav Italienisch lernte: «Dr Ehni sî dinnä in dn Underricht ggang-gen, im Puschlav, und duä hei dr Pfarrer zun denä Schüäler gseid: Schi söllen me all Abergläuben ûfschrîben, wa in inen Gmeinden sîen. Und duä heind d Schüäler das gmached, und duä hei dr Pfarrer gseid: Schi söllen nid alls glauben, aber Ahnegä gäb's.»[71]

Auch der katholische Geistliche Anton Cerletti in Paspels wandte sich nach Angaben von Luzi Scharegg «nur gegen die *superstiziun* (Aberglauben), z. B. das Wahrsagen und dergleichen. Die Leute hätten dann die *parolas, getgas* (Märchen, Sagen) in denselben Topf geworfen (März 1951).»[72] Obwohl Rosa Battaglia-Raguth berichtete, Pfarrer Cerletti habe an einem Elternabend von einem Priester erzählt, der geisten muß, weil er einen Beichtzettel nicht verbrannt und somit seine seelsorgerliche Pflicht vernachlässigt hat[73], verweigert uns Büchli einen Hinweis auf Pfarrer als Vermittler christlichen Erzählguts.

Zentrale Begriffe des katholischen Lehrgebäudes um den Tod und die Toten wie Arme Seelen und Fegfeuer blieben im germanisch-mythologischen Filter des Sammlers stecken; so interpretierte er den schwarzen Fleck, der nach der Berührung einer Armen Seele auf der Hand eines Lebenden zurückbleibt, als sichtbares Zeichen des Entsetzens anstatt als Folge der Fegfeuerhitze.[74] Büchli war zwar als Abonnent der populärreligiösen Zeitschrift «Fegfeuer und christliches Leben»[75] auch als Protestant mit der Lehre vom Purgatorium und dem darauf basierenden didaktischen Erzählgut durchaus vertraut, doch der Glaubenshintergrund der Exempelsammlungen und Kanzelkatechese paßte eben nicht zu einem sich seit »uraltmythischer« Zeit geistig selbst versorgenden Volk.

Die innere Zerrissenheit des Forschers konkretisierte sich

immer wieder in der Ambivalenz seiner wissenschaft-
lichen Sichtweisen, wenn etwa aus dem Mythendunst
seine klaren Vorstellungen über den beschränkten Zeitho-
rizont des kollektiven Gedächtnisses hervortreten: «Die
durchschnittliche *geschichtliche* Erinnerung des Volkes
reicht nicht weiter zurück als bis zur 'Franzosenzeit' [...]
Wo etwa Baldiron erwähnt wird, liegt eine Frucht der Pri-
vatlektüre, der Zeitung, vor.»[76] Kulturwissenschaftler ver-
schiedenster Provenienz bestätigen heute, daß der Grenz-
wert des Erinnerungsvermögens einer Gruppe zwischen
100[77] und 150 Jahren[78] liegt und daß er mittels literaler
Zwischenglieder oder semioraler/semiliteraler Prozesse
verlängert werden kann.[79] Um das Interpretament des
mythischen Ursprungs und des «natürlichen» mündlichen
Tradierens von Folklore seit den Kindertagen der Mensch-
heit zu erhärten, unterschlug Büchli seine aus der Feldfor-
schungspraxis gewonnenen Einsichten wider besseres
Wissen. Konkret bedeutet das, daß er den Einfluß der ver-
breiteten älteren Bündner Sammlungen von Caspar De-
curtins und Dietrich Jecklin sowie der Grimmschen Sa-
gen- und Märchensammlungen, der Kalender, der Lesebü-
cher und der Familienzeitschriften bewußt verschwieg.[80]
Sein biographisch bedingter Antiintellektualismus, der zu-
dem bei Hermann von Pfister Nahrung fand[81], hinderte
Büchli, seine Kenntnisse der Erzählforschung preiszuge-
ben; «das pikante Gedanken- und Wissensspiel internatio-
nal vergleichender Folkloristik»[82] durfte deshalb nur im
privaten Kreis stattfinden, wie sein Kommentar zum Er-
zähltyp «Freunde in Leben und Tod» (AaTh 470)[83] offen-
legt: «Euch gefällt das Geschichtlein der Davoser Nahne
von den 'zwai Schnidernä'.[84] Es ist bezeichnend, aber im
Grunde nicht so originell, wie es den Anschein hat. Das
Motiv taucht schon in alten Lateingrammatiken auf, um
den Ausdruck 'totaliter alter' (so sagt der Gestorbene vom
Leben 'drüben') einzuprägen. Dort sind es zwei Kloster-
brüder, die sich das Versprechen geben. Das Motiv wird
mittelalterlich sein. Ich traf es auch in der Mesolcina –
aber in phantasievoller Fassung. Da wird der Weg, den die
Seele aus dem Jenseits zurück zur Freundin machen muß,
beschrieben. Er geht durch so unendliches Dorngestrüpp
u.s.w., daß die Seele klagt: Nie mehr würde sie diesen
Gang machen! Die beiden Fassungen [...] muß man ver-
gleichen können – dann kommt der Wert der Sammlung
erst zur Geltung.»[85]
Während seiner Feldforschertätigkeit sah sich der Samm-
ler mit der Tatsache konfrontiert, daß der traditionelle Sa-
gentyp von der feenhaften Sennerin in Männerkleidung an
einem bestimmten Ort erst in jüngster Zeit ausgerechnet
durch «intellektuelle Betriebsamkeit»[86], nämlich durch

das Referat eines Sprachforschers bekannt wurde. Die Erzählerin hatte als mündliche Quelle ihre Großmutter erwähnt, was sich in diesem Fall als eine gegenüber Folkloristen übliche Gefälligkeitsaussage erwies.[87]

Da Büchli die für den dritten Band vorgesehenen Materialien nicht mehr mit der ihm eigenen Perfektion auf uralt «trimmen» konnte, erfahren wir auch von dem Einfluß der von ihm geschmähten «illustrierten Wochenblättchen aus Zürich oder Zofingen»[88] auf das mündliche Tradieren. Anna Planta Perl-Perl aus Lavin hatte als neunjähriges Mädchen eine Erscheinung: «Auf dem Heimweg bei den Chasas da Gonda *(Ruinen)* sahen wir einen Mann, der kam aus dem *vallun* (Tobel) heraus. Er hielt sich an den Zweigen. Einer wie Gandhi, wie man ihn abgebildet sieht. Er hatte einen großen Stock in der Hand, einen grauen Bart, kahl, mager wie der Gandhi. Er war auch nicht angekleidet, hatte nur ein langes Hemd, alles zerrissen. Wir hatten Angst.»[89]

Ein später von Büchli für den Druck eliminierter Kommentar zu einer Erzählung belegt mit aller Deutlichkeit ebenso historisch fundiertes Wissen bezüglich der Tradierungswege von Folklore. Jakob Donau erzählte dem Sammler eine Geschichte von zwei durstigen, eine Quelle suchenden Jägern. Der eine trägt sein Ungemach mit Gelassenheit, während der andere fluchend aufbegehrt. Glücklicherweise finden die beiden dennoch eine Quelle, wo sie ihren Durst stillen können. Der Tugendhafte wird belohnt, indem die Wassertropfen in seinem Bart und ein mitgenommenes Schieferplättchen sich in Gold verwandeln. Der Flucher indes trägt von der ganzen Sache nichts als eine riesige Geschwulst im Gesicht davon.[90] Büchli bemerkte dazu in seinem unveröffentlichten Kommentar: «Anna Fleisch in St. Peter, der ich sie [= die Sage] auch erzählte, fühlte sich irgendwie erinnert an ein Gedicht in ihrem Lesebuch. ʹEin Bäuerlein fällte die knorrige Eich. Er seufzte und jammertʹ bei jeglichem Streich: ‹Es ist doch ein Jammer und ein Verdruß, wie unsereins immer sich peinigen muß›, so habe es begonnen. Der Bauer spricht zuletzt den Wunsch aus: ʹWas ich nur berühre, werde zu Gold!ʹ Und dann wurde auch das Krüglein mit Wasser, aus dem er trinken wollte, zu Gold. Das Midas-Motiv mag auf diesem Wege den Schanfiggern bekannt geworden sein.»[91]

Büchli verfügte also über die Erkenntnis, daß antike Stoffe eben nicht seit Jahrtausenden kontinuierlich und ubiquitär aus dem Volksmund sprudeln und daß akribisches Nachforschen in historisch und geographisch eng begrenzten Räumen erforderlich ist, um der Dynamik des Tradierens zwischen Schriftlichkeit und Mündlichkeit auf

die Spur zu kommen. Doch alles, was nicht in sein mythenkundliches, durch die Auswahlkriterien älterer Sammlungen vorprogrammiertes Konzept paßte, fiel seiner rigorosen Selbstzensur zum Opfer: scherzhafte, derbe, makabere, alltägliche, stark von der Wirklichkeit geprägte Erzählungen, oder solche, die Büchli gleich auf Anhieb auf eine schriftlich fixierte Quelle zurückführen konnte.[92]

Für seine Erhebungen im Feld benutzte Büchli mit großer Wahrscheinlichkeit einen 1931 im Schweizerischen Archiv für Volkskunde abgedruckten Fragebogen[93], den Hanns Bächtold-Stäubli (1886–1961), der Herausgeber des «Handwörterbuch des deutschen Aberglaubens» (HDA), erstellt hatte.[94] Untersucht man nun die Quellen des HDA, so wird bald einmal deutlich, woher Bächtold-Stäubli sein Wertsystem fixierungswürdiger Folklore-Inhalte bezog, nämlich aus den Sammlungen von Rochholz, Herzog und Jecklin. Diese wiederum orientierten sich an der Mustersammlung «Deutsche Sagen der Brüder Grimm» von 1816/18 mit ihrer Vorliebe für die Gestalten der sogenannten niederen Mythologie. Dementsprechend richteten sich die Forschungsfragen Büchlis nach Naturgeistern, Riesen, Zwergen, Kobolden, Geistertieren, Wiedergängern aller Art, Totenzügen, Hexen und anderen Menschen mit magischen Kräften. Nicht nur biographische und forschungsgeschichtliche Prämissen bedingen die Dominanz der Totensagen innerhalb der genannten Themen; zusätzliche Beachtung erheischt die Tatsache, daß die Mehrheit von Büchlis Gesprächspartnern aus «vielfach betagten Erzähler[n] und Erzählerinnen, die selber nicht mehr weit zum Friedhof haben»[95], bestand, deren Interessendominanzen um das Ende der irdischen Körperlichkeit und das Weiterleben in einer andern Wirklichkeit kreisten.

Erkundung neuer Forschungswege

Büchlis stark von der Romantik geprägte Sichtweise darf keineswegs dazu verleiten, seine Sammlung als bloßes Produkt dieser einen Wissenschaftsauffassung zu betrachten. Da schon seine ungedruckten Kommentare Historisierungen enthalten, gilt es, diese Tendenzen in der Geschichte der Schweizer Folkloristik zu orten. Beeinflußt von den deutschen Erzählforschern Friedrich Ranke[96], Otto Brinkmann[97] und Gottfried Henßen[98] schärfte der Berner Melchior Sooder[99] als erster Schweizer Sammler sein Gehör für den kommunikativen Kontext der Folklore; die bisher unbeachteten Erzählgelegenheiten und -abläufe wurden aufgrund eigener Erinnerungen sowie Befragungen beschrieben, zudem charakterisierte Sooder kurz seine Haupterzähler. Fanden diese Fakten zur Biologie des Erzählguts[100] bei Sooder in der Einleitung zu seinen

«Zelleni us em Haslital» (1943)[101] auf wenigen Seiten Platz, so ging Büchli den einmal eingeschlagenen Weg konsequent weiter. Sooder ordnete seine Materialien noch nach den üblichen archaistischen und evolutionistischen Kategorien: die Texte sollten Zeugnisse einer dunklen Urzeit sein, und die weichen Bleistift-Illustrationen mit Volksglaubensgestalten dem Zweck dienen, die Reise des Lesers ins Reich des Mythisch-Mystischen zu beschleunigen. Büchli hingegen ging bei der Präsentation des Erzählguts von der von ihm erwanderten geographischen Realität der Regionen und Dörfer aus und beließ dementsprechend seine Erzähler und Erzählerinnen in ihrer angestammten Umgebung. Die Träger und Trägerinnen der Überlieferung erscheinen dank biographischer und soziokultureller Daten, denen das Erzählrepertoire folgt, als kreative Individuen. Die beigefügte Photographie bewirkt beim Leser mittels Visualisierung eine Verstärkung der intendierten Individualisierung.[102]

Obwohl die Sagensammler schon in der Mitte des 19. Jahrhunderts aufgefordert wurden, ihre Materialien im Dialekt zu veröffentlichen, liegen erst seit den zwanziger Jahren dieses Jahrhunderts konkrete Ergebnisse systematischer Bemühungen um sprachliche Authentizität vor.[103] Melchior Sooder nahm die vom Schweizerdeutschen Wörterbuch ausgehenden Impulse zur Dialektwiedergabe als erster auf, indem er sich als Autodidakt gründlich in die Materie einarbeitete, während Büchli bei Professor Albert Bachmann, dem damaligen Chefredaktor des Schweizerdeutschen Idiotikons, das äußerst diffizile Handwerk des Erfassens «mündlicher Texte» erlernte. Die Achtung erheischende Präzision seiner Dialektniederschriften und die um dieser Akribie willen erbrachten finanziellen und gesundheitlichen Opfer dürfen uns indes nicht daran hindern, den mit der schriftlichen Wiedergabe von Mundarten verknüpften Wertsystemen auf die Spur zu kommen. Blenden wir zu diesem Zwecke wieder ins 19. Jahrhundert zurück. Im Jahre 1839 diktierte der Wirt Caspar Verra dem Walserforscher Albert Schott das Gleichnis vom Verlorenen Sohn in der Mundart von Macugnaga.[104] Schott bezog die Richtlinien für seine Sprachforschungen bei der Académie Celtique, welche die biblische Parabel «in alle mundarten Frankreichs und selbst [in] deren kleinste abschattungen» übertragen und daraus die Keltensprache rekonstruieren wollte.[105] Schott bezweckte demgemäß mit seiner Forschungsreise keine Bestandesaufnahme einer lebendigen Sprache, sondern «die darstellung des noch geretteten deutschen sprachschazes [...]»: «Was den werth der mitgetheilten übersezungen in dieser hinsicht anlangt, so muß ich hier bemerken, daß ich dabei nicht ganz ehr-

lich zu werke gegangen bin, sofern die übersezer auf meine bitte puristisch verfahren sind, und das idiom dargestellt haben, das an ort und stelle die weibersprache heißt. Die männer nämlich mischen in folge ihres lebens im ausland ihre sprache stark mit welschen oder hochdeutschen bestandtheilen, wogegen die frauen, die daheim bleiben, das erbe der vorzeit nicht in fleckenloser, aber doch in verhältnismäßig aufallender reinheit bewahren. Zur vollständigkeit hätte demnach gehört, daß auch undeutsche wörter in größrer zahl eingemischt waren, denn mit recht kann man verlangen, daß von jeder sprache das treue bild der gegenwart gegeben werde.»[106] Hundert Jahre später taten sich die an chronischem Kulturpessimismus leidenden Dialektologen immer noch mit dem «treuen Bild der Gegenwart» schwer: anstatt den Sprachwandel nüchtern zu dokumentieren, trauerten sie einer angeblich «Bodenruch»[107] ausströmenden vergangenen «Sprachrichtigkeit»[108] nach. Aus derselben Retrospektive schrieb der Dialektologe und Walserforscher Paul Zinsli im Jahre 1934: «Falls Sie eine Dialektfassung wünschen, müßte ich die Geschichte in Thusis noch übersetzen lassen. Meine bisherigen Gewährsleute aber waren sprachlich nicht urchig genug.»[109] Tief verwurzelt in diesem konservierenden und archaisierenden Wissenschaftsumfeld suchte Büchli jahrelang mit dem ihm eigenen Eifer bei alten Menschen nach «schon für sie gleichsam versteinerten Aussprüche[n] von älterer Sprachform»[110], was ein mehrmaliges Umarbeiten seiner Notizen zur Folge hatte und ihn immer stärker in Depressionen verstrickte. Und es gehört zur inneren Zerrissenheit des Sammlers, daß er den durch Implantation dialektaler Petrefakte entstandenen Verlust an Worttreue beklagte: «Die erste Niederschrift steht jedesmal unter dem unmittelbaren Eindruck der abgehörten Sprechweise, der etwas Momentanes anhaftet. Der Sammler trennt sich schwer von dem ursprünglichen Wortlaut der Originalnotizen, die für ihn Erlebniswert haben. Stets besorgt er, es könnte bei Übertragung in ein anderes Manuskript etwas von der Frische der Aufnahme verloren gehen.»[111] Obwohl Büchli seine Notizen am Schreibtisch einer intensiven Purifizierung unterzog, beließ er den von den Erzählern verwendeten restringierten Kode, mit dem diese «viel Inhalt auf kurzer Strecke bringen».[112] Und hauptsächlich der Verzicht auf inhaltliche Elaboration bedingt die Lebendigkeit seiner Transkriptionen.

Der Sammler und sein Bergvolk im Gespräch

In einem seiner Briefe nannte Büchli die Sagenanthologie seines Vorläufers Dietrich Jecklin «eine Sammlung von 1870, welche Kantonsschüler, Lehrer, lauter Intellektu-

elle, gedichtet haben».[113] Im Kontakt mit noch lebenden Beiträgern Jecklins wurde ihm der Mangel an Authentizität dieser Kompilationen noch bewußter: «Ein Schanfigger [= Jakob Donau in Peist], der zu den geschätzten Gewährsleuten unserer Sammlung zählt, lächelt heute über seine Komposition 'Der Thalgeist von Schanvigg', in der er seinerzeit als Kantonsschüler verschiedene Spukgestalten zu einem Talgeist vereinheitlicht und Dietrich Jecklin eingereicht hat.»[114] An die monumentale «Rätoromanische Chrestomathie» des Caspar Decurtins[115], die Büchli fortzusetzen und mit Materialien aus Deutsch- und Italienischbünden zu ergänzen trachtete[116], begann er ebenfalls quellenkritische Maßstäbe anzulegen: «Dann muß ich von der Rätoromanischen Chrestomathie noch feststellen, was ich in einem Buch nicht sagen möchte. Eine gescheite Erzählerin im Lugnez [= Luisa Caduff in Morissen] äußerte ernsthaft: 'In der Chrestomathie ist viel ausländischer Humbug.' Und ich habe entdeckt, daß in einem Band die Rätsel *(legns)* seitenlang diejenigen von Simrocks 'Deutschem Rätselbuch' (Frankfurt a. M. o. J.) in der gleichen Reihenfolge übersetzt wiedergeben.»[117]

Doch wie soll es ein ortsfremder Forscher anpacken, wenn er die Stimme des Volkes direkt vernehmen möchte? «Am meisten bringt man doch zusammen, wenn man in einer Talschaft wochenlang Wohnung nimmt, um die Bevölkerung in ihrem Tun und Denken, aber auch in ihrer Sprechweise kennen zu lernen.»[118] Während seiner Forschungsaufenthalte im Vorderprättigau, Davos, Oberhalbstein, Tavetsch, Ilanz, Domleschg, Ober- und Unterengadin, Schams, Avers, Mesolcina und Calanca erwarb sich Büchli vielseitige Kenntnisse über die Bauweise und Einrichtungen der Häuser und Ställe, die landwirtschaftlichen Arbeiten und Geräte, die Kleidung und Ernährung in alter und neuer Zeit sowie über die Eigenarten der lokalen Flora und Fauna.[119] Dieses regionalspezifische Wissen eignete er sich insbesondere durch teilnehmende Beobachtung und Gespräche mit den Menschen in den Dörfern an, denn wer weiß, möglicherweise befand sich jemand darunter, der genau die Geschichten kannte, nach denen er suchte.

Wenn Büchli in der Nachfolge der Romantik die ländliche Gesellschaft als sozial durchlässig darstellte, so dehnte er seine Homogenisierungstendenzen auch auf die Erzählkultur aus, indem er die Bündner als ein einig Volk von Sagenerzählern pries: «[...] und es war ein beglückendes Erfahren, daß sich im Schloß wie im 'Strickhaus' des Bauern, in der Alphütte wie in der Schmiede, im Kontor wie in der Studierstube und im Gasthaus der nämliche Eifer für die Überlieferung antreffen ließ und daß außer dem freilich unerschöpflichen Alter zwischen 60 und 90 auch die jünge-

ren Geschlechter bis ins dritte Jahrzehnt hinunter mitge-
tan.»[120] In der Feldforscherrealität sah es indessen ganz
anders aus: Die Interessendominanzen des Bergvolks la-
gen nicht auf der Pflege der mündlichen Überlieferung,
schon gar nicht auf jenen Segmenten, die den Sammler in
ihren Bann schlugen, sondern auf seinen alltäglichen Pro-
duktionsweisen, seinen «façons de faire». [121] Felizitas Gi-
ger-Felix steckte im Rebberg Pfähle[122], Dorothea Kohler-
Joos sägte Holz[123], Johannes Dolf verrichtete Schuhma-
cherarbeit und nahm sich dabei etwa Zeit zu erzählen[124],
Peter Boner wurde von der Arbeit im Stall vom Sammler
weggerufen[125], Peter Riedberger traf, mit dem Obstpflük-
ker in der Hand auf dem Weg zum Baumgarten, den For-
scher mit dem Notizblock[126], Anna Ambühl-Issler ging im
Wald Nadelholzreisig sammeln und verspätete sich da-
bei[127], Heinrich Gadmer war am Mistführen[128], Nina Met-
tier transportierte Heu auf dem Hornschlitten[129], Baltasar
Danuser bereitete sich Milchreis zum Mittagessen zu[130],
Hans Heim arbeitete auf dem Feld[131], Ulrich Beeli fütterte
das Vieh[132] und Ulrich Brunold die Hennen[133], Joos Spre-
cher erzählte nur, weil die Wege zum Holzführen zu
schlecht waren.[134] Margetha Riedi war am Mähen, ihre
Tochter fegte die Stube mit einer Bürste [!][135] und Bistgaun
Carisch molk die Kühe.[136] Es gehört mit zu den einmaligen
Vorzügen Büchlis, daß er die von ihm selber errichteten
romantischen Zäune immer wieder niederreißt und uns
seine Erzähler und Erzählerinnen inmitten ihrer Alltags-
bewältigung, dieser enormen Kulturleistung des Volkes,
zeigt. Wenn wir genau hinsehen, so erzählen die von der
Arbeit gezeichneten Hände der Maria Bärtsch-Züst eine
Geschichte ohne Worte[137], und wenn wir genau hinhören,
so vernehmen wir die «Stimme des Bergvolks» auch in sei-
ner Arbeit. Eine typische Frauenarbeit waren die weiten
Fußmärsche mit den Mahlzeiten für die Heuer und Heu-
erinnen auf den Bergwiesen; so trug Bertha Planta-Vetsch
von Davos Laret «d Mählsupparööschti und di Pleins in d
Meder, zum Beispiel auch nach Prsenn»[138], und der hand-
werklich geschickte Jakob Danuser berichtete voller Stolz
über seinen Einsatz in der Nachbarhilfe: «Uf Gäbiät va
Leng-gwis han ich 77 Gäbüji ghulfe zimmren. Ase chleis
Buäbji han î va mim Ätti glährned breitagschen.»[139]
Das Erzählen über gemeinschaftliches Arbeiten und die
gegenseitige Hilfe verdient insofern Beachtung, weil es der
realitätsorientierten Alltagserzählung[140], welche die popu-
läre Erzählkultur dominiert, angehört. Die Thematik der
Alltagserzählung ist von der bäuerlichen Lebenswelt ge-
prägt und enthält wirklichkeitsnahe Elemente wie Gewalt
– auch Naturgewalt und gewalterfüllte Zeiten mit Krie-
gen, Hungersnöten und Seuchen sind hier mitzuzählen –,

Arnold Büchli (rechts) im Gespräch mit Peter Zippert in Langwies

Einsatz von körperlicher Stärke und damit verbundenes Prahlen, Geschicklichkeitsdarbietungen sowie erlebte Solidarität. Stark typisierte Erzählstoffe, vor allem Sagen mit supranormalen Inhalten, befanden sich am Rande der bäuerlichen Kommunikation und wurden erst am Schluß von nachbarlichen Zusammenkünften vorgebracht, die in erster Linie dem Sparen von Licht und Wärme und nicht dem Erzählen dienten.[141] Das Übergewicht der dämonologischen Sagen in den Sammlungen, auch in derjenigen Arnold Büchlis, rührt eindeutig von den Forschern her, die «in dem Erschauern vor dem Überirdischen die stärkste Bindung der bäuerlichen Gemeinschaft» sahen.[142] Wenn wir bedenken, daß Büchli kaum mehr auf ursprüngliche Performanzmilieus mit der von ihm erwarteten Thematik stieß (was indes keineswegs als Untergang des volkstümlichen Erzählens interpretiert werden darf), wundert es nicht, daß er den «Eifer für die Überlieferung» hauptsächlich bei alten Menschen, das heißt isolierten Traditionsträgern suchen mußte. Um 1850 geborene Gewährsleute erinnerten sich indes nicht nur an Spinnhengerte und Leichenwachen, sondern auch an Sagen erzählende Schulmeister[143]; also schon knapp 100 Jahre vor Büchlis Nachforschungen existierte in Graubünden eine Sagenerzählkultur aus zweiter Hand.

Büchlis Verhältnis zur gesellschaftlich marginalisierten Gruppe der Alten war erfüllt von tiefem Mitleiden und Mitfühlen, und richtigerweise erkannte er auch den therapeutischen Effekt[144], den sein Erscheinen auslöste: «Wer wie der Sammler überlieferten Erzählgutes viel mit alten Leuten in Verbindung kommt, dem geht ihr Schicksal nahe. Nicht alle haben das Glück, daß sich Verwandte ihrer geduldig oder gar liebevoll annehmen. Manchmal findet man so einen Ehni, Ätti oder Öhi oder auch ein Mütterchen, hilflos geworden, verschupft und sich selbst überlassen, inmitten einer jüngeren Hausgemeinschaft, die dem nicht mehr Arbeitsfähigen zu verstehen gibt, daß er den andern in den Weg kommt. Für manchen Alten, manche Nahne bedeuteten daher die Erzählstunden, wenn solche zugelassen wurden, ein geistiges Aufleben, eine neue Daseinsberechtigung und eine erwünschte Gelegenheit, sich in lange zurückgedrängte, liebe Erinnerungen zu versenken.»[145] Doch so mühelos gingen die Befragungen nun nicht vonstatten, wie Büchli anderswo zugab: «Das Gedächtnis der Alten will stetig angeregt, zurückgelenkt werden in die vergangenen Tage. Was ist doch in den Kriegstagen an aufregenden Neuigkeiten und Nöten der Gegenwart auf sie eingedrungen!»[146] Und gegen dieses Desinteresse an der Tradition bei den Alten kämpfte der Sammler mit optischen Anreizen wie dem Vorzeigen von

Sagenillustrationen[147] und dem Betrachten von Photographien Verstorbener.[148] Anknüpfungsmöglichkeiten zum Erzählen boten zudem nicht mehr im Gebrauch stehende Sachgüter: «Vater Padrutt Donau hatte mir eine alte Milchsîga [= Milchsieb] gezeigt, die aus *einem* Stück Holz geschnitzt ist. Im Gespräch über die Schnitzarbeiten der Alten erzählte Frau Donau [...] eine kleine Groteske über die primitiven Werkzeuge der Alten [...]»[149] Weitere Taktiken, die dazu dienen sollten, einen günstigen Gesprächsrahmen zu schaffen, waren das Erzählen[150] und Vorlesen von Sagen.[151]

Was gemütlich begonnen hatte, konnte wegen Büchlis Verbissenheit leicht zu einem bedrohlichen Verhör werden: «29. Mai 1943: wohl 3 Stunden den guten Alten geplagt und notiert und notiert auf dem Bänklein im maiengrünen Baumgarten hinter dem Haus», hielt Büchli über ein Gespräch mit dem 83jährigen Blasius Hosang in Scharans fest.[152] Obwohl es Christian Mettier-Beeli bei seiner Kränklichkeit immer schwerer fiel, «aus sich herauszugehen und zusammenhängend zu erzählen»[153], tauchte Büchli soweit ersichtlich von 1939 bis 1947 immer wieder bei ihm in Langwies auf. Der Sammler, der sich als Schatzgräber mit «tastender Wünschelrute»[154] betrachtete, verlor in der Wirklichkeit jegliche Sensibilität für die körperliche Befindlichkeit seiner Gewährsleute: «Jetzt der Alte in Langwies, der kommt immer so 'leblos' heraus. Er hat eben nicht viel Leben, aber ein erstaunliches Gedächtnis für alte Geschichten und für alle seine Ahnen und Vorfahren in dem Häuschen am Palätsch. Ich war erst heute morgen wieder bei ihm. Er war – gottlob – allein. Die Tochter Nina traf uns kürzlich, als wir einen andern Bauern aufnahmen, der leider an jenem Samstag fort war, als Ihr hinauf fuhret. Sie war noch immer katzgiftig, auch gegen uns.»[155] Vor allem in Italienisch Bünden löste das Auftreten des Sammlers mit seinen ganz spezifischen Interessen zwischen mitteilsamen Alten (was nicht von vornherein sagengläubig bedeutet!) und desinteressierten Jungen Kommunikationsstörungen aus: «Am sonntäglichen Kaminfeuer in der kleinen Küche, umgeben von seinen zum Teil erwachsenen Söhnen, Verwandten und sonstigen Hausbesuchern, erzählte der Hausvater [Antonio Censi in Norantola] ernsthaft, mußte sich dabei aber immer wieder verteidigen gegen das ungläubige Hohngelächter der *giovinotti: 'Ma così han raccontato i vécc!'* Es war ein charakteristischer geistiger Kampf zwischen dem phantasievollen Gemütsleben des Alternden und dem kahlen Rationalismus der Jungen.»[156] Derartige Zwiste galten Büchli als Beweise für den Niedergang des volkstümlichen Erzählens. Und mit jedem Erzähler starb für ihn, den Pes-

*Luisa Caduff-Camenisch, Morissen,
weiß Arnold Büchli
eine Geschichte zu erzählen*

simisten, auch ein Stück alter Redlichkeit, wie er nach
dem Besuch von Heinrich Gadmers Witwe darlegte: «Und
droben in dem selben Berghäuschen, wo der treuherzige
Heinrich Gadmer mir die Geschichten der Nahne erzählt
('Chind, Chind, wenn's nuon uf a Nehdlig Faden
aachund!')[157], hat dessen einziger Sohn, ein ausgemachter
Lumpazi, mir eine Tafel Schokolade aus dem Mäppchen
in der Stube entwendet. – Nur ein Wert von 65 Rp., aber
diese Erfahrung mit der Nachkommenschaft der Davoser
Nahne war, bleibt erschütternd. Jugend unseres Volkes,
quo vadis?»[158]

In der Realität fand sich entgegen der idyllisierenden Be-
trachtungsweise des Sammlers nicht nur eine altersspezifi-
sche, sondern auch eine schichtspezifische Differenzierung
hinsichtlich der Traditionsbewertung: «Das tagelöh-
nernde Mütterchen [Martina Massera], wie eifrig wurde
sie beim Erzählen! Anders als die wohlhabende, aber
stocknüchterne alte Jungfer, für die Martina die Wäsche
am Bach wusch. Diese, ihre Brotgeberin, spottete über die
storielle ihrer Wäscherin, für sie war das Gold der Volks-
poesie wertloses Blech. Sie hatte das Gold in der Kom-
mode, nicht im Gemüt. Wie oft trat dieser Gegensatz beim
Sammeln zutage!»[159] Sachlicher ausgedrückt, gehörte die
überwiegende Mehrheit von Büchlis Erzählern und Erzäh-
lerinnen der kleinbäuerlichen Schicht an, doch erzählten
ihm auch Knechte und Mägde, Taglöhner und Taglöhne-
rinnen, Hirten, Wanderhandwerker und Hausiererinnen.
Und es ist dem Sammler hoch anzurechnen, daß er die
Stimme der Frauen nicht überhörte: gut die Hälfte der Be-
fragten ist weiblich.[160]

Rezeption und Ausblick

Dank der Empfehlung von Paul Zinsli verlieh die Philoso-
phische Fakultät der Universität Bern im Jahre 1964 dem
bereits im 80. Lebensjahr stehenden Sammler das Ehren-
doktorat. Und es war wiederum Zinsli, der im Nekrolog

für Arnold Büchli die «Mythologische Landeskunde von Graubünden» als bedeutendes Standardwerk der Bündner Sprach- und Kulturforschung neben Erwin Poeschels siebenbändiges Kunstdenkmälerinventar und dessen «Bürgerhaus», die rätoromanische Enzyklopädie «Dicziunari Rumantsch grischun», das «Rätische Namenbuch» von Robert v. Planta und Andrea Schorta sowie Christoph Simonetts «Bauernhäuser des Kantons Graubünden» stellte.[161] Nahezu sämtliche Rezensenten[162] stimmten damals in Büchlis kulturpessimistischen Abgesang auf die volkstümliche Erzählkultur ein, und nur für einen existierten in der Moderne, wenn auch aus negativem Blickwinkel, so etwas wie Erzählungen: «Was da erzählt wurde, versickert in den Rissen, die das zwanzigste Jahrhundert ins Lebensgefüge gesprengt hat. Die grenzenlose Kommunikation, durch Massentourismus und Massenmedien repräsentiert, ebnet die Vorstellungswelt ein, schaltet die Bahnen der Phantasie gleich und ist der Tod der alten Mythen. Sie ist das Vehikel für neue Mythen, darüber besteht wohl kein Zweifel, und wer sich von dem smarten Emanzipierten nicht täuschen läßt, wird alsbald erkennen, von welcher Art der moderne Ersatz für Erdmannli, Hexen und böse Geister etwa ist.»[163] Die Erzählforschung ist sich heute der damaligen Antiquitätensuche und Antiquitätensucht sowie der damit verbundenen Ausblendungen voll bewußt, dennoch wird die «Mythologische Landeskunde» mit Hochschätzung als eine Sammlung mündlicher Überlieferungen rezipiert, «die kaum noch in dieser Form und in solchem Umfang auffindbar sein dürften».[164] Arnold Büchlis Sagensammlung steht im Schnittpunkt zweier historisch decodierbarer Wissenschaftsauffassungen: der romantischen Betrachtungsweise und des seit den zwanziger Jahren dieses Jahrhunderts faßbaren erzählbiologischen Interpretationsansatzes. Die Erzählungen selber sind Zeugnisse historischer verbaler Kommunikationsweisen wie mündliches Tradieren von Gehörtem sowie von Vorleseakten im häuslichen Kreis, in Wirtshaus, Kirche und Schule oder von erzählten Lektüreerfahrungen innerhalb sich überschneidender sozial unterschiedlicher «circuits». Am Beispiel eines dreisprachigen Kulturraums wie Graubünden lohnt es sich besonders, den kommunikativen Knäuel von literaler und oraler Überlieferung zu entwirren. Die Mitteilungsträger und -trägerinnen erscheinen in der «Mythologischen Landeskunde» als historisch und sozial definierte, mehrheitlich dem Unterschichtenbereich angehörende Individuen. Wir dürfen demnach annehmen, daß ihre traditionsgelenkten Sprachgebilde sozial und zeitlich differenzierbare Meinungen, Interessen, Normen sowie Aussagen über Lebens-

verhältnisse und Produktionsweisen enthalten. Der sozial-
historisch arbeitenden Folkloristik wird sich demgemäß
hinsichtlich der Inhaltsanalyse ein weites Forschungsfeld
eröffnen.[165]

Ursula Brunold-Bigler

[1] Staatsarchiv Graubünden (im folgenden StAGR), Signatur XII
23 f 6, Brief A. Büchlis an E. Großenbacher, St. Gallen, vom
20.8.1964. Sämtliche Briefzitate werden hier erstmals ver-
öffentlicht.
[2] Viele biographische Fakten entnehme ich der detaillierten Bio-
bibliographie von Hans ten Doornkaat: Arnold Büchli
(1885–1970), in: Sagenerzähler und Sagensammler der
Schweiz. Studien zur Produktion volkstümlicher Geschichte
und Geschichten vom 16. bis zum frühen 20. Jahrhundert,
hrsg. von Rudolf Schenda unter Mitarbeit von Hans ten
Doornkaat, Bern/Stuttgart 1988, S. 521–597.
[3] Ernst Großenbacher hielt dazu in einer Aktennotiz im Jahre
1969 folgendes fest: «Seit 1922 bestand zwischen dem kinder-
losen Ehepaar Büchli und den Eltern meiner Frau eine Freund-
schaft, die wir, meine Frau und ich, nach deren Tod in den
Jahren 1940/41 weiterführten. (Daher unsere gegenseitigen,
schriftlichen Anreden: Onkel Arnold und Tante Emmy sowie
Nichte Annelies und Neffe Chef Ernst.)» StAGR XII 23 f 6.
[4] StAGR XII 23 f 6, Brief A. Büchlis an E. Großenbacher, St.
Gallen, vom 13.6.1957.
[5] StAGR XII 23 f 6, Brief A. Büchlis an E. Großenbacher, St.
Gallen, vom 12.4.1951.
[6] Staatsarchiv Aargau, Aarau, Nachläße A: Büchli, Arnold:
Brief E. Büchlis an Nold Halder, Aarau, vom 12.2.1945. – Hal-
der sammelte Informationen über Büchli für eine geplante
Festgabe, die unter dem Titel «Arnold Büchli zum 60. Ge-
burtstag 1885–1945» o.O. u. o. J. [1945] erschien.
[7] Die Universität Zürich 1833–1933 und ihre Vorläufer. Fest-
schrift zur Jahrhundertfeier, bearbeitet von Ernst Gagliardi
u. a., Zürich 1938, S. 860f.
[8] Wie Anm. 7, S. 861.
[9] Wie Anm. 6.
[10] Halder, Nold: Arnold Büchli – ein unzeitgemäßer Dichter?, in:
Freundesgabe für Dr. h.c. Arnold Büchli zum 80. Geburtstag,
zusammengestellt von Peter Schuler, Aarau 1965, S. 17–31.
[11] Heule, Martin: Ernst Ludwig Rochholz (1809–1892), in:
Schenda/ ten Doornkaat (wie Anm. 2), S. 245–273.
[12] Grisch, Barbara: Heinrich Herzog (1822–1898), in: Schenda/
ten Doornkaat (wie Anm. 2), S. 289–305.
[13] Schon die Dichterin Nina Camenisch hatte sich deswegen sel-
ber im Gelände umgesehen. Vgl.: Die Sagensammlung der
Dichterin Nina Camenisch (1826–1912) von Sarn, hrsg. und
kommentiert von Ursula Brunold-Bigler, Disentis 1987, S. 46,
49, 50.

[14] Wie Anm. 6.

[15] Büchli, Arnold: Sagen aus Graubünden, 2. Teil, Aarau und Leipzig o. J. [1935]. Hierfür befragt wurden u. a.: Ludwig Hartmann, Hans Schmid, Bartli Mettier, Hans Schwarz, Jakob Ulrich Lütscher, Luzi Erhard, Jann Danuser, Jakob Donau und Ursula Kieni.

[16] Wie Anm. 6.

[17] StAGR XII 23 f 6, Brief A. Büchlis an A. Großenbacher, St. Gallen, vom 1.5.1945.

[18] Staatsarchiv Aargau, Aarau, Nachläße A: Büchli, Arnold: Brief A. Büchlis an Nold Halder, Aarau, vom 4. 1. 1953.

[19] Anspielung auf die Maskenforschungen Karl Meulis, z.B.: Schweizer Masken, Zürich 1944.

[20] Wie Anm. 18.

[21] Eberts, Erich: Tetzner, Lisa, in: Lexikon der Kinder- und Jugendliteratur, erarbeitet im Institut für Jugendbuchforschung der Johann Wolfgang Goethe-Universität in Frankfurt/Main, Bd. 3, Weinheim und Basel 1979, S. 520 ff.

[22] StAGR XII 23 f 6, Brief A. Büchlis an E. Großenbacher, St. Gallen, vom 15.7.1947.

[23] StAGR XII 23 f 6, Brief A. Büchlis an E. Großenbacher, St. Gallen, vom 29.9.1952.

[24] Englert-Faye, Curt: Das Schweizer Märchenbuch, neu mitgeteilt von C' E'-F'. Erste Folge, hrsg. von der Schweizerischen Gesellschaft für Volkskunde, Basel 1941.

[25] StAGR XII 23 f 6, Brief A. Büchlis an E. und A. Großenbacher, St. Gallen, vom 29.9.1952. – Zu weiteren wenig erfolgreichen Buchausgaben: ten Doornkaat (wie Anm. 2), S. 542 f.

[26] StAGR XII 23 f 6, Brief A. Büchlis an E. Großenbacher, St. Gallen, vom 20. 1. 1965.

[27] StAGR XII 23 f 6, Brief A. Büchlis an E. Großenbacher, St. Gallen, vom 27. 11. 1966.

[28] StAGR XII 23 f 6, Briefe A. Büchlis an E. Großenbacher, St. Gallen, vom 10. 11. 1961 und 6. 4. 1962.

[29] StAGR XII 23 f 6, Brief A. Büchlis an E. Großenbacher, St. Gallen, vom 4. 3. 1956.

[30] StAGR XII 23 f 6, Brief A. Büchlis an E. Großenbacher, St. Gallen, vom 25. 8. 1955.

[31] StAGR XII 23 f 6, Brief A. Büchlis an E. Großenbacher, St. Gallen, vom 16. 1. 1945.

[32] StAGR XII 23 f 6, Brief A. Büchlis an E. Großenbacher, St. Gallen, vom 10. 3. 1953.

[33] StAGR XII 23 f 6, Brief A. Büchlis an E. Großenbacher, St. Gallen, vom 11. 7. 1951.

[34] StAGR XII 23 f 6, Brief A. Büchlis an E. Großenbacher, St. Gallen, vom 10. 3. 1953.

[35] StAGR XII 23 f 6, Brief A. Büchlis an E. Großenbacher, St. Gallen, vom 16. 3. 1954.

[36] StAGR XII 23 f 6, Brief A. Büchlis an E. Großenbacher, St. Gallen, vom 11. 7. 1951.

[37] StAGR XII 23 f 6, Brief A. Büchlis an E. Großenbacher, St. Gallen, vom 27. 5. 1955.

[38] StAGR XII 23 f 6, Brief A. Büchlis an E. Großenbacher, St. Gallen, vom 16. 3. 1954.

[39] StAGR XII 23 f 6, Brief A. Büchlis an E. Großenbacher, St. Gallen, vom 20. 2. 1965.

[40] Zinsli, Paul: Dr. h. c. Arnold Büchli, in: Bündner Jahrbuch 1971, S. 179–181; S. 180.

[41] StAGR XII 23 f 6, Brief A. Büchlis an E. Großenbacher, St.

Gallen, vom 27. 11. 1957.

[42] StAGR XII 23 f 6, Brief A. Büchlis an A. Schorta, Chefredaktor des Dicziunari Rumantsch Grischun, Chur, vom 27./ 28. 12. 1958 (Photokopie).

[43] Wie Anm. 42.

[44] Büchli, Arnold: Mythologische Landeskunde von Graubünden. Ein Bergvolk erzählt. Bd.1. Zweite, erweiterte Auflage mit einer Einleitung von Ursula Brunold-Bigler, Disentis 1989, S. XXV.

[45] Zitiert von Schuler, Peter, in: Freundesgabe (wie Anm. 10), S. 33.

[46] Büchli (wie Anm. 44), S. XXII.

[47] Büchli (wie Anm. 44), S. XXI.

[48] Büchli (wie Anm. 44), S. XXIII.

[49] Zu diesem romantischen Topos siehe Böth, Gitta: Selbstgesponnen, selbstgemacht ... Wer hat sich das nur ausgedacht? Trachtenforschung gestern – Kleidungsforschung heute (= Begleitheft zur gleichnamigen Ausstellung), Cloppenburg 1986, ²1987.

[50] Büchli (wie Anm. 44), S. XIX, XXVI, XXXII.

[51] Büchli (wie Anm. 44), S. XXI.

[52] Bridel, Philippe Sirice: Lettre sur l'ancienne Mythologie des Alpes, in: Mémoires de l'Académie Celtique 5 (Paris 1810), S. 189–207; S. 203.

[53] Zitiert von Schöck, Gustav: Sammeln und Retten. Anmerkungen zu zwei Prinzipien volkskundlicher Empire, in: Abschied vom Volksleben, Tübingen 1970, ²1986, S. 85–104; S. 90.

[54] Siehe auch Brunold-Bigler, Ursula: Einleitung zur zweiten, erweiterten Auflage (wie Anm. 44), S. XIV, XVI (Anm. 76).

[55] Büchli (wie Anm. 44), S. XXIX.

[56] StAGR XII 23 f 6, Brief A. Büchlis an A. Großenbacher, St. Gallen, vom 8.1.1945.

[57] StAGR XII 23 f 6, Brief A. Büchlis an E. Großenbacher, St. Gallen, vom 15.7.1949.

[58] Büchli (wie Anm. 44), S. XL, 6.

[59] Büchli (wie Anm. 44), S. XL.

[60] Büchli (wie Anm. 44), S. XL.

[61] Büchli (wie Anm. 44), S. XXXII, 6.

[62] Brunold-Bigler, Ursula: Nachwort zur dritten, erweiterten Auflage von Büchli, Arnold: Mythologische Landeskunde von Graubünden. Ein Bergvolk erzählt, Bd. 2, Disentis 1989, S. 945–950; S. 948.

[63] Büchli (wie Anm. 44), S. XXXI.

[64] Büchli (wie Anm. 44), S. XXXII.

[65] Büchli (wie Anm. 44), S. XXIX.

[66] Büchli (wie Anm. 44), S. XXXII.

[67] StAGR XII 23 f 6, Brief A. Büchlis an E. und A. Großenbacher, St. Gallen, vom 31.3.1954.

[68] Wie Anm. 67.

[69] Büchli (wie Anm. 44), S. 20.

[70] Wie Anm. 69.

[71] Büchli (wie Anm. 44), S. 396.

[72] Büchli, Arnold: Mythologische Landeskunde von Graubünden. Ein Bergvolk erzählt. Bd. 3, hrsg. von Ursula Brunold-Bigler, Disentis 1990, S. 66.

[73] Büchli (wie Anm. 72), S. 63.

[74] Büchli (wie Anm. 44), S. 181.

[75] Im wissenschaftlichen Nachlaß Büchlis (Staatsarchiv Graubünden) befinden sich an «Frl. A. Büchli, Poststraße 14, Chur»

adressierte Exemplare. Die Zeitschrift erschien seit 1954 im Wendelinsverlag, Einsiedeln.

[76] Büchli (wie Anm. 44), S. 798.

[77] Assmann, Jan: Kollektives Gedächtnis und kulturelle Identität, in: Kultur und Gedächtnis, hrsg. von Jan Assmann und Tonio Hölscher, Frankfurt/M. 1988, S. 9–19; S. 11.

[78] Marchal, Guy P.: Memoria, Fama, Mos Maiorum. Vergangenheit in mündlicher Überlieferung im Mittelalter, unter besonderer Berücksichtigung der Zeugenaussagen in Arezzo von 1170/80, in: Vergangenheit in mündlicher Überlieferung, hrsg. von Jürgen von Ungern-Sternberg und Hansjörg Reinau, Stuttgart 1988, S. 289–320; S. 315–320. – Zum geringen Rezeptionsgrad der genannten wissenschaftlichen Erkenntnisse siehe: Seidenspinner, Wolfgang: Sagen als Gedächtnis des Volkes? Archäologisches Denkmal, ätiologische Sage, kommunikatives Erinnern, in: Erinnern und Vergessen. Vorträge des 27. Deutschen Volkskundekongresses Göttingen 1989, hrsg. von Brigitte Bönisch-Brednich u. a., Göttingen 1991, S. 525–534.

[79] Schenda, Rudolf: Vorlesen: Zwischen Analphabetentum und Bücherwissen. Soziale und kulturelle Aspekte einer semiliterarischen Kommunikationsform, in: Bertelsmann Briefe, Heft 119, März 1986, Sp. 5–14.

[80] Brunold-Bigler, Ursula: Quellenkritische Studie zu Arnold Büchlis Volkserzählungssammlung «Mythologische Landeskunde von Graubünden», in: Bündner Monatsblatt 1985, S. 221–264 und Egloff, Peter: Da bucca a bucca? Entginas observaziuns e remarcas davart las relaziuns denter raquent oral e litteratura scretta, in: Annalas da la Società Retorumantscha 98 (Disentis 1985), S. 153–172.

[81] Pfister spielt «junge» Schulweisheit gegen das «Gemeingut der Vorzeit» aus: «Was sind alle von Schulfüchsen neuerer Jahrhunderte gemachte Fabeln gegen Sagen eines Volkes!» Pfister, Hermann von: Sagen und Aberglaube aus Hessen und Nassau, Marburg 1885, S.1

[82] Büchli (wie Anm. 44), S. XVIII.

[83] Petschel, Günter: Freunde in Leben und Tod, in: Enzyklopädie des Märchens, begründet von Kurt Ranke u. a., Berlin / New York 1977ff., Bd. 5, Sp. 282–287.

[84] Büchli (wie Anm. 44), S. 293f.

[85] StAGR XII 23 f 6, Brief A. Büchlis an E. und A. Großenbacher, St. Gallen, vom 11.7.1951.

[86] Büchli (wie Anm. 44), S. XX.

[87] Büchli (wie Anm. 72), S. 5ff.

[88] Büchli (wie Anm. 44), S. XXIX.

[89] Büchli (wie Anm. 72), S. 519.

[90] Büchli (wie Anm. 44), S. 422f.

[91] StAGR XII 23 f 6, provisorisches, unveröffentlichtes Typoskript auf Sicherheitsfilm, S. 658.

[92] Jetzt abgedruckt in: Büchli (wie Anm. 44), S. 709–911.

[93] Fragebogen über die schweizerische Volkskunde, in: Schweizerisches Archiv für Volkskunde 31 (1931), S. 101–142. – Zur Langzeitwirkung dieses Fragebogens auf die schweizerische Folkloristik: Brunold-Bigler, Ursula: Rekonstruktionsversuche integraler Erzählwirklichkeit, in: Berichte und Referate des fünften, sechsten und siebten Symposiums zur Volkserzählung Brunnenburg / Südtirol 1988/89/90 (im Druck).

[94] Bächtold-Stäubli, Hanns: Enquête über die schweizerische Volkskunde, in: Volkskundliche Gaben. John Meier zum siebzigsten Geburtstage dargebracht, hrsg. von Erich Seemann

und Harry Schewe, Berlin / Leipzig 1934, S. 9–15.

[95] Büchli (wie Anm. 44), S. XXIV.

[96] Ranke, Friedrich: Grundsätzliches zur Wiedergabe deutscher Volkssagen, in: Niederdeutsche Zeitschrift für Volkskunde 4 (1926), S. 44–47.

[97] Brinkmann, Otto: Das Erzählen in einer Dorfgemeinschaft, Münster / W. 1933.

[98] Schwebe, Joachim: Henßen, Gottfried, in: Enzyklopädie des Märchens (wie Anm. 83), Bd. 6, Sp. 821ff.

[99] Brunold-Bigler, Ursula: Melchior Sooder (1885–1955) und seine Zugänge zur bernischen Volkserzählung, in: Schweizerisches Archiv für Volkskunde 85 (1989; Festschrift für Eduard Strübin zum 75. Geburtstag), S. 43–72 und dies.: Historisch-kritische Lesarten von Melchior Sooders Volkserzählungstexten, in: Berichte und Referate des fünften, sechsten und siebten Symposiums zur Volkserzählung Brunnenburg/Südtirol 1988 / 89 / 90 (im Druck).

[100] Dégh, Linda: Biologie des Erzählguts, in: Enzyklopädie des Märchens (wie Anm. 83), Bd. 2, Sp. 386–406.

[101] Sooder, Melchior: Zelleni us em Haslital. Märchen, Sagen und Schwänke der Hasler aus mündlicher Überlieferung aufgezeichnet von M' S', Basel 1943, S. 10*–18*.

[102] Neumann, Siegfried: Individualisierung, in: Enzyklopädie des Märchens (wie Anm. 83), Bd. 7, Sp. 158–160.

[103] Brunold-Bigler, Ursula: Steuerungs- und Ausblendungsprozesse in der Schweizer Volkserzählproduktion, In: Erinnern und Vergessen (wie Anm. 78), S. 501–511; S. 502f., 504f. und dies. (wie Anm. 99), S. 43f.

[104] Schott, Albert: Die deutschen Colonien in Piemont. Ihr Land, ihre Mundart und Herkunft, Stuttgart / Tübingen 1842, S. 145ff.

[105] Schott (wie Anm. 104), S. 137ff.

[106] Schott (wie Anm. 104), S. 167.

[107] Büchli (wie Anm. 44), S. LIII.

[108] Wie Anm. 107.

[109] StAGR XII 23 f 6, Brief P. Zinslis an A. Büchli vom 1. 9. 1934.

[110] Büchli (wie Anm. 44), S. XLVI.

[111] StAGR XII 23 f 6, provisorisches, unveröffentlichtes Typoskript auf Sicherheitsfilm, S. 6.

[112] Petzoldt, Leander: Probleme und Dimensionen des Erzählerischen in der Literatur und Volksdichtung, in: Volksdichtung zwischen Mündlichkeit und Schriftlichkeit, hrsg. von Lutz Röhrich und Erika Lindig, Tübingen 1989, S. 67–81; S. 74.

[113] StAGR XII 23 f 6, Brief A. Büchlis an E. Großenbacher, St. Gallen, vom 16.3.1954. – Zu Jecklins Sagensammlung «Volksthümliches aus Graubünden» siehe Danczkay-König, Silvia: Dietrich Jecklin (1833–1891), in: Schenda/ten Doornkaat (wie Anm. 2), S. 351–375.

[114] Büchli (wie Anm. 44), S. LIII.

[115] Klinkert, Roman u. Bettina Büsser: Caspar Decurtins (1855–1916), in: Schenda/ten Doornkaat (wie Anm. 2), S. 419–439.

[116] Büchli (wie Anm. 44), S. XIX.

[117] StAGR XII 23 f 6, Brief A. Büchlis an A. Schorta vom 24. 1. 1959 (Photokopie).

[118] StAGR XII 23 f 6, Brief A. Büchlis an Dr. Nef, Pro Helvetia vom 5. 11. 1942 (Photokopie).

[119] Büchli (wie Anm. 44), S. LVf.

[120] Büchli (wie Anm. 15), S. 232.

[121] Vgl. Verdier, Yvonne: Façons de dire, façons de faire. La laveuse, la couturière, la cuisinière, Paris 1979.
[122] Büchli (wie Anm. 44), S. 11.
[123] Büchli (wie Anm. 44), S. 28.
[124] Büchli (wie Anm. 44), S. 122.
[125] Büchli (wie Anm. 44), S. 129.
[126] Büchli (wie Anm. 44), S. 138.
[127] Büchli (wie Anm. 44), S. 281.
[128] Büchli (wie Anm. 44), S. 293.
[129] Büchli (wie Anm. 44), S. 378.
[130] Büchli (wie Anm. 44), S. 404.
[131] Büchli (wie Anm. 44), S. 411.
[132] Büchli (wie Anm. 44), S. 494.
[133] Büchli (wie Anm. 44), S. 585.
[134] Büchli (wie Anm. 44), S. 620.
[135] Büchli (wie Anm. 62), S. 12.
[136] Büchli (wie Anm. 62), S. 384.
[137] Büchli (wie Anm. 44), S. 217.
[138] Büchli (wie Anm. 44), S. 318.
[139] Büchli (wie Anm. 44), S. 356.
[140] Bausinger, Hermann: Alltägliches Erzählen, in: Enzyklopädie des Märchens (wie Anm. 83), Bd. 1, Sp. 323–330.
[141] Brunold-Bigler (wie Anm. 103), S. 507f. und dies. (wie Anm. 99), S. 50f.
[142] Henßen, Gottfried: Volkstümliche Erzählerkunst. Heft 4 der Beiträge zur rheinischen und westfälischen Volkskunde in Einzeldarstellungen, Wuppertal-Elberfeld 1936, S. 19. Henßen scheint einer der ersten Forscher gewesen zu sein, der die populäre Erzählkultur entmythisiert und die Interessendominanzen der Sammler klar erkannt hat.
[143] Büchli (wie Anm. 44), S. 332.
[144] Vgl. Dégh, Linda: Erzählen, Erzähler, in: Enzyklopädie des Märchens (wie Anm. 83), Bd. 4, Sp. 315–342; Sp. 331.
[145] Büchli (wie Anm. 44), S. XLIV.
[146] Büchli (wie Anm. 44), S. 330.
[147] Büchli (wie Anm. 44), S. 629.
[148] Büchli (wie Anm. 62), S. 61
[149] StAGR XII 23 f 6, provisorisches, unveröffentlichtes Typoskript auf Sicherheitsfilm, S. 741 = weggelassener Kommentar zur Erzählung «Wie die Alten werkten», in: Büchli (wie Anm. 44), S. 448.
[150] Büchli (wie Anm. 44), S. 793.
[151] Büchli (wie Anm. 44), S. 784.
[152] Büchli (wie Anm. 72), S. 182.
[153] Büchli (wie Anm. 44), S. 363.
[154] Büchli (wie Anm. 44), S. XXXIII.
[155] StAGR XII 23 f 6, Brief A. Büchlis an E. und A. Großenbacher, St. Gallen, vom 15.7.1949.
[156] Büchli (wie Anm. 72), S. 737.
[157] Vgl. Anm. 84.
[158] StAGR XII 23 f 6, Brief A. Büchlis an E. und A. Großenbacher, St. Gallen, vom 29.9.1952.
[159] Büchli (wie Anm. 72), S. 685.
[160] Zur weiblichen Erzählkultur und ihrer Negierung durch die Sammler siehe: Köhler-Zülch, Ines: Ostholsteins Erzählerinnen in der Sammlung Wilhelm Wisser: ihre Texte – seine Berichte, in: Fabula 32 (1991), S. 94–118.
[161] Zinsli (wie Anm. 40), S. 179f. – Zu diesen Standardwerken zählt auch E. Poeschels «Burgenbuch von Graubünden».

[162] Vgl. auch ten Doornkaat (wie Anm. 2), S. 569f.

[163] Krättli, Anton: Arnold Büchli: Ein Bergvolk erzählt. «Mythologische Landeskunde von Graubünden (zweiter Teil)», in: Aargauer Blätter, Mai 1967, Nr. 68, S. 13–14; S. 13. – Eine kommentierte Textsammlung »neuer Sagen« bietet: Fischer, Helmut: Der Rattenhund. Sagen der Gegenwart, Köln 1991.

[164] Schenda, Rudolf: Neue und unbekannte Bündner Sagen. Der dritte Band der Arnold-Büchli-Ausgabe, in: Neue Zürcher Zeitung vom 22.11.1990, Nr. 272, S. 29.

[165] Brunold-Bigler, Ursula: Überlegungen zum soziohistorischen Gehalt von Bündner Sagen, in: Dona Folcloristica. Festgabe für Lutz Röhrich zu seiner Emeritierung, hrsg. von Leander Petzoldt und Stefaan Top, Frankfurt / M., Bern [etc.] 1990, S. 33–47.

Register

Motive, Themen, Typen

Aasgeschenk II 137, III 747
Abdeckerin ist Hexe II 600
Abendmahl:
– Frauenvortritt zum A. I 401, 564, 808
– Zauberspruch während A. I 624
Abendmahlsbrot:
– bewahrt vor Schaden I 525
– Brandverhütung durch A. I 562
– bricht Alpdruckmacht I 9, 483 f., III 317
– bricht Geistermacht III 313 f.
– bricht Hexenmacht I 17, 587, III 493 f.
– hilft bei Blutsturz I 618
– hilft bei Kindergicht (Eklampsie) I 524
– von Pfarrersfrau vergiftet III 197
Abstammung vom Vieh III 24, 46
Abt:
– bannt Geist II 90 f., 111, 181, 193
– Fußspuren des A.s in Stein II 94
– macht Riesenschritte II 94
– überlebt als Kind die Pest II 93
– weiß Rat bei Kindsverhexung II 132 f.
Äbtissin sperrt Nonne ein III 812 f.
Abtreibung → Kindsmord
Acker:
– Karfunkel im A. II 171
– Schatz im A. I 531 f., 710, II 152 f., 170, 920 f., III 269 f., 515, 521, 539, 581 f.
– unrechtmäßig erworben I 641 f., II 312 f.
Adler entführt Kind II 35, 834
Advokat:
– auf der Seite des Teufels II 614 f.
– ist Betrüger II 223 f., 266, 577 f., 614 f., III 754 f.
– Teufel als A. III 776 f.
Ali Baba II 36 f., III 517
Allerheiligen (1. November) II 139, III 684
Allerheiligstes:
– bricht Hexenmacht II 200, III 700 f., 908, 918 f.
– entehrt III 129
Allermannsharnisch (Allium victorialis) bricht dämonische Mächte I 246, 393
Allerseelen (2. November):

– Erlösung von Armen Seelen an A. III 354
– Geistererscheinung an A. I 266, II 310, 402, III 32, 51 f., 77, 352, 738 f., 858, 874 f., 896 f., 911
Allerseelenmonat (November):
Geistererscheinungen im A. II 292, III 65, 67, 85, 588
Alp:
– Alpdruck auf A. I 111, 305, II 580
– darf nach der Entladung nicht mehr betreten werden I 81 f., 84, 125, 127, 202, 238, 459, 490, 521 f., 540, 550, II 467 f., 476 ff., 494, 501, 647, 648, 652 f., III 24 f., 30 f., 681, 714, 722, 739, 752 f., 756, 784
– Frau in Männerkleidern auf A. II 119, 871 f., III 5 ff., IV 18 f.
– Geistererscheinung auf A. I 8, 18, 44 f., 51 ff., 63, 64, 67 f., 71, 81 ff., 84, 94, 100, 120, 122, 125, 126 f., 127, 177 f., 190, 205, 206, 231, 238, 240, 241, 242, 244, 255, 270 f., 279, 288, 298 f., 333, 347 f., 372 f., 385 f., 386, 425 f., 441, 449 f., 458 f., 459, 478 f., 490, 502 f., 504, 521 f., 523, 537 f., 538, 539, 540, 549, 550 f., 608, 610, 612 f., 625, 660 f., 714, 722 ff., 735 f., 746 ff., 765, 780, 787, 796 f., 801 f., 816, 841, 877, 878, 894, II 90 f., 112, 159 f., 186, 189 f., 198, 201, 201 f., 211, 271 f., 293 f., 355 f., 358, 406, 415, 445, 467 ff., 479 f., 481 f., 494, 501, 514 ff., 614 f., 631, 636, 638, 647 f., 650, 651, 652 f., 752 f., 794 f., 795, 796 ff., 841, 849, 857 f., III 11 f., 13, 17, 22, 23, 24 f., 28 f., 30 f., 34, 96, 114, 117, 126, 131 f., 141 ff., 159, 228 f., 260, 272, 274, 282 f., 310, 311 f., 313 f., 389, 390 f., 393, 421 f., 433 f., 455, 513 f., 532, 584, 681, 693, 699, 703 f., 711, 714, 719, 720, 721, 722, 730, 739, 752 f., 756 f., 763 f., 764, 784, 802 f., 859, 892 f., 906, 908, 912 f., 957
– Hexe besucht A. II 371, III 78 f., 194, 735 f., 754
– Melkstuhl vergessen auf A. I 84, 125, 523, 747 f., 780, 801, 816, II 647 f., 652 f., III 11 f., 13, 22, 28 f., 228 f., 313 f., 591

– mit List erworben III 616, 676 f.
– Mord auf A. I 126 f., 505, 538, 876, II 351, 799 f., III 300 f., 675 f., 710, 839 f.
– Pfarrer kämpft für gerechte Zuteilung von A. III 681
– Riese auf A. III 956
– Riesin will A. zerstören III 292
– Teufel will A. verwüsten II 708, 709, 719, 741 f.
– Ungeziefer auf A. verbannt II 161, 209, 228
– Vertreibung des Viehs von A. durch dämonische Macht I 33, 35, 81 f., 93 f., 94, 368, 505, 660 f., 722, II 13 f., 18, 28, 31, 72 f., 89 f., 109, 117, 118, 164, 213, 363, 367, 369, 371, 403, 514 f., 752 f., 841, 857, III 13, 126, 890, 902 f.
– Vieh geht im Namen Gottes auf A. II 439
– wird nicht schneefrei wegen unbeglichener Schulden II 470 f.
– wird unfruchtbar durch Meineid II 412
– wird unfruchtbar durch Tötung von Schlange II 499
– wird unfruchtbar durch Verwünschung I 19, 44, 127, 246, 287, 290 f., 333, 347 f., 612, 824, 899 f., II 119, 406, 604, 704 f., 767 f., 841, 871 f., III 5 ff., 310 f., 674 f., 740
– wird unfruchtbar wegen Unrechts an Witwe III 20
Alpbestoßung: Geistererscheinung während A. I 205, III 847
Alpdruck: Abwehr, Macht brechen:
– Abendmahlsbrot I 9, 483 f., III 317
– Andachtsbuch unter Pfulmen I 120 f., III 40, 58 f.
– aufs Deckbett schlagen II 709
– Axt mit Schneide aufwärts auf Brust legen II 438, 555
– Blutstrich I 582 f., 596 f., 835 f., II 725, III 40
– Brot I 9, 110, 205, 229, II 852 f., III 196
– Dem A. darf nichts ausgeliehen werden II 238, 852 f., III 106 f., 224 f., 276 f.
– Den A. nach Namen / Herkunft fragen II 186
– Drei höchste Namen I 9, 199, 354, 483 f., 582 f., 813, II 806 f., 876
– Erkennungsmittel I 582, 797, 835
– Erlösung durch Töten von Tier I 834 f., II 237, III 221

– Fluchen II 186
– Gebet I 124, 163, 305, 840
– Geplagten beim Namen rufen I 124, 483 f., II 268, 297, 405, 500 f., 637
– Geweihte Gegenstände I 110, III 196
– Hechel I 429 f., 519, II 124, 743, III 394 f.
– Heilige Drei Könige II 76
– in Kuhgstalt verletzen I 834
– Kind dabci haben I 305, II 89
– Kot III 58, 106 f.
– Kreuz / -zeichen II 806 f., III 58 f.
– Kreuzweis gelegte Gegenstände I 117, II 627 f., 806 f., 939, III 196
– Löcher und Ritzen verstopfen I 9, 110, 668 f., II 207, 237 f., 269, 355, 405, 438, 494 f., 500 f., 534, 852 f., III 58 f., 255, 276 f.
– Meisterwurz II 806 f.
– Messer in Bett / Türe stecken I 111, 117, 305, 354, 482, II 531, 627 f., 852 f., III 58, 224 f.
– Namen Gottes / Jesu I 23, 549, 582 f., 835 f., III 40
– Panzer mit Stacheln II 806 f.
– Schädel aus dem Beinhaus I 242
– Schafschere II 627
– Schreien I 549
– Schuhe mit den Spitzen auswärts / einwärts stellen I 483 f., II 438, III 59
– Schüssel III 655
– Segen I 483 f., II 353, III 413
– Sich zur Seite drehen I 205, II 126
– Taufe I 120 f., III 835 f.
– Urin des Geplagten in verkorkter Flasche I 9, 171 f., 199, 228 f., 269, 668 f., 782, 879 f., II 238, 852 f., III 219, 255, 276 f.
– Wasser / Urin sieden I 171 f., III 71
– Weihwasser III 59, 413
– Zauberpapier I 85
Alpdruck: Wesen und Tätigkeit: I 9, 25, 106 f., 117, 124, 171 f., 806 f., 835 f., II 89, 186, 197, 361, 464, 637, 728, 730, 923, III 58, 210 f., 250, 394 f., 624, 627
– als kalter Wind III 250, 655
– als Katze II 534
– als Kugel I 163
– als Kuh I 834
– als Schwein I 879 f., II 641
– Alte Frau ist A. I 25, 110, 228 f., 429 f., 668 f., II 76, 555, 743, 806 f., III 71, 219,

224 f., 276 f.
- auf Alp I 111, 305, II 580
- Gefangener A. wird Ehefrau II 206 f.,
  237 f., 269, 495 f., 534
- hat Macht durch Photographie II 238
- in bestimmtem Zeichen geboren III 655
- ist unerlöste Seele II 531
- Kind geplagt I 110, 124, 582 f., 596 f., 835 f.,
  II 108, 627, 709, 852 f., III 40, 59, 71, 104,
  106 f., 196, 219, 224 f., 255, 258, 276 f., 413,
  566
- Kind ist A. III 427
- Kobold ist A. III 892, 957
- kommt vom Teufel I 9
- macht Menschen zum Reittier II 268
- Magd ist A. I 110, 834 f., II 237, III 221
- Mann ist A. II 125
- Nachbarin ist A. I 228 f., 668 f., II 122, 438,
  500 f.
- Patin ist A. I 519, 813, II 743, III 655
- Pfarrer ist A. II 124
- Pferd die Mähne gezopft II 580
- rächt verschmähte Liebe I 879
- Reiche Frau ist A. II 627 f.
- Schwarze Engel beim Tod von A. I 429
- verleugnet Namen Christi I 813
- Vieh geplagt / getötet I 120 f., 124, 482,
  II 238, 269, 641, 697, 728, 853, III 58, 106 f.
- Zwei Tiere in eine Kette gelegt I 834 f.,
  II 697, III 566
Alpenzeitlose: Schadenzauber mit A. III 191 f.
Alpgeräte lebendig geworden III 5 ff.
Alpstreit: → Eid auf eigenem Grund und
  Boden
- Teufel mischt sich in A. ein II 339, 342 f.
Alpverkauf unter dem Wert I 94, 241, 387,
  406, 604, 867, II 128, 411, 528, 580, 603,
  612, 732, III 191, 274, 616 → Landverkauf;
  Waldverkauf
Alraune:
- ist Geldscheißer I 470, 541 f., 553 f.
- kommt vom Teufel I 470, 541 f.
Alte Frau: → Großmutter
- glaubt sich tot I 771
- holt böse Kinder III 766
- ist Alpdruck I 25, 110, 228 f., 429 f., 668 f.,
  II 76, 555, 743, 806 f., III 71, 219, 224 f.,
  276 f.
- ist Hebamme I 337 f.
- ist Hexe I 110, 114, 120 f., 132, 178, 197,
  219 f., 319, 376 f., 404, 426, 427, 445 f., 518,
  519 f., 668 f., 726, 777, 804, 895, 896 ff.,
  II 26, 87 f., 107, 108, 158, 196, 200, 203,
  208, 213, 215 ff., 230, 237, 264 f., 310 f., 354,
  355, 371, 372, 421, 544, 608, 634, 642, 670,
  710, 711, 730, 804 ff., 818 ff., 926 f., III 9, 33,
  55, 78 f., 110, 131 f., 210 f., 212 f., 217, 249 f.,
  301 f., 356, 539, 549, 578 f., 596, 603 f., 659,
  692, 709, 717 f., 735 f., 807 f., 814, 849, 860 f.,
  862 f., 872, 876 f., 917 f., 938, 943 f.
- ist Menschenfresserin II 17 f., 35 f.
- ist rollender Kuhbauch II 158, 173
- ist Schatzhüterin II 15, 19, 162, 382, III 707,
  795 ff., 816 ff.
- ist Sittlichkeitsverbrecherin III 351 f.
- leistet Fronarbeit für Kapellenbau II 352
- mit Fuhrwerk tödlich verunglückt I 245
- prophezeit Tod I 333
- warnt vor schneller Rodung von Wald und
  Buschwerk III 280
- wartet auf Heimkehr ihres Sohnes I 248
- wehrt sich gegen schlechten Scherz III 836
- weiß Rat bei Alpdruck II 852 f.
- weiß Rat bei Geisterverletzung II 476 ff.
- weiß Rat zur Verhinderung von
  Kindsmord I 551
Alte Frau: Stein der a. n F. II 15, 16 f., 17 f., 19,
  35 f., III 393, 400, 420, 766, 774 f.
Altentötung:
- der Hexen II 264 f.
- der Zigeuner I 22, 224, II 132 f., III 11
Alter: Einstellung zum A. I 19, 487
Alter Mann:
- heiratet Patenkind I 285 f., 361, II 307
- ist Hexer I 609, 898, 906, III 429
- vereitelt Plan des Teufels II 502
- von Priester während Prozession gequält
  III 680
- warnt vor unbedachter Rodung III 299
- weiß Rat bei Alpdruck III 71
- weiß Rat bei Geistererscheinung II 406 f.
- weiß Rat bei Hexerei I 804 f., III 283 f.
Alter Pilger ist Herrgott III 698
Ameise / -n:
- ist Hexe I 590
- Teufelsgeld aus A. n III 758 f., 877, 889 f.,
  961
- Todesfall angezeigt I 526

Ameisenhaufen dürfen nicht zerstört werden
I 442

Amtsträger, gewissenhafter III 419

Analphabeten I 56f., 402, 432, 590f., 773,
823, II 813ff., 927f., III 870

Andachtsbuch: → Bibel; Evangelienbuch

– bricht Alpdruckmacht I 120f., III 40, 58f.

– bricht Geistermacht III 313f.

– Hexe stört Lektüre von A. II 354

– Nachtvolk liest im A. I 22f.

– verhindert Kindergicht I 524

Andreastag (30. November):

– Liebesorakel am A. I 361, III 210

– Teufel erscheint am A. III 790f., 863

Anteilnahme mißverstanden I 432, 820

Antonius (von Padua), Hl.:

– bringt verlorene Sachen zurück II 360

– Gebet zum Hl. A. bricht Geistermacht
III 885f.

– verweigert Ziegenopfer III 884

Antwort der Geliebten III 824f.

Apfelschalen aufgelesen III 220

Apotheker und Bauersleute I 855, 856

Arbeitsweise der Vorfahren I 448

Aristokrat/-in: → Geist: Gestalt
(Menschen): Aristokrat/-in

– ist Dieb I 686

– ist kugelfest III 34

– ist Mörder I 686, III 853f.

– ist Schatzhüterin I 153, III 213f.

– kann nur in Holzverschlag schlafen I 72

– schindet Frauen I 72

– Verarmung von A. III 40f.

Arme Seele/-n: I 46, 869f., III 67, 875, 895

– als Hund III 788f., 874, 906

– als Maus II 170

– als Schlange II 499, 750ff., III 754f.

– als Schwein III 711

– auf Friedhof an Allerseelen erlösbar III 354

– bewahren Dorf vor Brand III 378ff.

– fährt durchs Kamin III 684

– Fürbitte der A.n S.n für Lebende III 782

– Glockenheilige bitten für A. S.n II 939

– hilft bei der Wäsche III 865

– hütet Schatz II 18f., 136, 170, 488f., 750ff.

– in Bruderschaftskleidung III 378ff.

– in Feuerwelle III 236

– in Gletscher II 276

– ist Alpdruck II 531

– ist dankbar II 757, III 144f., 784, 840f.,
909f.

– ißt bereitgestellte Nahrung III 684, 686

– Katze bricht Macht der A.n S.n III 950,
953, 956

– Lebende verwünscht III 874f.

– leidet beim Öffnen und Schließen von Türe
III 894f.

– leidet wegen leer hängender Herdkette
III 721f., 725, 849, 895, 904, 958, 963

– leidet wegen Messer im Brot III 849

– Nachtwandler sicher geleitet II 135f.

– Neun Tage in Haus III 895

– Rosenkranzgebet der A.n S.n III 129, 896,
896f., 950

– spinnt Gold II 568f.

– Spur von Schädel in Stein III 895

– Stein der A.n S.n II 18f., 40f.

– Sterbegebete gebetet II 402, III 949f., 953f.

– Todesfall angezeigt I 634, III 129, 725,
738f., 953

– trägt Prozessionslicht II 310, III 693f.,
701f., 725, 738f., 779f., 847f., 858, 863f.,
868, 925, 948f., 950, 953, 954, 956, 958

– übergibt Brief III 144f., 712f.

– wärmt sich an Lebenden II 142

– will Gebete II 53, 184, 192, 387, 757, III 236,
874f., 908, 911, 948

– will Rosenkranzgebet II 169, III 328

– wünscht Läuten von Totenglocke II 532

Armenseelenlicht: Sieben Schädel um A.
II 521f.

Armenseelenprozession: II 169, III 378ff.,
693f., 694, 701f., 738f., 779f., 847f., 863f.,
868, 874f., 898, 925, 945, 956, 959
→ Geisterprozession; Nachtvolk

– Gebet der A. darf nicht unterbrochen
werden III 898, 953f.

– geht zum Friedhof II 169, III 725, 858, 950,
953, 958

– in Landestracht III 903

– Letzter in A. ist schwarzer Hund III 874

– musiziert III 903

– Namen Christi bricht Macht der A.
III 954, 955

– will Seele retten III 873f., 874, 880, 901f.

Armenspende: Ursprung von A. III 793f.

Armer Mann ist listig I 908

Armer Sünder erhält Hinrichtungsgeld I 432

Arve:
- ist Hirtenuhr I 332 f.
- ist Schatzbehälter I 332
Arvenholz vom Teufel verdorben I 294 f.
Arzt und Bauer I 773
Aschermittwoch: Am A. Geborene sehen
  mehr II 192
Astrologe weiß Rat bei Hexerei III 915
Auffahrt:
- An A. Geborene sind geistersichtig I 698
- Geistererscheinung an A. III 17 f.
Auffahrtsharz ist heilkräftig I 393, III 24
Auffahrtskäse muß nicht gesalzen werden
  III 24
Aufgaben:
- für Büßerin II 247 f.
- für Glockengießerlehrling II 322 ff.
- für Kobold III 739, 748, 758, 810, 892
- für Teufel II 115, 159, 263, 434 f., 525 f.,
  545 f., 836 f., 871, III 21, 56, 410 ff., 749
Aufhocker / -in: III 145 f., 282, 376, 412, 802 f.
- Geisterhund III 137
- Hexe I 66 f., 75 f., II 392, 431, III 475 f., 550
- Teufel II 520 f., III 429 f.
- Windfrau III 185 f.
Aufschneiden, um es wieder zu nähen III 420
Augenverblendung I 5, 630, 643, II 609 f.,
  620 f., 712, III 107, 727, 745 f.
Auskleiden, sich (im Rätsel) I 860
Ausschicken von Tieren I 763, II 439

Babania → Drei Könige, Hl.
Bach:
- darf von Heiratswilligen nicht überquert
  werden III 310
- Schatz in B. II 376
Bachgschrai (Geisterlärm) I 37
Balkenstrecken II 438
Banholzjõli (Kinderschreck) I 130
Banshee (irische Todesfee) I 444
Bär:
- Besondere Wahrnehmung für B. III 473 f.
- erschreckt Knaben zu Tode II 243
- gräbt Schlafwurzel aus III 14 f.
- hinterläßt Spur in Stein III 585
- in der Stadt während Pest I 672, 816
- ist Hexe III 683 f., 950 f.
Bärenfell: Leben und Sterben im B. I 357
Bärenhäuter II 537 f.

Bärenjagd / -vorkommen I 282, 333 f., 357,
  414, 737, 761, II 52, 210, 224, 263, 306, 313,
  372, 718 f., 840, 877, 881, III 59, 186, 194,
  486, 491, 532 f., 596, 683 f., 743 f., 783
Barghegna, la (Kinderschreck) II 631
Bartwuchs: Schwierigkeiten mit B. III 243 f.
Barwëig-Chüär (Geist) I 531
Basilisk I 874, II 43
Bauer / Bäuerin:
- Frack bei Aristokrat gegen Wald
  eingetauscht II 684
- Hauch mit Rauch verwechselt I 858
- Kirche für Stall gehalten I 775 ff.
- Letzter Burgherr von B.n umgebracht /
  vertrieben I 3, 7, 21, 33, 57, 89, 100 f., 118,
  120, 533, 727, 729, 745, II 60 f., 126, 304 f.,
  379 f., 383, 659 f., 679 f., 699, 762 ff., 772 f.
- Maß verwechselt I 858
- Matratze für Deckbett gehalten I 760
- Nachthafen am Fuß angebunden I 858
- Reicher B. läßt auf fremder Wiese weiden
  II 100
- und Apotheker I 855, 856
- und Arznei I 388
- und Arzt I 476, 773
- und Pfarrer I 402, 736 f., 748, 753, 773, 774
- und unbekannte Welt I 477, 856 ff., 873,
  902, 903, II 484, III 321
- und unbekanntes Fuhrwerk I 856, 873, 902
- verflucht den Herrgott II 353
- verwünscht Burgherrn I 741 f., 744
- Vogel singen gehört I 854
- wegen Gottlosigkeit in Schwein
  verwandelt III 764
- weiß nichts vom Leiden Christi I 773
- Zigeuner vor Landjäger gewarnt I 642
- zum erstenmal Klarinettenspieler gehört
  I 823, 855 f.
- zum erstenmal Kutsche gesehen I 856
- zum erstenmal Schnecke gesehen I 859
- zum erstenmal Tanz gesehen I 823
Baum / -strunk:
- Geistererscheinung in B. I 40
- Geistermusik in B. III 912 f.
- Hexe als B. II 56, 97, 113 f., 372, 471, 581 f.,
  III 705
- mit goldenen Äpfeln in Quelle III 738
- Säbel in B. gefunden II 661 f.
- Schatz in / unter B. I 332, 711, III 138 f., 703

– Umgeworfener B. ist Vorzeichen von Tod
I 358, III 629 f.

Baum zum Erhängen gesucht I 432

Bauplatz von Kirche/Kapelle durch Wunder
gewiesen I 222, 783, II 134 f., 235, 343, 363,
403, 707, III 153 f., 192, 725, 732, 757 f., 763,
806, 856 f., 867, 900 f., 925

Begeli (Geisterziegenbock) I 389

Begräbnis:
– Geist erscheint unmittelbar nach B.
III 88 f., 329
– Geist schaut eigenem B. zu I 23, 118, 142,
157 f., 158, 168, 173, 253 f., 865, 873 f., 893,
II 39 f., 123, 282 ff., 285, III 52, 222, 657
– Vorfahren erscheinen vor B. I 136

Beichte abnehmen III 414

Beichtzettel nicht verbrannt III 63, IV 17

Bein, amputiertes, in Reissuppe gekocht I 773

Berberitze (Berberis vulgaris):
– Heilkraft der B. I 342
– Teufel hat keine Macht über B. II 452

Berg:
– Goldenes Kalb in B. III 520, 531 f.
– Schatz in B. II 802 ff., 845 f., 920 f.

Bergamasker sind Hexer III 496 f.

Bergmännlein ist Schatzhüter I 332

Bergspiegel → Zauberspiegel

Bergsteiger abgestürzt I 289

Bergsturz → Rüfe

Bergsturz von Plurs III 273, 287

Bergwerk:
– Geistererscheinung in B. I 316, III 261, 330
– Schatz in B. I 298, II 193

Besen: → Geisterbesen
– Feuriger B. der Hexe II 637, III 63, 80
– Hexe legt B. ins Bett I 497
– Hexe reitet/tanzt auf B. I 124 f., 174, 191,
206, 298, 838 f., II 121 f., 300, 391 f., 405,
433 f., 633 f., 637, 870, III 53, 63, 80, 98 f.,
108 f., 247
– Hexe stellt B. verkehrt hin II 697
– Nachtvolk auf B. III 308
– verkehrt/kreuzweise aufgestellt, bricht
Hexenmacht I 199 f., 709, II 724, 926 f.,
III 242, 493

Besenruten dürfen an bestimmtem Ort nicht
geschnitten werden I 341, III 280, 299

Bettler/-in:
– Abweisung von B. wird bestraft I 44,

211 ff., 246, 333, 538, 612 f., 665 f., 899 f.,
II 200, 208, 227, III 9, 43, 87 f., 135, 735 f.,
740, 793
– Barmherzigkeit gegenüber B. wird belohnt
I 664 f., II 536 f., III 43, 85 f., 273, 740,
865 f., 927 f.
– Christus als B. I 664 f., III 43, 85 f., 793,
865 f.
– Für B. genügt ein t (Schreibweise) I 686
– ist Hexe II 200, 208, 215 ff., 311, 340 f., 341,
371, 671, 926 f., III 43, 717 f., 735 f., 860 f.
– ist Montafunerin I 671
– weiß Rat gegen Hexerei II 311

Bewährungsproben:
– Auf Glockenzeichen warten I 13 f., 15 f.,
II 317, 380 ff., 388, 490, 512 ff., 823, 864,
870, 931, III 138 f.
– Decke der Geister darf nicht berührt
werden II 858
– Drachen II 869
– Dreimal Hund von Trog hochheben II 459
– Geisterbären I 13 f., 15 f., III 138 f.
– Geisterfüchse I 13 f.
– Geisterlöwen II 380 f.
– Geisterritter I 3 f., 15 f.
– Geisterschlange I 13 f., 15 f., II 512 ff., 864,
931, III 138 f., 557 f.
– Geistertiere III 557 f., 568 ff.
– Geistertiger I 15
– Geistervögel I 13 f.
– Geisterwölfe I 13 f., II 380 f., 512 f., III 138 f.
– Hund Schlüssel entreißen II 694
– Im Zauberkreis ausharren II 380 ff., 490
– Kröte küssen I 115, 432 f., 502, 603 f., 611,
III 76 f., 84
– Kugelregen I 3 f.
– Räuber mit Messern I 13 f.
– Schädel küssen III 84
– Schatz mit goldener Rute ausgraben III 83
– Schlange küssen I 224 f., II 235, III 81, 84,
112
– Schlange Schlüssel entreißen II 492 f., 595
– Schlange von Truhe heben II 898, III 61
– Schwarzen Pudel küssen II 864
– Teufel küssen I 432 f.
– Verlangte Tätigkeiten nicht ausführen
II 201, 355 f., 407 f., 468 ff., III 141 ff., 427 f.
– Ziegenbock von Trog hochheben II 506 ff.,
III 50

– Zwei Jahre schweigen II 568 ff.
Bibel: III 71 (hier: Zauberbuch)
– bricht Geistermacht III 633
– bricht Hexenmacht I 272, 727, III 13
– hilft bei Schlafschwierigkeiten I 393
– links gehalten I 402, 773
Bibelorakel III 406, 530, 541
Bibelspruch bricht Hexenmacht III 394
Bibernelle (Pimpinella saxifraga):
– bricht Hexenmacht I 272
– ist Heilmittel gegen Pest III 182
Bienen:
– begleiten Bienenvater auf den Friedhof
    III 334, 547
– feiern Heiligen Abend II 696
– muß Tod eines Familienmitgliedes
    gemeldet werden I 171, 203, 390, 526, 734,
    II 618 f., 696, 879, III 24, 547
– scheuen Unfrieden II 174
Bild: Zauber mit B. I 571 f., II 111, 238, III 72,
    75, 191, 284 f., 501 f.
Birkenrinde ist heilkräftig III 36
Bischof:
– ist Geisterbanner III 191
– weiß Rat bei Geistererscheinung II 390
Blätter zählen als Buße III 767
Bleichsucht: Mus aus gestohlenem Mehl
    gegen B. I 525
Blindfüttern II 741
Blumenstöcken muß Tod des Hausvaters
    angesagt werden I 390
Blut:
– in Quelle zeigt Mord an II 657, 670 f.
– Sich mit B. an Felsen festkleben II 509
– von Hingerichteten ist heilkräftig III 103
Blutender Knochen I 538, II 351
Bluterkrankheit II 692 ff.
Blutgeist der Kuh I 250
Blutstreifen an Felsen II 771
Blutstrich (Drudenkreuz) bricht Hexen-/
    Alpdruckmacht I 354, 413, 525,
    527, 582 f., 596 f., 598, 835 f., 888, II 724,
    725, III 40
Blutstropfen des Heilands bilden Flecken des
    Marienkäfers II 867
Bockschlitten: mit B. durch die Luft geflogen
    III 417 f.
Boofelgretli (Geist) III 214
Borromeo, Carlo, Hl. (1538–1584): II 568

– hinterläßt Spur in Stein III 746, 798 f., 842 f.
– vertreibt Hexen III 908
Bôvelrêggeri (Geist) I 130, 132
Brambärger (Geist) I 594 f.
Brand: → Dorfbrand
– als Strafe für Unbarmherzigkeit III 132
– Brot löscht B. I 202
– Kupferfarbene Schlange bewahrt vor B.
    I 562
– Prophezeiung von B. I 163, 261 f.,
    267 f., 307 f., 440, 476, 758, 824, III 47, 150,
    499 f.
– von Hexe ausgelöst II 200, 208
– von Hexenmeister gebannt I 672
– Vorahnung von B. I 319
– Vorzeichen von B. I 21, 96, 583, 669,
    II 418 f., 612, III 475, 631
– Weiße Tauben steigen während B. aus den
    Flammen II 645
Brandebärger (Geist) I 870 f.
Brandstiftung: I 577, 654 f., III 401 f.
– durch Katze I 729
Brandverhütung durch Abendmahlsbrot
    I 562
Braune Kutten sind Kleidung des Nachtvolks
    III 256 f.
Braut:
– erschlägt Bräutigam I 845
– ist Hexe I 589, 671, 838 f., II 57, 85 f., 119,
    236 f., 356 f., 370, 425, 436, 473 f., 500,
    543 f., 546, 547 f., 556, III 53, 248, 283 f.,
    464 f., 466, 562, 699 f., 713, 726 f., 759, 794 f.,
    806 f., 810, 815, 818 f., 838 f., 851 f., 877, 909,
    914 f., 936 f., 939 f.
Bräutigam:
– Entrückter B. I 678 f., 765, II 449 f.
– muß Probe bestehen I 566
– Ring ist Erkennungszeichen des richtigen
    B.s II 506 ff.
– spielt Geist – von Braut erschlagen I 845
Bräutigam: Der dumme B. III 850 f.
Brautkleid in nichts aufgelöst III 748
Brautproben II 556 ff.
Brief aus dem Fegfeuer III 144 f., 712 f.
Brigitte, Hl.: Pestkapelle zu Ehren der Hl. B.
    II 94
Brot:
– bricht Alpdruckmacht I 9, 110, 205, 229,
    II 852 f., III 196

– bricht Geistermacht I 370, 449 f., 780, 816,
  II 710, 794 f., III 13, 29, 73, 92 f., 261 f.
– bricht Hexenmacht I 48 f., 55 f., 60, 119,
  171, 174 f., 178, 199 f., 208, 446, 648, II 123 f.,
  344 f., 597, 606, 634, 669 f., 761, III 91, 149 f.,
  217, 233, 283 f., 346 f., 431, 435, 465, 470 f.,
  493 f., 626, 635
– bricht Kugelfestigkeit I 174
– bricht Macht des Festbannens III 389, 390
– bricht Teufelsmacht I 424 f., 801
– den Armen vorenthalten II 227
– immer vorhanden II 941
– in Milch getunkt ist heilig I 623
– ist Mittel zum Erlösen von verzaubertem
  Jüngling III 835 f.
– ist Mittel zum Schatzheben II 710, III 195 f.
– kann nicht geschadet werden I 381
– Kreuzzeichen auf B. zeichnen II 298, 868,
  III 36, 849, 886
– löscht Brand I 202
– Messer darf nicht ins B. gesteckt werden
  III 849
– mit auffallenden Veränderungen ist
  Vorzeichen von Tod I 204, 390, 442
– Steine in B. verwandelt III 842
– von Pesthauch schwarz geworden II 698
Brotbacken: Seelen der Vorfahren freuen sich
  über B. II 231
Brücke:
– Einsturz von B. von Pferden gewittert
  II 455
– Geistererscheinung bei B. I 92, 142 f., 205,
  226 f., 572 f., 576, 603 f., 611, 828, 864,
  II 181, 290, 678, 823, 824 f., 869, 873, 880,
  882, III 34 f., 103, 147 f., 175, 259, 273, 335,
  336, 339 f., 354, 400, 403, 557 f., 788 f., 924
– Goldene Säge unter B. II 74
– Lederne B. II 825, 832
Brüder: Die vier kunstreichen B. III 928 ff.
Brudermord II 657, III 82, 481, 615 f., 633, 637
Brunnämändli (Kinderschreck) I 790, 820
Brust: bis zur B. gespalten II 230
Bubengericht I 447 f., 762, 769, 780
Buccaneuafräulein (Geist) II 931 f.
Buch, beschädigtes (im Rätsel) I 509
Buchstabe O (im Rätsel) III 810
Buckel abgeschnitten und anderswo
  aufgeklebt III 935 f. → Kropf
Buckliger:

– B.n berühren bringt Lottoglück III 673
– ist Hexer II 635
Bündner Wirren (1618–1639) I XII, 472,
  II 662 f.
Burg / Schloß:
– Bausteine der B. dürfen nicht gestohlen
  werden I 532
– Eier / Wein / Milch für Pflaster der B.
  genommen I 116, II 679
– Eingemauerte Tiere in B. II 302
– Geistererscheinung in B. / Sch. I 3, 10 f.,
  13 f., 15 f., 20, 28, 43, 45, 59 f., 76, 82, 108,
  110 f., 112, 114 f., 119, 121, 130, 142, 143,
  145 f., 146 f., 149, 154, 157 f., 158, 170, 173,
  182, 194, 205, 215, 224, 227 f., 718, 744, 865,
  870 ff., 873 f., 893, II 220, 232, 235, 291, 292,
  379 ff., 388, 459, 490, 492 f., 500, 506 ff.,
  512 f., 558, 595, 613 f., 616, 626, 694, 817 f.,
  825, 830 f., 847 f., 922 f., 931 f., 934, III 40,
  50, 52, 59 f., 60, 62 f., 63, 67 f., 76 f., 81, 103,
  106, 112, 118, 129 f., 130, 136, 138 f., 149,
  160 f., 161 f., 163, 173, 184 f., 187, 189, 191,
  202, 219, 229, 237 f., 254 f., 357, 358 f.,
  361 f., 393, 436 f., 453, 471, 515, 587, 624,
  690 f., 694 f., 751 f.
– Goldene Ziege in B. II 375 f.
– (Goldenes) Kegelspiel in B. I 16, 43, 116,
  121, 594 f., 619, 870 f., II 302, 304, 488 f.,
  694, 817 f., 922 f., 931, 934, III 37, 160 f., 163
– Schatz in B. I 18, 35 f., 43, 56, 97 f., 115, 194,
  594 f., 817, 870 f., II 35, 220, 221, 232, 233,
  291, 292, 307, 317, 380 ff., 388, 489, 506 ff.,
  595, 661, 750 ff., 922, III 61, 76 f., 81, 112,
  129 f., 138 f., 149, 161 f., 173, 184 f., 189, 202,
  206, 229, 254 f., 435 f., 514, 515, 587, 649,
  691, 751 f.
– Unterirdische B. mit Marmortreppen
  III 393
– Verwünschung von B. I 741 f., 744
– Weiße Jungfrau kocht für kleine Kinder in
  B. I 11
Burgherr: → Geist: Gestalt (Menschen):
  Burgherr; Letzter Burgherr
– Heiligen ermordet III 192
– ist Hexer III 694 f.
– ist Schatzhüter I 594 f., 870 f., III 229, 691
– Menschen lebendig eingemauert I 472, 556
– Muttergottes belohnt tägliches Ave Maria
  des B.n III 749 f.

- Priester muß mit Messelesen auf B.n
  warten III 749f., 783f.
- stationiert Aufpasser III 584f.
Burgherrin: → Geist: Gestalt (Menschen):
  Burgherrin
- Geisterfrosch hütet Ring der B. III 206
- gibt Kohlen als Hebammenlohn II 595
- Gütige B. II 681, III 749f.
- ist Hexe III 171 ff.
- ist Schatzhüterin I 43, II 220, 233, 291, 292,
  317, 380ff., 388, 506ff., 694, 823f., 931, 934,
  III 50, 76f., 129f., 138f., 184f., 189, 254f.
Buße heimbezahlt I 291
Butterfaß (im Rätsel) I 509

Calvenschlacht (1499) I 214
Capelón (Geist) III 766, 768f.
Caresta-Butzli (Geist) I 511f.
Carmännachüäjer (Geist) I 878, 894
Centenalegende III 840
Chavraröl (Geist) III 494f.
Chilcha-Jumpferä (Geist) I 433
Cholera I 308f., 371, II 726, III 498
Christophorus, Hl. I 790
Christus: → Heiland
- als Bettler I 664f., III 43, 85f., 793, 865f.
- Erscheinung von Ch. III 519
- Steine in Brot verwandelt III 842
Christusmonogramm an Schnittstelle von
  Holunderzweig I 203
Chüajohli (Geist) I 148f.
Cua bargalida → Geisterschwanz,
  gesträubter

Dachs ist Hexe III 265f.
Dachtraufe:
- Totes Vieh muß innerhalb der D. verlocht
  werden I 272
- Ungetauftes Kind darf nicht vor D. III 115
- Unter D. hindurchgehen schützt vor
  Nachtvolk III 38f., 826f.
Dachtraufe (im Rätsel) I 796
Dankbare Arme Seelen II 757, III 144f., 784,
  840f., 909f.
Dankbare Tiere II 319ff., 322ff., 327ff., 333ff.
Dankeswort beeinträchtigt Wachstum von
  Pflanzen I 734
«Das Wetter ist gut!» II 353, 378, 742
Daumen abgehauen und wieder angeklebt

III 416f.
Deckbett (im Rätsel) I 796
Derschalet → Alpdruck
Diala → Wildmenschen
Diamant bei Gletscher gefunden II 845
«Die Stunde ist da, aber der Mann nicht.»
  I 149, 251, II 75f., 82f., 135, 201
Dieb: → Geist: Gestalt (Menschen): Dieb;
  Strafe für Diebstahl
- Hinrichtung von D. I 344f., 905
- Hinrichtung wird D. bezahlt I 432
- in Kamin steckengeblieben und verhungert
  I 825
- Überführung von D. I 235, III 761f.
- Unschuldig verurteilter D. wird vom
  Teufel gerettet III 776f.
Dieb zurückzwingen (magische Praktik):
  I 23, 26f., 62, 172, 229, 235, 380, 446, 485,
  542f., 621, 666f., 671, II 21, 294, 439f., 475,
  610, 624, 644, 713, 731, 746f., 781f., III 134,
  140f., 208, 251, 256, 277, 298f., 906f.
- Wasser bricht Macht des
  Diebzurückzwingens I 62
Diebeslist I 543, 852ff., III 764
Dieulda → Wildmenschen
Diphteritis I 37
Donna dell'Oriente (Geist) III 747
Donnerstein macht Faden reißfest I 8
Dorfbrand: → Brand
- als Strafe für Frevel mit
  Muttergottesstatue II 632
- Armenseelenverehrung bewahrt vor D.
  III 378ff.
- aus Nachlässigkeit verursacht I 123f.,
  II 617f.
- Brennende Ärmel in der Luft I 163
- durch Brandstiftung III 401f.
- Kapuziner hält D. auf II 617f.
- Katze löst D. aus I 729
- Traum von D. II 229
- Verbranntes Papier von D. in Chur
  gefunden I 162
- von Hexe ausgelöst II 200, 208
- von Zigeunern ausgelöst III 369
- Vorahnung von D. III 11
Dorfuntergang:
- durch Rüfe III 932
- Prophezeiung von D. I 163, 261, 307f.,
  II 250, 632, III 150, 251, 520, 666

– von Hexe verursacht / geplant III 43, 679 f., 700

Dose wird in die Luft gehoben II 847 f.

Drache: II 42 f., 869, III 308
– in See I 158, II 368
– Kampf des starken Mannes mit D. II 317
– Lebenskräfte von D. in Schlange III 570 ff.
– löst Rüfe aus I 35, II 673 f.
– Siebenköpfiger D. verbreitet Helligkeit II 158
– Von D. berührtes Haus brennt nicht ab II 674
– von Fahrendem Schüler / Kapuziner gebannt I 282, II 368

Drachentöter I XI, 789 f., II 500, 511, III 931 f.

Drei ärgste Religionsstürmer III 412

Drei bloßgestellte Liebhaber II 904 ff.

Drei Buchen nehmen Geist auf I 40

Drei Fragen des Nachtvolks I 477 f., 534 f., 591, 592

Drei Geisterfüchse I 13 f.

Drei Geisterlämmer als Schatzhüter III 173

Drei Geisterlichter III 924

Drei Heuerinnen ertrunken III 924

Drei Hexen (in drei verschiedenfarbigen) Röcken II 127, 128 f., III 253 f., 346 f.

Drei hilfreiche Hunde III 931 f.

Drei höchste / heilige Namen I 9, 19, 103, 119, 174 f., 199, 204, 269 f., 272, 312 f., 354, 400, 467, 474, 479, 480, 483 f., 493 f., 518 f., 519 f., 525, 528, 540 f., 553, 582 f., 596 f., 599, 600 f., 618, 623, 624, 709, 756, 763, 793, 797, 813, 835 f., 890, 897 f., II 178, 560 ff., 607 f., 630, 666 f., 806 f., 876, 877, 940, III 13, 36, 149 f., 210 f., 253 f., 265, 266, 501 f., 562

Drei höllische Namen II 610

Drei Könige, Hl. (6. Januar) II 76, 299, 354, III 209, 329, 531, 541, 552 ff., 605, 606, 646 f.

Drei Lichter: nur d. L. brennen während Pestzeit II 209

Drei Schüsse: Nach d. S.n des Teufels sein I 568, 868

Drei schwarze Hexenfüchse III 938

Drei Überlebende der Pest I 162

Drei Vaterunser zur Heiligen Dreifaltigkeit beten II 227 f.

Drei weiße Geister I 23

Drei weiße Geisterjungfrauen I 626, 657 f.

Drei Windfrauen II 200

Dreifaltigkeitssonntag: Geistererscheinung am D. III 802 f.

Dreihundert Tage lang täglich die Messe besuchen II 146 ff.

Dreiköpfige Schlange III 855, 868

Dreimal Alp gesegnet I 660

Dreimal bewegt sich das Gewehr I 9, 496

Dreimal brennt das Dorf I 440, 476, 824

Dreimal das Kreuz schlagen vertreibt Teufel I 833 f.

Dreimal Hund von Trog aufheben II 459

Dreimal Kapelle angezündet II 174

Dreimal Melkstuhl wegreißen I 84, 125, 523, 747 f., 780

Dreimal Schlange küssen III 112

Dreimal täglich melken I 19, 287, II 119, 604, 841

Dreimal Wiese, dreimal Wald ist Alter des Wildmannes I 34 f., 422

Dreißigjähriger Krieg (1618–1648) II 627

Dreizehn beim Maskenlaufen I 107, 183, II 527 f., 857, III 79, 228

Dreizehn Geisterferkel III 244

Dreizehn ist Nummer der Hexenkuh III 476

Dreizehn Katzen begegnet I 379

Drudenkreuz → Blutstrich

Ehe: Keuschheit vor der E. I 568

Ehefrau: → Frau
– des Flaschners ist Hexe I 129
– des Junkers und Zigeunerin I 388
– des Korbmachers ist Hexe II 240, 926 f.
– des Maulwurffängers ist Hexe II 233 f.
– des Taglöhners ist Hexe II 318 f.
– des Ziegenhirten ist Hexe III 579 f.
– Einstellung zur E. III 833 f.
– ist gefangener Alpdruck II 206 f., 237 f., 269, 495 f., 534
– ist Hexe I 174, 298, 377, 756 f., 818, II 121, III 41, 91, 99 f., 240, 491 f.
– ist Wildfrau II 389, III 380 f.
– Untreue E. II 747 f.
– Verlassene E. I 380
– will ihren Mann loswerden II 741

Ehemann:
– von seiner Frau verwünscht II 159 f.
– will seine Frau verlassen III 617

Ehering:

– bricht Hexenmacht I 221
– bricht Macht des Nachtvolks I 168, 295, 398f., 414f., 434, III 263
Ei (im Rätsel) I 796
Eichenrinde ist heilkräftig III 36
Eichhörnchen:
– ist Hexe I 208, II 223, III 496
– ist Vorzeichen von Glück I 392
Eichwâldschelm (Geist) I 387
Eid auf eigenem Grund und Boden I 6f., 17f., 27, 91f., 367f., 564f., 762 II 90f., 211, 342f., 363, 412, 602f., 787, 868, III 89, 272, 310, 315, 432, 508, 693, 703f., 730, 756f., 892f., 906
Eier im Mist ausgebrütet III 610
Eierhändlerin:
– besitzt Anleitung zum Beschwören von Meermännchen II 861f.
– ist Hexe I 128
Eierschalen sind heilkräftig I 524
Eierteilung (im Rätsel) I 860
Einäuglein II 720f., 733
Einklemmen von Wildfrau I 358
Eintwâder (Name des Teufels) I 743
Eis: → Gletscher
– Erstmals E. gesehen I 85
– Gebäude im E. III 191
Eisen bricht Hexenmacht II 927f.
Eisenbahn: → Geistereisenbahn
– Prophezeiung von E. I 261f., 267f., 307f., 311, 739
– Schwierigkeiten mit der E. II 52, 106
– Zum erstenmal E. gesehen I 873, 902
Elf Hexen / -meister II 13
Elisabeth, Hl., schickt Strafe für nicht eingehaltenes Gelöbnis III 836ff.
Elster:
– ist Hexe I 648, II 370, 836
– ist verwünschter Mensch I 543f.
– ist Vorzeichen von Unglück I 257, 779, II 217f., 629
– töten bringt Unglück II 836
Emerita, Hl.: Verbrennung der Hl. E. I 64
Engel:
– beschützt entführtes Kind III 888
– gesehen / singen hören I 73, 168f., 545f., II 612, 619, III 328f.
– Haushalt des Pfarrers besorgt II 450f.
– hinterläßt Spur in Stein III 723

– Kinder als E. ins Paradies geschickt II 339f.
– mit Hörnern tote Hexe abgeholt III 939
– schwangere Frau auf Flucht begleitet III 623
– schwarze E. erscheinen nach Tod von Alpdruck I 429f.
– warnt vor Rüfe III 723
Entrückung: II 467f.
– des Bräutigams I 678f., 765, II 449f.
– ins Paradies II 144f., 146
– nach Verschütten von Goldquellwasser I 418, 765, 766f.
Erdbeben: Vorahnung von E. III 669
Erdbeeren sättigen nicht II 452
Erde:
– Hexe gewinnt Macht zurück durch Berührung von E. I 474, 497, 786f.
– in den Schuhen → Eid auf eigenem Grund und Boden
– Sack voll E. bewahrt vor unrechtmäßigem Grundstückserwerb II 92f.
Erlöser in der Wiege I 3f., 545, II 823f., 869f., 882
Erlösung:
– an Allerseelen III 354
– Dreihundert Jahre auf E. gewartet II 517
– durch Absolution III 906
– durch Anrede III 147f., 712f., 793f.
– durch Armenseelengebet III 768f., 894, 963
– durch Bergung von Hostien III 377f.
– durch Brot III 835f.
– durch Errichten von Kreuz III 236f.
– durch Gewaltanwendung II 40f., 96f., III 79, 754f.
– durch Händedruck I 107
– durch Leihen von Licht III 863f.
– durch magische Entsiegelung von Schatz III 563ff.
– durch Meßdienen II 490f., III 63f., 378, 801f., 844f., 848, 897f., 956, 958
– durch Messen II 140f., 141f., 154f., 167f., 171, 181, 444f., 523f., 534f., III 117, 121f., 144f., 264, 336f., 372f., 684f.
– durch mutige Tat III 34f., 112f., 184f.
– durch Rasur II 660f.
– durch Rosenkranzgebet II 169, III 780f.
– durch Schenken von Diebesgut III 121f.
– durch Tötung von Geisterstier II 234f.,

– durch Tötung von Geisterstier (Fortsetzung) 258 f., 274 ff., 289, 306 f., 470 f., 479 f.
– durch Verzeihung III 785
– durch Weigerung II 201, 355 f., 407 f., 468 ff., III 141 ff., 338, 375 f.
– durch Wiedergutmachung I 8, 97, 665 f., II 92, 122, 140 f., 141 f., 142 f., 167, 230 f., 253, 340, 406, 424, 516 f., 534 f., 754, III 85, 223, 350, 428 f., 893, 917, 957, 963
– durch Wohltätigkeit II 211, 754, III 684 f., 754 f.
– durch Zuruf I 115, 157, 366 f., 523, 653 f., 807, 909, II 187, 271, 357, 420, 424, 443 f., 466, 517, 596, 752, 779, 830, 932, III 9 f., 45, 53, 104, 107, 233, 295, 299, 361, 594 f., 602 f., 615, 642, 655, 703 f., 710 f.
– Jedes Jahr ein Kuhhaar ausreißen ist Bedingung für E. II 288
– mißlungen wegen falscher Wahl I 332, 347, II 19, 220, 233
– mißlungen wegen Fluchens / Redens I 43, II 136, 170, III 173, 189, 517, 557 f., 568 ff.
– mißlungen wegen menschlicher Schwäche I 10 f., 13 f., 28, 98 f., 108, 115, 153, 215, 432 f., 454, 502, 545, 593, 604 f., 710, 827 f., 875, II 160, 209, 235, 291, 317, 380 ff., 388, 459, 479 f., 488 f., 492 f., 512 ff., 514 f., 518, 568 f., 670 f., 694, 751 f., 817 f., 823, 858, 869 f., 913 ff., 931, III 45 f., 76 f., 81, 83, 84, 112
– mißlungen wegen Schweigens I 250, 335, 336, 550, 750, III 147 f., 167, 361 f.
– mißlungen wegen Täuschung durch Teufel II 380 f., III 138 f.
– nach ein paar tausend Jahren wieder möglich II 291
– nach erfüllter Lebenszeit III 500
– nur alle hundert Jahre möglich I 13 f., 432 f., 603 f., 611, II 317, 595, 864, 869 f., 882, III 147 f., 167, 557 f., 568 ff.
– Siebenmal sieben das Unrecht wiederholen für E. III 767
– von Alpdruck durch Nachfrage II 531
– von Alpdruck durch Erdrücken von Tier I 834 f., II 237, III 221
– von Hexenfuchs durch Losbinden I 55 f., 190 f., 453 f., 516, II 14 f., 56 f., 64 f., 109 f., 159, 179, 181, 206, 223, 238, 264 f., 371,

478 f., III 97 f., 112, 178 f., 265, 286, 645, 728 f., 835, 918, 937 f., 942 f., 948, 955, 959
– von Hexengemse durch Losbinden II 548
– von Hexenrabe durch Verletzung III 913, 955 f., 960
– von niesendem Geist durch Segensformel I 190, 515, 829
– von weißgekleideten Geistern möglich I 53 f., 515, 710, 827 f., II 208 f., 442, 517, 670 f., 796 ff., 832, III 291 f., 393
Ernteteilung III 846
Erster August ist Lostag I 26
Erster, glücklicher III 354, 490, 640
Erster Weltkrieg: Vorzeichen von E. m W. I 182
Erzhafen (im Rätsel) I 795
Erziehung der Vorfahren III 531 f.
Esel: Verwandlung in E. wegen Unglaubens III 698
Esel ausgeschickt I 763
Esel (im Rätsel) I 796
Eselsei ausbrüten I 873
Etrusker III 879 f.
Eule: → Geistereule
– darf nicht getötet werden I 37, II 252 f.
– Geschrei d. E. ist Vorzeichen von Tod I 35, 37, 144, 196, 204, 389, 461, 463, 666, II 695, 716, III 205, 245, 488, 641, 788, 961
– ist Vorzeichen von Tod III 515 f., 904
Eulenspiegel I 854 → Ürispiägl
Evangelienbuch bricht Hexenmacht III 132 f.
Ewiger Jude: I 397, 536, II 259, 309 f., 388, 631, 839, III 47 f., 238, 324, 333, 335, 519
– hat nur fünf Rappen im Hosensack II 90, III 848 f., 949
– hat sieben Nägel im Schuh I 626
– hat sieben Rappen im Hosensack III 138
– kann in allen Sprachen sprechen II 248
– reitet auf Schimmel II 463
– Stock des E.n J.n trägt Namen aller Länder III 138
– verlangt Entfernung der religiösen Wandbilder I 237 f.
Exorzismus II 755 f., III 49, 72, 326, 349, 522, 777 ff.
External soul III 570 ff.

Fahrender Schüler:
– bannt Drachen I 282, II 368

– bannt Schlangen I 246
– besitzt Zauberbuch II 813 ff.
– bestraft streitende Nachbarn II 342
– gehört dem Teufel II 153
– Geist des F.n S.s wippt hin und her II 401 f.
– identisch mit Zigeunern II 249 f.
– ist geistersichtig I 399, 501
– ist Teufelsbündner II 249 f., 291 f.
– ist tiersprachenkundig III 251
– ist zu schwer zum Tragen II 187
– kann festbannen I 462, 501
– kennt heilkräftige Quellen I 630
– kennt Schätze I 191 f., 282, 383, 409, 412 f.,
    501 f., 531 f., 753, 800, II 152 f., 164 f., 179,
    180, 187, 193, 195, 221, 249 f., 362, 466, 480,
    569 f., 581, 645, 749, 845 f., III 267
– löst Rüfe aus II 342
– prophezeit Brand I 440, 758
– prophezeit Dorfuntergang III 251
– prophezeit Lebenskrise II 491 f.
– prophezeit Tod II 205
– prophezeit Weltuntergang III 267
– Sense verhext II 27 f.
– täglich für 20 Rappen Schaden gestiftet
    II 249 f.
– warnt vor Nacht I 384
– weiß Rat bei Verletzung durch Nachtvolk
    I 301 f.
– will Grenzstreit schlichten II 342
– zaubert Baumaterial für Kapelle herbei
    II 210
Faniner (Geist) I 120
Färber kann festbannen III 250
Fastnacht I 649 f., II 445, 933
    → Maskenläufer
Fastnachtsbelustigungen bestraft II 39 f., 44,
    120
Fauler erhält fleißige Frau II 475 f.
Faulheitsideal II 99 f.
Faust (Teufelsbündner) I 682, 684, 690, 692
Fee heilt Lahmen III 762
Feigen: Ohrfeigen mit F. verwechselt I 855
Fernrohr, außergewöhnliches III 610 f.
Festbannen: I 9, 49 f., 54 f., 61 f., 77 f., 95, 125,
    140, 164, 175, 185, 200, 217, 220, 229 f., 268,
    290, 296, 382 f., 401, 406, 408, 462, 481,
    496, 498 f., 501, 521, 522, 568, 580, 588,
    611 f., 614, 616 f., 621, 622, 646 f., 655 f.,
    657 f., 672, 716, 729, 737, 785, 793, 799 f., 806,

821, 842 f., 867, 868, 888 f., 895 f., 910, II 12,
    74 f., 115 f., 153 f., 238, 243 f., 362, 374 f.,
    408 f., 440, 441 f., 529, 576, 598, 609 f.,
    678, 685, 712 f., 721, 728, 733, 746 f., 752 f.,
    837 f., 864, 870 f., 873, 882, 923, 926, 936,
    III 20 f., 25 f., 85, 96 f., 102, 106, 113, 179 f.,
    186 f., 187 f., 194 f., 208 f., 222, 228, 231,
    232 f., 250, 262, 277 f., 280, 317, 319, 335,
    339 f., 340 f., 359, 389, 390, 457 f., 527 f.,
    549, 561 f., 578, 587, 671, 690 f., 809, 924 f.
– Brot bricht Macht des F.s III 389, 390
– hinterläßt Mal am Körper III 26
Festgebannter muß zu einer bestimmten
    Zeit befreit werden I 50, 61, 77 f., 185, 200,
    481, 616 f., 621, 785, 806, 910, II 408 f., 728,
    733, III 194 f., 208 f., 232 f., 250, 527 f.,
    578, 587
Fett werden II 17 f., 764 ff.
Feuer:
– bricht Geistermacht I 370, 449 f., 801, 816,
    III 313 f.
– bricht Hexenmacht I 404, 518, 553,
    II 915 ff.
– bricht Teufelsmacht I 801
– Geweihte Palmzweige schützen vor F.
    II 617 f.
– Ins F. darf nicht gespuckt werden II 299
– mit Zauberbuch gebannt I 672
– Traum von Sturz ins F. ist Vorzeichen von
    Tod II 939
Feuersegen der Zigeuner I 22, 64, 78, 150,
    399 f., 452 f., 492, 642, 817, 819, II 113 f.,
    152, 161, 162, 210, 238, 250, 271, 291, 575,
    601, 638, 674 f., 696 f., III 19, 44, 108, 278,
    293, 333, 369
Feuerwolke ist Vorzeichen von Seuche
    III 73 f.
Fischer ist Hexer III 727
Fischer und seine Frau III 446 f.
Fledermaus (im Rätsel) I 859
Fliege:
– gibt Milch I 222 f.
– ist Hexe II 756 f.
– ist Hexenseele II 777, 781
Fliege auf des Richters Nase I 855
Fliegendes Heer I 4, 7, 8, 76, 168, 172 f., 182,
    196, 240 f., 272, 420, 536, 577 f., 656 f., II 787
    → Wilde Jagd
Floh (im Rätsel) I 796

Flößer, ertrunkener, ißt keine Mahlzeit mehr
I 772

Fluämänndli (Geist) II 676

Fluch / fluchen:
– bricht Alpdruckmacht II 186
– bricht Geistermacht I 576, 676 f., III 85
– bricht Hexenmacht I 75, 722 f., III 18 f.,
185 f., 239 f.
– Strafe für F. I 280, 282, 317, 741, II 46 ff.,
801 f., III 79, 900
– Zurückgenommener F. I 459

Flucher bekehrt – von Muttergottes geheilt
III 900

Flüchtling schneidet sich Finger ab II 934

Flugzeug grüßt toten Fliegeroffizier III 668

Folletto → Kobold

Franzose:
– ist hieb- und stichfest I 180
– ist kugelfest I 174, 185, 193, 201, 208, 209,
221

Franzosengräber II 874 f., 881, III 432

Franzosenzeit I XII, 32, 33, 41, 46, 67, 69 f.,
79 f., 89, 109, 121 f., 132 ff., 164 ff., 174, 180,
185, 187 f., 193, 201 f., 208, 209, 221, 314 f.,
401, 407, 409 f., 440, 459, 476, 508, 564, 731,
759, 770, 778, 798, 808, 812, 905, 909, II 32,
40, 61, 162 f., 174, 248, 480, 626 f., 667, 784,
841, 843 f., 875 f., 881, 903 f., III 7, 239, 316,
366 ff., 432, 855 f., IV 18

Frau / -en: → Ehefrau
– Baron schindet F. I 72
– erfroren I 340
– Kriegerische F. I 401, 546, 564, 808, II 32,
61, III 680
– Listige F. III 431, 680
– Schwangere F. flüchtet III 623
– überwältigt Brandstifter I 654 f.
– will sich in Ofen vor Pest schützen III 680

Frau: Die tote F. kehrt zurück I 636, 844,
III 498, 600, 611

Frau als unbekanntes Tier III 930 f., 943

Frau in Männerkleidern auf Alp II 119, 871 f.,
III 5 ff., IV 18 f.

Frauenarbeit I 760

Frauenlob I 626

Frauenvortritt zum Abendmahl I 401, 564,
808

Freiheitsbaum I 711

Freimaurerversammlung I 306 f.

Freitagsleiche zehrt andere nach sich II 867

Fremder:
– bannt Schlangen I 433
– findet Goldquelle II 74, 846
– kennt goldene Säge unter Brücke II 74
– kennt Schatz II 660 f., 802 ff., 846
– legt Brand I 654 f.
– weiß Rat bei Verhexung I 48 f.
– weiß Rat bci Zahnweh I 305
– weiß Rat zum Kristallheben II 181

Freunde in Leben und Tod I 293 f., II 194,
239, 523 f., 526, 532, III 235, 694, 702, 855,
IV 18

Friedhof:
– Armenseelenprozession zieht zum F.
II 169, 725, 858, 950, 953, 958
– Auf F. Schlechtes über die Toten erzählt
III 706
– Auf / an Weg zum F. darf nicht gebaut
werden I 342, 461, 490, 522
– Auf Weg zum F. darf nichts liegenbleiben
I 393, 418 f., 861
– Diebstahl von Leichentuch auf F. I 634
– Entweihung des F.s III 228
– Erster auf F. an Allerseelen kann Arme
Seele erlösen III 354
– Geistererscheinung auf / bei F. I 65, 87, 145,
258 f., 266, 515, 646 f., 657 f., 830, 864, 866,
886, II 111, 167, 241, 402, 567 f., 613, 729,
809 f., 913, III 25, 51 f., 68 f., 77, 88 f., 110,
124 f., 149, 168, 235 f., 448, 694, 712 f., 720,
849, 893, 925 f.
– Hengertbursche bei F. festgebannt II 728
– Hengertbursche von F. weggetragen
II 567 f.
– Hexenkuh weidet auf F. III 476
– ist wegen Pest überfüllt I 63 f., II 567, 668,
III 10, 105 f., 907 f.
– Mutprobe auf dem F. I 792, 844, II 310,
357 f., 615, 677 f., 716, 750, 809 f., 828, III 25,
51, 963
– Nachtvolk zieht zum / kommt vom F.
I 22 f., 35, 37, 59, 87, 103 f., 113, 118, 188,
205, 236, 244 f., 264 f., 301 f., 364 f., 470 f.,
489, 491 f., 504 f., 513, 534 f., 546 f., 555,
558, 590, 601, 620, 626, 634, 659 f., 667 f.,
781 f., 791, 822, 861, 882, 887, 892 f., II 83,
169, 180, 183, 207, 310, 567, 596, 612, 770,
806, III 32, 38 f., 77, 105 f., 128 f., 137, 138,

181, 193, 251, 308 f., 345 f., 361, 378 ff., 382 f.,
392, 396, 398 f., 402, 433, 479 f., 509, 543 f.,
599, 600, 652 f., 654, 657
– Traum von F. ist Vorzeichen von Tod
III 70, 388
– Weiter Weg zum F. I 44, 333, 403, 418 f.,
590, 778 f., 781, 784, 786, 826, 900 f., II 580,
696, 698 f., III 309, 310, 311 f., 370, 532, 947
Fronfasten III 255
Fronfastenkinder sind geistersichtig I 27, 35,
37, 113, 135, III 18 f., 256 f.
Fronleichnam II 25, III 231
Frosch:
– Hebammendienst beim F. II 497 f.
– ist Hexe III 210 f.
– ist verwandelte Frau II 497 f.
Fuchs:
– ist Hexe / -er I 17, 22, 54 ff., 66 f., 106 f., 178,
190 f., 198, 215 f., 224 f., 271 f., 400, 453 f.,
496 f., 516, 587 f., 619, 648, 650, 668, 716,
803, 810 f., 814, II 14 f., 56 f., 64 f., 84, 86 f.,
107, 108, 109 f., 127, 156, 159, 179, 181, 190 f.,
206, 222, 223, 238, 264 f., 341, 344 f., 370,
371, 373 f., 390 f., 393, 409 ff., 433, 471,
478 f., 482 f., 546, 553 ff., 581 f., 592, 597,
616, 633 f., 641 f., 697, 710, 728, 761, 786,
III 9, 36, 41, 58, 80, 91, 94 ff., 97 f., 99 f., 112,
149 f., 178 f., 192, 233, 265, 283 f., 286, 321,
346 f., 436, 451, 496, 506, 645, 671, 687 f.,
704 f., 728 f., 731, 736 f., 756, 792 f., 808, 845,
918, 937 f., 948, 955, 959, 960 f.
– ist Reittier von Hexe II 172
Fuhrmann:
– und Geistererscheinung I 611 f., 643 f.,
878 f., 901 f., II 752, 757 f., 830, III 18, 59 f.,
78, 85, 96, 216, 547 f., 648 f., 649 f., 690 f.,
720
– und Hexe / -nmeister I 29, 75, 81, 134, 151 f.,
179, 197, 215 f., 400 f., 440 f., 543, 611 f.,
700 f., II 26 f., 114, 125, 190 f., 203 f., 205,
207 f., 240, 301, 373, 454, 634, 691, 748,
804 ff., 915 ff., III 18 f., 149 f., 227, 239 f.,
495, 724, 748, 917 f., 964
– und Kobold III 866
– Verzicht des F.s auf Gottes Segen bringt
Unglück I 217
Fünf Rappen hat Ewiger Jude im Hosensack
II 90, III 848 f.
Fürchten lernen III 516, 591

Füürabatfugs (Kinderschreck) III 215

Gaben des kleinen Volkes III 709, 732, 775 f.,
819 ff., 935 f.
Galgen für den größten Schelm I 752 → Sohn
am Galgen
Galoschen: Turm aus G. III 220
Gang, unterirdischer I 3, 18, 21, 117, 594 f.,
715, 870 f., II 291, 399, 489, 613 f., 658 f.,
III 230, 316, 436 f., 483 f., 514, 534, 589 f.,
649, 651, 727, 751 f., 843
Garauschabutzli (Geist) I 424 f., 787, 801 f.
Gäste: Hl. Petrus und Herrgott als G.
II 148 f., 242
Gastfreundschaft belohnt I 664 f., II 148 f.,
536 f., 813 ff., 818 ff., III 9, 43, 85 f., 273,
499 f., 865 f.
Gastfreundschaft, verweigerte, wird bestraft
I 44, 333, 538, 612 f., 665 f., 899 f., II 148 f.,
200, 208, III 9, 43, 87 f., 499 f., 793
Gebet:
– bricht Alpdruckmacht I 124, 163, 305, 840
– bricht Geistermacht II 647, III 885 f.
– bricht Hexenmacht I 170 f., 178, II 85 f.,
III 89
– bricht Macht des Festbannens III 587
– bricht Teufelsmacht III 228
Gebet, scherzhaftes I 736, 752, III 643
Gebetbuch mit Geldscheinen geerbt II 571 ff.
Geburt: auf G. folgt Todesfall II 934 f.
Gegenstand: Der seltenste G. auf der Welt
III 482 f.
Gehör, außergewöhnliches III 610 f.
Geist: Abwehr, Macht brechen → Geist:
Tätigkeiten: Richtiger Umgang mit G.
– Abendmahlsbrot III 313 f.
– Allermannsharnisch I 246
– Alpgeräte verstellen I 722 ff.
– Andachtsbuch III 313 f.
– Änderungen am Haus I 5, 26 f., 399, 566 f.,
II 855 f., 863, III 60, 62, 146, 216, 275, 279,
389, 650
– Besen, umgekehrter II 724
– Bibel III 633
– Bild des Toten entfernen / umkehren III 72,
501 f.
– Bild, magisches I 571, III 75, 191
– Blutstrich II 724
– Brot I 370, 449 f., 780, 816, II 710, 794 f.,

– Brot (Fortsetzung) III 13, 29, 73, 92 f., 261 f.
– Brücke rückwärts überqueren I 734
– Dachtraufe III 38 f.
– Drei höchste Namen III 501 f.
– Feuer I 370, 449 f., 801, 816, III 313 f.
– Fluch I 576, 676 f., III 85
– Gebet II 647, III 885 f.
– Geweihte Gegenstände I 869 f., III 357, 751 f., 916 f.
– Glockenläuten I 335, 336, 716, 727 f., 827 f., II 169, 179, 257, 476 ff., 512 ff., 752 f., 882, 900 f., III 85, 169, 188, 336, 339 f., 345 f., 352, 455, 681
– Hund mit vier Sporen I 370, 449, 780, 816, II 794 f., III 11 f., 13, 22, 28 f.
– Johannesevangelium II 647
– Katze III 747, 779 f., 950, 953, 956
– Kreuz /-zeichen II 442 f., 650, 748, III 412, 690 f., 858 f., 886
– Licht I 32
– Namen Christi III 954, 955
– Nur Türe offenlassen I 341 f.
– Rote Tuchfetzen III 357
– Schellen II 272, 299
– Sechstes und Siebtes Buch Mosis III 501 f.
– Segen I 33, 44 f., 83 f., 660 f., II 89 f., III 126
– Teufel rufen III 85
– Weihwasser I 695, II 244, 356, 424, III 343 f., 665 f.
– (Zauber-)Buch rückwärtslesen I 60 f., 99, 185, 200, 209 f., 571, 862, II 525 f., 611, 623, 836 f., 871, III 20 f.
– Zauberbuch verbrennen III 71
– Zauberspruch I 709
Geist: Gestalt (Menschen):
– Advokat II 223 f., 266, 577 f., 614 f., III 754 f.
– Alkoholiker III 429, 501 f.
– Alpknechte II 198, 355 f., 476 ff., 494, 647 f., 850, III 22 f.
– Alte Frau / alter Mann I 135, 260, 539, 826, 878, 901 f., II 400, 631, 913 ff., III 145, 168 f., 173 f., 227, 259, 322, 335, 458 f., 465, 556 f., 658, 840 f.
– Amtmann (Landammann, Richter) I 11 f., 76, 90, 96, 104 f., 142, 168, 211 ff., 366, 472, 485 f., 503 f., 511 f., 518, 601 f., 634, 639, 662 f., 849, 887 f., II 140, 168, 223 f., 253, 260 ff., 266, 278 f., 283 ff., 289 f., 302, 459 ff.,

461 ff., 527, 577 f., 641, 736 ff., 758 f., 810 ff., 830, 832 f., 854, III 23 f., 53 f., 74 f., 83, 148 f., 238, 270, 273, 275, 350 f., 413, 428, 457, 473, 584, 766 f., 786 f., 919 f., 932
– Anhalter III 216, 350
– Aristokrat /-in I 5, 11 f., 39, 76 f., 145, 147, 152 f., 154, 173, 183, 187, 403, 472, 539, 546, 556, 638, 673 ff., 866, II 398 f., 400 f., 714 f., III 11, 13, 17, 23, 28 f., 52, 53 f., 114 f., 119, 260, 275, 279, 307 f., 314 f., 316, 318, 395, 489, 675, 741, 744, 756 f., 763 f., 765 f., 783 f., 784, 791 f., 893, 945, 963
– auf Velo III 264
– Beschließerin III 393
– Brandstifter III 401 f.
– Bräutigam III 915
– Bruderschaftsmitglied III 378 ff., 686, 693 f., 847 f.
– Burgherr /-en I 3, 16, 23, 37, 38 f., 118, 121, 142, 145 f., 149, 157 f., 173, 194, 224, 226 f., 227 f., 865 f., 870 ff., 873 f., 893, II 379 f., 386 f., 403, III 40 f., 52, 96, 114 f., 118, 149, 160 f., 163 f., 174 f., 191, 216, 229, 237 f., 357, 358 f., 361 f., 453, 624, 690 f., 694 f., 764, 784
– Burgherrin I 3 f., 7, 10 f., 13 f., 15 f., 20, 28, 43, 45 f., 98 f., 108, 110 f., 112, 114 f., 143, 154, 170, 205, 215, II 220, 235, 291, 292, 380 ff., 388, 459, 490, 492 f., 506 ff., 512 ff., 595, 613 f., 626, 825, 832, 858, 869 f., 931, 934, III 45 f., 50, 67 f., 76 f., 118, 129 f., 138 f., 160, 161 f., 184 f., 254 f., 361 f., 436
– Dieb /-in III 275, 530, 642
– Ehefrau, untreue II 747 f.
– Fahrender Schüler II 401 f.
– Feuriger Mann / mit feurigen Attributen I 76, 153 f., 368, 375 f., 449 f., 517, 519, 576, 645, 659, 746 ff., 910, II 111, 168, 415, 419 f., 420, 588, 650, 794 f., III 18, 32, 85, 90, 117 f., 119, 120, 127 f., 159, 235 f., 337 f., 412, 784
– Frau in Tracht III 454 f.
– Frau mit nacktem Kind III 708
– Fronarbeiter II 830 f.
– Fuhrhalter I 685
– Futterknecht I 39, 40 f., II 208
– Geizhals I 665 f., III 662
– Geliebte, untreue II 864
– Giftmischerin III 197
– Gottloser II 851
– Große / riesige Gestalt I 63, 74 f., 75, 76, 96,

104, 473, 485 f., 517, 519, 672 f., 719 f., 746 f., 783, 829, 830, III 39 f., 77, 159, 163 f., 272, 273 f., 916
– Großmutter III 235
– Großvater III 882, 915
– Grubeningenieur III 261, 330
– Hanfwinderin III 254 f.
– hat Gesicht wie altes Leder I 40
– hat nur Löcher im Gesicht I 54
– hat weißes Gesicht I 227
– Hauptmann II 664 f., 667
– Hausfrau I 594, 638 f., II 253, 518
– Hausverwalter I 567
– Heudieb I 154 f., 573, II 92
– Heuer I 68, 91, 184, 466, 538, 827 f., 875, 876
– Hirt I 35, 44 f., 51 ff., 67, 82 f., 120, 122, 148 f., 177, 190, 231, 242, 244, 298 f., 348, 385, 441, 458 f., 459, 490, 505, 537, 549, 608, 612, 722, 746 f., 756, 797, 801 f., 877 f., 894, II 25 f., 167, 258 f., 274 ff., 288 f., 292, 296, 306 f., 367, 481 f., 514 ff., 586, 648, 841, III 847, 883
– Holzdieb I 76, 91, 103, 647, II 191, 347 f., 419 f., 900 f., III 221 f., 322
– Holzer I 717 f.
– Hotelbesitzer I 260, 304 f., II 189 f., III 49 f., 215, 343 f., 347 f., 657
– Hoteliersfrau III 353
– in Laken gehüllt III 958
– Jungfrau I 3 f., 7, 10 f., 15 f., 20, 28, 43, 45, 98, 114 f., 226, 290, 332, 335, 336, 432 f., 441, 447, 459, 472, 502, 515, 545, 549, 550 f., 593, 603 f., 604, 624, 626, 657 f., 710, 750, 783, 784, 815, 817, 866, 875, 905, II 406 f., 490, 492 f., 506 f., 512 f., 595, 626, 670 f., 823 ff., 832, 858, 864, 869, 880, 882, 931, 934, III 45 f., 50, 76 f., 83 f., 91, 111, 129 f., 132, 138 f., 160, 161 f., 173, 184 f., 189, 254 f., 255, 427 f., 504, 517, 568 ff.
  → Geisterjungfrau
– Jüngling III 881 f.
– Kapuziner I 118, 727 f., II 606, 890, III 393, 400, 650 f., 693, 784 f. → Geisterkapuziner
– Kassier II 534 f.
– Kaufmann / Krämer I 135, 142 f., 151, 254 ff., 259, 636 f., 663, 686 ff., 690 ff., 784, 862, II 123, 279 f., 390, 398, 404, 528, 714 f., 810 ff., 831, 843, 873, 926, III 23 f., 52, 53 f., 61 f., 108, 123 f., 177, 191, 203 f., 216, 218,

222, 238, 253, 307 f., 311, 350 f., 359 f., 398, 718, 777 ff., 780 f., 786 f., 940 f.
– Kind, ermordetes I 39, 97, 130, 562, 661, II 455, 546
– Kindsmörderin / Abtreiberin I 39, 97, 130, 173, 187, 372, 550 f., 886, 887, II 228, 796 ff., III 100 ff., 120, 136, 197 f., 202 f., 214, 270, 548, 656, 683, 741 f.
– Kirschendieb III 82
– Köchin III 480
– Konvertit III 404
– Kopfloser I 90 f., 633 f., 687, 716, III 400, 403
– Krieger mit feurigem Schwert I 663 f., III 83 → Soldat
– Kriegsverräter I 41, 132 ff., 193, II 844
– Krötenmännchen II 780
– Lawinentote III 291 f.
– Mädchen, hoffärtiges II 25 f., 82, 266 f., 652
– Mann, geteilter I 610
– Markenrücker I 105 f., 115, 118, 120, 132 ff., 140, 157, 164, 177, 190, 366 f., 517 f., 523, 645, 653 f., 807, 884 f., 893 f., 909, II 90 f., 142 f., 154 f., 171, 187, 211 f., 230 f., 258, 271, 302, 357, 390, 419 f., 424, 443 f., 501, 517, 553, 593, 596, 603, 616, 629 f., 641, 650, 743, 752 f., 779, 793, 830, 932, III 9 f., 26, 32, 45, 53, 79, 104, 107 f., 113, 141, 146, 188, 190, 219, 222, 233, 241, 295, 299, 336, 338, 350, 354, 358 f., 361, 362, 375 f., 412, 434 f., 465, 594 f., 602 f., 615, 633, 642, 655, 694 f., 710 f., 754 f., 765 f., 768 f., 781
– Mehldieb III 71, 85
– Meineidiger I 6 f., 17 f., 91 f., 96, 120, 147 f., 304 f., 367 f., 564 f., 639, 673, II 90 f., 211, 363, 412, 593, 605, 699 f., 766, III 272, 310, 508, 693, 703 f., 730, 756 f., 906
– Mesmerin III 145
– Metzger III 429
– Milchpanscher II 141 f., 863 f., III 219
– mit altmodischer Kleidung I 87, 132, 136, 849, II 241, 518 f., III 68 f., 73, 92 f., 145, 783 f.
– mit Dreispitz (und langem Mantel) I 39, 129, 132, 141 f., 449 f., 485 f., 511, 607, 609 f., 676 f., 720, 904, 906, II 444 f., 461 ff., 481, 518 f., 766, 796, III 114 f., 141, 146, 163 f., 404, 595

– mit Eisenhut III 768 f.
– mit Frack (und Zylinder) I 53, 58, 87, 697 f., 783, II 519, 592, 605 f., 850, 932, III 126 f., 216, 218, 229, 237 f., 359, 765, 780 f., 957
– mit gelbem Hut III 245
– mit Geldsack I 454, 782, III 147 f.
– mit grauem Schleier I 636
– mit großem Hut I 139 f., 403, 517, II 367, 393, 534 f., 841, 850, 937 f., III 137 f., 324 f., 330, 338 f., 766, 768 f., 916
– mit Hausiererkiste II 235 f.
– mit Kassette III 517
– mit Kerze III 371 f.
– mit Kontobuch III 398
– mit Kopftuch III 660, 840 f.
– mit Korb II 111, 167
– mit Kornwanne I 503 f.
– mit langem Mantel II 352 f., III 273, 282 f., 916
– mit Laterne III 549 f.
– mit Peitsche III 341 f.
– mit Pferdefüßen III 710 f.
– mit Quartane III 241
– mit Rahmkelle I 517
– mit roten Kleidungsstücken I 187, 227, 260, 305, 407, 633, III 145, 261
– mit Samtmütze I 5
– mit Samtpantoffeln I 187
– mit Schlüsselbund I 108, 110 f., 112, 114 f., 154, 433, 459, 472, 515, 545, 549, 593, 603 f., 604, 624, 657 f., 710, 784, 817, 875, 905, II 516 f., 825, III 23 f., 255, 393, 427 f., 436, 481, 557 f., 651
– mit Schnallenschuhen und Kniehosen I 58 f., 132, 653 f., 849, II 208 f., III 359, 398, 404
– mit schwarzen Kleidungsstücken / schwarze Gestalt I 52 f., 58, 63, 92, 182, 454, 601 f., 641 f., 703 f., 712, 717 f., 719 f., 782, 829, 830, II 459 ff., 461 ff., 476 ff., 488 f., 501 f., 546, 736 ff., 796 ff., 828 f., III 92 f., 101 f., 117 f., 141 ff., 146, 149, 202, 237 f., 324 f., 340 f., 601, 639, 665 f., 667 f., 765 f., 844 f., 919 f., 945, 957
– mit Seidenkleid I 146, III 783 f., 791 f.
– mit Standlicht II 849
– mit staubigen Schuhen III 197 f.
– mit Stock und Nagelschuhen III 899

– mit Stoßkarren III 393, 400, 421 f.
– mit Strohhut I 868
– mit Totenschädel I 582 f., 836, III 84
– mit Waage III 52, 61 f., 123 f., 177, 238
– mit weißen Kleidern / weiße Gestalt I 3 f., 7, 10 f., 15 f., 20, 23, 40 f., 53 f., 96, 98 f., 114 f., 135, 143, 145 f., 335, 336, 432 f., 441, 447, 456, 459, 472, 502, 515, 517, 530, 545, 549, 603 f., 624, 626, 657 f., 674 f., 678, 710, 783, 784, 815, 827 f., 862 f., 866, 875, 885 f., 905, II 188, 208 f., 387, 442, 447, 517, 524, 612, 635, 670 f., 685, 694, 796 ff., 810 ff., 825, 828 f., 832, 864, 880, 882, III 10, 24 f., 67 f., 76 f., 83, 91 f., 96, 111, 116, 124 f., 132, 136, 137 f., 138 f., 147 f., 160, 184 f., 187, 189, 205, 219, 254 f., 260, 291 f., 378 ff., 393, 427 f., 428, 436, 449, 472, 504, 521, 542, 557 f., 595, 709 f., 713 f., 881
– mit Ziegenfüßen I 226, 746 f., 754 f.
– mit Zunge bis zum Gürtel II 111
– mit zweierlei Strümpfen I 540, 783
– Mitwisser von Marchenverschiebung I 367
– Mörder I 126 f., 152 f., 173 f., 353 f., 375 f., 505, 572 f., 643 f., III 71, 82, 480, 595, 657, 868
– Mörderwirt / -in I 93, 183, 325, II 884 f.
– Mutter, nachlässige I 556
– Nonne I 637, 638, 641, II 384 f., 387, 393, 402, 516 f., 616, 912 f., III 61, 135, 147 f., 167, 193, 202 f., 230, 237, 356 f., 403
– Nur zwei marschierende Stiefel sind sichtbar I 6
– Oberst I 92, 147, III 54, 479
– Obstdiebin II 590 f.
– ohne Gesicht I 830
– ohne Oberkörper III 168
– Paare, tanzende III 435
– Pate I 576, 828 → Nachtvolk: Pate im N.
– Pater I 473 f., 672 f., III 403, 412, 521
– Pesttoter III 288 f.
– Pfarrer / Priester I 66, 277, 336, 701 f., 702 ff., 720, 885 f., II 17, 227 f., 257, 442, 490 f., 518, 613, 729, III 51 f., 63 f., 377 f., 534, 720, 793 f., 801 f., 844 f., 848, 857, 897 f., 956, 958 → Geisterpriester
– Pfarrfrau III 197
– Pfarrhaushälterin III 197 f.
– Pferdemagd III 227
– Posthalter I 685, 696 f., III 187

- Prinzessin I 611
- Räuber I 13 f.
- Ritter I 3 f., 15 f., 224, II 817 f., III 118, 202, 237
- Schafdieb / -in II 549, 613, 773
- Schafhirt I 372 f., 459, 478 f., 502, 523, 796 f.
- Schafmetzger I 490
- Schiffskoch III 190
- Schuhmacher II 342
- Schweinehirtin II 25 f.
- Selbstmörder I 310, II 826 f., 863 f., III 191, 343 f., 447 f., 452 f., 467 f., 488, 500 f.
- Senn / -en I 18, 67, 71, 100, 238, 333, 347 f., 385 f., 540, 550, 724 f., 765, II 122, 141, 159 f., 186, 234 f., 259 f., 271 f., 274 ff., 406, 470 f., III 24 f., 30, 117, 159, 272, 389, 390 f., 422
- Sennerin I 550 f., II 294
- Skelett I 659, III 335, 516, 730
- Soldat III 237, 239, 704, 881
- Sonntagsentheiliger I 5, II 139, 253, 754, III 350, 665 f.
- Spinnerin I 97, II 635, 651, 754, 927, III 121 f., 214, 264, 308, 311, 335, 400
- Stiefmutter I 472, II 167 f., 188, 855 f.
- Stoffhändlerin I 663
- Tierquäler I 643 f., II 167, 208 f., 355 f.
- Tirolerknecht I 68
- Unzüchtige / -r I 72, II 111, 413 f., 882, III 435
- Vaterschaftsleugner II 828 f.
- Viehhändler I 131, II 528
- Vorfahren I 136, 403, 673 ff., II 231, 378, 558, 847 f., III 457, 473, 693 f., 713 f., 915
- Wäscherin I 173, 456, 459, 663, 784, 815, III 92, 467 f.
- Weberin II 253
- Weindieb II 828 f.
- Weinhändler I 687 f., II 415, III 148 f.
- Wirt / -in I 314, 454 f., 654, 672, 784, 883 f., II 39 f., 189 f., 191, 399 f., 413 f., 445, 454 f., 531 f., 630, 736 ff., 842 f., III 72, 75, 191, 246, 256, 260, 453 f., 665 f.
- Wöchnerin III 880
- Zauberbuchleser I 26 f.
- Ziegendieb II 616 f.
- Zimmerleute I 123, II 591, 884 f., III 480
- Zöllner III 177

Geist: Gestalt (Tiere) → Geisterbären, Geisteresel, Geistereule, Geisterferkel, Geisterfrosch, Geisterfuchs, Geisterfüllen, Geisterhuhn, Geisterhund, Geisterkalb, Geisterkatze, Geisterkuh / -ochse / -stier, Geisterlämmer, Geisterlöwen, Geisterpferd, Geisterrabe, Geisterrind, Geistersau, Geisterschaf, Geisterschlange, Geistertier / -e, Geistertiger, Geistervögel, Geisterwidder, Geisterwölfe, Geisterziege / -nbock

Geist: Tätigkeiten
- aus der Ewigkeit zurückbeschworen II 611 f.
- bannt fest I 140, 614, 646 f., 657 f., 716, 821, 888 f., II 685, 728, 752 f., 873, 882, III 85, 96, 113, 335, 339 f., 340 f., 359, 671, 690 f.
- beerdigt Leichnam III 82
- begutachtet Vieh III 429
- Berührung hinterläßt schwarzes Mal I 107, 181, 254 f., 466, 489, 559 f., II 611 f., III 63 f., 326, 335, 361, IV 17
- betet (den Rosenkranz) II 913 f., III 118, 322
- bewacht ungetauft verstorbene Kinder III 412
- bindet Vieh los I 107 f., 270 f., 503, 781, III 371, 904
- bläst (ins Gesicht) I 517 f., 863 f., II 175 f., 826 f., III 885 f., 920
- bringt gestohlene Gegenstände zurück II 644 f.
- eingemauert I 149, 157, 158, 546, 686, 690 f., 873 f., III 216
- entführt Lebende / führt in die Irre I 196, 885, II 115, 467 f., 473, 567 f., 809 f., 899 f., III 48 f., 360, 376 f., 455, 731, 781 f.
- ermahnt Kinder I 403 → Kinderschreck
- erscheint als Zeuge vor Gericht III 141 ff.
- erscheint Dieben I 865
- erscheint nach Begräbnis III 88 f.
- fährt auf feurigem Floß II 830
- feuert I 842
- fordert Schädel zurück I 349 f.
- Freude am Brotbacken bekundet II 231
- führt Fuhrwerk mit feurigen Ochsen II 419 f.
- füttert Hund mit Gift I 662
- gegen üble Nachrede aufbegehrt III 706
- gesellt sich zu Menschen I 368, 703 f., II 244, 444 f., 753, III 77, 103, 376 f.

- gräbt nach Geld III 61
- hackt Fleisch II 613, 773
- haut Rebstecken zu II 828 f.
- heilt Kranke I 3 f., 15 f., 261
- hilft bei der Viehsuche III 959 f.
- in Flasche gebannt II 191, 229, 401, 636, III 279
- in Gletscher gebannt II 90 f., 112, 117
- in Kanne gebannt I 6, 16 f., 36 f., 38 f., 41, 76 f., 105, 184, 546, 572, 574, 588, 594, 644 f., 695 f., 865, 889 f., II 223, 260 ff., 266, 278 f., 282 f., 289 f., 290 f., 298, 403, 443, 577 f., 736 ff., 755, 810 ff., 831, 863, 908 ff., III 84, 91, 107 f., 121, 139 f., 148, 203 f., 232 f., 238, 284, 350 f., 360, 440
- in Konservenbüchse gebannt II 112
- in Korb gebannt III 319
- in Kübel gebannt III 216, 218, 429
- in Stube eingesperrt I 691
- in Zaine gebannt II 614, 882
- Jauchzen / Pfeifen / Rufen des G.s darf nicht erwidert werden I 94, 196, II 115, 179, 345, III 17 f., 26, 232, 360 f., 671
- jauchzt / johlt (nachts) I 35, 44, 51, 82 f., 94, 148 f., 196, 224, 231, 240, 372, 385, 386, 458 f., 490, 521 f., 531, 537, 550, 612, 722 ff., 756, II 115, 179, 367, 841, 849, III 17 f., 26, 232, 360 f., 429, 481, 671
- kämmt Haar II 652
- klopft Fässer zurecht II 828 f.
- klopft Steine II 445, 614 f., 641, III 176, 307 f., 311, 314 f., 673, 692 f., 699, 716 f., 765 f., 813, 957
- kocht I 11, 294, 757, II 518
- kommt verbotenerweise zurück III 311
- kontrolliert meteorologische Apparate I 121
- lärmt in Schränken I 689
- lärmt wie Peitschenknallen III 135
- läßt Gestank zurück I 876
- läßt sich nicht einholen I 40, 572 f., II 481, 552 f., 747 f., 753, III 182, 335, 481
- läßt sich nicht verletzen I 40, 372 f., 659, II 752 f., III 633
- liest Brevier I 66, II 17, III 63
- liest Buch III 652
- liest die Messe II 442, 490 f., III 63 f., 378, 801 f., 844 f., 848, 857, 897 f., 956, 958
- liest Haarnadel auf III 881 f.
- liest Zeitung III 10, 77 f., 704
- löscht Licht I 694 f.
- löst sich in Feuer / Rauch auf III 704, 916
- lüpft Deckel von Kehrichtkübel III 635
- macht Weinberge unfruchtbar III 812 f.
- mahnt Eltern an ihre Pflicht III 713 f.
- mäht Wiese I 68, 184, 827 f.
- melkt Kuh I 763
- mit Bild gebannt I 571 f., II 111, III 72, 75, 191
- muß sich nach Tod während neun Monaten zeigen I 373
- muß zerstörtes Kreuz zusammensetzen II 668 f.
- netzt Heu mit Spritzkanne II 736 ff., III 218, 253, 359 f.
- Niesender G. wird durch Zuruf erlöst I 190, 515, 829
- öffnet Fensterladen / Tor / Türe I 5, 118, 140, 301, 353 f., 375 f., 461, 539, 634, 691, 693 f., 694, 714, 769, 797, 870 ff., 873 f., 877, 883, II 849, III 371 f., 401 f., 488, 656 f., 879 f.
- öffnet Kredenz III 917
- ordnet Leintücher II 847 f.
- rasselt mit Ketten I 186, 260, 673, II 442 f., 549, 736 ff., 831, 832 f., 848, 856, III 39, 114 f., 117 f., 126, 278, 358 f., 516, 658, 660, 709 f., 784, 957, 963
- raucht Pfeife / Zigarre I 164, 693 f., 701 f., II 186, 228, III 52, 146 f., 656
- reitet auf Weinfaß I 691 f., 702 f., II 283, 415, III 148
- reitet auf Ziege I 609 f., 906
- Richtiger Umgang mit G. I 54, 75, 82, 83 f., 196, 367, 368, 576, 609, 645, 676 f., 761 f., 819, 826 f., 876, 888, 906, II 167 f., 171, 257 f., 340, 402, 406, 424, 444 f., 508 ff., 523 f., 534 f., 613, 667, 753, 827, 850 f., 852, 855 f., 932, III 18, 167, 264, 360 f., 390 f., 472, 652, 653, 747, 916, 922, 926, 943 f., 959 f.
- ringt mit Lebenden III 228 f.
- rollt Faß II 650, III 665 f.
- Rüfe ausgelöst III 766 f., 919 f., 922 f., 959 f.
- ruft Lebende I 182, 888
- schaut eigenem Begräbnis zu I 23, 118, 142, 157 f., 158, 168, 173, 253 f., 865, 873 f., 893, II 39 f., 123, 282 ff., 285, III 52, 222, 657
- schaut zum Fenster heraus I 691, 769,

III 256
- schiebt Karren mit Koffern III 112 f.
- schießt I 182, III 216
- schlägt auf Amboß I 689
- schlägt Medikamentenkästchen auf und zu I 637
- schneidet Wetzstahl mit Sense entzwei I 68
- schreibt / hantiert am Schreibtisch I 107, 685, 689, 695 f., 784, 862, II 302, 390, 528, 810 ff., 854 f., 873, 926, III 74, 83, 350 f., 356 f., 453 f., 730
- schrotet Heu III 222
- schützt Kinder vor Teufel II 828 f.
- singt fromme Lieder I 875, III 322, 323, 362 f., 435
- sitzt rittlings auf Schafverschlag III 635
- speist mit Lebenden I 691, II 516
- spendet unaufhörliches Mehl III 747
- spielen Karten I 549, III 74 f., 229
- spielt (Kegel) I 3, 16, 43, 116, 121, 594 f., 619, 870 f., 903, II 302, 304, 488 f., 694, 817 f., 922 f., III 160 f., 163, 665 f.
- spielt mit Kindern II 291
- stört auf der Jagd I 868
- stört beim Holzen I 70 f.
- stört Pfarrer beim Schreiben der Predigt I 349
- stört Schlafende I 64, 71, 93, 147, 503, 517 f., 538, 636 f., 672, 673 f., 703, 728, 746 f., 829, 862 ff., II 179, 181, 188, 213 f., 445 f., 529, 534 f., 653 f., III 123, 124 f., 266 f., 470, 658, 665 f., 893, 922, 923, 959 f.
- stößt Mistkarrette III 393
- tauscht Köpfe I 646 f.
- trägt Wasser I 687 f.
- trinkt I 91 f., 309 f., 695
- Verbannter G. darf keine Glocke mehr hören III 683, 693
- Verbannter G. will bekannte Umgebung sehen I 8, 23, 174, 686 f., 692 ff., 696 f., 786, 862, II 390, 404, 614 f., 736 ff., 831, 844 f., 868, III 23 f., 72, 75, 108, 123 f., 148, 203 f., 246, 252 f., 261, 279, 350 f., 429, 440
- Verbannter G. will Kirchenglocke hören II 289, 399 f.
- verrichtet Holzarbeit I 5, 70, 91, II 139, 347 f., 458 f., 526 f., 754, 900 f., III 56 f., 189, 350, 395, 885
- verrückt Möbel / Gegenstände I 902,

II 934 f., III 49 f., 319, 420, 501 f.
- verursacht Haarausfall I 559 f., II 935, III 12, 13
- verursacht Krankheit / Tod I 53 f., 87, 107, 132 ff., 136, 181, 205, 211 ff., 325, 372 f., 447, 456, 466, 489, 501, 530, 533, 537 f., 540, 559 f., 594, 601 f., 657 ff, 685, 689, 692 f., 694, 702 ff., 715, 721, 742, 765, 815, 830, 863 f., 893 f., II 139, 179, 213 f., 244, 260, 271 f., 293, 345, 445, 459 f., 476 ff., 494, 500, 518, 524, 528, 590 f., 647, 652 f., 667, 713 f., 716, 753, 757 f., 794 f., 826 f., 851, 863 f., 932 f., III 9 f., 26, 27 f., 49 f., 79 f., 118, 128, 191, 219, 228 f., 232, 237, 238, 256 f., 275, 324 f., 350, 360 f., 401 f., 633, 718, 730, 802 f., 857, 898, 958
- verursacht Unglück im Stall III 357, 406
- verursacht weißes Haar I 103 f., 140 f., 154, 254 ff., 604, 662 f., 702, 742, 784, II 340, 716, 831, III 48, 74 f., 126, 141, 148 f., 190, 375 f.
- von Papst unsichtbar gemacht II 291, III 54, 238
- warnt Schlittelgesellschaft III 10
- warnt vor Unwetter III 504
- wäscht Kittel von Spötter I 815
- will, daß Schuhe geholt werden III 373
- will Grab in geweihter Erde II 799 ff., III 324, 704
- will Kind erwürgen III 915
- will nach Philadelphia I 81 f., 94
- will nur eine einzige Nacht Ruhe I 104
- wirft Holzscheiter I 864
- wirft Mörtel / Schnee / Sand / Steine I 108, 149, 447, 873 f., II 415, 922, III 37, 79, 449, 513 f., 766 f., 907, 916 f., 959 f.
- wischt mit Besen II 253
- wühlt in Koffer III 111
- zählt Geld I 131, 259, 686 f., 692 f., III 10, 407 f., 428 f.
- zählt Obst II 188 f.
- zeigt Goldstücke vor I 153
- zieht an Glockenseil III 213
- zieht an Hausglocke III 227, 352, 656
- zieht in neues Haus um I 40
- zwingt Spötter zum Singen von Psalm I 875
Geisterbanner:
- Abt II 90 f., 111, 181, 193
- Bischof III 191
- Jesuiten III 252 f.

– kann nicht sterben III 661
– Kapuziner I 6, 8, 16 f., 36, 37, 38 f., 41, 76 f.,
   105, 134, 157 f., 174, 184, 187, 517, 518, 546,
   556, 571 f., 574, 588, 629, 644 f., 686 f., 688,
   689, 693, 695, 696 f., 710, 784, 786, 829,
   889 f., II 227 f., 445 f., 614 f., 736 ff., 810 ff.,
   831, 832 f., 863, 868, 908 ff., III 72, 84,
   203 f., 218, 232 f., 246, 279, 326, 389, 660,
   879 f., 922 f., 951 f.
– Pater I 862, 863 f., 865, II 112, 140 f., 165,
   189 f., 223, 260 ff., 266, 398, 399 f., 458 f.,
   577 f., 616 f., 636, 937, III 39, 75, 79, 91, 94 f.,
   107 f., 119, 121, 123 f., 139 f., 148, 216, 222,
   238, 261, 319, 360, 635
– Pfarrer / Priester I 105, 107, 486, 594, 672,
   695 f., II 139, 242 f., 415, 515 f., 616 f.,
   III 53 f., 86, 119, 440, 547 f., 634 f., 642,
   812 f., 908, 957
Geisterbären I 13 f., 15 f., III 138 f.
Geisterbesen:
– Feuriger G. III 615
– Tanzender G. I 691
Geistereisenbahn III 64 ff.
Geistererscheinung: I 889, 895, II 64, 121 f.,
   644, III 81, 105, 412, 437, 469, 505
   → Luftgeister
Örtlichkeiten:
– am Krankenbett III 883
– am Weg zum Spital I 74
– auf Acker III 269 f.
– auf Alp I 8, 18, 44 f., 51 ff., 63, 64, 67 f., 71,
   81 ff., 84, 94, 100, 120, 122, 125, 126 f., 127,
   177 f., 190, 205, 206, 231, 238, 240, 241, 242,
   244, 255, 270 f., 279, 288, 298 f., 333, 347 f.,
   372 f., 385 f., 386, 425 f., 441, 449 f., 458 f.,
   459, 478 f., 490, 502 f., 504, 521 f., 523,
   537 f., 538, 539, 540, 549, 550 f., 608, 610,
   612 f., 625, 660 f., 714, 722 ff., 735 f., 746 ff.,
   765, 780, 787, 796 f., 801 f., 816, 841, 877, 878,
   894, II 90 f., 112, 159 f., 186, 189 f., 198,
   201 f., 211, 271 f., 293 f., 355 f., 358, 406,
   415, 445, 467 ff., 476 ff., 479 f., 481 f., 494,
   501, 514 ff., 614 f., 631, 636, 638, 647 f., 650,
   651, 652 f., 752 f., 794 f., 795, 796 ff., 799 ff.,
   841, 849, 857 f., III 11 f., 13, 17, 22, 23, 24 f.,
   28 f., 30 f., 34, 96, 114, 117, 126, 131 f., 141 ff.,
   159, 228 f., 260, 272, 274, 282 f., 310, 311 f.,
   313 f., 389, 390 f., 393, 421 f., 433 f., 455,
   513 f., 532, 584, 681, 693, 699, 703 f., 711,

   714, 719, 720, 721, 722, 730, 739, 752 f., 756 f.,
   763 f., 764, 784, 802 f., 859, 892 f., 906, 908,
   912 f., 957
– auf / bei Friedhof I 65, 87, 145, 258 f., 266,
   515, 646 f., 657 f., 830, 864, 866, 886, II 111,
   167, 241, 402, 567 f., 613, 729, 809 f., 913 ff.,
   III 25, 51 f., 68 f., 77, 88 f., 110, 124 f., 149,
   168, 235 f., 448, 694, 712 f., 720, 849, 893,
   925 f.
– auf Schlachtfeld III 881
– bei / in Bergwerk I 316, III 252 f., 261, 282,
   330
– bei Brücke I 92, 142 f., 205, 226 f., 572 f.,
   576, 603 f., 611, 828, 864, II 181, 290, 678,
   823, 824 f., 869, 873, 880, 882, III 34 f., 103,
   147 f., 175, 259, 273, 335, 336, 339 f., 354,
   400, 403, 557 f., 788 f., 924
– bei Brunnen I 3 f., 15 f., 226, 305, 654, 659,
   663 f., 830, 875, II 613 f., 669, 670 f., III 92,
   227, 467 f., 531
– bei Galgen I 719 f., II 522, III 103
– bei Hanfteichen III 547
– bei / in Kloster I 118, 637, 638, 641, 672 f.,
   715, 718, II 340, 384 f., 387, 402, 516 f., 890,
   III 135, 167, 193, 230, 237, 356 f., 378, 403,
   412, 650 f.
– bei Kreuz III 39
– bei Mörderwirtshaus I 183, II 897 f.
– bei Schießstand III 216
– bei Waschhaus III 39 f.
– bei Wasserfall III 354 f., 720
– bei Zehntengebäude I 118
– in / bei Aristokratenhaus I 145 ff., 152 f.,
   154, 173, 183, 187, 403, 546, 638, 673 ff.,
   685–692, 784, II 191, 229, 242 f., 278 f.,
   283 ff., 289 f., 302, 398–402, 413 f., 529,
   638, 714 f., 736 ff., 847 f., III 52, 53 f., 119,
   279, 307, 315, 316, 428, 456 f., 473, 479, 489,
   589, 656 f., 675, 744, 783 f., 791 f., 893, 963
– in Armenhaus II 927
– in Asyl III 35 f.
– in Bach I 638
– in Backofen III 193, 324 f., 330 f.
– in Baubaracke II 445 f.
– in Baum I 40
– in Beinhaus I 473 f., 905
– in Burg / Schloß I 3, 10 f., 12, 13 f., 15 f., 20,
   28, 43, 45, 59 f., 76, 82, 108, 110 f., 112,
   114 f., 119, 121, 130, 142, 143, 145 f., 146 f.,

149, 154, 157 f., 158, 170, 173, 182, 194, 205, 215, 224, 227 f., 718, 744, 865, 870 ff., 873 f., 893, II 220, 232, 235, 291, 292, 379 ff., 388, 459, 490, 492 f., 500, 506 ff., 512 f., 558, 595, 613 f., 616, 626, 694, 817 f., 825, 830 f., 847 f., 922 f., 931 f., 934, III 40 f., 50, 52, 59 f., 60, 62 f., 63, 67 f., 76 f., 81, 103, 106, 112, 118, 129 f., 130, 136, 138 f., 149, 160 f., 161 f., 163, 173, 184 f., 187, 189, 191, 202, 219, 229, 237 f., 254 f., 357, 358 f., 361 f., 393, 436 f., 453, 471, 515, 587, 624, 690 f., 694 f., 751 f.
- in Gartenhaus III 197 f.
- in Haus I 5, 37, 135, 260, 288, 290, 300 f., 309 f., 319, 571 f., 574, 603, 633 f., 637, 639, 646 f., 661, 677, 678, 703, 705, 728, 742, 769, 782, 812 f., 822, 826, 831 f., 862 ff., 869 f., 875, 886, 889 f., 902, II 165, 181, 358, 404, 458 f., 549, 635, 650, 651, 715, 746, 754, 935, III 10, 50, 71, 77 f., 88, 111, 114 f., 121 f., 189, 190, 201, 223, 239, 278 f., 322 f., 324 ff., 351, 406, 427 f., 428 f., 447, 456 f., 470, 480, 516, 521, 530, 538, 556 f., 607 f., 633, 634 f., 658, 661 f., 709 f., 712 f., 713 f., 879 f., 895 f., 917, 922, 923, 941, 951 f., 957
- in Hotel I 304 f., II 189 f., 266, 290, III 49 f., 67, 215, 227, 238, 343 f., 347 f., 352 f., 480, 488
- in Jauchegrube I 195
- in Kaminspeicher II 652
- in Kapuzinerhospiz III 784 f.
- in Käsekeller II 631
- in / bei Kaufmannshaus I 135 f., 140, 142 f., 151, 259, 636 f., 663, 685–692, 784, 862, II 123, 279 f., 390, 398 f., 404, 528, 714 f., 810 ff., 831, 843, 873, 926, III 23 f., 52, 53, 61 f., 108, 123 f., 191, 203 ff., 216, 218, 222, 360 f., 407 f., 718, 777 ff., 786 f.
- in Keller I 675 f., 688, 691 f., 702 f., 718, 728, 735, 829, 870 ff., III 37, 148, 337 f., 364, 500, 642, 665 f.
- in / bei Kirche / Kapelle I 116 f., 137, 181, 195, 232 f., 257, II 387, 490 f., 521, 546, 686, 746, III 60, 61, 62, 63 f., 82, 86 f., 124, 135, 145, 147 f., 168 f., 170, 173 f., 213, 223, 236, 322, 377 f., 392, 394, 396, 412, 435, 448, 469 f., 488, 489, 522, 533 f., 546, 547 f., 626 f., 640, 654, 670, 679, 801 f., 844 f., 848, 857, 878 f., 896 ff., 956, 958
- in Küche I 638 f., 863 f., II 518, 613, 773, III 235, 420, 488 f.
- in Maiensäß(-hütte) I 4, 5, 40 f., 68, 70, 83 f., 123, 164, 177 f., 184, 186, 264 f., 277, 288, 398, 404, 411, 466, 489 f., 501, 504, 505, 519, 537, 538, 591 f., 701 f., 869, 886, 893, II 180, 230, 345 ff., 348, 424, 492 ff., 592, 612, 694, 796 ff., 823, III 48, 53, 114, 132, 141 ff., 174 f., 193, 216, 222, 230, 238 f., 246, 273 f., 275, 350, 358 f., 371 ff., 421, 454, 533, 714, 766, 874, 885, 886, 912 f., 921, 953
- in / bei Mühle III 71, 85, 259, 656
- in Nervenklinik III 70
- in Obstgarten I 129, 540, 715, 725, 866, II 590 f., III 82, 237
- in Pfarrhaus II 442 f., 518, 758 f., III 197 f., 343 f.
- in Polizeiwachtstube I 673
- in Rats- / Gerichtshaus I 11 f., 639, 662 f., 783, 849, II 168, 459 ff., 853, 854, III 74 f., 83, 148 f., 288 f.
- in Rebberg I 128, 129, 131, 659, 661, 687 f., 689 f., 692–698, 885 f., II 117 f., III 69, 83, 868
- in Sakristei I 433, 530, 549, 783
- in Scharfrichterhaus I 582 f.
- in Schmiede II 854 f., III 665 f.
- in Schulhaus I 336, 349 f., 750 f., 831, II 211, 228, 591, III 128, 283, 595, 670
- in See I 347 f., 612 f., II 159 f., 234 f., 258 f., 274 ff., 288, 289, 306 f., 470 f., 479 f., 806, III 62, 77, 91, 206, 230
- in / bei Spital I 74 f., 515, 637
- in Stein I 279, III 945 f.
- in Turm I 301, 677, II 191
- in Wald I 53 f., 58 f., 70 f., 72, 335, 540, 546, 625 f., 750, 866, II 223, 244, 290, 757 f., 795, 931 f., III 56 f., 57 f., 62, 73, 92 f., 103, 311, 319, 322, 323, 408, 452 f., 454 f., 481, 549 f., 604, 791 f., 879
- in Wirtshaus I 314, 454 f., 672, 784, 883 f., II 39 f., 189 f., 191, 399 f., 413 f., 531 f., 736 ff., 842 f., 854, III 69 f., 72, 75, 91, 191, 246, 256, 429, 453 f., 665 f.
- in Zollhaus III 177
Termine und Umstände:
- als Ehrbeleidigung interpretiert I 132, II 175 f., III 377
- am Dreifaltigkeitssonntag III 802 f.

- am Gründonnerstag III 693 f., 694, 701 f., 847 f., 958
- am Heiligen Abend I 108, 113 f., 183, 194, 195, 224, 372, 511 f., 514 f., 562 f., 676 f., 722, 903, II 191, 849, 854 f., 937 f., III 119, 186, 251, 897 f.
- am Stephanstag (26. Dezember) I 533
- am Tag I 40, 53 f., 58 f., 64, 609 f., 728, III 160 f., 259, 318, 653, 765 f.
- am Tag gefährlicher als nachts I 864 f.
- an Allerheiligen (1. November) III 684
- an Allerseelen (2. November) I 266, II 310, 402, III 32, 51 f., 77, 352, 738 f., 858, 874 f., 896 f., 911
- an Karfreitag II 403, III 145, 168 f.
- an Lichtmeß (2. Februar) I 59 f.
- an Mariä Himmelfahrt I 67 f., 722 ff.
- an Ostern I 372
- an Portiunkula (2. August) III 348 f.
- an Quatembertagen II 258 f., III 136, 460 f., 465, 467 f., 470, 527, 540, 549 f., 588, 590, 592, 608
- an Silvester I 226 f., II 116, 183, 716, 932, III 216, 219, 270 f., 439 f.
- an Vigilien II 522, 900 f., III 330
- im Allerseelenmonat (November) II 292, III 65, 67, 85, 588
- in der Karwoche III 956
- ist Erfindung der Kapuziner III 693
- ist Vorzeichen von Rüfe I 182, II 199 f., III 668, 945
- ist Vorzeichen von Tod I 92, 184, 266, 389, 434 f., 473, 864, II 241, 352, 447, 522 f., III 17, 116 f., 205, 235 f., 392, 542, 601 f., 639 f., 667 f., 786 f.
- ist Vorzeichen von Unglück III 882
- nach Begräbnis III 88 f., 329
- nach Schlittelunfall III 322
- Vermeintliche / gespielte G. I 832, 845, III 176, 241, 322, 336, 364, 420 f., 430, 456 f., 476, 478 f., 491, 504, 540, 595, 661, 709 f., 742
- von Mond beeinflußt III 310
- von Papst verhindert II 291, III 54, 238
- von Pater verhindert III 141
- von Schlange angezeigt III 765 f.
- von Tieren gewittert I 60, 71, 72, 132 f., 142, 227, 314, 316, 437 f., 516, 603, 705, 724 f., 781 f., 782, 830, 878 f., 888 f., 901 f., II 669,

897, III 27 f., 69 f., 78, 131, 160, 168, 213 f., 322, 339 f., 498, 652 f., 912 f.
- vor Auffahrt III 17 f.
- vor Begräbnis I 136
- vor Brandfall I 96
- vor Heiligkreuztag (14. September) I 719
- vor / nach Hengert I 54, 66 f., 74, 92, 103, 105 f., 136, 141, 148, 196, 205, 227, 284 f., 345 f., 351 f., 366 f., 368, 370, 456, 466, 473, 485 f., 489, 511, 513, 530, 533, 547, 549, 550 f., 558, 567, 575, 604 f., 623 f., 646 f., 715, 720, 738 f., 742, 780, 790 f., 801, 811 f., 864, 882, 903, 909, II 244, 272, 293, 358, 420, 443 ff., 500, 519 f., 552 f., 650, 728, 780, 796, 932 f., III 9 f., 17 f., 62 f., 76 f., 77, 82, 84, 106, 110 f., 126 f., 137 f., 181, 214, 219, 308 f., 339, 353 f., 359, 376, 382 f., 454 f., 600
- vor Kommunionandacht III 68 f.
- vor Leichenwache I 96 f., III 32, 51
- vor / während Rüfe I 74 f., 182, II 199 f., III 668, 945
- vor Viehkrankheit I 96, II 358
- vor Wetterumschlag I 39, 51, 71, 122, 132, 231, 240, 242, 290 f., 347 f., 478 f., 515, 517 f., 521 f., 537, 612, 714, 735 f., 814, II 117, 626, III 311, 314 f., 393, 395, 420 f., 421 f., 429, 433 f., 434 f., 435, 481, 504, 656, 692 f.
- während Alpbestoßung I 205, III 847
- während Besorgung des Viehs I 4, 23, 40 f., 51, 52 f., 58 f., 63, 70, 72, 82 ff., 92, 94, 122, 123, 130, 152 f., 164, 177 f., 186, 264 f., 277 f., 404, 411, 433, 489 f., 517, 523, 555, 591 f., 601 ff., 701 f., 807, 826, 866, 876, 886, 894, II 187, 193, 253, 290, 345, 347, 352 f., 383 f., 390, 424, 492 ff., 501, 592, 612, 694, 806, 823, III 23, 48, 129, 132, 136, 141 ff., 146, 169, 238 f., 273 f., 454, 538, 693 f., 766, 874, 912 f., 921, 953, 954
- während Bewässerung der Wiesen I 712, II 793 f.
- während Fischen III 698, 720, 784
- während Heuen I 68, 91, 115, 184, 466, 538, 893, II 348, III 230, 253, 261, 282, 650, 793 f., 897
- während Jagd I 3 f., 13 f., 15 f., 132, 149, 182, 186, 238, 254 ff., 335, 336, 490, 521 f., 534, 750, 868, 881, II 81, 363, 379 f., 467 f., 496 f., 501, 579 f., 653 f., 796, III 455, 720, 739, 768 f., 849, 885, 954

– während Kartenspiel II 378, 650, 651
– während Laubsammeln I 441
– während Leichentransport III 78
– während Leichenwache I 96 f., II 855 f.,
  III 468
– während Prozession III 741
– während Putzen I 721
– während Sammeln von Wildfrüchten I 54,
  132, 719 f., III 203 f., 205, 311, 330, 357, 398,
  521, 840 f., 879
– während Scheibenschlagen III 90, 127 f.
– während Schlitteln / Schlittschuhfahren
  I 104, 110, 114, III 221 f., 439 f.
– während Schulweg I 257, 407, 555,
  III 145 f., 259, 335
– während Sonntagsarbeit I 884 f., 893 f.,
  III 802 f.
– während Streusammeln I 546, 562, III 708,
  881 f.
– während Strohstreuen I 182
– während Waldarbeit I 53 f., 58 f., 70 f., 72,
  540, 546, 866, II 223, 931 f., III 56 f., 62,
  103, 319, 323, 408, 481, 791 f., 879
Geisteresel III 945
Geistereule: II 317, 400 f.
– folgt Einladung zum Essen III 886
Geisterfarben in Wald III 657
Geisterfaß, feuriges III 739
Geisterferkel III 218
Geisterfeuer: I 501, 516, 715, II 379 f., 533,
  747 f., III 62, 69, 83, 236, 375
– weist Schatz III 395
Geisterflamme: I 501, III 55, 943 f.
– zeigt Schatz an III 472 f., 515, 587
Geisterfrosch hütet Ring in See III 206
Geisterfuchs: I 13 f., II 232, 865 f., III 203 f.,
  215
– erscheint am Heiligen Abend III 186
– mit Zipfelmütze II 260, 280
– steigt aus Grab III 489
Geisterfuhrwerk III 453
Geisterfüllen I 629
Geistergeschrei II 851, III 656
Geistergottesdienst: I 116 f., 181, 232 f., 257,
  II 387, 490 f., 521, 686, 746, III 63 f., 86, 223,
  394, 412, 801 f., 844 f., 848, 857, 896 ff., 956,
  958
– am Heiligen Abend I 195, III 897 f.
– an Allerseelen III 896 f.

– in der Hilariusnacht (13. Januar) I 137
– Todgeweihte im G. I 137, 257, II 746,
  III 362 f., 392, 396, 412, 435, 448, 488, 489,
  522, 546, 626 f., 640, 654
Geisterhand, mitessende, sehen II 516
Geisterhuhn (mit Kücken) I 92, 195
Geisterhund: I 35 f., 118, 128, 131, 143, 205,
  226 f., 227 f., 228, 288, 343, 414, 456, 474,
  488, 511 f., 611, 614, 685, 690, 694, 719 f.,
  721, 744, 780 f., 783, 784, 811 f., 821, II 220,
  232, 291 f., 292, 459, 489, 595, 660 f., 694,
  710, 736 ff., 859, 864, 866, 873, 922 f.,
  III 103, 106, 130, 137, 146, 311, 335, 358 f.,
  435, 437, 788 f., 868
– am Schluß von Armenseelenprozession
  III 874
– ist Aufhocker III 137
– ist Schatzhüter I 35 f., 343, II 220, 232, 291,
  489, 660 f., 694, 710, 864, 922 f.
– mit Schlüsselbund II 694, 874 f., III 136
Geisterjungfrau:
– ist Schatzhüterin I 15 f., 115, 502, 545, 593,
  603 f., 604, 710, II 823, III 50, 83, 129 f.,
  138 f., 184 f., 189, 254 f., 427 f., 517, 568 ff.
– warnt Hirten III 504
Geisterkalb I 36 f., II 824
Geisterkapuziner:
– blättert in Folianten III 784 f.
– mit Schlüsselbund III 651
– will Kind mitnehmen III 651
– zeigt Ehrfurcht während Ave-Maria-Gebet
  III 784 f.
Geisterkatze: I 104 f., 277 f., III 106, 110, 681
– hockt auf Bett III 502
– ist Schatzhüterin I 695
– Schwarze G. III 502, 521
Geisterkerze ist Knochen II 310, III 701 f.,
  858, 863 f., 868, 925, 948 f., 950, 953, 954,
  956, 958
Geisterkopf I 725
– Geisterkröte I 18, 115, 215, 432 f., 502,
  603 f., 611, II 882, III 76 f., 84
Geisterkugel, feurige II 379 f., III 86 f., 283,
  469, 921
Geisterkuh / -ochse / -stier: I 51, 72, 250 f., 441,
  502, 521, 531, 849, 894, II 112, 136 f.,
  189 f., 211, III 34, 119, 478, 501 f., 921
  → Geisterkalb, Geisterrind
– in See I 347 f., 612 f., II 159 f., 234 f., 258 f.,

– in See (Fortsetzung) 274 ff., 288, 289, 306 f.,
  470 ff., 479 f.
– ist Schatzhüter / -in III 597 f.
Geisterkutsche: I 172 f., 182, 575 f., III 113,
  533 f.
– Wuchergeld in G. III 73, 92 f.
Geisterlämmer sind Schatzhüter III 173
Geisterlandsgemeinde I 641 f.
Geisterlicht: I 59 f., 76, 135 f., 140, 325, 562,
  608, 715, II 40 f., 181, 198, 211 f., 292, 358,
  363, 500, 522, 636, 646 f., 806, 825, III 53 f.,
  59 f., 60, 85, 91, 105, 108, 129 f., 146, 189,
  233, 235 f., 255, 269 f., 322 f., 337 f., 372 f.,
  547 f., 605, 670, 691, 708, 895, 899, 917, 924
– ist Vorzeichen von Tod III 392
– ist Vorzeichen von Unglück III 644
– ist Vorzeichen von Viehkrankheit II 358
– verschwindet mit Errichtung von Kreuz
  III 904
– zeigt Schatz an III 515, 587, 593
Geisterlöwen II 380 f.
Geistermähmaschine hinterläßt keine Spuren
  I 68 f.
Geistermusik: I 875, 888, II 825, III 131, 322,
  323, 362 f., 435, 475, 858 f., 912 f., 915, 916,
  922
– in Baum III 912 f.
Geisterpater:
– bewacht ungetauft verstorbene Kinder
  III 412
– ist Schatzhüter III 521
Geisterpferd: I 128, 136, 610, III 455, 681,
  752 f.
– geht auf zwei Beinen I 849
– hinterläßt Hufspur in Stein II 347, III 681,
  756, 763 f.
– Huf von G. blockiert Fuhrwerk III 341
– Rotes G. II 195
– Weißes G. I 516, 537, III 103, 504, 521, 532,
  595, 698, 714, 756, 764
Geisterpriester:
– Als Ministrant beim G. II 490 f., III 63 f.,
  378, 801 f., 844 f., 848, 897 f., 956, 958
– hütet Hostien III 377 f.
– ist Schatzhüter III 793 f.
Geisterprozession III 916
Geisterrabe I 13 f., 126, II 386 f., 613 f., 863
Geisterrad II 260 ff.
Geisterreiter: I 39, 183, 194, 226 f., 254 ff.,

539, 590, 638, 677, 849, II 187, 363, 650, 795,
  III 253, 260, 412, 413, 430, 436 f., 590, 703 f.,
  765 f., 878 f., 885
– auf Geißbock II 650
– auf Schimmel I 131, 145, 152 f., 242, 244,
  255, 537, 689 f., II 117 f., 403, 463, 480, 636,
  638, 641, 664 ff., 667, 699, 759, 841, 842 f.,
  857 f., 863, 869, 880, 882, 899, 932, III 11,
  13, 17, 28 f., 54, 96, 114, 174 f., 244, 255, 307,
  308, 310, 315, 316, 318, 357, 400, 403, 433,
  453, 457, 473, 508, 527, 535 f., 581 f., 624,
  679, 681, 712 f., 730, 741, 756 f., 763 f., 784,
  859, 906
– im Nachtvolk III 17, 150 f.
– ist Schatzhüter III 581 f.
– ist Vorzeichen von Tod III 17
– mit Schlüsselbund III 481
– sitzt verkehrt auf Pferd III 244
Geisterrind: III 699
– ist Vorzeichen von Unglück III 471
– mit Katzenschwanz I 841
– Weißes G. III 471
Geistersau: I 92, 96 f., 121, 368 f., 403, 404 f.,
  454, 464, 653, 712, 782, 820, II 644, 648,
  III 681, 711, 922
– ist Kindsmörderin / Abtreiberin I 411, 539,
  832 f., 884 f., II 455 f.
– ist Schatzhüterin III 751 f.
– ist Senn II 515 f.
– ist Vorzeichen von Unglück III 531
– mit (zwölf) Ferkeln I 109, 113 f., 790, 832 f.,
  884 f., II 637, 641, 650, 669, 678, 748, III 63,
  244, 465, 531, 545, 589, 592, 608, 626
– mit Schlüsselbund I 250
– voller Augen III 106
Geisterschaf: I 549, 790 f., III 945
– ist Vorzeichen von Tod I 434 f.
Geisterschelle III 90 f.
Geisterschlange: I 13 f., 15 f., 235, 512 ff., 595,
  864, 865, 882, 931, III 138 f., 470, 557 f.
– erscheint während Leichentransport III 78
– ist Schatzhüterin I 43, II 209, 595, 750 ff.,
  898, III 61, 81, 112, 395, 738
– mit Krone I 43, 146, 384, 547, 789
– mit Schlüsselbund I 28, II 209, 492 f., 595,
  750 ff.
– Spaghetti werden zu G.n III 559 f.
– Verwandlung von G. in Goldklumpen
  III 754 f.

Geisterschwanz, gesträubter III 219, 282,
  286 f.
Geistersichtigkeit, besondere: I 27, 35, 37, 44,
  57, 113, 135, 140 f., 195, 205, 211, 253, 260,
  309, 318, 424 f., 470 f., 504, 551, 558 f., 601,
  698, 718, 782, 812 f., 822, 886, 887 f., 905,
  II 168, 207, 376, 447, 712, 828 f., 856,
  III 18 f., 96, 103, 116, 121 f., 132 f., 141, 192,
  235 f., 247 f., 256 f., 266 f., 343 f., 460 f., 468,
  518, 521, 524, 535, 546, 599, 630, 652, 654,
  665, 780 f., 847 f.
– Erreichen von G. I 230, 461, 491, 641 f.,
  II 716, III 264
– von Abwart III 74 f.
– von Briefträger I 887, III 788 f.
– von Fabrikmädchen III 73, 92 f., 123
– von Fuhrmann I 611 f., 643 f., 878 f., 901 f.,
  II 752, 757 f., 830, III 18, 59 f., 78, 85, 96,
  216, 547 f., 648 f., 649 f., 690 f., 720
– von Hausiererin III 401 f.
– von Hebamme I 651 f., II 404, 826 f., 863 f.,
  III 82, 653
– von Hotelangestellten III 111, 215, 227, 238,
  343 f., 347 f.
– von Kantonsschülern I 786
– von Kellnerin II 168, 854
– von Kindermädchen III 237 f.
– von Knecht I 701 f., II 207, 241, III 23 f., 53,
  71, 75, 77 f., 83, 112 f., 114, 174 f., 371 f., 456 f.
– von Koch III 656
– von Lehrer II 590 f., III 181, 219, 329
– von Magd I 694, 695 f., 862, II 523 f.,
  810 ff., 831, III 67, 74, 90 f., 148, 270, 777 ff.,
  784 f., 786 f., 893
– von Maurer III 67, 68 f., 69 f.
– von Mesmer I 116 f., 181, 195, 232 f., 257,
  471, 535, 790, II 83, 167, 169, 180, 183, 241,
  352 f., 387, 402, 521, 686, 746, 908 ff.,
  III 51 f., 169 f., 223, 362 f., 378 ff., 392, 396,
  448, 469 f., 488, 489, 522, 546, 626 f., 640,
  654, 848, 857
– von Musikant I 910
– von Nachtwächter I 35, 92, 139 f., 142, 155,
  168, 195, 689, II 347 f., 442, 447, 613, 787,
  806, 810 ff., 827, 851, 855 f., 863, III 337 f.,
  391 f., 392, 541 f., 556, 592, 625 f., 675
– von Näherin I 152
– von Nonne III 135
– von Pfarrer I 176 f., 187, 259, 346, 660,

II 244, 340
– von Pfarrköchin I 27
– von Posthalter III 588
– von Rekrut III 188
– von Richter II 459 ff., 461 ff.
– von Säumer II 613 f.
– von Schnapser I 644
– von Schreiber III 120
– von Schusterlehrling III 103
– von Soldat III 375
– von Theologieprofessor I 104
– von Theologiestudent I 93
– von Totengräber III 920
– von Tretschenmacher II 629
– von Viehhändler III 376 f., 739
– von Waldarbeitern III 278 f., 319, 371 f.
– von Waschfrau I 141, III 488, 730
– von Weberin I 474, 511 f.
– von Wegarbeiter III 371 f., 640
– von Wirtin III 404
– von Wöchnerin III 883
Geisterspiel I 3, 903, II 230 → Goldenes
  Kegelspiel
Geisterstall II 884 f.
Geisterstuhl I 11 f., 696, III 68
Geistertanz I 91, 92, 272, II 291, 345 ff., 532,
  III 11, 13, 210, 694 f.
Geistertier / -e: III 469, 557 f., 568 ff., 885 f.
– Geschecktes G. I 211 ff.
– Lärm von G. III 688 f.
– Reißende G.e II 345 ff.
– Schwarzes G. III 504
Geistertiger I 15 f.
Geistertreppe II 884 f., 898
Geistervögel I 13 f., 533
Geisterweg I 539, III 105 → Friedhof
Geisterwidder, rote II 378
Geisterwölfe I 13 f., II 380 f., 512 f., III 138 f.
Geisterziege / -nbock: I 36 f., 184, 277, 370,
  389, 559 f., 594, 609 f., III 261, 470
– als Schatzhüter I 298, II 232, 506 ff., III 50,
  149
– entführt Nachtwächter I 709
– ist Vorzeichen von Tod I 389
– mit Hausschuhen III 278
– mit Menschenfüßen I 695
Gelbfieber I 311, 312
Geld: Schlüsselgewalt über G. erreichen
  II 941

Geldscheißer:
- Alraune als G. I 470, 541 f., 553 f.
- Basilisk als G. I 874
- Besitzer von G. kann nicht sterben III 486 f., 597
- muß gefüttert werden III 486 f., 516 f., 558
- Teufelchen als G. III 486 f., 516 f., 558 f., 597, 611, 648
- Wurm aus Hahnenei als G. II 858, III 196

Geldstücke: → Goldstücke
- des Teufels in Ameisen verwandelt III 758 f.
- Nußblätter in G. verwandelt II 246

Geletta, Hl., weist Bauplatz der Kapelle II 343

Gemeindegrenze: Tiere bestimmen G. III 351, 532

Gemsblut trinken macht waghalsig II 623

Gemsbock mit Kirschbaum zwischen den Hörnern II 483 f.

Gemse:
- armer Familie durch Lawine beschert I 239
- im Geißenstall II 277 f.
- ist Hexe I 589, 741, II 548, III 729, 730 f., 736, 814 f.

Gemsfüße: Teufel hat G. II 708

Georg, Hl. I 790

Gerstenkörner (am Augenlid) vertreiben I 101, 171, 230, 312 f., 890, III 36, 213, 646

Geschirrhändler und Esel I 763

Geschwindigkeit, außergewöhnliche III 697

Gewaltandrohung I 763, 771

Ggarauscha-Scheefler (Geist) I 459

Ggreschtäbutzli (Geist) I 474, 511 f., 783, 811 f.

Gilieiler (Geist) I 132, 164

Giovanni del Belfort (Tapferes Schneiderlein) III 681 ff.

Glarner ist Hexer II 635

Glasberg II 377

Glebweipli (Geist) II 294

Gletscher:
- Arme Seelen im G. II 276
- Diamant bei G. gefunden II 845
- Geist in G. gebannt II 90 f., 112, 117 f.
- Kirche im G. II 496 f., 579 f.
- Wilder Mann im G. II 117

Glocke:
- aus Plurs III 273
- aus Silbergeld gegossen I 285, 317, 476, 508, 816, II 612, 632

- Wildleute verschwinden nach Einführung von G. I 221 f.
- Zersprungene G. I 476

Glockengießerlehrling: Meisterproben für G. II 322 ff.

Glockenheilige bitten für Arme Seelen II 939

Glockenläuten:
- Auf G. warten ist Bewährungsprobe I 13 f., 15 f., II 317, 380 ff., 388, 490, 512 ff., 823, 864, 870, 931, III 138 f.
- bricht Macht der Geister I 335, 336, 716, 727 f., 827 f., II 169, 179, 257, 476 ff., 512 ff., 752 f., 882, 900 f., III 85, 169, 188, 336, 339 f., 345 f., 352, 455, 681
- bricht Macht der Hexenleute I 48 f., 50 f., 727 f., 839, 895 f., 906, II 30 f., 80, 127, 193, 203, 206, 213, 252 f., 431, 437, 465, 472, 543, 633, 678, 749, 761 f., 838, 901 f., III 133 f., 169, 321 f., 323 f., 329, 349, 700, 717, 794 f., 844, 861 f., 872 f., 914 f., 960
- bricht Macht der Wildmenschen I 421 f.
- bricht Macht des Kuhbauchs II 432, 901 f.
- bricht Macht des Teufels I 580 f., 606, 608, 768, II 159, 741 f., III 410 ff.
- Falsches G. ist vom Teufel II 380 ff., III 138 f.
- Trauriges G. ist Vorzeichen von Brand III 630 f.
- Trauriges G. ist Vorzeichen von Tod I 311, 436, 461, II 282, 696, 851 f., 867, III 45, 588, 630 f. → Vorzeichen von Tod: Glocken hören; Glockenläuten und Stundenschlag; Glockenschlag, letzter
- Verbannter Geist darf kein G. mehr hören III 683
- vertreibt Unwetter / Hochwasser II 632, III 134

Glockensprache I 759, 772, III 243, 675 → Schellensprache

Glücksbringer I 450, 734, 910, II 359 f., 941 → Vorzeichen von Glück

Gold:
- in Stein II 920 f.
- Königin spinnt G. II 568 f.
- Platten werden zu G. I 422 f., III 428, IV 19

Goldader: II 344
- Fahrende Schüler kennen G. I 282, 383, 409, 753, 800, II 187, 193, 195, 466, 480, 569 f., 581, 845 f., III 267

– Zigeuner kennen G. II 250, 845
Goldene Äpfel an Baum III 738
Goldene Buchstaben als Menetekel III 352
Goldene Kuhglocke statt Jungfrau gewählt
    I 332, 347
Goldene Rute zum Schatzheben III 83
Goldene Säge II 74, 136
Goldene Sägerei im Bach II 376
Goldene Ziege in Burgruine II 375 f.
Goldener Baum im Berg II 845
Goldener Bock mit diamantenen Hörnern
    II 180
Goldener Schlüssel zu Schatz I 332, 347
Goldener Schuh ist Schatz der guten Alten
    II 15
Goldener Zauberkreis II 380 f.
Goldenes Kalb im Berg III 520, 531 f.
Goldenes Kegelspiel I 16, 43, 116, 121, 594 f.,
    619, 870 f., II 302, 304, 488 f., 694, 817 f.,
    922 f., 931, 934, III 37, 160 f., 163
Goldenes Kreuz in Klosterruine I 148
Goldklumpen: Verwandlung von
    Geisterschlange in G. III 754 f.
Goldkrämer ermordet I 344 f., 353 f., 375 f.
Goldquelle: III 738 → Quelle
– Fremder findet G. II 74, 846
– gleich wieder verschwunden III 884 f.
– Kanne unter G. läßt sich nicht wegheben
    I 542, 819
– Venediger kennt G. I 307, II 880
– Wasser der G. darf nicht verschüttet
    werden I 418, 765, 766 f.
– Wildmann kennt G. I 418, 765 f.
Goldschatz leuchtet am Berg II 802 f.
Goldschmied (geisterhaftes Geräusch von
    tickender Uhr) I 399
Goldstücke:
– Knochen werden zu G.n III 515
– Kohle wird zu G.n I 221, 507 f., II 192,
    209 f., 304, 497 f., 595, 726, 757, 891,
    III 164 ff., 290 f., 292 f., 483 f., 521
– Korn wird zu G.n III 711 f.
– Laub wird zu G.n I 56, 97 f., II 162 f., 246,
    III 202
– Maiskörner werden zu G.n III 691
– Mantel mit G.n gesehen II 163
– Schneckenhäuschen werden zu G.n III 566,
    703
– sind Hexengeschenk II 213

– werden zu Ameisen III 758 f., 877, 889 f.,
    961
– werden zu Kieselsteinen III 517
– werden zu Laub III 707, 708, 793, 795 ff.,
    809, 816 ff.
Goliath: Fußspur des G. in Stein II 873
Gottes Segen III 698
Gottvertrauen des Winzers wird belohnt
    III 803 f.
Grab / Gräber → Franzosengräber
– am Sonntag ruft zweites nach sich III 415
– aus der Pestzeit III 399
– Geist will richtiges G. II 799 ff., III 324, 704
– Geisterfuchs steigt aus G. III 489
– Geizhals hat tiefes G. I 390
– Leichnam der Hexe aus G. verschwunden
    III 947
– Letztes G. ist Vorzeichen von Tod III 488
– Rote Lilien auf G. der Burgherrin gepflanzt
    II 681 f.
– Schlange auf G. der Hexe I 483 f., 798
– von Viehdieben II 718
Grabplatte bleibt nicht an Ort und Stelle
    III 300 f., 378, 675 f.
Grabschändung I 634, 845 f., II 37 f. → Frau:
    Die tote F. kehrt zurück
Gras essen I 214, 733
Graswuchs:
– An bestimmter Stelle kein G. II 602 f.,
    III 300 f., 916 f.
– auf der Straße während Pest I 85, 144, 672,
    816, III 311
– Hexe verhindert G. mit Pulver III 858
Graue Katze:
– bricht Macht der Wilden Jagd III 747
– ist Hexe III 932
Graue Kleidung der Hexe II 213
Grenzstreit: Fahrender Schüler will G.
    schlichten II 342
Größe, ungewöhnliche:
– von Fisch III 220
– von Fliege I 222 f.
– von Mehlkloß II 168 f.
– von Stein im Schuh I 315 f.
Großmutter:
– ist Hexe II 107, 108, III 249 f.
– stirbt vor Gram wegen Lawinentod des
    Enkels III 805
– will Kindstaufe in Teufels Namen II 560 ff.

Grüne Dose mit Hexensalbe III 726

Grüne Kleidung des Teufels I 347, 424 f., 541, 787, 868, II 433 f., 537 ff., 545 f., III 179

Güllapîschti (Kinderschreck) I 195

Haar / -e:
- Ausgefallene H.e dürfen nicht weggeworfen werden I 393, 911, II 644, 938, III 613 f.
- in Hagelkorn III 231 f.
- Plötzlich weiße H.e I 103 f., 140 f., 154, 254 ff., 418, 604, 662 f., 702, 742, 784, II 340, 553 ff., 716, 786, 831, III 48, 74 f., 126, 132, 141, 148 f., 190, 375 f., 855 f.

Haarausfall:
- nach Berührung von Hexenfuchs I 379
- nach Geistererscheinung I 559 f., II 935, III 12, 13

Hahnenbalken → Augenverblendung

Hahnenei I 874, II 858, III 196

Hammerwerk in Schmiede läuft von selbst II 854

Handel mit dem Teufel II 150

Händlerin ist Hexe II 110 f.

Handlesekunst I 8 f., 262, II 617, 769, 845 f., III 19, 223 f., 463

Handwerksprobe II 322 ff.

Hanf: III 89
- bricht Hexenmacht I 376 f., 519 f., 540 f., 805
- ist heilkräftig I 524, 541

Hanfstengel (im Rätsel) I 795

Hans Chachäli (Name des Wildmannes) I 216

Hans la Val (Name des Teufels) II 631

Hänsel und Gretel II 17 f., 22 f., 764 ff.

Hase:
- Entzweigeschossener H. I 350
- ist Hexe III 241
- ist Teufel III 849 f.

Hasel:
- bricht Hexenmacht I 467
- Mit H.stock Hagel hervorgezaubert III 811

Hauch mit Rauch verwechselt I 858

Haus:
- Änderungen am H. brechen Geistermacht I 5, 26 f., 399, 566 f., II 855 f., 863, III 60, 62, 146, 216, 275, 279, 389, 650
- Kröte gehört zum H. I 214, 219
- mit versetzter Türe III 37 f.

- mit Zwischenböden II 662 f., III 37 f.
- Neuerbautes H. bringt Todesfall I 211
- Schlange gehört zum H. I 146, 214, 219, 547, 562, II 431 f.
- Unsegen auf H. II 853
- Zigeuner schützen H. vor Brand III 47

Hausarbeit des Pfarrers: I 739
- von Engeln besorgt II 450 f.

Hausbau: I 289 f., 383, 409, 412 f., 542 f., 617, 619
- Hexe stört beim H. I 344, 427, 806, III 740 f.
- in einer Nacht I 509
- Starker Mann beim H. I 90, 315, 507, 613, 759 f., II 99, 151, 211, 264, 611, 646

Hausgeist → Kobold

Hausierer / -in:
- begegnet Hexe III 906
- begegnet Teufel II 856 f.
- besitzt Zauberbuch II 813 ff.
- erkennt Hexe III 223 f.
- ist Analphabet II 813 ff.
- ist Hexe I 400 f., II 208, III 46
- kann nachzwingen I 580
- sagt wahr III 223 f.
- sieht Todesfall voraus I 302 f.
- weiß Rat gegen Zwang des Nachtvolks I 434

Hausrat darf nicht verschoben werden I 354 f., 355 f.

Haustüre darf nicht ersetzt werden III 317

Hechel bricht Alpdruckmacht I 429 f., 519, II 124, 743, III 394 f.

Heckpfennig I 642 f.

Heiland:
- Blutstropfen des H.s bilden Flecken des Marienkäfers II 867
- Espe trauert nicht wegen Kreuzigung des H.s II 867
- Schwalben trauern nicht um H. I 397 f.
- stand unter Holunderstrauch I 215

Heiler / -in: I 117, 408, 466 f., 528, 544, 613, 621, 626, 737, 836, 890 ff., II 623, 769
- bezwingt Hund I 626
- bricht «Blatern» (Blähungen beim Vieh) I 101, 119, 175, 205, 242 f., 542, 597, 733, 891, II 238
- bricht Hexenmacht I 48 f., II 622
- bricht Rauschbrand (Viehkrankheit) I 481,

597 f., 617, 619
- bricht «Wind» (Viehkrankheit) I 175, 205, 228, 242 f., 388 f., 542, III 294
- darf keinen Lohn/Dank annehmen I 48 f., 112, 896 f., II 175 f., 675 f., III 520
- darf keinen Schnaps trinken II 622
- darf nicht fluchen II 622, 940
- erkennt Hexen I 625 f., 896 f.
- heilt Euter I 493 f.
- heilt Flechten I 86 f., 112, 313, 342, 890, II 666, 680, 927 f., III 808
- heilt Geisterverletzung I 466, 537 f., 715
- heilt Gelbsucht III 592
- heilt Hexenverletzung I 137, 197, 804 f.
- heilt Mundfäule I 171
- heilt Schmerzen I 26 f., 54 f., II 175 f.
- heilt verhextes Kind I 228, 630 f.
- heilt Verrenkung I 88, 263, 466 f., 597, 625, 890, II 621 f., III 36, 364, 527 f., 561, 591, 596, 615
- heilt (verhextes) Vieh I 9 f., 13, 51, 186, 272, 296 f., 440 f., 480, 482, 518, 553, 613, 625, 709, 712, 713, 788, 819, 890, 891, 892, 906 f., II 196 f., 361, 666, III 225, 389
- heilt «Wurm» (Panaritium) I 87, 263, 388 f., 402, 711, II 724, 730, 733, III 280, 294 f.
- heilt Zahnweh I 88, 112, 228, 242 f., 305, 379, II 672, III 115
- hilft beim Kalbern I 119, 891
- im Bund mit Teufel I 205, 342
- ist Fee III 762
- ist Hexe II 670, 835, 928 f.
- ist Kapuziner I 29, 176, 445 f., 574, 630 f.
- ist Nonne II 733
- ist Pater II 238
- ist Pfarrer II 809 f.
- ist Schlosser II 672
- ist Zigeuner I 150, 379, II 675 f.
- kann schlecht sterben I 88
- Kraft des H.s kann nicht weitergegeben werden II 724
- mißlingt Viehheilung I 33
- nimmt Kuh das Heimweh I 613
- stillt Blut I 88, 112, 175, 228, 313, 595 f., 597, II 730, 733, III 243, 280, 281, 295, 317, 389, 591
- verkauft Harzsalbe II 928 f.
- verlangt Schweigen I 33

- verscheucht Teufel aus der Kirche I 242 f.
- vertreibt Gerstenkörner (am Auge) I 101, 171, 312 f., 890, III 36, 213, 646
- vertreibt Ungeziefer I 228, II 839
- vertreibt Warzen I 12, 269 f., 529, 597, 625, II 622, 849, 877, III 192, 213, 426, 520, 591, 614 f., 644 f., 646
- Worte des H.s dürfen nicht von älterer Person gehört werden I 529, 620, II 940
- zwingt Diebe zurück I 542 f., 621
Heiliger Abend:
- am H.n A. geborene Menschen sind geistersichtig I 44, 57, 113, 140 f., 195, 205, 211, 260, 318, 424 f., 470 f., 504, 551, 558 f., 822, 886, 905, II 207, 712, 828 f., 856, III 141, 235 f.
- Geistererscheinung am H.n A. I 108, 113 f., 183, 194, 195, 224, 372, 511 f., 514 f., 562 f., 676 f., 722, 903, II 191, 849, 854 f., 937 f., III 119, 186, 251, 897 f.
- Geistergottesdienst am H.n A. I 195, III 897 f.
- Grabplatte dreht sich am H.n A. III 675 f.
- Heiratsorakel am H.n A. I 515, 525
- Hexe zwingt am H.n A. zum Verlassen von Maiensäß III 21 f.
- Hexenritt/-tanz am H.n A. I 298, 483 f., III 247
- Jagdverbot am H.n A. III 186
- Kartenspiel am H.n A. I 8, II 38 f.
- Kuh kalbert ohne Hilfe am H.n A. II 39
- Messebesuch am H.n A. versäumt II 38 f., 303, 426 ff., 438 f., 755
- Schatzheben am H.n A. I 343
- Vieh früh am H.n A./Weihnachten tränken bringt Glück I 343, III 490
- Vieh kann sprechen am H.n A./Silvester I 32, 299, 386, 515, 878, II 19 f., 39, 273 f., 426 ff., 438 f., 631, 755, III 334, 490, 577 f.
- von Bienen gefeiert II 696
- Zukunftsforschung am H.n A. – Braut stirbt III 865
Heiligkreuztag (14. September): I 202, 459
- Geistererscheinung vor H. I 719
Heimweh, großes I 411, 553, III 644
Hellseher findet vermißte Menschen/Tiere I 269, 311
Hemd des Glücklichen III 760 f.

Hengertbursch:
- alte Frau geneckt I 771
- erhält Abweisung I 758
- kann festbannen I 401, 785, 793, 806
- stört die Totenruhe II 567 f.
- und Alpdruck I 879
- und Geisterreiter II 650
- und Geistersau II 650, III 106
- und Geisterschwanz III 219
- und Hexe / -r I 66 f., 103, 426, 440 f., 458,
  519 f., 614, 710, 777, 895 f., II 57, 67, 119, 120,
  163, 193, 237, 356 f., 373, 421, 425, 473 f.,
  519 f., 543, 546, 696 f., 761, 808, 834 f., 838,
  864, III 110 f., 122 f., 169, 248, 253 f., 265,
  321, 671, 742, 756, 807 f., 888 f.
- und Krötenmännchen II 780
- und Kuhbauch I 148, 205, 284 f., 536,
  II 173, 178, 283, 432, 901 f.
Henkersknechte I 262
Henne:
- hat vor Morgengrauen Tagewerk beendet
  II 99 f.
- ist Hexe III 364
- mit Küken sind am Leben gehinderte
  Menschen II 247 f.
- Schwarze H. legt weiße Eier II 99 f.
Herkunft der Kinder I 11, 19, 28, 29, 37, 100,
  112, 138, 156, 403, 443, 563, II 229, 305 f.,
  596, 744, 785, III 245, 355
Herr der Tiere I 295
Herrgott:
- Alter Pilger ist H. III 698
- befreit unschuldige Knechte von
  Burgherrn aus Höhle II 383
- Erscheinung des H.s I 514
- kann kranke Frau nicht abholen III 642 f.
- Verwünschung von H. II 353
Herz:
- mit gewölbtem H.en sterben ist unmöglich
  I 307
- Siedendes H. III 132
- von Schlachttieren bringt Unglück II 597
Heu:
- durch Hexerei aufgewirbelt I 426 f., 578,
  II 14 f., 24, 28 f., 57, 65 f., 87 f., 108 f., 156,
  172, 251, 436 f., III 729
- durch Kobold aufgewirbelt III 720
- Hexe gelangt durch H. in Stall II 632
- in Scheune gehext I 25, 29, II 121, 208,

244 f., 311 f., 356, 533 f., 606 f., 617, 627,
918 f.
- Mähen wegen des H.s II 99 f.
- Zur Strafe ins H. geregnet III 200, 205
Heudieb:
- die Hand abgeschlagen I 807 f.
- weiß Ausrede I 780
Heuen mit seidenen Handschuhen I 794
Heuer verflucht Sonne I 280, 282, 317, 741
Heuhexe schneidet Kindern die Beine ab
  II 98
Hexe / -r: Abwehr / Macht brechen:
- Abendmahlsbrot I 17, 587, III 493 f.
- Allerheiligstes II 200, III 700 f., 908, 918 f.
- Allermannsharnisch I 393
- Alte Schuhe verbrennen III 256
- Analogiezauber mit getötetem Vieh III 496
- Augenhaut der Schweine anschneiden
  I 617 f.
- Besen verkehrt / kreuzweise aufstellen
  I 199 f., 709, II 724, 926 f., III 242, 493
- Bibel I 272, 727, III 13
- Bibelspruch III 394
- Bibernelle I 272
- Blutstrich I 354, 413, 525, 527, 582 f., 596 f.,
  598, II 724, 725
- Brot I 48 f., 55 f., 60, 119, 171, 174 f., 178,
  199 f., 208, 446, 648, II 123 f., 344 f., 597,
  606, 634, 669 f., 761, III 91, 149 f., 217, 233,
  283 f., 346 f., 431, 435, 465, 470 f., 493 f.,
  626, 635
- darf nichts ausgeliehen werden I 199,
  297 f., 518, 668 f., 804 f., 880, 896 f., 908 f.,
  II 634 f., 924, III 158, 211 f., 496 f.
- Deckbetten um den Leib binden I 48 f.
- Dem Vieh gestohlene Ware füttern I 378
- Drei höchste / heilige Namen I 9, 103, 119,
  174 f., 199, 272, 400, 467, 474, 480, 518 f.,
  519 f., 540 f., 553, 596 f., 600 f., 709, 793, 797,
  897 f., II 178, 607 f., III 13, 149 f., 210 f.,
  253 f., 265, 266, 562
- Drei Scheiter vom Futtertrog in den drei
  höchsten Namen verbrennen I 553
- Dreiblättriges Kleeblatt III 745
  → Augenverblendung
- Ehering I 221
- Eisen II 927 f.
- Evangelienbuch III 132 f.
- Feuer I 404, 518, 553, II 15 ff.

- Fleisch des verhexten Tieres räuchern /
  verbrennen II 423, 435 f., 600, 634 f., 690 f.,
  768, III 128, 211 f., 496 f., 598
- Fluchen I 75, 722 f., III 18 f., 185 f., 239 f.
- Gebet I 170 f., 178, II 85 f., III 89, 231 f.
- Gefährdeten Gegenstand zudecken II 939
- Gewehrkugel, geweihte I 589
- Gewehrkugel, silberne I 589, III 36
- Gewehrlauf verstopfen I 511
- Geweihte Gegenstände I 30, 110, 484 f.,
  666 f., 727, 797, 896 f., II 123 f., 311, 553 ff.,
  643, 901 f., III 75 f., 171 ff., 355 f., 413, 785 f.,
  805 f., 814 f., 890 f., 955 → Medaille (weiter
  unten)
- Glockenläuten I 48 f., 50 f., 727 f., 839, 895,
  906, II 30 f., 80, 127, 193, 203, 206, 213,
  252 f., 431, 437, 465, 472, 543, 633, 678, 749,
  761 f., 838, 901 f., III 133 f., 169, 321 f., 323 f.,
  329, 349, 700, 717, 794 f., 844, 861 f., 872 f.,
  914 f., 960
- Glühende Gegenstände I 465 f., 467, 498,
  518, 712, II 215 ff., 371, 625 f., III 520, 540,
  672, 717 f., 860 f., 887
- Goldstaub III 241
- Hanf I 376 f., 519 f., 540 f., 805
- Haselstecken I 467
- In Schlüsselloch blasen I 550, 579 f.
- In verhexten Gegenstand schießen II 642
- Johannesevangelium II 31, 84, 156 f., 369
- Käse I 668
- Katze II 137
- Keine Macht mehr seit Papstjubiläum
  II 473 f., III 348 f.
- Kettenhammer I 269, III 226 f.
- Kind III 964
- Knoblauch II 836
- Kreuz / -zeichen I 86, 156, 186, II 67 ff., 174,
  643, 780, 924, III 79 f., 152 f., 493 f., 671,
  679 f., 691, 699 f., 705, 716 f., 718, 720 f., 729,
  730, 739 f., 740 f., 745, 886, 906, 926, 960
- Kreuzschlag II 924, III 149 f.
- Kreuzweis gelegte Gegenstände I 174 f.,
  199 f., 709, III 490
- Medaille II 73, 361, 483, III 916 f.
- Meisterwurz I 793, II 606, 634, 643, 666 f.,
  III 13, 54 f., 79 f.
- Messer I 304, 325, 738, III 493
- Messerwurf gegen Wirbelwind I 426 f.,
  578, II 14 f., 24, 28 f., 57, 65 f., 87 f., 108 f.,
  156, 251
- Mit ausgeschüttetem Mehlsack Vieh über
  den Rücken streichen I 297
- muß Schadenzauber selber rückgängig
  machen III 37
- Nägel in Stallkrippe einschlagen I 296 f.
- Namen Jesu II 137 f., III 691 f., 955
- Nicht an Macht glauben II 155
- Oster- / Karfreitagskerze III 355 f., 744
- Peitsche umgekehrt halten I 134
- Rad herausnehmen III 455
- Rahm / Butterfaß erhitzen III 455, 477, 495,
  503, 860 f.
- Räuchern I 730
- Richtige Antwort auf Gruß III 496
- Salz I 30, 48 f., 589, 738, III 493 f., 890 f.
- Schnitte ins Strickholz machen III 508 f.
- Schuhe ausziehen I 61, 671, II 57
- Schuhe mit den Spitzen nach hinten stellen
  I 200, 614
- Schuhe vertauschen II 57, 67, 84 f., 119
- Schwörfinger gespreizt gegen den Boden
  halten I 199 f.
- Segen I 83 f., 174 f. 738, II 89 f., 474, 781,
  III 126, 413
- Speck III 317
- Stola II 77 f., 252, 474, 758, III 716 f.
- Traubenkirsche I 249, 525
- Über Nacht darf keine Kinderwäsche
  liegenbleiben III 781
- Uniformknöpfe im Gewehrlauf III 242
- Urin des Geplagten in verkorkter Flasche
  I 199, 668 f., 709, 726, 782, III 131, 331 f.
- Vaterunser II 207 f.
- Verhextes Vieh verletzen I 9 f., 22, 110, 114,
  119 f., 129, 143 f., 151 f., 163, 174, 249, 305 f.,
  404, 427 f., 467, 482, 483, 518, 617 f., 625 f.,
  712, 717, 721, 732, 733, 802, 820, 834, 880 f.,
  897 f., 903 f., II 107, 163 f., 177, 196 f., 203,
  207 f., 222, 228, 245, 267, 269 f., 297, 298,
  310, 341, 355, 404, 420, 482, 500, 592 f.,
  625 f., 633, 642, 643 f., 648, 677, 691, 730,
  775 f., 780, 864 f., 915 ff., 933, 934, III 40, 46,
  55, 110, 118 f., 130, 212, 217, 221, 226 f., 230,
  234, 245, 284, 329, 406, 413, 426, 463 f., 477,
  506 f., 519, 522, 528, 539, 540, 579 f., 597,
  598, 620, 622, 623, 653, 665, 679, 692
  → Hexe: Schadenzauber an Feld, Gerät,
  Tieren: Vieh verhext

- Verunreinigten Hemdsärmel vergraben I 821
- Vieh rückwärts einstallen I 202, 355, 566
- Wacholder I 170 f.
- Wagenpflock in Fahrtrichtung einstoßen I 204, 449, III 506, 635
- Wasser I 178, III 441
- Weihwasser II 67 ff., 85 f., 125, 156, 203, 213, 252 f., 354, 368 f., 369, 431, 474 f., 643, III 75 f., 79 f., 329, 343 f.
- Weißes Tuch III 132 f.
- Wetzstahl III 730 f.
- Zauberkreis um Vieh ziehen I 344
- Zauberpapier I 180, 198 f., 208 f., 599, 623, 713, 896 f.
- Zauberspruch III 329
- Zur Lüftung des Stalls darf nur die Türe benützt werden I 341 f.
- Zweizinkige Gabel ob Stalltür II 711

Hexe / -r: Familiale und soziale Position:
- Abdeckerin II 600
- Alte Frau I 110, 114, 120 f., 132, 178 , 197, 219 f., 319, 376 f., 404, 426, 427, 445 f., 518, 519 f., 668 f., 726, 777, 804, 895, 896 ff., II 26 f., 87 f., 107, 108, 158, 196, 200, 203, 208, 213, 215 ff., 230, 237, 264 f., 310 f., 354, 355, 371, 372, 421, 544, 608, 634, 642, 670, 710, 711, 730, 804 ff., 818 ff., 926 f., III 9, 33, 55, 78 f., 110, 131 f., 210 f., 212 f., 217, 301 f., 351 f., 356, 539, 549, 578 f., 596, 603 f., 659, 692, 709, 717 f., 735 f., 807 f., 814, 849, 860 f., 862 f., 872, 876 f., 917 f., 938, 943 f.
- Alter Mann I 609, 898, 906, II 634 f., III 429
- Altlediger I 898
- Arme Frau I 191
- Base II 310 f.
- Bettler / -in II 200, 208, 215 f., 311, 340 f., 341, 371, 671, 926 f., III 43, 717 f., 735 f., 860 f.
- Braut / Heiratsfähiges Mädchen I 29 f., 427 f., 519 f., 589, 671, 710, 838 f., II 57, 84 f., 85 f., 88 f., 119, 236 f., 251 f., 356 f., 370, 425, 436, 473 f., 500, 543 f., 546, 547 f., 556, III 53, 108 f., 248, 283 f., 464 f., 466, 562, 699 f., 713, 726 f., 759, 794 f., 806 f., 810, 815, 818 f., 838 f., 851 f., 877, 909, 914 f., 936 f., 939 f.
- Buckliger II 635
- Burgherr III 694 f.
- Burgherrin III 171 ff.
- Ehefrau I 174, 298, 377, 756 f., 818, II 121, III 41, 91, 99 f., 240, 491 f.
- Eierhändlerin I 128
- Fischer III 727
- Frau des Flaschners I 129
- Frau des Korbmachers II 240, 926 f.
- Frau des Maulwurffängers II 233 f.
- Frau des Taglöhners II 318 f.
- Frau des Ziegenhirten III 579 f.
- Freundin III 946 f.
- Großmutter II 107, 108, III 249 f.
- Händlerin II 110 f.
- Hausiererin I 400 f., II 208, III 46
- Heilerin II 670, 835, 928 f.
- Heiratsfähiger Bursche I 767 f.
- Hirt / -in I 480, 711, II 371, 585, III 25 f., 496 f.
- Hühnchenhändlerin II 172
- Jäger I 9, 62, 200, 207, 208, 347, 424 f., 460, 496, 521, 522, 568, 588, II 12 f., 836, 924 f., III 727
- Kapuziner II 836
- Kellnerin II 14, 28 f., III 645, 671
- Kindsmörderin I 738
- Kohlenbrenner II 634 f.
- Kräutersammlerin II 818 ff., III 596 f.
- Ladendiener II 635
- Magd I 25, 29, 110, II 208, 311 f., 356, 533 f., 606 f., 627, 918 f., III 834 f.
- Maulwurffänger II 205, 212, 221 f., 233 f., 244
- Meister I 837 f.
- Meisterin I 804, II 123 f., 157 f., 174 f., 294 f., 422 f., 535, 755, 761, 833 f., III 27, 75 f., 143 f., 172 f., 174, 277, 861 f., 878, 888, 916, 962
- Müller I 671
- Müllerin III 266
- Mutter III 560 f.
- Nachbarin I 25, 114, 124, 138, 228 f., 249, 376, 379, 666 f., 716, 725 f., 729 f., 777, 908 f., II 91, 125, 269 f., 756 f., III 501, 503, 714 f., 849
- Patin I 48 f., 137, 510, II 156, 835
- Pfarrer III 740 f., 814, 845
- Schreinerlehrling II 438
- Schwiegermutter I 296 f., 578 f., III 686 f., 717, 744 f., 939 f.

– Steinschneider III 885
– Student II 688 f.
– Taglöhner / -in II 136 f., 244 f., 318 f.
– Tretschenmacher II 623 f.
– Verwandte I 179, 610, II 310 f., 355, 616, III 888 f.
– Waldarbeiter III 891
– Weberin II 365 f.
– Wirt III 745
– Wirtin II 87 f., 251, 296 f., III 457 f., 952 f., 962
– Witwe I 29 f., 179

Hexe / -r: Schadenzauber an Feld, Gerät, Tieren: I 888, 890, II 670, III 55, 113 f., 426 f., 519, 547, 568 ff., 596, 670, 714 f., 876 f., 900
– Alphütte angezündet III 717
– Alphütte in die Höhe gehoben II 544 f.
– auf Schwein geritten II 864 f.
– Ausgeliehenes Feuer der H. löst Brand aus I 219 f.
– Balken beim Hausbau verdreht I 344, 427, 806, III 740 f.
– Balken verhext III 109 f.
– Beil verhext III 458 f.
– benützt schwarze Katze zum Schadenzauber III 246 f.
– Dach abgedeckt II 311
– Dinge beiseite gehext II 125 f., 421 f., III 131, 348 f., 658, 718
– Dorfbrand ausgelöst II 200, 208
– Eier der H. fahren durchs Kamin I 408
– Fuhrwerk / Zugtiere verhext I 29, 75, 81, 95, 134, 151 f., 179, 197, 215 f., 400 f., 440 f., 543, 578 f., 611 f., 700, II 26 f., 114, 125, 190 f., 203, 205, 207 f., 233 f., 240, 269 f., 297, 301, 310 f., 373, 454, 634, 691, 748, 804 ff., 915 ff., 924, 935 f., III 18 f., 134 f., 149 f., 217, 227, 239 f., 266, 364, 429, 455, 457 f., 463 f., 495, 503, 508 f., 539, 540 f., 578 f., 597, 598, 603 f., 635, 646, 653, 664, 671, 724, 917 f.
– Geld verhext I 378 f.
– Geschirrgestell zum Tanzen gebracht I 8
– Gewehr verhext I 178, 208, 209, 511, 586 f., 622, 803, 880, II 409 ff., 623, 940, III 36, 91, 283 f., 671, 687 f., 729, 730 f., 739 f., 756, 759, 814 f., 876 f., 952, 955
– Graswuchs mit Pulver verhindert III 858

– Hammerwerk von Schmiede betätigt II 854 f.
– Haube an Baum aufgehängt II 748 f.
– Hefe verdorben II 939
– Hennen verhext I 497, III 458
– Heu aufgewirbelt I 426 f., II 14 f., 24, 57, 65 f., 87 f., 108 f., 172, 436 f., III 729
– Hühnchen verhext I 25, 377, 497, III 887 f.
– in Schlangengestalt auf Hühnereiern II 369
– ist Dieb / -in I 138, 179, II 153 f., 710, 858, III 13, 134, 180 f.
– Kalk verdorben III 355 f.
– Käse zum Tanzen gebracht III 37
– Kohlen verhext I 465
– Kreuzaufrichtung gestört II 109
– Kuh geschlachtet und wiederbelebt I 519 f., 540 f., 805 f.
– Kuh streckt Kopf durch Stall-Luke II 163, 177 f., 195, 222, 245, 270, 303, 372, 420, 425 f., 780, III 217
– Kuhschelle der H. bewirkt Tod des Viehs II 233 f.
– Lampe / Glas verdorben I 219 f., 484, II 421
– Leim verhext II 622
– Maulwürfe in Falle gezaubert II 233 f.
– Maulwurfhaufen auf Herdplatte gehext II 205, 212, 221 f., 244
– Mäuse hervorgezaubert II 837, III 249 f.
– Melken auf Distanz I 262, II 318 f., 544, 690, III 466 f.
– Milch / Rahm in Beeren verwandelt II 230, 354
– Milch / Rahm verhext I 86, 180, 465 f., 498, 499 f., II 215 ff., 340 f., 371, 642, III 78 f., 358, 455, 477, 495, 503, 549, 672, 717 f., 754, 860 f., 876 f., 887
– Mühle zerstört II 370, 390 f., 393, 409 ff., III 459
– Pantoffeln verhext I 671
– Pferdemähne gezopft I 25, 29, 81
– Pflug festgebannt I 462
– richtet Verwüstung in Maiensäßhütte an III 716 f.
– Sense verdorben I 209, 543, 672, II 27 f.
– Spinngut verdorben II 939
– Spinnrad verhext II 404, III 310
– Stier erfallen lassen III 295 f., 301 f.
– stört beim Backen III 548
– stört beim Lesen von Gebetbuch II 354

73

- stört beim Metzgen I 31, 117, 121, 820, III 497 f., 663
- täglich für 20 Rappen Schaden gestiftet II 249 f.
- Torkelbaum unsichtbar betätigt I 106
- Tragtuch verhext I 192
- Türe verhext I 550, 579, III 907
- Ungeziefer angehext II 298
- Velo verhext III 528 f., 593 f.
- Vermeintlicher Schadenzauber III 403, 466 f., 612
- Vieh an den Hörnern / Beinen aufgehenkt I 288, II 709
- Vieh verhext I 22, 25, 26, 51, 106, 117, 119, 144, 151 f., 186, 269, 272, 296 f., 298, 304, 344, 376 f., 378, 400, 429, 440 f., 480, 487, 519 f., 553, 617, 623, 709, 712, 713, 730, 732, 738, 788, 793, 805, 819, 836 f., 880, 896 f., 898, 906 f., II 121, 125, 155, 203, 212, 213, 221 f., 310, 361, 368 f., 371, 372, 435 f., 585, 597, 600, 623 f., 634 f., 637, 669 f., 690 f., 709, 730, 768, 775, 781, III 89, 128, 130 f., 211 f., 217, 225, 253 f., 256, 329, 331 f., 358, 408, 466 f., 491 f., 493 f., 496 ff., 503, 506, 519, 539, 549, 550, 714 f., 728, 890 f., 915
  → Hexe: Abwehr, Macht brechen: Verhextes Vieh verletzen
- Waschlauge gebrochen I 191
- Webstuhl verhext I 804, II 212, 435
- will in Form eines Hindernisses Fuhrwerk umstürzen I 578 f., III 365, 686 f.
- Wiese zerstampft III 81
- Zwei Tiere in einer Kette I 9, 10, 22, 110, 114, 119 f., 143 f., 163, 174, 305 f., 427 f., 467, 483, 527, 625 f., 668, 717, 721, 733, 802, 834 f., 880 f., 897 f., 903 f., II 59, 69 f., 107 f., 155, 177, 196 f., 228, 267, 298, 303, 310, 341, 355, 372, 404, 482, 500, 592, 632, 633, 642, 643 f., 648, 677, 691, 697, 730, 780, 915 ff., 933, 934, III 40, 46, 55, 110, 118 f., 130, 212, 217, 221, 226 f., 230, 234, 245, 256, 284, 316, 329, 333, 413, 426, 477, 506, 519, 520, 522, 560 f., 566, 620, 622, 623, 628, 655, 665, 679, 692, 699, 721, 854
- zwingt zum Verlassen von Maiensäß I 578, III 21 f., 56, 94 ff., 98 f., 109 f.

Hexe / -r: Schadenzauber an Menschen: I 599, 836, 869, II 338 f., 670, III 132, 256, 656, 707, 748, 941

- Aufhocker / -in I 66 f., 75 f., II 392, 431, III 475 f., 550
- bannt fest I 9, 49 f., 54 f., 61 f., 77 f., 95, 125, 164, 175, 185, 200, 217, 220, 229 f., 268, 290, 296, 382 f., 401, 406, 408, 462, 481, 498 f., 501, 580, 588, 616 f., 621, 622, 655 f., 672, 729, 737, 785, 793, 799 f., 806, 895 f., 910, II 74 f., 153 f., 362, 609 f., 678, 712 f., 721 f., 728, 733, 837 f., 864, 923, III 20 f., 25 f. 85, 96, 102, 106, 113, 179 f., 186 f., 194 f., 208 f., 222, 228, 231, 232 f., 250, 262, 277 f., 280, 457 f., 527 f., 549, 561 f., 578, 587, 809
- Blindheit angehext I 209, 497 f., II 208
- Ehemann ermordet III 41, 91
- Gliedmaßen voll blauer Buchstaben III 495
- Haarausfall angehext I 379
- Hexengeschenk, schadenbringendes I 11, 29 f., 60, II 28 f., 41, 87 f., 110 f., 213, 251, 818 ff., III 346 f., 660, 789 f., 906, 961 f.
- in die Irre geführt / entführt I 46, 113, 134, 189, 192, 197, 426, 587 f., 609, 648, 710, 730, 839, 840, 906, II 57, 67, 84 f., 119, 156 f., 193, 252 f., 265 f., 373, 374, 431, 473, 597, 775, 834 f., III 57, 132 f., 169, 323 f., 349, 365, 546, 561 f., 691, 699 f., 705 f., 707, 712, 714, 715, 720 f., 781, 804 f., 805 f., 814, 842, 876, 888, 933, 961
- ist Kindsmörderin I 738, II 546
- Kind verhext I 48 f., 137, 146, 156, 199, 228, 484 f., 666 f., 668 f., 726, 727, 797, 814 f., II 91, 108, 132 f., 208, 688, 756 f., 776 f., III 131, 132 f., 490, 659, 700 f., 709, 785 f., 800, 862 f.
- Kleidung zerrissen III 964
- Krankheit / Verletzung / Tod verursacht I 29, 30, 54 f., 103, 106, 109, 114, 128, 176, 197, 209, 215 f., 297 f., 376, 445 f., 484, 497 f., 550, 579 f., 710, 725 f., 726, 798, 821, 837, 840, 895 f., II 202 f., 208, 354 f., 370 f., 390 f., 409 ff., 474 f., 542 f., 634 f., 786, 808, 927 f., III 57, 167 f., 210 f., 213, 239 f., 253 f., 275 f., 281, 284 f., 323, 431, 475 f., 663 f., 704 f., 727, 729, 736, 742, 744 f., 756, 849, 946, 950 f., 964
- Liebezauber I 804 f., II 356 f., 425, 436, 473 f., 543 f., 547 f., 556, III 905
- Menschen zum Reittier gemacht II 218 f., 238, 268, 294 f., 392, 422 f., 433, 500, 535
- Opfer mit Schlitten geschleift III 486, 525,

562 f.
- Pfarrer belästigt II 758
- Pfarrer ermordet II 58 f., 77 f., 120, 252
- Schadenzauber durch Messer in den Teig stecken III 37
- Schadenzauber mit Bild III 284 f.
- Schadenzauber mit Haaren I 393, 911, II 644, 938, III 613 f.
- Schadenzauber mit magischer Rute II 858, III 176
- Schadenzauber mit Pflanzenwurzel III 191 f.
- Schlittelgesellschaft in den Abgrund hinuntergestürzt I 767 f., II 161 f., III 245
- Sinne verwirrt I 5, 219 f., 839, II 58, 67 ff., 88, 174, 296 f., 372 f., 676, III 152 f., 346 f., 604 → Augenverblendung
- stört Schlafende I 838
- Stummheit angehext I 579 f.
- Widersacher in Dornbusch verwandelt III 960
- Zähne verhext III 356
- zwingt zum Fliegen III 248 f.
- zwingt zum Tanz auf Gebsenlatten I 197
- zwingt zum Tanz mittels Zauberpfeife II 818 ff.

Hexe / -r: Schadenzauber durch Naturgewalten:
- Dorfbrand ausgelöst II 200, 208
- Dorfuntergang ausgelöst / geplant III 43, 679 f., 700
- Erde regnen lassen II 213
- Hagel gemacht II 30 f., 155 f., 204, 206 f., 366 f., 437, 464, 648, 730, III 231 f., 329, 717, 811, 872 f., 908, 926, 960
- Lawine ausgelöst II 58 f., 77 f., 120, III 750 f.
- Nebel geschickt I 280 f., II 60, 62 f., 421, 436 f.
- Rüfe ausgelöst II 136 f., 206, 296 f., 342, 688 f., III 99 f., 114, 133 f., 689 f., 715 f., 891, 905, 907, 918 f., 932, 947
- Überschwemmung geplant / verursacht II 199 f., 465, 472, 749
- Unwetter / Wetter gemacht I 510, 578, II 13 f., 20 f., 34, 58, 67 ff., 128, 204, 311, 318 f., 366 f., 833, III 51, 231 f., 329, 331, 638, 681, 717, 735 f., 740 f., 872 f., 898, 908, 918 f., 926, 960
- will Kirche / Hospiz zertrümmern III 312,

702 f.
Hexe / -r: Sonstige Wesenszüge und Tätigkeiten: I 155, 325, II 876, III 449 f., 456 f., 469, 867, 925
- als Kind Lateinisch gesprochen II 625
- Altentötung II 264 f.
- am lebendigen Leib verfault I 898
- an Quatember aktiv III 467 f., 473, 494 f., 525, 527, 549 f.
- auf Dach getanzt I 443, II 296 f., III 136
- Auf Grab der H. Schlange gesehen I 483 f., 798
- auf Hüten getanzt II 136 f.
- Balken gestreckt II 438
- Balken magisch transportiert III 704 f.
- beim Kartenspiel II 24, 156, 474, III 681
- Besen ins Bett gelegt I 497
- Besen verkehrt hingestellt II 697
- bietet Goldstücke an II 213
- Blasphemisches Reden I 756 f., 818, III 715 f.
- braucht linksgedrehtes Schneckenhäuschen I 129 f.
- der Messe ferngeblieben II 103 f.
- fährt auf / überquert Fluß bei Hochwasser I 84, 376, III 249
- fährt mit Karren über gespanntes Seil I 5
- Feuer gebannt I 672
- Feuer kann ihr nichts schaden II 371
- Feuerrad geschleudert II 519 f.
- Fluß auf Faden überquert II 837
- geht auf Stelzen III 691 f.
- gewinnt Macht durch Berührung von Erde I 474, 497, 786 f.
- gewinnt Macht, wenn Dinge auf Friedhofweg liegenbleiben I 418 f.
- hält nach Tod Mund offen I 428
- hält vom Kirchgang ab I 179
- haßt Spiegel III 212 f.
- hat rote Augen II 556, 691, III 436
- Haus zittert beim Tod von H. II 404, III 223 f.
- Hemd mit Zauberei ausgezogen II 837
- Hengert gestört II 920
- Heu in Scheune gezaubert I 25, 29, II 121, 208, 244 f., 311, 356, 533 f., 606 f., 617, 627, 918 f.
- Heuwagen durchs Kamin fliegen lassen III 512

- hinterläßt keine Fußspur im Schnee III 90
- hinterläßt Spur in Stein I 216, II 58 f., 78, 79, 593 f., III 295 f., 301 f., 518, 525, 527, 590, 679 f., 699, 815 f., 848
- ist gleichzeitig an zwei Orten I 804, II 88 f., 125 f., 129, III 102, 699 f., 954
- ist hieb- und stichfest I 180
- ist kugelfest I 174, 185, 193, 201, 208, 209, 221, III 34
- ist Schatzhüterin II 213, III 816 ff.
- ist scheintot II 677
- ist schmerzunempfindlich I 777
- ist unsichtbar I 837 f., II 637, 936 f., III 217, 318, 346 f., 885 f., 891 f.
- Kampf der H.n III 175, 494 f.
- Kampf mit Wildfrauen I 821
- Kapuziner machtlos gegen H. II 837
- Kerze der H. brennt trotz Wind I 114
- Kleidung der H. I 271 f., 496 f., 668, 723, 803, 810, 814, 895, II 30 f., 34 f., 107 f., 127, 200, 213, 296 f., 367, 464, 637, 710, 758, 761, III 81, 318, 528, 681, 878, 898 f., 906, 938, 943 f., 946
- klettert auf Felsen III 55
- klettert auf Telegraphenstange / Baum II 354 f., III 679
- Kropf / Buckel abgehauen und anderswo angeklebt III 709, 732, 775 f., 819 ff., 935 f.
- Kruzifix geschändet III 758 f., 767, 786
- Leichnam der H. aus Grab verschwunden III 947
- Leichnam der H. läßt sich mit Mühe beerdigen I 344, 726
- Liebste in die Kirche gezaubert I 804 f.
- löst Rätsel des Teufels III 930 f., 943
- löst sich in Flammen auf III 712, 782 f.
- löst Tannzapfenlawine aus III 938
- Luftfahrt (auf Geräten) I 124 f., 174, 191, 196, 198, 206, 298, 763, 804, 838 f., II 59, 66, 121 f., 125 f., 137 f., 156, 236 f., 251 f., 300, 391 f., 405, 433 f., 464 f., 542 f., 606, 607 f., 633 f., 637, 642, 696 f., 711 f., 729, 870, III 53, 63, 80, 98 f., 108 f., 167, 247, 393 f., 562, 689 f., 713, 714, 745, 754, 792 f., 794 f., 806 f., 810, 815, 818 f., 838 f., 877, 908, 909, 914, 936 f., 938, 946, 952 f., 961, 962
- Luftgeister sind Hexereien I 404
- macht Kuchen aus Dreck III 78 f.
- macht Wäsche auf Alp III 754

- mit ausgehöhltem Rücken III 681
- mit dem Teufel im Bunde I 382, II 265, 804 ff., III 239 f., 358
- mit Ziegenfüßen III 590
- musiziert auf Brunnen II 606
- muß Schlechtigkeit vor Tod weitergeben III 223 f., 528 f., 593 f.
- muß umgehen I 428
- rächt Scherz der Sennen III 735 f., 754
- rächt verweigerte Nachbarhilfe III 792 f.
- rächt verschmähte Liebe II 370, 433, 500, III 549
- rächt Verwünschung II 172
- rächt Zwist am Hanfteich III 862 f.
- reitet auf feurigem Schimmel III 311 f.
- reitet auf Fuchs II 172
- reitet auf Schwein I 864 f., III 16, 33
- reitet auf weißem Ziegenbock II 50 f.
- Richtige Antwort auf Frage der H. III 710, 717, 797 f., 810, 814, 819 ff., 847
- Riesenzahl von H.n II 136 f.
- Rotwelsch ist Sprache der H. II 633
- Rückentragkorb nach unten getragen III 898 f.
- ruft Vieh aus weiter Distanz herbei I 480, 711, 714, II 121
- Sarg der H. durchs Dach gezogen III 435
- schläft im Ofen III 54 f.
- Schlechte Kuh der H. ist Heerkuh I 590
- schlüpft durchs Schlüsselloch / Fenstergitter I 729, III 477, 904
- Schritte der H. hört man nicht I 837
- Schwarze Katzen als Haustiere III 767
- Sense mit Magie geschliffen I 220, 500 f., III 291, 292
- sitzt verkehrt in der Kirche I 25, 428, III 278, 759, 937
- Sonne nie angeschaut II 634
- Spinnrad magisch betätigt I 198, II 625
- steht auf Mist I 756 f., 818
- Steinplatte auf Fäden / Haaren / Kette transportiert II 58, 77, 78, III 700, 702 f.
- straft Nachtarbeit I 103, III 81
- tanzt nackt III 758 f., 767, 786, 815, 818 f., 889 f., 904
- Teufel holt H.n III 758 f.
- Teufel kommen lassen III 158
- Teufel straft H. II 833
- verlangt Jagdbeute III 849

– vermeint Vorlegeschlösser am Stall zu
sehen I 400, 540 f., 763, II 203
– verschwindet vor Hinrichtung am Himmel
I 377
– verwandelt sich in Teufel III 152 f.
– verweigert Priester Anteil an Hausmetzg
III 715 f.
– von andern H.n / vom Teufel für
Langsamkeit bestraft I 55 f., 190 f., II 14 f.,
179, 264 f., 478 f., 833
– von Hexenmeister angelernt I 484, 798,
III 740 f.
– was sich am leichtesten verhexen läßt I 382
– Wasser in Rahm verwandelt II 138
– will alles selber kochen I 377
– will ans Kirchweihfest II 356, 627
– wird nach Tod von Engeln mit Hörnern
abgeholt III 939
– zeigt gutes Jahr an II 367
– zieht als Fuchs Schleifenwagen II 710
Hexe- / -r: Verfolgung: II 743, III 459 f., 471,
740 f., 908
– Adern aufgeschnitten I 510, II 206 f., 236 f.
– Enthauptung I 738
– Erhängen II 200, III 295 f., 301 f.
– Erkennungsmittel / -zeichen I 25, 428,
804 f., II 107 f., 127, 138, 556, 643 f., 691, 697,
III 278, 436, 699 f., 759, 851 f., 886, 926, 937
– Ertränken III 715 f.
– in See verbannt I 290 f.
– Letzte H. I 376 f., 786 f., II 437, 556, III 242,
301 f.
– Prozeß I 219 f., 377, II 710, III 148 f., 242,
301 f., 673, 858
– stirbt erst nach der dritten Hinrichtung
III 715 f.
– Verbrennung I 474, 497, 540 f., 590, 786 f.,
II 136 f., 318 f., 535, 593 f., 668, 710, 806 f.,
929 f., III 148 f., 242, 249 f., 301 f., 346 f.,
700, 714 f., 715 f., 845
– Zunge herausgerissen III 715 f.
Hexe / -r: Verwandlungsformen: I 648
– als Ameise I 590
– als andere Person III 727, 814
– als Bär I 683 f., 950 f.
– als Baum / -stamm II 56, 97, 113 f., 372, 471,
581 f., III 705
– als Busch III 686 f., 799 f., 845, 888 f., 903
– als Dachs III 265 f.

– als Eichhörnchen I 208, II 223, III 496
– als Elster I 648, II 370, 836
– als Feuerkugeln III 933 f.
– als Fliege II 756 f.
– als Frosch III 210 f.
– als Fuchs I 17, 22, 54 ff., 66 f., 106 f., 178,
190 f., 198, 215 f., 224 f., 271 f., 400, 453 f.,
496 f., 516, 587 f., 619, 648, 650, 668, 716,
803, 810 f., 814, II 14 f., 56 f., 64 f., 84, 86 f.,
107, 108, 109 f., 127, 156, 159, 179, 181, 190 f.,
206, 222, 223, 238, 264 f., 341, 344 f., 370,
371, 373 f., 390 f., 393, 409 ff., 433, 471,
478 f., 482 f., 546, 553 ff., 581 f., 592, 597,
616, 633 f., 641 f., 697, 710, 728, 761, 786,
III 9, 36, 41, 58, 80, 91, 94 ff., 97 f., 99 f., 112,
149 f., 178 f., 192, 233, 265, 283 f., 286, 321,
346 f., 436, 451, 496, 506, 645, 671, 687 f.,
704 f., 728 f., 731, 736 f., 756, 792 f., 808, 845,
918, 937 f., 948, 955, 959, 960 f.
– als Gemse I 589, 741, II 548, III 729, 730 f.,
736, 814 f.
– als Hase III 241
– als Henne III 364
– als Heu II 632
– als Himmelserscheinung in Gefäßform
III 724
– als Hund I 228, II 20 f., III 844, 877 f.
– als Katze I 26, 75, 138 f., 170 f., 175, 218, 249,
379, 453 f., 458, 465, 497, 589, 614, 648, 650,
716, 731, 793, 804 f., 896 f., 905, II 40, 107,
120, 121, 157 f., 164, 174 f., 288, 354, 358 f.,
412, 535, 545, 597, 603, 643 f., 710, 711, 755,
808, 833 f., 920, 929 f., III 27, 75 f., 143 f.,
161, 171 ff., 174, 240, 276, 277, 363, 371 f., 477,
495, 548, 708, 709, 711, 712, 714 f., 715 f., 730,
736, 748, 805 f., 807 f., 810, 845, 848, 862 f.,
889, 916, 932, 962
– als Kröte III 961 f.
– als Kuh I 798, II 58, 67 ff., 808, III 476
– als Kuhbauch II 158, 173, 178
– als Lamm III 248
– als Lampe II 96 f.
– als Maus II 689 f., III 248
– als Mücke II 756 f.
– als Pferd II 120, 123 f., 218 f., 238, 294 f.,
374, 422 f., 433, 500, 535, III 560 f., 561 f.,
813
– als Rabe II 748 f., III 913 f., 955 f., 960
– als Rebhuhn III 759

– als Sack III 725 f.
– als Schlange I 224 f., 483 f., 798, II 369, III 734, 946 f.
– als Schwein I 197 f., II 311, 354 f., 412 f., III 188, 473, 736, 756, 946
– als Strohhaufen III 915
– als Tiere III 944, 955
– als Vogel II 252 f., 431, 818 ff., III 248 f.
– als Wolf III 686, 695 ff.
– als Wollknäuel III 964
– als Wurzcl I 578 f., III 365, 939 f.
– als Ziege / -nbock II 108 f., 163, III 240, 448 f., 736, 759, 866, 914 f.
– unmögliche I 648
Hexenbanner II 669 f.
Hexenbegräbnis III 509
Hexenbuch:
– Im H. lesen II 121, 633, III 750 f.
  → Zauberbuch
– Ins H. schreiben I 804, II 85 f., 137 f., 236 f., 251 f., 433 f., 607 f., 637, III 53, 562, 691 f., 694 f., 713, 726 f., 745, 794 f., 806 f., 810, 815, 818 f., 838 f., 877, 905, 906, 909, 936 f., 960
Hexendrohung I 578, II 41, 57, 80, 88 f., 103 f., 127, 128 f., 139, 202 f., 288, 341, 345 ff., 542 f., 553 ff., 593 f., 603, 615, 636, 761, 781, 786 f., 901 f., 924, III 54, 94, 110 f., 122 f., 167 f., 194, 239 f., 247 f., 248 f., 253 f., 275, 321 f., 430 f., 440 f., 449, 540, 562 f., 651 f., 679, 742, 876, 887 f., 906, 950 f., 960 f.
Hexenfamilie II 80, 139
Hexenfeuer III 727, 868
Hexenfuchs:
– ist Haustier von Hexer III 845
– ist Pariserin III 58
– Losgebundener H. ist dankbar I 55 f., 190 f., 453 f., 516, II 14 f., 56 f., 64 f., 109 f., 159, 179, 181, 206, 223, 238, 264 f., 371, 478 f., III 97 f., 112, 178 f., 265, 286, 645, 728 f., 835, 918, 937 f., 942 f., 948, 955, 959
– mit Zipfelmütze II 483
– springt auf Fuhrwerk III 506
Hexengemse, losgebundene, ist dankbar II 548
Hexenhalfter II 218 f., 238, 268, 294 f., 422 f., 433, 500, 535
Hexenhaus III 126 f.
Hexenhöhlen III 547
Hexenhund erweist sich dankbar III 844, 877 f.
Hexenkatze: Abgehauene Pfote der H. – verletzte Frau II 157 f., 174 f., 535, 545, 603, 755, 833 f., 929 f., III 27, 75 f., 173, 174, 276, 916, 962
Hexenkinder I 297, 510, 767, 805 f., II 20 f., 138, 155 f., 236 f., 633, 677, 780, III 740 f., 811
Hexenkuh / -kühe: II 808
– ringen miteinander I 798
– Rote H. sind Blendwerk II 58, 67 ff.
– trägt die Nummer Dreizehn III 476
– weidet auf Friedhof III 476
Hexenkutsche III 358, 943 f.
Hexenluftfahrt nachgeahmt I 124 f., 174, 804, 838 f., II 59, 66, 137 f., 236 f., 251 f., 433 f., 464 f., 542 f., 607 f., 637, 711 f., III 53, 562, 713, 726 f., 794 f., 806 f., 810, 815, 818 f., 838 f., 877, 909, 936 f., 962
Hexenpferd mit Hufeisen beschlagen II 123 f., 218 f., 238, 294 f., 422 f., III 560 f.
Hexenprozeß ist Ursache von Wildwasser III 148 f.
Hexenprozession II 13, 31 f., 172, III 707 f., 819 ff., 861 f.
Hexenpulver verhindert Graswuchs III 858
Hexenrabe durch Verletzung erlöst III 913, 955 f., 960
Hexenreiter II 786 f., III 932 f.
Hexenringe II 868, III 90, 94, 188, 240, 275, 403
Hexensabbat: I 11, 60, 119, 124 f., 129 f., 152, 206, 262, 272, 290 f., 377, 400, 483 f., 539, 734, 804, 818, 822, 838 f., 887, II 77 ff., 137 f., 156, 178 f., 204, 211, 236 f., 251, 311, 344, 361, 391 f., 421, 433 f., 464 f., 474, 542 f., 593 f., 606, 607 f., 633, 636, 637, 684, 711 f., 730, 761 f., 768, 769, 780 f., 833, 868, 873, 924, III 13, 41, 53, 56, 81, 90, 94 ff., 98 ff., 109 f., 110 f., 114, 122 f., 167 f., 177, 178 f., 182 ff., 188, 217, 231 f., 233 f., 240, 247 f., 262, 275, 301 f., 323, 348 f., 393 f., 394, 403, 431, 434, 437, 440 f., 449, 464 f., 465, 466, 501, 505, 507, 518, 525, 527, 529, 538 f., 540, 549 f., 550, 562 f., 582 f., 606, 641, 651 f., 652, 661, 664, 670, 691 f., 694 f., 707, 712, 713, 714, 717, 719 f., 723, 724, 726 f., 727, 728 f., 745, 755 f., 758 f., 767, 786, 794 f., 806 f., 810, 814, 815 f., 818 f., 834 f., 838 f., 844, 857 f., 861 f., 871 f., 877, 886 f., 889 f.,

898 f., 904, 905, 906, 907, 908, 909, 914,
923, 932, 934 f., 935 ff., 941, 942, 946, 947,
960, 961
– Als Musikant beim H. I 649, 817 f., II 711 f.,
III 493, 517
– Nachgeahmter H. III 241, 842
– Zu spät zum H. I 55 f., 190 f., II 14 f., 179,
264 f., 478 f.
Hexensalbe I 174, 838 f., II 137 f., 236, 251,
318 f., 433 f., 593 f., 607 f., III 562 f., 713,
726 f., 794 f., 806 f., 838 f., 877, 898 f., 908,
909, 914, 936 f., 962
Hexenschnupftabak III 810, 815, 818 f.
Hexenschule: Pfarrer leitet H. III 740 f.
Hexenschwein:
– als Reittier I 197 f., II 412 f.
– erklettert Leitungsstange II 354 f.
Hexenseele:
– Fliege II 777, 781
– Hummel III 464 f., 466
– Katze III 716 f.
– Maus III 242
– Reinheit von H. III 96
– Wespe I 428
Hexensichtigkeit, besondere III 318, 473, 501,
517, 525, 527
Hexenstein I 216, II 16 f., 58 f., 67 f., 77 ff.,
178 f., 211, 593 f., 684, 833, III 295 f., 301 f.,
518, 525, 527, 590, 679 f., 699, 815 f., 848
Hexensuppe II 593 f.
Hexenversammlung: Hengert der Frauen ist
H. I 25, 325
Hieb- und stichfest I 180
Hilariustag (13. Januar): Geistergottesdienst
am H. I 137
Hilferuf des Schäfers I 357 f., 876, II 771
Himmel offen sehen: I 77, 168, 259 f., 307, 371,
447, 461, 465, 513, 767, 791 f., 814 f., 867,
II 619, 717, 730, 852, 855 f., III 15, 19, 31,
492 f.
– ist Vorzeichen von Dorfbrand II 612
Himmelserscheinung in Gefäßform ist Hexe
III 724
Hirmischümmel (Geisterpferd) III 244
Hirt / -in:
– Feuer geholt I 20, 28, 31 f.
– hört Vieh aus großer Entfernung III 547
– ist Hexe / -r I 480, 711, II 371, 585, III 25 f.,
496 f.

– schickt Vieh los im Namen Gottes II 439
– sich gegen das Kreuz verschwört I 479 f.,
II 839
– vernachlässigt seine Pflicht I 39, 44, 51,
82 f., 120, 148 f., 231, 298 f., 348, 385, 458 f.,
459, 537, 608, 722, 746 f., 756, 797, 801 f., 877,
894, II 25, 167, 258 f., 274 ff., 288 f., 306 f.,
481 f., 515 f., 648
– von Geist entführt III 763
– von Geisterjungfrau gewarnt III 504
– wegen Religionsspott bestraft III 763
Hirtenspott I 772
Hochzeit, bescheidene II 43
Höhle ist grundlos II 547
Hölle:
– Geruhsames Leben in H. III 619
– Platz in H. reserviert für
Gemeindeoberhaupt III 216 f.
Holunder (Sambucus nigra):
– Christusmonogramm an Schnittstelle von
H.zweig I 203
– entfernen / verbrennen bringt Unglück
I 218, 390, 443, 528, 735, 813, III 47, 115
– heilt Geisterverletzung I 715
– Jesus stand unter H. I 215
– Krankheit in H. vernageln I 528, 620, 813,
II 672
– Kreuz des Heilands besteht aus H.holz
I 202
– Schlag mit Rute von rotem H. gibt blutige
Milch I 263
– schützt vor Blitzschlag I 267
– Verbrennen von rotem H. läßt Hexen auf
Dach tanzen I 443
– vertreibt Warzen I 19
Holz berühren bewahrt vor Unglück II 941
Horoskop: III 463
– in Erfüllung gegangen III 405
Hostie von Geisterpriester bewacht III 377 f.
Hostienwunder II 144, 246 f., 566 f.
Hugenotten III 204 f., 440
Hühnchenhändlerin ist Hexe II 172
Hühner von Dämon geplagt I 413, 448, 498,
519, 546, 807
Hummel:
– Hervorgezauberte H.n I 185
– ist Hexenseele III 464 f., 466
Hund: → Geisterhund; Hexenhund
– ist Arme Seele III 788 f., 874, 906

– ist Hexe / -r II 20 f., III 844, 877 f.
– verrät seinen Meister III 67
– zeigt Todesfall an III 371, 472
Hund mit vier Sporen:
– bricht Geistermacht I 370, 449, 780, 816,
  II 794 f., III 11 f., 13, 22, 28 f.
– bricht Teufelsmacht I 801
Hungerjahr: I 80, 94, 135 f., 214, 293, 381 f.,
  564, II 159 f., 227
– Wucherpreise im H. I 135 f., 143, 472,
  636 f., 652 f., 733, II 289 f., 312 f.
Huttenmacher kann festbannen III 809

Inzest I 372, 629, 787, 886
Italiener:
– als Diebe I 621, II 610
– als Hexer II 634 f., III 496 f., 596 f.
– als Kohlenbrenner II 818 ff.
– als Wegbauer II 303
Ius primae noctis I 745

Jagd:
– am Heiligen Abend verboten III 186
– am Sonntag unergiebig I 868
– bringt Bauern Unglück im Stall I 357
– Geisterscheinung während J. I 3 f., 13 f.,
  15 f., 132, 149, 182, 186, 238, 254 ff., 335,
  336, 490, 521 f., 534, 750, 868, 881, II 81,
  363, 379 f., 467 f., 496 f., 501, 579 f., 653 f.,
  796, III 186, 282, 455, 720, 739, 768 f., 849,
  885, 954, 955 f.
– Glück auf der J. mit Zauberpapier I 885
Jagdbeute, große I 335, 745
Jagdtiere hervorgezaubert I 200
Jagdzauber mit Leichentuchnadel I 201,
  III 956 f., 959
Jäger:
– begegnet Zwergen III 588 f.
– gerät in Lawine I 493
– gerät in Steinschlag I 149
– Hase entzweigeschossen I 350
– ist Hexer I 9, 62, 200, 207, 208, 347, 424 f.,
  460, 496, 521, 522, 568, 588, 787, 803, 842 f.,
  867, 868, II 12 f., 836, 924 f., III 727
– nach drei Schüssen des Teufels I 568, 868
– nimmt ungerade Anzahl Kugeln mit I 208
– Pfeife vom Mund geschossen I 495 f.
– schießt Gemse mit Kirschbaum zwischen
  den Hörnern II 483 f.

– Teufel erscheint J. II 708, III 849 f.
– Teufel schindet J. I 568
– und Herr der Tiere I 295
– und Hexe I 880, II 369, III 727, 849, 952,
  954, 955
– und Hexenbär III 683 f.
– und Hexendachs III 265 f.
– und Hexeneichhörnchen I 208
– und Hexenelster I 648, II 370
– und Hexenfuchs I 17, 22, 54 f., 178, 198,
  400, 453 f., 496 f., 516, 587 f., 619, 668, 716,
  803, 810 f., 814, II 14 f., 56 f., 64 f., 107, 109 f.,
  127, 156, 159, 179, 181, 206, 223, 238, 341,
  344 f., 370, 371, 390 f., 409 ff., 433, 471,
  478 f., 553 ff., 581 f., 633 f., 641 f., 697, 786,
  III 9, 36, 41, 97 f., 99 f., 178 f., 192, 233,
  283 f., 286, 346 f., 436, 506, 645, 671, 687 f.,
  704 f., 728 f., 918, 937 f., 948, 955, 959
– und Hexengemse I 589, 741, II 548, III 729,
  730 f., 736, 814 f.
– und Hexengesellschaft III 814
– und Hexenhase III 241
– und Hexenkatze I 175, II 107
– und Hexenrebhuhn III 759
– verpaßt Erlösung der Jungfrauen I 335,
  336, 750
– verschont Elstern I 543 f.
– verschont schwarze Katze I 734
– wirft jede 77. Kugel weg I 208
– zerlegt Beute am Sonntag I 5
Jäten auf der Bahre, um Feld zu schonen
  II 262
Jenische → Zigeuner
Jesuiten sind Geisterbanner III 252 f.
Johannes, Hl., trägt Baumaterial von Kirche
  an gewünschten Ort II 707 f.
Johannesevangelium:
– bricht Geistermacht II 647
– bricht Hexenmacht II 31, 84, 156 f., 369
Johannestag (24. Juni) II 172, 938
Josef, Hl.: Esel des Hl. J. hinterläßt Spur in
  Stein III 748 f.
Jude ist Edelsteinhändler II 845

Käfer für Kirschen gehalten I 900
Kaffee:
– Bier statt K. getrunken II 697 f.
– K.bohnen gesotten II 697, 717
Kaiser und Abt III 760

Kanzel (im Rätsel) I 510

Kapelle → Kirche, Pestkapelle

Kapellenbau: Fronarbeit für K. II 352

Kappenträger muß nichts bezahlen I 852 ff.

Kapuziner: I 718, 778, III 923 → Pater
– Anredeformel für K. I 41
– bannt Drachen I 282
– bannt Geist I 6, 8, 16 f., 36, 37, 38 f., 41, 76 f., 105, 134, 157 f., 174, 184, 187, 517, 518, 546, 556, 571 f., 574, 588, 629, 644 f., 686 f., 688, 689, 693, 695, 696 f., 710, 784, 786, 829, 889 f., II 227 f., 445 f., 614 f., 736 ff., 810 ff., 831, 832 f., 863, 868, 908 ff., III 72, 84, 203 f., 218, 232 f., 246, 279, 326, 389, 660, 879 f., 922 f., 951 f.
– bannt Schlangen III 733
– darf Geist wegen Diebstahl von Grashalm nicht bannen I 129
– Faß magisch gerollt III 320
– Geistender K. I 118, 727 f., II 606, 890, III 393, 650 f., 693, 784 f.
– Geister verschwören sich gegen K. III 326
– Geistererscheinung ist Erfindung der K. III 693
– hält Dorfbrand auf II 617
– hat mehr Macht als Weltgeistlicher III 238, 326
– hat schwarzes Mal von Geisterberührung III 326
– hat Zauberspiegel I 445 f., 610, 738, II 624, 781 f.
– heilt angehexte Krankheiten / Verletzungen I 29, 176, 445 f., 574, 630 f.
– hilft beim Schatzheben I 531 f., III 173
– in Esel verwandelt III 698
– ist Elster II 836
– ist Hexer II 836
– ist Markenrücker I 118
– kann festbannen II 374 f., 408 f., 441 f., 598, 837 f., 870 f., 926, III 96 f., 231, 232 f., 319
– machtlos gegen Hexenmeister II 837
– Nur K. kann Gerät mit gebanntem Geist tragen I 16 f., 36, 37, 38 f., 41, 184, 572, 594, 641 f., 865, 889 f., III 121, 232 f., 238, 319
– predigt ohne Glauben II 606
– Scherzhafter K. III 413 f.
– schwört Meineid II 602 f., III 693
– segnet Bächlein – Wasser wird heilkräftig I 70, 719
– straft lästernden Protestanten II 440 f.
– stürzt Teufel in den Abgrund I 574 f.
– vertreibt Hexenkatzen auf Alp I 26
– weiht Meisterwurz I 644 f.
– weiß Rat bei Alpdruck I 124
– weiß Rat bei Beschwörung des Meermännchens I 581
– weiß Rat bei Erscheinung von Kuhbauch II 173 f.
– weiß Rat bei Festbannung II 721
– weiß Rat bei Geistererscheinung I 8, 97, II 154 f., III 72, 73, 92 f., 922
– weiß Rat bei Geisterverletzung I 301 f., 540, 576, 647
– weiß Rat bei Hexen- / Dämonenwerk I 304, 610, 649, 671, 738, 814 f., II 421 f., 690, III 408, 918 ff.
– weiß Rat bei Kindsraub I 283, III 705, 720 f., 866 f.
– weiß Rat bei Teufel als Aufhocker II 520 f.
– weiß Rat bei Teufelspakt II 520 f., 813 ff.
– weiß Rat bei verlorenen Sachen III 207 f.
– weist Flucher zurecht III 408
– zieht Fuhrwerk magisch aus dem Dreck III 319 f.
– zwingt Dieb zurück I 23, 380, 666 f., II 624, 781 f., III 208

Kapuzinerhospiz:
– Geistererscheinung in K. III 784 f.
– Hexe will K. zertrümmern III 702 f.

Karfreitag: I 24, 37, 99, 267, 525, II 298, 299, 671, III 24, 235, 272, 318, 917 f.
– Geistererscheinung an K. II 403, III 145, 168 f.
– Schatzheben an K. III 229
– Sprengköpfe explodieren nicht an K. I 84
– Teufel erscheint beim Kalkbrennen an K. I 84

Karfreitagseier I 24, 140, 202, 230, 267, 428, 734, II 299

Karfreitagskerze bricht Hexenmacht III 744

Karfunkel:
– Fahrender Schüler weiß Fundort von K. II 164 f., 179
– verbreitet Helligkeit II 171

Kartenschlagen I 176, 677, 831, II 928 f., III 463, 467 f., 516 f., 673, 767

Kartenspiel:
– am Heiligen Abend I 8, II 38 f.

– Geister beim K. I 549, III 74 f., 229
– Geistererscheinung während K. II 650, 651
– Hexe / -r beim K. II 24, 156, 474, III 681
– Mord nach K. I 173 f.
– Teufel beim K. I 8, 173, 190, 371, 516 f., 549, 648, 803
– Vorfahr erscheint beim K. II 378
Kartoffeln sättigen nicht II 280
Karwoche:
– Armenseelenerscheinung in der K. III 956
– In der K. geborene Kinder sind geistersichtig II 447
Käse:
– bricht Hexenmacht I 668
– Geblähter K. sprengt Bodenbretter III 610
– Überlebende der Pest rollen K.laibe den Abhang herunter III 297 f.
– Unaufhörlicher K. des Wildmannes I 462
Kastanie (im Rätsel) III 743
Katharina, Hl., hilft als Namenspatronin II 560 ff.
Katze: → Geisterkatze; Graue Katze; Hexenkatze; Schwarze Katze
– bricht Hexenmacht II 137
– bricht Macht der Armen Seelen III 950, 953, 956
– bricht Macht der Wilden Jagd III 747
– darf nicht getötet werden I 138, III 669
– Dreizehn K.n begegnet I 379
– erdrückt Menschen III 143 f.
– erscheint beim Lesen von Zauberbuch I 26 f.
– ist Alpdruck II 534
– ist Hexe I 26, 75, 138 f., 170 f., 175, 218, 249, 379, 453 f., 458, 465, 497, 589, 614, 648, 650, 716, 731, 793, 804 f., 896 f., 905, II 40, 107, 120, 121, 157 f., 164, 174 f., 288, 354, 358 f., 412, 535, 545, 597, 603, 643 f., 710, 711, 755, 808, 833 f., 920, 929 f., III 27, 75 f., 143 f., 161, 171 ff., 174, 240, 276, 277, 363, 371 f., 477, 495, 548, 708, 709, 711, 712, 714 f., 715 f., 730, 736, 748, 805 f., 807 f., 810, 845, 848, 862 f., 889, 916, 932, 962
– ist Hexenseele III 716 f.
– löst Dorfbrand aus I 729
– wittert Todesfall III 658
Katze (im Rätsel) I 405, 763, 860
Kellnerin ist Hexe II 14, 28 f., III 645, 671
Kerze / -n:

– der Hexe löscht im Wind nicht aus I 114
– Geweihte K.n zum Schatzheben II 246
– in den Mund von Leiche gesteckt I 44
– ist Lebenslicht I 678 f., II 146 f., 449 f.
– können nur von Katholiken ausgelöscht werden II 242 f.
Kerze (im Rätsel) III 941
Keuschheitsgebot:
– vor der Ehe I 568
– zum Brechen von Teufelsmacht I 842 f., 868
– zum Schatzheben I 56, II 317, III 472 f.
Kiltgänger → Hengertbursch
Kind:
– als Engel ins Paradies geschickt II 339 f.
– als Hexe / -r I 297, 510, 767, 805 f., II 20 f., 138, 155 f., 236 f., 633, 677, 780, III 740 f., 811
– An besondern Tagen geborene K.er finden Schatz I 332, 347, III 593
– aus Lawine gerettet I 238 f., 243 f., II 767
– bricht Alpdruckmacht I 305, II 89
– bricht Hexenmacht III 964
– bricht Teufelsmacht III 718, 864
– dem Teufel versprochen I 415 f., 833 f., II 473, 537 ff., 545 f., III 154 ff., 800 f., 889 f.
– Herkunft der K.er I 11, 19, 28, 29, 37, 100, 112, 138, 156, 403, 443, 563, II 229, 305 f., 596, 744, 785, III 245, 355
– in Lawine umgekommen III 805
– in Teufels Namen getauft II 270, 560 ff.
– ist Alpdruck III 427
– kann fliegen III 242
– Nur K. kann Kanne mit gebanntem Geist hochhalten II 278 f., 283, 289 f., 443, 577 f., 755
– Nur K.er sehen Muttergottes III 680
– prophezeit eigenen Tod I 265, II 628
– Schatz nur K.ern sichtbar II 376
– Schutzengel betet für K. II 352
– Taufe des schwächlichen K.s I 285 f., 303, 431
– Tierquäler hat stumme K.er II 833
– Tod eines K.es verhilft zur Seligkeit II 299
– Totes K. erscheint Mutter I 184, III 427
– Totes K. muß Schürzchen tragen I 563, 820
– verhext I 48 f., 137, 146, 156, 199, 228, 484 f., 666, 668 f., 726, 727, 797, 814 f., II 91, 108, 132 f., 208, 688, 756 f., 776 f., III 131, 132 f.,

490, 659, 700 f., 709, 785 f., 800, 862 f.
– Verlorenes K. von Hellseher gefunden
  I 269
– verschwindet beim Schatzheben III 809
– verwünscht I 543 f., II 431, 764, III 81, 261 f.
– von Adler entführt II 35, 834
– von Alpdruck geplagt I 110, 124, 582 f.,
  596 f., 835, II 108, 627, 709, 852 f., III 40, 59,
  71, 104, 106 f., 196, 219, 224 f., 255, 258,
  276 f., 413, 566
– von Engel beschützt III 888
– von Geist entführt III 48 f., 261 f., 781 f.
– von Geist vor Teufel beschützt II 828 f.
– von Hexe /-r entführt II 431, 473, 835,
  III 57, 132 f., 365, 700, 700 f., 705 f., 707, 712,
  714, 715, 720 f., 781, 805 f., 814, 876, 888
– von Kobold entführt III 721, 866 f.
– von Mutter / Stiefmutter vernachlässigt
  I 238 f., 556, 565, II 249 f., 516
– von Muttergottes beschützt III 888
– von totem Vater vor Rüfe gerettet II 247
– von toter Mutter behütet I 303 f., II 308
– von Teufel geplagt I 714, III 72
– von Verwandten mißhandelt II 516,
  III 261 f.
– von Wildfrauen geraubt I 283 f., II 764 f.
– von Zigeunern entführt I 224
– von Zigeunern verhext II 131 ff., 575
– vor dem Spiegel wird vom Teufel geholt
  I 666
– zeigt Lawinengrab II 646 f.
Kind und Schlange I 195, 468, 757, 777 f.,
  785 f., II 431 f., 498 f., 584, III 312
Kinder, verhinderte II 247 f.
Kindergicht (Eklampsie): Heilmittel gegen K.
  I 524
Kinderleichen, eingemauerte III 202 f.
Kinderschreck I 28, 108, 110 f., 114 f., 130, 156,
  195, 336, 341, 443, 473 f., 666, 790, 820,
  II 98, 302, 631, 652, 676, 728, 859, 877,
  III 214, 215, 308, 311, 364, 393, 400, 547,
  595, 766, 774 f., 933
Kindsmord / Abtreibung I 39, 97, 130, 187,
  372, 411, 539, 550 f., 661, 738, 832 f., 884 f.,
  886, 887, II 228, 455 f., 546, 796 ff., 842,
  III 100 ff., 103, 120, 136, 197 f., 202 f., 214,
  270, 548, 567, 595, 637, 656, 683, 741 f.
– im Backofen II 22 f., III 821 ff.
Kindsmörderin ist Hexe I 738, II 546

Kirche / Kapelle:
– Baumaterial für K. von Fahrendem Schüler
  herbeigezaubert II 210
– Bauplatz für K. wunderbar gewiesen I 222,
  783, II 134 f., 235, 343, 363, 403, 707 f.,
  III 153 f., 192, 725, 732, 757 f., 763, 806,
  856 f., 867, 900 f., 925
– dreimal vergebens angezündet II 174
– für Stall gehalten I 775 ff.
– Geistererscheinung in / bei K. I 116 f., 137,
  181, 195, 232 f., 257, II 546, III 60, 61, 62, 82,
  86 f., 124, 135, 145, 147 f., 168 f., 170, 173 f.,
  213, 236, 322, 377 f., 392, 394, 396, 412, 435,
  448, 469 f., 522, 533 f., 546, 547 f., 626 f.,
  640, 654, 670, 679, 801 f., 844 f., 848, 857,
  878 f., 896 ff., 956, 958
– Hexe will K. zertrümmern III 312, 702 f.
– im Gletscher II 496 f., 579 f.
– Teufel will Bau von K. verhindern /
  Kloster zerstören II 192, 480 f., 524 f., 708,
  741 f., III 410 ff., 843, 855 f.
– Ursprung von K. II 94 f., 403, 646, III 404,
  678 f., 710, 867, 883 f., 900
– von Hexer verschlossen III 907
Kirche verschieben I 739 f., 752
Kirchenschlüssel besitzt Heilkräfte I 524
Kirchenstuhl:
– Pfarrer schafft K. für Aristokraten ab
  II 248 f.
– Streit des armen Mannes mit Patrizier um
  K. I 583 f.
Kirchturm: Hahn- / Kreuzaufstecker fällt
  vom K. I 245 f., 299 f., 740, II 35, 134 f.,
  III 504
Kirschen im Winter II 450 f., 466 f.
Kirschenpflücken: Unfall beim K. I 772
Klarinettenspieler: Zum erstenmal K. gehört
  I 855 f.
Klarinettenspieler (im Rätsel) I 810
Kleeblatt:
– Dreiblättriges K. bricht Hexenmacht
  III 745 → Augenverblendung
– weist Zukunft III 636
Kloster: I 285, 310
– für Männer und Frauen II 658 f.
– Geistererscheinung in K. I 118, 637, 638,
  641, 672 f., 715, 718, II 340, 384 f., 387, 402,
  516 f., 890, III 135, 167, 193, 230, 237, 356 f.,
  378, 403, 412, 650 f.

– Kinderleichen, eingemauerte, in K.
  III 202 f.
– Schatz in K. I 148, 640 f., II 516 f., III 534
– Teufel will Herr über K. werden III 410 ff.
Knäuel:
– ist Hexer III 964
– ist Hühnerdämon I 413
– ist Kobold III 747 f.
Knecht verdurstet I 755
Knoblauch bricht Hexenmacht II 836
Knochen: → Singender K.
– Abnagen von K. bringt Glück im Stall
  III 125
– Blutender K. I 538, II 351 → Schädel,
  blutender
– Geisterkerze ist K. II 310, III 701 f., 858,
  863 f., 868, 925, 948 f., 950, 953, 954, 956,
  958
– in Goldstücke verwandelt III 515
Knochenfund III 845 → Skelett
Kobold: III 56
– als Bürschchen III 719, 720, 721
– als feuriges Faß III 739
– als Knäuel III 747 f.
– als Wind III 786
– Anwesenheit von K. darf nicht erwähnt
  werden III 854
– Aufgaben für K. III 739, 748, 758, 810, 892
– bindet Vieh los III 706 f., 721, 904
– bindet zwei Tiere in eine Kette III 699, 721,
  854
– Braut als Opfer von K. III 748
– bricht in Gelächter aus I 146 f.
– erteilt Priester Ohrfeigen III 867 f.
– ist Alpdruck III 892, 957
– Kind entführt III 21, 866 f.
– Kreuzzeichen bricht Macht des K.s III 721,
  866
– plagt Vieh III 685, 699, 706 f., 719, 721, 747 f.,
  758, 786, 845 f., 854, 892, 902 f.
– stört Fuhrmann III 866
– stört Schlafende I 146 f., III 720, 810
– Tierschwanz zu Zopf geflochten III 685,
  692, 706 f., 721, 747 f., 892, 902 f.
– verdirbt Milch III 719
– verschont Schafe III 747 f., 854, 892
– verursacht Unordnung III 786
– verursacht Unwetter III 867 f.
– wirbelt Heu auf III 720

– wirft Kuhketten vor Stalltüre III 904
– zeigt Unglück an III 868
Kohlenbrenner:
– ist Hexer II 634 f.
– Kohlengeschenk des K.s in Goldstücke
  verwandelt II 304, 757 → Goldstücke;
  Lohn
– zwingt Dieb zurück I 62
Konfessionen mit Rahm und Milch
  verglichen III 24
Königin ist Arme Seele II 568 f.
Königslilien zeigen gereinigte Hexenseelen
  an III 96
Kopf mit Leim angeklebt III 610
Köpfe vertauscht I 646 f.
Kopfloser kann noch melken I 431, III 921
Kot bricht Alpdruckmacht III 58, 106 f.
Krankenschwester ermordet Patienten I 637
Kranker, simulierender, wird getragen I 908
Kratzwette III 846
Kräutersammlerin ist Hexe II 818 ff., III 596 f.
Krebskrankheit: Lamm nimmt K. weg I 390 f.
Kreuz /-zeichen: II 50, 585, 636
– auf Brot zeichnen II 298, 868, III 36, 849,
  886
– auf Bußwallfahrt nach Rom getragen
  III 371
– auf Hausdach leuchten sehen ist
  Vorzeichen von Tod III 15
– auf Hausdach zeigt Sorgen an III 15 f.
– auf Stirne ist Vorzeichen von Tod II 866
– bricht Alpdruckmacht II 806 f., 939,
  III 58 f.
– bricht Geistermacht II 442 f., 650, 748,
  III 412, 690 f., 858 f., 886
– bricht Hexenmacht I 86, 156, 186, II 67 ff.,
  174, 643, 780, 924, III 79 f., 149 f., 152 f.,
  493 f., 671, 679 f., 691, 699 f., 705, 716 f., 718,
  720 f., 729, 730, 739 f., 740 f., 745, 886, 906,
  926, 960
– bricht Koboldsmacht III 721, 866
– bricht Teufelsmacht I 833 f., II 48 ff., 214,
  524 f., III 849 f., 877
– erinnert an Rüfe I 21
– Errichtung von K. bringt Geisterlicht /
  -prozession zum Verschwinden III 236 f.,
  904
– Geistererscheinung bei K. III 39
– Hexe stört beim Aufrichten von K. II 109

- in Fels II 875 f.
- mutwillig zerstört II 668 f.
- Sich gegen das K. verschwört I 479 f.,
  II 839 f.
- von Hexen geschändet III 758 f., 767, 786
- wehrt sich gegen Verkauf III 724 f.
- Wiese ins K. gemäht I 566

Kreuzholz:
- Holunder I 202
- Tanne I 557
- Traubenkirsche I 525, 557

Kreuzschlüssel befragen II 859 f.

Kreuzspinne bringt Glück I 734

Krieg:
- Flucht während K. III 703
- Prophezeiung von K. I 262, II 426, III 552
- Traum von K. geht in Erfüllung III 854
- Vorzeichen von K. I 182, II 351

Kropf: III 24, 46
- abgehauen und anderswo angeklebt
  III 709, 732, 775 f., 819 ff.
- angewünscht I 64
- Kind mit K. hat alle Glieder I 772
- Mann mit K. kann nicht gehängt werden
  I 722
- Thema der Glocken I 772

Kröte: → Geisterkröte
- darf nicht getötet werden I 203, 214 f.
- gehört zum Haus I 214, 219, III 240 f.
- ist Hexe III 961 f.
- ist Teufel II 12, 607 f., III 789 f., 859 f.
- ist verzauberter Jüngling III 835 f.

Kröten für Birnen gehalten II 53

Krötenkuß ist Bewährungsprobe I 115, 432 f.,
  502, 603 f., 611, III 76 f., 84

Kuchen statt Brot gebacken II 620

Kuckuck ist Seelentier III 404

Kugelfestigkeit I 174, 185, 193, 208, 209, 221,
  III 34

Kuh: → Geisterkuh; Hexenkuh; Vieh
- an Hörnern / Füßen aufgehängt I 288,
  II 709
- Blutgeist der K. gefürchtet I 250
- folgt Besitzer in den Tod I 439 f.
- geschlachtet und wiederbelebt I 519 f.,
  540 f., 805 f., II 309, III 11 f., 22 f.
- Heiler nimmt K. das Heimweh I 613
- in See versunken – Glocke anderswo
  gefunden I 279, 354, III 370 f.
- ist Alpdruck I 834
- ist Hexe I 798, II 58, 67 ff., 808, III 476
- ist Hexenblendwerk I 590, III 152 f.
- kalbert ohne Hilfe am Heiligen Abend
  II 39
- mit Bär gekämpft I 333 f., 357, III 194
- rächt sich fürs Schlachten I 299
- samt Unfall gekauft I 446
- streckt Kopf durch Stall-Luke II 163, 177 f.,
  195, 222, 245, 270, 303, 372, 420, 425 f., 780,
  III 217
- tanzt zu Geistermusik III 912 f.
- Verhexte K. mit Haselstecken schlagen
  I 467
- von geheimnisvollem Melker gemolken
  I 763
- von Hirt erfallen lassen I 39, 44, 51, 82 f.,
  120, 298 f., 348, 385, 458 f., 537, 608, 722,
  746 f., 756, 797, 801 f., 877, 894, II 648
- von Hirt in See getrieben II 258 f., 274 ff.,
  288 f.
- weint vor Heimweh I 216
- will auf Mordstelle nicht ruhen I 876
- Witwe K. abgesprochen I 849
- zeigt Todesfall an I 435, 439 f., III 426
- Zwölf Kühe für jeden Bauern I 751

Kuh auf dem Dach I 751, 772

Kuh (im Rätsel) III 743

Kuhbauch, rollender I 148, 195, 205, 277 f.,
  284 f., 309, 368, 536, 619, 647, II 41 f., 158,
  173, 178, 196, 283, 432, 709, 729, 901 f.,
  III 40, 305, 334

Kuhhaar: Jedes Jahr ein K. ausreißen ist
  Erlösungsbedingung II 288

Kulturheros II 45 f., 260

Kümmel (Carum carvi) ist heilkräftig I 541

Ladendiener ist Hexer II 635

Lägelämannli (Geist) II 650, 651

Lahmer von Fee geheilt III 762

Lamm:
- ist Hexe III 248
- nimmt Krebskrankheit weg I 390 f.

Landammann: → Geist: Gestalt
  (Menschen): Amtmann
- droht mit Schindstrafe III 431, 433
- ist Despot III 431, 432 f.
- ist Mörder II 408 f., III 96 f., 179 f., 186 f.,
  187 f.

Landsfähnrich ist Kriegsverräter I 41, 132 ff., 193

Landverkauf unter dem Wert I 387, 902, III 230 → Alpverkauf; Waldverkauf

Laub:
– Goldstücke in L. verwandelt III 707, 708, 793, 795 ff., 809, 816 ff.
– wird zu Goldstücken I 56, 97 f., II 162 f., 246, III 202
– wird zu Papiergeld III 427 f.

Laurentiuskohle I 32, III 50

Laurentiustag (10. August): I 99, III 859
– Strafe für Arbeit am L. III 764

Lawine: I 523, 764, 779 f., II 71 f., 75, 79 f., 243, 646 f., 653 f., 829, III 486, 531 f., 612, 629 f., 640, 668, 904
– alle hundert Jahre I 556
– Beim Abholen der Braut in L. gekommen I 438 f.
– beschert armer Familie Gemse I 239
– Geistererscheinung nach L. III 291 f.
– Hahn überlebt L. I 369 f., 407 f.
– Jäger gerät in L. I 493
– Kind in L. umgekommen III 805
– Kind von L. verschont I 238 f., 243 f., II 767
– Kind zeigt L.ngrab II 646 f.
– Mehrmals in L. geraten I 239, 311
– Muttergottesstatue wunderbar von L. verschont III 689
– Nikolaus, Hl., beschützt vor L. II 44 f.
– Ohr während L. weggeschnitten II 44
– Stiefmutter wünscht Kindern Tod in L. I 238 f.
– von Hexen ausgelöst II 58 f., 77 f., 120, III 750 f.
– von Pferden gewittert III 657 f.
– Vorzeichen von L. III 87
– während Fastnacht II 44, 120
– wegen Vergeßlichkeit vor L. verschont III 657 f.

Lawoijumpfera (Geist) II 823 f.

Lebendig begraben → Scheintote

Lebendig eingemauert I 472, 556

Lebenslicht I 678 f., II 146 ff., 449 f.

Lebensweise der Vorfahren I 388, 431, 760 f., 823, II 32 f., 43 f.

Lechligaischt (Geist) I 146 f.

Lederseil (im Rätsel) I 510

Lehrer weiß Rat bei Verhexung I 170 f., 180

Leiche:
– als Fuchsköder I 778, 781, 900 f., III 532
– im Schnee vergraben I 44, 63 f., 333, 778 f., 786, III 532
– in den Mund der L. Kerze gesteckt I 44
– verkehrt im Sarg – will richtige Lage II 499

Leichenfett im Brunnentrog I 742 f.

Leichenwagen: Stier mit L. durchgebrannt I 748, 873, 900 f., 902

Leichtsinniger will nochmals Erbe teilen III 321

Leihverbot an dämonische Widersacher I 199, 297 f., 518, 668 f., 880, 896 f., 908 f., II 238, 634 f., 852 f., 924, III 106 f., 158, 211 f., 224 f., 276 f., 496 f.

Letzte Hexe I 376 f., 786 f., II 437, 556, III 242, 301 f.

Letzte Katholiken I 786, III 403 f., 660 f.

Letzter Burgherr: II 921 → Burgherr; Geist: Gestalt (Menschen): Burgherr
– durch Pfeilschuß getötet I 89, 100 f., 224, 532, 556, 745, 794, 808, 905, III 36 f., 60 f.
– Ehefrau lebendig eingemauert I 472, 556
– läßt Schatz zurück I 18
– läßt sich lausen I 89, 100 f., 532, 808, 905, III 60 f.
– muß siebenmal um Burg kriechen II 923
– Pferd für Flucht verkehrt beschlagen III 623 f.
– rächt Zerstörung von Burg III 690 f.
– raubt bestes Vieh der Bauern I 57, II 304 f., 379 f., 383
– reitet auf Säbel I 7
– stürzt mit Pferd über Felsen I 3, 7, 57, 89
– trägt Ehefrau in Sack weg II 679 f.
– von Bauer verwünscht I 741 f., 744
– von Bauern erschlagen/vertrieben I 3, 7, 21, 33, 57, 89, 100 f., 118, 120, 533, 727, 729, 745, II 60 f., 126, 304 f., 379 f., 383, 659 f., 679 f., 699, 762 ff., 772 f.
– von benachbarten Burgherren erschlagen II 681 f.
– von Magd mit Schießpulver getötet III 316

Letzter Ziegel III 503

Licht: → Armenseelenlicht; Geisterlicht
– Bei brennendem L. darf nicht gewischt werden I 392
– Bei brennendem L. dürfen keine Nägel

geschnitten werden I 393
- bricht Geistermacht I 32
- ist Arme Seele II 40 f. → Geisterlicht
- Nur drei L.er brennen während Pestzeit
  II 209
Lichterkrebse I 852 ff.
Lichtmeß (2. Februar): I 99
- Geistererscheinung an L. I 59 f.
Liebe: Einstellung zur L. III 833 f.
Links sein I 402, 773
List und Leichtgläubigkeit I 852 ff.
Lohn:
- Heiler / -in darf keinen L. annehmen I 48 f.,
  112, 896 f., II 175 f., 675 f., III 520
- Kohle als L. I 221, 507, II 192, 209 f., 304,
  497 f., 595, 726, 757, 891, III 164 ff., 290 f.,
  292 f., 483 f.
- Korn als L. III 711 f.
Loncur (Kinderschreck) III 933
Lösciö → Kobold
Luftgeister I 368, 404
Luzius, Hl. II 873
- rächt Tod seiner Schwester (Hl. Emerita)
  I 64

Mädchen: Das hochmütige M. II 904 ff.
Mädchen ohne Hände III 927 f.
Madrisa (Wildfrau) III 380 f.
Magd:
- ist Alpdruck I 110, 834 f., II 237, III 221
- ist Hexe I 25, 29, 110, II 208, 311 f., 356,
  533 f., 606 f., 627, 918 f., III 834 f.
- verdurstet I 755
Magische Flucht II 537 f.
Magnetiseur I 705
Mäher (im Rätsel) I 810
Mahrtenehe II 206 f., 237 f., 269, 389, 495 f.,
  534, III 380 f.
Mainìn (Geister und Hexen) III 885, 899
Männertreu (Nigritella nigra):
- Liebesorakel mit M. III 32 f.
- Liebeszauber mit M. II 547 f., III 47, 115
Mantel mit Goldstücken gesehen II 163
Marchhund → Markenstreifen
Margareta, Hl., ist Hirtin auf Alp II 119,
  871 f., III 5 ff., IV 18 f.
Maria → Muttergottes
Mariä Himmelfahrt (15. August): I 393
- An M. H. geborene Kinder sind

geistersichtig II 168
- Geistererscheinung an M. H. I 67 f., 722 ff.
- Schätze sichtbar an der Vigil von M. H.
  II 171
Markenstreifen stehenlassen I 599, 653 f.,
  III 513
Marksteine: Einprägen der M. I 85, III 532
Martin, Hl.: II 873
- Fußabdruck des Hl. M. in Stein II 161
- teilt Ernte mit Teufel III 846
Martinstag (11. November) II 94, III 517
Maskenläufer: II 444 f. → Fastnacht
- hat schwarzes Gesicht nach Maskentanz
  II 530, III 129
- nach jedem Hausbesuch einer mehr I 777
- Teufel stürzt Schlitten der M. in den
  Abgrund I 580
- Überzähliger M. I 107, 183, 619, 777,
  II 527 f., 857, III 79, 228
- verweigert Allerheiligstem die Ehre III 129
- Weißer Pudel sitzt auf Kleidern der M.
  I 474
Maß verwechselt I 858
Matratze für Deckbett gehalten I 760
Mattageischt (Geist) I 565 f.
Maulwurf:
- Graben des M.s im Haus bedeutet Ungutes
  I 526
- zur Strafe begraben II 717
Maulwurffänger ist Hexer II 205, 212, 221 f.,
  233 f., 244
Maus:
- hervorgezaubert II 837, III 249 f.
- ist Arme Seele II 170
- ist Hexe II 689 f., III 248
- ist Hexenseele III 242
- ist Schatzhüterin II 170, 187
Maus geplatzt II 540 f.
Meermännchen beschwören I 219, 228, 530,
  548, 581, 841, II 861 f., 865, III 150 f., 195 f.,
  559 f.
Mehl, unaufhörliches III 747
Mehlboner (Geist) I 143
Mehlkauf, unnötiger I 823, II 620
Mehlkloß: Stein im Bach ist großer M.
  II 168 f.
Meineid I 6 f., 17 f., 27, 91 f., 96, 120, 147 f.,
  304 f., 367 f., 564 f., 639, 673, 762, II 90 f.,
  211, 342 f., 363, 412, 593, 596, 602 f., 605,

Meineid (Fortsetzung) 682 f., 699 f., 766, 787,
  868, III 89, 272, 310, 315, 432, 508, 693,
  703 f., 730, 756 f., 892 f., 906
Meineidiger: Schwurhand des M.n verfault
  I 304 f., 639, 673
Meister ist Hexer I 837 f.
Meisterin ist Hexe I 804, II 123 f., 157 f., 174 f.,
  294 f., 422 f., 535, 755, 761, 833 f., III 27,
  75 f., 143 f., 172 f., 174, 277, 861 f., 878, 888,
  916, 962
Meisterwurz (Astrantia maior): I 632
– bricht Alpdruckmacht II 806 f.
– bricht Hexenmacht I 793, II 606, 634, 643,
  666 f., III 13, 54 f., 79 f.
– ist heilkräftig I 30, 34, 459, 541, 618, III 182
– ist Heilkraut des Wildmannes I 459
– Kapuziner weiht M. I 644 f.
Meleager II 146 ff.
Melkstuhl vergessen auf Alp I 84, 125, 523,
  747 f., 780, 801, 816, II 647 f., 652 f., III 11 f.,
  13, 22, 28 f., 228 f., 313 f., 591
Menetekel III 352
Mensch (im Rätsel) I 859
Menschenblut / -fleisch riechen I 421 f.,
  III 709, 717, 775 f., 819 ff., 935 f.
Menschenfresserin I 421 f., II 17, 35 f., 764 ff.
Mesmer / -in:
– Geistersichtigkeit von M. I 116 f., 181, 195,
  232 f., 257, 471, 535, 790, II 83, 167, 169, 180,
  183, 241, 352 f., 387, 402, 521, 686, 746,
  908 ff., III 51 f., 169 f., 223, 362 f., 378 ff.,
  392, 396, 448, 469 f., 488, 489, 522, 546,
  626 f., 640, 654, 848, 857
– ist töricht bei Geisterbannung II 908 ff.
– kennt Heilzauber III 115
– Nachtvolk warnt M. I 471, 535
– muß mit Geist Rosenkranz beten II 169
– prophezeit Todesfall I 168, 253, 421, 461,
  464, 489, 661, II 116, 169, 339 f., 414, 851 f.,
  III 469 f., 626 f., 640
Messer: II 940
– bricht Alpdruckmacht I 111, 117, 305, 354,
  482, II 531, 627 f., 852 f., III 58, 224 f.
– bricht Hexenmacht I 304, 325, 738, III 493
– darf über Nacht nicht liegenbleiben I 325
– in Milch stecken schadet Kuh II 866 f.
– in Schuh I 155
– ist Lockmittel von Hexe II 41
– von dämonischem Widersacher in

menschlichen Körper gestoßen I 103, 210,
  288, 301 f., 540, 576, II 271 f., 293, 476 ff.,
  494, III 30 f., 653
Messerwurf gegen Wirbelwind I 426 f., 578,
  II 14 f., 24, 28 f., 57, 65 f., 87 f., 108 f., 156,
  251, III 720
Metta da fein → Heuhexe
Michaelstag (29. September):
  Dankprozession am M. II 95
Midas IV 19
Milch: → Hexe: Schadenzauber an Feld,
  Gerät, Tieren: Milch / Rahm verhext;
  Muttermilch
– Fliege gibt M. I 222 f.
– Messer / Gabel in M. stecken schadet Kuh
  I 344, II 866 f.
– Rotschwänzchen quälen gibt blutige M.
  II 939
– Schlag mit Rute von rotem Holunder gibt
  blutige M. I 263
– Unredlich M. gemessen I 594, II 355 f.
– Verschüttete M. nach Alpentladung von
  supranormalen Wesen verkäst II 271 f.,
  476 ff., III 22 f., 217
Milchkräuter verwünscht I 19, 246, 287, 824,
  899, II 119, 604, 704 f., 841, 871 f., III 310 f.
Milz: Menschen ohne M. sind kugelfest
  III 34
Mißverständnis wegen Dialekt I 808
Mist: Heruntergefallener M. wirkt trotzdem
  II 262
Molinära-Hans (Geist) I 45
Mondeinfluß auf Geistererscheinung
  III 309 f., 545
Montafuner: I 612
– als Diebe I 201, 357 f.
– als Hexer I 578 f.
– ist geistersichtig III 291 f.
– Jäger kennt schwarze Kunst I 424 f.
– kann festbannen III 317
– Sense magisch gewetzt III 292
– zwingt Dieb zurück III 298 f.
Montafunerin:
– ist Bettlerin I 671
– ist Hexe I 189, 671
Mord: I 152 f., 365 f., 572 f., 686, III 71, 395,
  480, 595, 637, 657, 868, 894
  → Brudermord; Kindsmord; Skelett:
  von Ermordeten gefunden

– an Goldkrämer I 344 f., 353 f., 375 f.
– an Pfarrer I 180 f., 192
– auf Alp I 126 f., 505, 538, 876, II 351, 799 ff.,
   III 300 f., 675 f., 710, 839 f.
– aus Eifersucht I 365 f., 452, II 679
– beim Kartenspiel I 173 f.
– beim Schatzheben I 213, 223
– im Aristokratenhaus I 152 f., III 853 f.
– im Backofen II 22 f., III 324 f., 330, 821 ff.
– im Bergwerk I 316
– im Pfarrhaus I 349, 704, III 197 f.
– im Spital I 637
– mit Rasiermesser III 279, 525, 589 f.
– mit Zauberpapier I 383
Mordeltern II 680 f., 886 f., 898, III 590, 637
Mörder: III 924
– kommt um seinen Besitz III 395
Mörderwirt: → Geist: Gestalt (Menschen):
   Wirt
– mauert Leiche ein I 260
– wird vom Teufel geholt III 776 f.
Mörderwirtin:
– ist Kindsmörderin III 548
– vermacht Abendmahlskanne I 173, 183
Mörderwirtshaus I 93, 173, 183, 260, 304 f.,
   325, II 22 ff., 150, 570 f., 895 ff., 898,
   III 368 f., 489, 525, 548, 589 f., 616, 637, 657,
   821 ff.
Mücke ist Hexe II 756 f.
Mühle: Zerstörung von M. ist Hexenwerk
   II 370, 390 f., 393, 409 ff., III 459
Müller zwingt Dieb zurück I 671
Müllerin ist Hexe III 266
Mumma veglia (Kinderschreck) III 393
Mund (im Rätsel) III 743
Münzprägestätte II 881
Muoj'alba, la (Geisterrind) III 471
Musik / Gesang: → Hexensabbat
– der Armen Seelen III 378 ff., 903
– der Wilden Jagd III 878, 879
– des Fliegenden Heeres I 7, 76, 182, 196,
   240 f., 272, 420
– des Nachtvolks I 111, 137, 155, 272, 346,
   419, 558, 568, 728, 733, 754 f., 781 f., II 293,
   727, III 38 f., 41 f., 110 f., 294, 345, 351, 361,
   463, 588, 624 f., 626 f., 636
– des Teufels I 374
– von Geistern I 875, 888, II 825, III 131, 322,
   323, 362 f., 435, 475, 858 f., 912 f., 915, 916,

922
Mutter:
– erwartet sehnsüchtig Heimkehr von Sohn
   I 248
– ist Hexe III 560 f.
– Sohn wegen schlechter Erziehung der M.
   hingerichtet I 792 f., III 947
Mutter, tote:
– sorgt sich um Kind I 303 f., II 308
– warnt Sohn II 922, III 192
– zehrt Kind nach sich III 271
Muttergottes:
– belohnt tägliches Beten von Ave Maria
   III 749 f.
– beschützt entführtes Kind III 888
– bewirkt Heilungswunder II 912 f., III 806,
   867, 900
– bewirkt Schneewunder III 856 f., 867
– bewirkt Wetterbesserung III 722
– Erscheinung der M. III 680, 730, 741 f.
– Erscheinung der M. ist Vorzeichen von
   Tod III 170, 635
– hilft Maler bei der Vollendung ihres
   Bildnisses III 806
– hinterläßt Spur in Stein II 684, III 296,
   674 f., 676, 724, 742, 749 f., 757 f., 763, 843,
   855 f., 867, 890, 924
– hütet Schafe III 231
– kämpft mit Teufel um Seele III 742, 749 f.
– Name der M. bricht Teufelsmacht III 758 f.
– nur Kindern sichtbar III 680
– ruht unter Traubenkirschenstrauch II 352
– schickt Vogel als Warner III 909 f.
– trägt Steine für Kapellenbau III 757 f., 763
– verheißt ewigen Kornsegen II 94 f.
– verhindert Leichenschändung III 855 f.
– verhindert Überschwemmung III 924
– verhindert Zerstörung von Brücke durch
   Teufel III 890
– verhindert Zerstörung von Dorf durch
   Teufel III 758, 867
– verhindert Zerstörung von Kirche / Kloster
   durch Teufel III 843, 855 f.
– wirft Silbergeld in Glockenspeise II 632
Muttergottesstatue:
– in Fluß geworfen II 632, 912 f., III 28, 60,
   150, 228, 231, 243, 666
– ist dankbar II 145 f.
– kann sich fortbewegen III 228, 674 f.

– verflucht Alp **III** 674 f.
– von Dummkopf bestraft **I** 855
– von Lawine wunderbar verschont **III** 689
– weint **III** 403 f., 660 f.
Muttermilch bricht Teufelsmacht **II** 609

Nachbar / -in:
– ist Alpdruck **I** 228 f., 668 f., **II** 122, 438,
  500 f.
– ist Hexe **I** 25, 114, 124, 138, 228 f., 249, 376,
  379, 666 f., 716, 725 f., 729 f., 777, 908 f., **II** 91,
  125 f., 269 f., 756 f., **III** 501, 503, 714 f., 849
– ist Wolfsmensch **I** 677
Nachbarhilfe **III** 533
Nacht:
– Über N. darf nichts liegenbleiben **I** 392
– Warnung vor N. **I** 106, 167, 241, 359, 384,
  399, 517, 533, 551, 558 f., 828, **III** 39 f., 41 f.,
  79 f., 81, 137, 472, 540, 582 f.
Nachtschar → Nachtvolk
Nachtvolk: **I** 70, 86, 103, 155, 218, 225 f., 257,
  272, 307, 358, 403, 415, 416, 461, 488, 530,
  623 f., 635 f., 734, 811, 886, 903, 906, **II** 377,
  383 f., 867, 876, **III** 11 f., 67, 255, 259, 266,
  297, 353 f., 364, 460 f., 473, 505, 555 f., 623,
  630, 632, 638, 640, 901
– als Kriegsheer **I** 211, **III** 62 f., 85, 654
– an hohen Feiertagen sichtbar **I** 620 f.
– Anführer auf schwarzem Pferd **III** 150 f.
– Begegnung darf nicht (gleich)
  weitererzählt werden **I** 523, 535, 568, 609,
  620, **II** 345 f., **III** 33, 110 f., 263, 653
– Begegnung verursacht Krankheit / Tod
  I 27, 103, 210, 286, 288, 301 f., 325, 420,
  463 f., 477 f., 523, 535, 576, 591, 592, 659 f.,
  887, **II** 293, 852, **III** 33, 51, 110 f.
– Begegnung verursacht weißes Haar **I** 140 f.
– betet (den Rosenkranz) **I** 59, **II** 183, **III** 51,
  86, 120 f., 128 f., 137, 169 f., 351, 361
– Dachtraufe schützt vor N. **III** 38 f., 826 f.
– Doppelgänger im N. **I** 36, 141, 182, 244 f.,
  317, 333, 346, 365, 404, 406 f., 504, 513, 534,
  555, 574, 601, 651 f., 756, 811, 822, 882,
  892 f., **II** 83, 116, 169, 180, 182, 183, 339,
  449, 521, 567, 596, 612, 685 f., 716, 727, 770,
  910, **III** 16 f., 32, 44 f., 106, 115, 218, 236 f.,
  247, 251
– durchquert Haus (mit Türenkreuz) **I** 211,
  244, 300 f., 309, **II** 183

– durchquert See **I** 44
– Ehering bricht Macht des N.s **I** 168, 295,
  398 f., 414 f., 434, **III** 263
– Ermordete im N. **I** 365 f., 452
– folgt bis zur Haustür **I** 14 f.
– gebietet Schweigen **I** 471, **III** 345 f., 653
– geht zum / kommt vom Friedhof **I** 22 f., 35,
  37, 59, 87, 103 f., 113, 118, 188, 205, 236,
  244 f., 264 f., 301 f., 364 f., 470 f., 489, 491 f.,
  504 f., 513, 534 f., 546 f., 551, 555, 558, 590,
  601, 620, 626, 634, 659 f., 667 f., 781 f., 791,
  822, 861, 882, 887, 892 f., **II** 83, 169, 180, 183,
  207, 310, 567, 596, 612, 770, 806, **III** 32, 38 f.,
  77, 105 f., 128 f., 137, 138, 181, 193, 251, 308 f.,
  345 f., 361, 378 ff., 382 f., 392, 396, 398 f.,
  402, 433, 479 f., 509, 543 f., 599, 600, 652 f.,
  654, 657
– hat Schellen wie Viehherde **I** 278, **II** 345 ff.
– ist Vorzeichen von Pest **I** 346, **II** 182, 351,
  521, 567, 727, 770, 910
– Letzter im N. nachlässig gekleidet **I** 37, 141,
  182, 244 f., 317, 346, 513, 546 f., 574, 601,
  882, 892 f., **II** 83, 116, 169, 180, 182, 183, 521,
  567, 596, 612, 685 f., 716, 727, 770, 910,
  III 16 f., 32, 44 f., 106, 115, 136 f., 223, 270 f.,
  378 ff.
– liest in Gebetbüchern **I** 22 f.
– löscht Licht **I** 558 f., 573 f.
– Mann im N. sind neunzig Jahre nur wie
  ein Tag und eine Nacht **I** 251 f.
– mit braunen Kutten **III** 256 f.
– mit nasser Kleidung vom Weinen **III** 137
– Pate / Patin im N. **I** 301 f., 420, 456, 505,
  521, 535, 555, 590, 791, 800, **III** 13, 33, 394
– Patenkind im N. **I** 464
– reitet auf Besen **III** 308
– reitet auf feurigen Pferden **I** 28
– Schimmelreiter im N. **III** 17, 308
– Schwarzgekleidete Gestalten im N. **I** 36,
  111, 167, 173, 182, 195, 295 f., 364 f., 437 f.,
  457, 489 f., 554, 558, 567, 573 f., 666, 887,
  II 387, 667 f., 685 f., **III** 38 f., 181, 236 f.,
  242 f., 247, 252, 402, 439 f., 585, 588, 626,
  648 f., 649 f., 766
– singt / musiziert **I** 111, 137, 155, 272, 346,
  419, 558, 568, 728, 733, 754 f., 781 f., **II** 293,
  727, **III** 38 f., 41 f., 110 f., 294, 345, 351, 361,
  463, 588, 624 f., 626 f., 636
– Skelette im N. **III** 626 f.

– stellt drei Fragen I 477 f., 534 f., 591, 592
– tanzt I 91, 92, 272, II 345 f., III 13
– teilt Ohrfeige aus III 392
– Verwandte im N. I 365 f., 452, 547, 567
– Weg muß für N. frei passierbar sein I 342,
  393, 418 f., 461, 861, 866 → Friedhof: Auf
  Weg zum F. darf nichts liegenbleiben
– Weiße Gestalten im N. I 103 f., 457, III 41 f.,
  625 f., 766
– zeigt Todesfall an I 7, 22 f., 35, 37, 59, 66,
  74, 86, 87, 93, 103 f., 116, 117, 118, 130, 131,
  137, 141, 143, 156, 164, 167 f., 182, 193, 195,
  205, 210, 211, 232 f., 236 f., 244 f., 247, 257,
  264 f., 295 f., 300, 317, 333, 345 f., 346, 351,
  352 f., 364 f., 398, 405 f., 406 f., 420, 433,
  437 f., 444, 457 f., 460 f., 470 f., 477 f., 489 f.,
  491 f., 513, 535, 546, 558, 568, 573 f., 590 f.,
  600 f., 603, 606, 614, 617, 620, 634, 635 f.,
  651 f., 667 f., 677, 728, 756, 791, 826 f., 892 f.,
  II 83, 116, 169, 180, 182, 183, 207, 339, 449,
  567, 596, 612, 685 f., 695, 716, 727, 852, 874,
  881, 910, III 16 f., 32, 38 f., 41 f., 44 f., 51,
  104, 106, 115, 120 f., 128 f., 136 f., 150 f., 170,
  181, 205, 218, 223, 236 f., 242 f., 247, 251 f.,
  257, 262 f., 270 f., 308 f., 317, 337, 345, 351,
  354, 361, 365 f., 378 ff., 382 ff., 391 f., 396,
  398 f., 407, 412, 439 f., 460 f., 479 f., 518, 522,
  543 f., 546, 585, 599, 600, 608, 620, 622,
  625 f., 626 f., 649 f., 652 f., 654
– zeigt Überschwemmung an I 606
– zwingt zum Mitgehen I 123, 131, 141, 173,
  196, 210, 219, 225 f., 232 f., 237, 247, 257,
  266, 295, 300 f., 318, 365, 366, 398 f., 414 f.,
  420, 464, 478, 491, 504, 535, 555, 568, 576,
  590, 591, 600 f., 609, 620, 761 f., 801, 826 f.,
  882, 892 f., III 38 f., 41 f., 115, 128 f., 136 f.,
  150 f., 223, 247, 263, 264, 270 f., 345 f.,
  378 ff., 653
Nachtwächter: III 541 f., 543
– begegnet Hexen III 501, 549, 664
– begegnet Hexentieren I 650
– ist geistersichtig I 35, 92, 139 f., 142,
  155, 168, 195, 689, II 347 f., 442, 447, 613,
  787, 806, 810 ff., 827, 851, 855 f., 863,
  III 337 f., 391 f., 392, 541 f., 556, 592, 625 f.,
  675
– sieht Geisterbannung zu I 6
– sieht Schatz am Berg leuchten II 845
– von Geisterziegenbock entführt I 709

Nachtwächterruf dringt ins Gewissen III 203
Nachtwandler / -in: I 738 f., II 845,
  III 695
– sucht Werkzeug II 135 f.
– verrichtet Waldarbeit I 90
Nägel säen I 752
Name des Unholds I 216, 670 f.
Napoleon Bonaparte: II 457
– als Schwefelhölzchenhändler III 184
– in Faß wegtransportiert I 629
– Schlafender N. B. I XLI, II 873
Neiderin von Küken aufgepickt II 247 f.
Nepomuk, Hl.: Statue des Hl. N. in Fluß
  geworfen II 913
Nesseln (im Rätsel) I 859
Neun Geisterferkel III 465
Neun Tage bleiben die Armen Seelen im
  Haus III 895
Neunhundertneunundneunzig Gemsen erlegt
  I 745
Neunzig Jahre sind nur wie ein Tag und eine
  Nacht I 251 f.
Nikolaus, Hl.:
– behütet vor Unfall mit Mistschlitten II 45
– schützt vor Lawine II 44 f.
Nonne: → Geist: Gestalt (Menschen):
  Nonne
– ist Heilerin II 733
– ist Schatzhüterin II 516 f., III 61
– weiß Rat gegen Festbannen II 733
Nußbaumzweige sind heilkräftig II 387 f.,
  938
Nußgeiß (Kinderschreck) III 308, 311

Oberhûser (Geist) I 155
Ofenwischer (im Rätsel) I 810, 861
Om da Pisch (Geist) III 412, 420
Om da Schaibias (Geist) III 420 f.
Om da Tramen (Geist) III 408
Om da Tretschinas (Geist) III 549 f.
Omin da mal'ora (Geist) III 433 f.
Opferplatz für Götter II 668
Osterkerze bricht Hexenmacht III 355 f.
Ostern:
– An O. geborene Kinder sind
  geistersichtig / haben zweites Gesicht I 113,
  296
– Eierwerfen an O. I 422
– Geistererscheinung an O. I 372

Pan ist tot II 613 f.

Pantur (Geist) III 692 f., 699

Papst:
– legt Neiderin Buße auf II 247 f.
– macht Geister unsichtbar II 291, III 54, 238
– stellt Hexerei zurück II 473 f., III 348 f.
– verliert weltliche Macht II 834 f.

Paradies: Entrückung ins P. II 144 f., 146

Pariserin als Hexenfuchs III 58

Pate / Patin:
– ermordet Patenkind III 179 f.
– heiratet Patenkind I 285 f., 361, II 307
– im Nachtvolk I 301 f., 420, 456, 505, 521, 535, 555, 590, 791, 800, III 13, 33, 394
– ist Alpdruck I 519, 813, II 743, III 655
– ist Geist I 576, 828
– ist Hexe I 48 f., 137, 510, II 156, 835
– kündet sich Patenkind I 471
– weiß Rat bei Alpdruck I 429 f., II 743

Patenkind im Nachtvolk I 464

Pater: → Kapuziner
– bannt Geist I 862, 863 f., 865, II 112, 140 f., 165, 189 f., 223, 260 ff., 266, 398, 399 f., 458 f., 577 f., 616 f., 636, 937, III 39, 75, 79, 91, 94 f., 107 f., 119, 121, 123 f., 139 f., 148, 216, 222, 238, 261, 319, 360, 635
– bannt Hexen ins Feuer III 346 f.
– bannt Hochwasser III 134
– bannt Teufel II 291 f., 473, III 56
– bannt Ungeziefer II 209
– besitzt Zauberbuch II 576 f., III 148, 179 f.
– besitzt Zauberpulver III 96 f., 179 f., 186 f.
– besitzt Zauberspiegel II 756, 778 f., 781 f.
– hindert Geister am Wiederkommen III 141
– ist Geist I 473 f., 672 f., III 403, 412, 521
– ist Heiler II 238
– ist Wettermacher III 744
– kann festbannen II 238, 243 f., 576 f., III 179 f., 186 f., 187 f., 222
– schwört Meineid II 593
– treibt Teufel aus II 755 f., III 49, 72, 522
– versteckt Diebesgut unter der Kutte III 660
– von Protestanten gefoppt II 243 f., 926
– von Teufel versucht III 56
– weiß Rat bei Alpdruck II 494 ff., III 104, 106 f., 413
– weiß Rat bei Geistererscheinung II 211, 420, 490 f., 516 f., III 71, 223
– weiß Rat bei Geisterverletzung I 863 f.,

864 f., II 271 f.
– weiß Rat bei Hexerei I 836, II 174, 474, 643 f., 927 f., III 132 f., 284 f., 346 f., 358, 413, 700 f., 756
– weiß Rat bei Spiritismus III 104
– weiß Rat bei Streitigkeiten II 756
– weiß Rat beim Schatzheben I 531 f., II 506 ff., III 61, 173, 358
– weiß Rat gegen Teufelsmacht II 146 ff.
– zwingt Dieb zurück II 439 f., 644, III 134, 140 f.

Patrögna, la → Alpdruck

Pelops-Motiv I 519 f., 540 f., 805 f., II 309, III 11 f., 22 f.

Pelzfrau (Kinderschreck) II 859

Peschtmanndli (Geist) III 288

Pest: I 166, 356 f., 371, 607 f., 739, III 73 f., 241 f., 288 f., 310, 783, 904, 961
– als Nebelwolke I 284, 287
– Bären in der Stadt während P. I 672, 816
– Dinge / Grundstücke wechseln während P. innert Kürze den Besitzer I 21, 69, 163 f., 284, 306, II 842
– Fluchthöhlen / -hütten während P. I 531, II 387 f., 597, 676, 766, 891 f., III 197, 900
– Friedhof überfüllt während P. I 63 f., II 567, 668, III 10, 105 f., 907 f.
– Gräber aus der P.zeit werden nicht aufgegraben III 399
– Gras wächst auf Straße während P. I 85, 144, 672, 816, III 311
– Haarbänder / Zöpfe der Toten hängen während P. über Laube I 334, 346, 353
– Heilmittel gegen P. I 618, II 387 f., III 182
– Kinder trinken an Brust der toten Mutter I 421, II 93
– kommt in Kutsche I 656 f.
– läßt Ortschaft aussterben I 166, 281, 284, 287, 293, II 521, 597, 715, 726 f., 766, 842, III 756, 809
– Lebende während P. mit den Leichen abtransportiert II 281, III 316
– Letztes Opfer der P. I 63 f., III 44 f., 809
– Mesmer fällt tot in frisch geschaufeltes Grab II 594
– mittels Seidenknäuel eingeschleppt III 498
– mittels Seidenschal eingeschleppt III 900, 907 f.
– Nachtvolk ist Vorzeichen von P. I 346,

II 182, 351, 521, 567, 727, 770, 910
– Schreiner zimmert eigenen Sarg I 281
– Schwarzwerden des Brotes zeigt Präsenz
  der P. an II 698
– Stein / -platte erinnert an P. I 413, II 668
– Tanzen während P. I 245, III 48
– Überlebende der P. I 28, 85, 144, 150, 156,
  162, 170, 309, 421, 531, 583, 609, 618,
  II 29 f., 94, 209, 281, 472, 521, 597, 646, 698,
  749, 766, III 7, 9, 10, 44 f., 287, 297 f., 738,
  873
– Vermeintlicher Schutz vor P. in Ofen
  III 680
– vernagelt II 696
– Weißer Ochse transportiert Waren
  während P. III 197
– Weißes Pferd transportiert während P.
  Leichen von allein III 309, 310, 311, 370
Pestkapelle II 94, 646, III 904
Pestprozession II 182, 209, 472
Petrus, Hl.:
– erzeugt Donner beim Umdrehen von
  Käselaiben II 142
– schwindelt Christus an II 452
– und Christus begegnen faulem Mann und
  fleißiger Frau II 475 f.
– und Herrgott erschaffen Menschen II 229,
  599 f.
– und Herrgott strafen Gastgeberin II 148 f.,
  242
Pfarrer / Priester:
– bannt Geist I 105, 107, 486, 594, 672, 695 f.,
  II 139, 242 f., 415, 515 f., 616 f., III 53 f., 86,
  119, 440, 547 f., 634 f., 642, 812 f., 908, 957
– bannt Schlangen III 733
– bannt Wanzen auf Alp II 161
– Bäuerin hält Pf. für Ehemann I 774
– bereut Konkubinat III 371
– besänftigt Hochwasser II 248, 378
– besänftigt Talwind II 248 f.
– besänftigt Unwetter II 475
– besitzt Zauberbuch I 571 f., 594, 862,
  II 115, 159, 204, 434 f., 525 f., 611
– erhält Besuch des Ewigen Juden II 90
– erhält Ohrfeigen von Kobold III 867 f.
– ermordet von ihm geschwängerte Magd
  I 704
– ermordet während Glaubensspaltung
  I 180 f., 192
– erteilt Armer Seele die Absolution III 906
– Evangelischer Pf. wird überlistet II 911
– flüchtet mit Altargeräten vor Rüfe I 21
– Geist holt Schädel bei Pf. ab I 349
– Geistersichtigkeit von P. I 176 f., 187, 259,
  346, 660, II 244, 340
– gerät in das Unwetter der Hexe III 926
– hängt Mantel an Sonnenstrahl auf II 450 f.
– Hausarbeit des P.s I 739
– Haushalt des P.s von Engeln besorgt
  II 450 f.
– Haushalt selber besorgt II 248 f.
– hilft beim Schatzheben I 870 f.
– ist Alpdruck II 124
– ist Geist I 66, 277, 336, 701 f., 702 ff., 720,
  885 f., II 17, 227 f., 257, 442, 490 f., 518, 613,
  729, III 51 f., 63 f., 377 f., 534, 720, 793 f.,
  801 f., 844 f., 848, 857, 897 f., 956, 958
– ist Geisterfuchs II 280
– ist Heiler II 809 f.
– ist Hexer III 740 f., 814, 845
– ist trunksüchtig II 338 f., 518
– kämpft für gerechten Besitz von Alpen
  III 681
– kämpft mit Geist II 758 f.
– kann festbannen II 74 f., 115 f., 440, 529,
  746 f., III 924 f.
– Katholischer P. besitzt größere Macht über
  Geist als evangelischer Pf. I 571 f., 594, 862,
  II 242 f., 399 f.
– läßt Kreuz gegen Hexenmacht errichten
  III 679 f.
– läßt Teufel erscheinen II 466 f.
– leitet Hexenschule III 740 f.
– prophezeit Aussterben von Familie II 338 f.
– schafft Kirchenstühle für Aristokraten ab
  II 248 f.
– schafft Kirschen im Winter herbei II 450 f.,
  466 f.
– schwört Meineid III 693
– sieht Todesfall voraus II 21 f., 447, 745 f.
– tauft Kinder in Teufels Namen II 270,
  560 ff.
– täuscht Hexerei vor III 842
– Traum von P. zeigt Todesfall an II 938
– treibt Teufel aus III 777 ff.
– und Bauer I 402, 736 f.
– und Bäuerin I 748, 753, 773, 774
– vergiftet Haushälterin I 349

– vergräbt Sarg im Garten III 657
– verhindert Schadenzauber des
 Wettermachers II 204
– vernachlässigt Brevierlektüre I 66, II 17
– verschenkt Bettler sein Hemd II 378
– verweigert altem Mann Trunk III 680
– von Geistern in die Irre geführt II 244
– von Hexen belästigt II 758
– von Hexen durch Lawine getötet II 58f.,
 77f., 120
– von Hexen ermordet II 252
– warnt vor Schatzheben II 382
– weiß Mittel, um Hexe zu erkennen II 127,
 138, III 699f., 759, 851f., 926, 937
– weiß Mittel, um Verdammte zu erkennen
 III 949
– weiß Rat bei Alpdruck II 124, 353
– weiß Rat bei Geistererscheinung I 695f.,
 826f., 869f., II 92, 142f., 171, 244, 278f.,
 340, 357, 406, 443f., 445f., 635f., 641, 746,
 755, III 63f., 119, 338f., 375f., 378ff., 699,
 779f., 917, 948f., 950, 954, 958, 959
– weiß Rat bei Hexerei I 668, 726, 727,
 II 85f., 90f., 127, 137, 138, 369, 392, 474,
 642, 756f., 776, III 89, 130f., 356, 691, 730f.,
 785f., 805f., 876f., 890f., 914f., 955, 960f.
– weiß Rat bei Teufelserscheinung II 925f.
– weiß Rat bei vertauschten Köpfen I 646f.
– weiß Rat gegen Macht der Wilden Jagd
 III 747
– wird von Volksheiler geheilt I 402
– zwingt Dieb zurück I 235, 485, II 21, 475,
 746f., III 906f.
Pfarrersfrau vergiftet Abendmahlsbrot
 III 197
Pfarrhaushälterin ist Kindsmörderin III 197f.
Pfeife vom Mund weggeschossen I 495f.
Pferd / -e: → Geisterpferd; Hexenpferd
– Einsturz von Brücke gewittert II 455
– ist Hexe II 120, 123f., 218f., 238, 294f., 374,
 422f., 433, 500, 535, III 560f., 561f., 813
– Nachtvolk auf feurigen P.n I 28
– Traum von Pf. zeigt Unglück an I 261
Pferde- / Kuhschwanz von dämonischem
 Widersacher gezopft I 25, 29, 81, II 580,
 III 685, 692, 706f., 721, 747f., 892, 902f.
Pflaumensonntag III 233f.
Placidustag (11. Juli) II 16, 94f., 209, 302, 356
Plentlistual (Geisterstuhl) I 11f.

Pôlarîter (Geist) I 152f.
Portiunkula: Geistererscheinung an P.
 III 348f.
Potentat verteilt Bestechungsgelder I 794f.
Prättigauer Aufstand (1622) I 147f., 201
Priestergewand: Hexer erscheint in P.
 III 715f.
Prinzessin im Sarg II 560ff.
Prophezeiung von:
– Aussterben von Familie II 338f., 823, 864
– Beinbruch I 308, 386, 878, II 438f., 631,
 III 577f.
– Blindheit III 19
– Brand I 163, 261f., 267f., 307f., 440, 476,
 758, 824, III 11, 47, 150, 499f.
– Dorfuntergang I 163, 261, 307f., II 250,
 632, III 150, 251, 520, 666
– Eisenbahn I 261f., 267f., 307f., 311, 739
– Glück II 617
– Heirat I 267, 296, 818f., II 928f., III 223f.
– Konkurs II 928f.
– Krieg I 262, II 426, III 552
– Lebenskrise II 491f.
– Tod I 168, 196, 226, 233f., 237, 242f., 247,
 253, 261f., 265, 296, 302f., 308f., 311, 333,
 359, 421, 436, 439, 444, 461, 464, 489, 493,
 661, 668, 678, 764, 791, 795, II 21f., 80, 116,
 143, 169, 183, 205, 273f., 308, 339f., 414,
 426ff., 447, 628, 654f., 685f., 727, 745f., 787,
 851f., III 8f., 19, 80, 226, 251f., 255, 264,
 375, 460f., 461f., 462f., 467, 469f., 475,
 522, 524, 526, 531, 535, 546, 556, 601f., 607,
 626f., 640, 665, 666, 668
– Unglück III 471
– Unwetter III 274, 450f.
– vorzeitiger Heimkehr III 267f.
– Weltuntergang III 267, 369
Protestant:
– Pater gefoppt II 243f., 926
– über katholischen Gruß gelästert II 440f.
Prozeß, unnützer III 640
Prügeleien III 38

Quadêrapudel (Geisterhund) II 859, 866, 873,
 874
Quatember:
– Geistererscheinung an Q. II 258f., III 136,
 460f., 465, 467f., 470, 527, 540, 549f., 588,
 590, 592, 608

– ist Hexenzeit III 430, 467 f., 473, 494 f., 525, 527, 549 f.
– Schätze sichtbar an Q. II 209, III 472 f., 539, 581 f., 593, 649
Quelle: → Goldquelle
– Baum mit goldenen Äpfeln in Q. III 738
– Blut in Q. wegen Mord II 657, 670 f.
– Gold in Q. I 115, 307, 418, 422 f., 542, 590, 765 ff., 819, II 846, 880

Rabe: → Geisterrabe; Hexenrabe
– ist Hexe /-r II 748 f., III 913 f., 955 f., 960
– ist Vorzeichen von Tod I 749, II 377, 892, III 296, 546 f., 635, 668
Rainmuäteri (Kinderschreck) I 820
Rätierzeit III 304
Ratschläge: Die klugen R. I 846 ff.
Rätsel des Teufels III 930 f., 943
Räuber: I 50, 62, 77 f., 95, 125, 185, 200, 217, 220, 229 f., 268, 425 f., 655 f., 721, 729, 737, 743 f., II 327 ff., 338 f., 349 f., 357, 374 f., 408 f., 441 f., 576 f., 598, III 96 f., 179 f., 186 f., 187 f., 194 f., 208 f., 250, 253, 277 f., 319, 322 f., 484 ff., 523, 620 f., 727
– in der Gemeindebehörde I 95, III 485 f.
– Schatz der R. II 895 ff.
– von Armen Seelen in die Flucht gejagt III 784
– zeigt Reue III 368
Raubvogel ist Hexe II 818 ff.
Rebhuhn ist Hexe III 759
Reformationszeit/Glaubensspaltung I 180 f., 192, 786, II 94, 300, 301, 338 f., 409 ff., 632, 749 f., 911 f., 913, III 28, 37 f., 60, 150, 228, 231, 403 f., 412, 660 f., 674 f.
Regenbogen: Schuh über R. werfen verhilft zu Schatz II 15, 143
Reiter (im Rätsel) I 510, 809, 861
Rezept gerettet II 599
Rhîmennli (Geist) I 108
Richter, ungerechter: Tod des u.n R.s III 852 ff.
Richtschwert: I 787
– zeigt Mörder an I 223, III 282
Riese/Riesin: → Goliath
– auf Alp III 956
– Umgang der R.n mit Felsbrocken I 315 f., III 280 f., 292
– will Alp zerstören III 292
Riesengrab II 291
Riesenkräfte, magische I 869
Ring:
– ist Erkennungsmittel des richtigen Bräutigams II 506 ff.
– von hilfreicher Kröte herbeigeschafft II 333 ff.
Ring (im Rätsel) III 941
Römerstraße I 59
Römerzeit III 304
Rosenkranzgebet:
– bricht Hexenmacht III 231 f.
– verwandelt Nußblätter in Goldstücke II 246
Rößler-Happ (Geisterküher) I 231, 242, 244, 255
Rote Augen:
– der Hexe II 556, 691, III 436
– der Hexenkatze III 748
Rote Geisterkuh I 347 f.
Rote Geistersau ist Schatzhüterin III 751 f.
Rote Geisterwidder II 378
Rote Hexenkühe II 58, 67 ff.
Rote Kleidung:
– der Geisterprozession II 31 f.
– der Hexe I 271 f., 496 f., 803, 810, 814, II 30 f., 34 f., 107 f., 127, 200, 296 f., 367, 464, 758, 761, III 318, 681, 878, 938
– des Teufels I 460, III 81, 718, 776 f., 786
Rote Kuh ist Teufelstier II 801 f.
Rote Milch II 939, III 101 f., 358, 503
Rote Schlange ist Schlangenkönigin III 670
Rote Tuchfetzen brechen Geistermacht III 357
Roter Flecken auf Mauer von Gerichtshaus läßt sich nicht entfernen II 853
Roter Hexenhund III 877 f.
Roter Ziegenbock ist Teufel III 911
Rotes Geisterpferd II 195
Rotes Pferd: Traum von r.m P. zeigt Unglück an I 261
Rotschwänzchen:
– darf nicht gequält werden II 939
– Ursprung von R. III 909 f.
Rot-schwarze Kleidung des Teufels III 726
Rückwärts:
– Brücke r. überqueren bricht Geistermacht I 734

– Vieh r. einstallen bricht Hexenmacht
  I 202, 355, 566
– Zauberbuch r. lesen I 60 f., 62, 99, 185, 200,
  209 f., 571, 862, II 525 f., 611, 623, 836 f.,
  871, III 20 f., 329, 662
Rueßlêmschä (Kinderschreck) II 652
Rüfe: I 63, III 397 f., 450 f., 520, 531 f., 630,
  678 f., 941
– Beim Abwehren der R. Geistererscheinung
  I 74 f.
– Drachc löst R. aus I 35, II 673 f.
– Erblindung während R. III 273, 722 f., 723,
  724
– Geistererscheinung ist Vorzeichen von R.
  I 182, II 199 f., III 668, 945
– Hirtenbuben von R. verschüttet III 11
– ist Strafe für Gottlosigkeit III 723
– ist Strafe für Meineid III 89
– ist Strafe für Töten von Schlange II 498 f.
– Kreuz erinnert an R. I 21
– Nur zwei Menschen vor R. gerettet III 723
– Prozession von R. verschüttet I 21
– Stimme kündigt R. an III 884
– Toter Vater warnt Kinder vor R. II 247
– Ursprung von R. III 852 ff.
– Von Engel vor R. gewarnt III 723
– von Fahrendem Schüler ausgelöst II 342
– Von geheimnisvollem Warner vor R.
  gewarnt III 722 f.
– von Geistern ausgelöst III 766 f., 919 f.,
  922 f., 959 f.
– von Hexe/-r ausgelöst II 136 f., 206, 296 f.,
  342, 688 f., III 99 f., 114, 133 f., 689 f., 715 f.,
  891, 905, 907, 918 f., 932, 947
– Von Muttergottes vor R. gewarnt III 724
– von Wildmenschen ausgelöst II 192, 412,
  III 594
– Vorzeichen von R. ist Geistererscheinung
  I 182, II 199 f., III 668, 945
– Wildmann warnt vor R. I 21
– zerstört Dorf III 932
– zerstört Haus des Schuldners I 259
Ruhr II 619
Russisch-japanischer Krieg (1904/05)
  III 154 ff.

Saagageischt (Geist) I 625 f.
Saagamännli (Kinderschreck) III 214
Saagawipli (Kinderschreck) III 214

Säbel in Baumstamm gefunden II 661 f.
Sack unbemerkt fallengelassen II 43
Salisfrau (Geist) II 558
Salomonisches Urteil I 447
Salz:
– Ausgeliehenes S. darf nicht zurückgegeben
  werden I 263, 392
– bricht Hexenmacht I 30, 48 f., 589, 738,
  III 493 f., 890 f.
– darf man nie ausgehen lassen II 941
– darf nicht verschüttet werden II 940
– Geweihtes S. zum Schatzheben II 861 f.,
  III 195 f.
Sametcheppler (Geist) I 5
Sarg:
– Geistersichtigkeit mit Hilfe von S.brett
  II 716
– Hexensichtigkeit mit Hilfe von S.brett I 25
– rutscht nicht ins Grab III 555
– Seidene Kappen für in den S. II 727
– Teufelssichtigkeit mit Hilfe von S.brett I 77
– Toter verkehrt im S. – will richtige Lage
  II 499
– Vorratstrog für S. gehalten I 900 f.
Sau scheren I 336 f.
Säumer erfroren I 749, 764
Schädel:
– beginnt zu tanzen III 285
– Blutender Sch. I 577 → Knochen,
  blutender
– bricht Alpdruckmacht I 242
– dankt für Ablegen im Beinhaus II 903 f.
– Geist fordert Sch. zurück I 349, II 903 f.
– Heilzauber mit Sch. III 115
– küssen ist Bewährungsprobe III 84
– Schabernack mit Sch.n getrieben II 567 f.,
  638, III 963
– Sieben Sch. um Armenseelenlicht II 521 f.
– Spur von Sch. im Felsen III 895
– zum Geldmachen III 285
– zur Hochzeit eingeladen II 388, 449 f.,
  III 663
Schafe, weiße, werden von Kobold verschont
  III 747, 854, 892
Schamgefühl: Mädchen wegen Sch.
  verbrannt I 21
Schanena-Jumpfera (Geist) I 205, 215, 875
Schatz:
– An besondern Tagen geborene Kinder

finden Sch. I 332, 347, III 593
- an Wegkreuzung III 809
- der Räuber II 897f.
- des Vorfahren III 703
- Fahrender Schüler kennt Sch. I 191f., 282, 383, 409, 412f., 501f., 531f., 753, 800, II 152f., 164f., 179, 180, 187, 193, 195, 221, 249f., 362, 466, 480, 569f., 581, 645, 749, 845f., III 267
- Fremder kennt Sch. II 660, 802ff., 846
- Geisterhafte Lichterscheinung weist Sch. III 395, 472f., 515, 587, 593
- in Acker / Wiese I 191f., 402, 531f., 710, II 136, 152f., 164f., 170, 171, 382, 581, 595, 645, 897f., 920f., III 269f., 515, 521, 539, 566, 581f.
- in Aristokratenhaus I 153, III 213f., 428, 515, 538, 563ff.
- in Bach II 376
- in / unter Baum I 332, 711, III 138f., 703
- in Berg II 802ff., 845, 920f.
- in Bergwerk I 298, II 193
- in Burg / Schloß I 18, 35f., 43, 56, 97f., 115, 194, 594f., 817, 870f., II 35, 220, 221, 232, 233, 291, 292, 307, 317, 380ff., 388, 489, 506ff., 595, 661, 750ff., 922, III 61, 76f., 81, 112, 129f., 138f., 149, 161f., 173, 184f., 189, 202, 206, 229, 254f., 435f., 514, 515, 587, 649, 691, 751f.
- in Geisterkutsche III 73, 92f.
- in Hexenkutsche III 358
- in Kloster I 148, 640f., II 516f., III 534
- in Maurerkessel III 428
- in See III 206, 944f.
- in Wald III 534
- ist Wuchergeld III 73
- nur Kindern sichtbar II 376
- Schlüssel zu Sch. in Quelle I 332, 347
- Somnambule kennt Sch. II 845
- Uhrmacher kennt Sch. II 609
- unter Stein I 402, II 19, 197, III 708
- Venediger kennen Sch. II 333ff., 880
- verhindert Öffnen von Türe III 651
- Wildmann kennt Sch. I 418, 765ff.
- Zigeuner kennt Sch. I 870f., II 129, 250, 845

Schatzheben: → Bewährungsproben
- alle hundert / fünfzig Jahre einmal II 171, 802ff.
- am Heiligen Abend I 343
- am Karfreitag III 229
- an Quatember II 209, III 472f., 539, 581f., 593, 649
- an Vigil von Mariä Himmelfahrt II 171
- Auf schwarzweißem Geißbock reiten ist Bedingung zum Sch. II 220
- Brot ist Mittel zum Sch. II 710, III 195f.
- Dreimal auf wunderbaren Stein spucken ist Bedingung zum Sch. III 708
- Fell einer schwarzen Katze zum Sch. III 751f.
- Geweihte Kerzen nötig zum Sch. II 246
- In die Knie fallen vor Schlange ist Bedingung zum Sch. III 738
- Keuschheit ist Bedingung zum Sch. I 56, II 317, III 472f.
- Kind beim Sch. verschwunden III 809
- mit goldener Rute III 83
- mit Zauberbuch I 213, III 400f., 559f.
- mit Zauberspiegel I 234f., 594f., 640f., 870f.
- mit Zauberspruch II 609
- mit Zauberwurzel I 870f.
- Mord beim Sch. I 213, 223
- Nicht zurückblicken ist Bedingung zum Sch. II 153, III 707, 795ff., 816ff.
- Ohne (böse) Gedanken sein ist Bedingung zum Sch. I 501f., II 193, 861
- Pater weiß Rat beim Sch. I 531f., II 506ff., III 61, 173, 358
- Pfarrer warnt vor Sch. II 382
- Salz, geweihtes, ist Mittel zum Sch. II 861f., III 195f.
- Schlange von Gefäß heben ist Bedingung zum Sch. II 898, III 61
- Schuhe über Regenbogen werfen ist Bedingung zum Sch. II 15, 143
- Schweigegebot / Fluchverbot beim Sch. I 43, 343, 531f., 640f., 766f., II 136, 152f., 170, 197, 307, 595, 865, III 173, 184f., 189, 196, 517, 538, 559f., 568ff., 581f., 643
- Tuch auf Schatz legen ist Bedingung zum Sch. II 235f., 898, III 149, 358, 539, 593, 643
- Uneinigkeit beim Sch. I 593, II 246
- wegen Neugierde mißlungen III 708
- Ziegenbock von Trog hochheben ist Bedingung zum Sch. II 506ff., III 50

Schatzhüter / -in:
- Alte Frau II 15, 19, 162, 382, III 707, 795 ff., 816 ff.
- Aristokratin I 153, III 213 f.
- Arme Seele II 18 f., 136, 170, 488 f., 750 ff.
- Bergmännlein I 332
- Burgherr / Schloßherr I 594 f., 870 f., III 229, 691
- Burgherrin I 43, II 220, 233, 291, 292, 317, 380 ff., 388, 506 ff., 694, 823 f., 931, 934, III 50, 76 f., 129 f., 138 f., 184 f., 189, 254 f.
- Geist mit Hausiererkiste II 235 f.
- Geistereule II 317
- Geisterfrau mit Kind III 557 f., 708
- Geisterfrosch III 206
- Geisterhund I 35 f., 343, II 220, 232, 291, 489, 660 f., 694, 710, 864, 922 f.
- Geisterjungfrau I 15 f., 115, 502, 545, 593, 603 f., 604, 710, II 823, III 50, 83, 129 f., 138 f., 184 f., 189, 254 f., 427 f., 517, 568 ff.
- Geisterkatze I 695
- Geisterkröte I 18, 115, 215, 432 f., 502, 603 f., 611, III 76 f.
- Geisterlämmer III 173
- Geisterpater III 521
- Geisterpriester III 793 f.
- Geisterreiter III 581 f.
- Geistersau 751 f.
- Geisterschlange I 43, II 209, 595, 750 ff., 898, III 61, 81, 112, 395, 738
- Geisterstier III 597 f.
- Geisterziegenbock I 298, II 232, 246, 506 ff., III 50, 149
- Hexe II 213, III 816 ff.
- Landammann III 428
- Maus II 170, 187
- Meermännchen I 219, 228, 530, 548, 581, 841, II 861 f., 865, III 150 f., 195 f., 559 f.
- Nonne II 516 f., III 61
- Schwarzer Geist I 454, III 202
- Skelett III 516
- Teufel II 506 ff., 609, III 563 ff.
- Weißer Geist I 530
- Wiesel III 515, 566

Scheibenschlagen: Ende des Sch.s III 90, 127 f.
Scheintote: I 39, 636, 844, II 677, III 498, 544 f., 600, 611, 941
- Grabschänder von Sch.m erwürgt I 845 f., II 37 f.

- Von Sch.n erzählen während Leichenwache II 809
Schellensprache III 320 f.
Schere (im Rätsel) I 861
Schere darf über Nacht nicht liegenbleiben II 940
Scherzfrage I 860
Schgadeenamennli (Geist) I 140
Schicksal erfüllt sich III 882 f.
Schinden:
- Baron schindet Frauen I 72
- ist Strafe für Diebstahl von Molken I 100
- ist Strafe für Frevel mit Puppe I 18 f., 125, 386, 516, 746, 801, II 197 f., 272 f., III 29 f.
- ist Strafe für versäumten Messebesuch II 38 f.
- Landammann droht mit Sch. III 431, 433
Schlafpulver des Kapuziners III 96 f., 186 f.
Schlafwurzel III 14 f.
Schlange / -n: → Geisterschlange; Kind und Schlange
- auf Grab der Hexe I 483 f., 798
- Blick der Sch. bannt fest III 733 ff.
- darf nicht getötet werden I 384, 561 f., II 498 f., III 240 f., 515
- erscheint bei Herstellung von Zauberspiegel II 238 f.
- Gift der Sch. geraubt I 468, 789, III 55
- in Haus I 146, 214, 219, 547, 562, II 431 f.
- in Magen I 379 f.
- ist Arme Seele II 499, 750 ff., III 754 f.
- ist Hexe I 224 f., 483 f., 798, II 369, III 734, 946 f.
- ist Seelentier III 570 ff.
- ist Teufel II 492 f.
- ist Vorzeichen von Tod III 515
- kann erst nach Sonnenuntergang nicht mehr beißen I 757, II 672
- Kupfersch. bewahrt vor Brand I 562
- mit drei Köpfen III 855, 868
- mit Haselstecken getötet I 430
- mit Kamm III 279, 289, 290, 298, 302 ff., 565 f., 588, 733, 754 f., 946 f.
- Rote Sch. III 670
- saugt an Vieheuter I 384, III 733, 855, 868
- stiehlt Milch I 788 f., III 670, 733
- Traum von Sch. ist Vorzeichen von Unglück III 905
- Traum von Sch. weist auf schlechte

Menschen II 942
– Überlistung von Sch. III 565 f., 588
– um den Kopf nach Verlust der Keuschheit
I 568
– Unangenehme Erlebnisse mit Sch. III 734 f.
– ungern gesehen III 515
– Verfluchung zur Sch. III 81
– Vieh gebissen II 302, III 302 ff.
– Weiße Sch. I 231 f., 246, 430, 433, 469,
560 f., 785, 789, 815 f., III 229 f., 243, 279,
395, 437, 738
– zeigt Geistererscheinung an III 765 f.
Schlangenbanner I 231 f., 246, 384, 430, 433,
469, 521, 560 f., 785, 815 f., III 229 f., 243,
279, 289, 290, 298, 302 ff., 670
Schlangenkuß I 224 f., II 235, III 81, 84, 112
Schleier (im Rätsel) III 811
Schlittelgesellschaft in den Abgrund
hinuntergestürzt I 767 f., 823, II 161 f., 620,
658, III 15, 245, 322
Schlosser ist Heiler II 672
Schlüsseljumpfera (Geist) I 28, 817
Schmalz auf der Straße verstrichen I 857
Schmied:
– kann festbannen I 382 f.
– zwingt Dieb zurück II 294
Schmied und Teufel II 146 ff.
Schmied von Surava III 334
Schmuggler ermorden Mädchen III 710, 839 f.
Schnaps für Gift gehalten II 585 f.
Schnapsbrennen II 585 f., III 533
Schnapser haben magische Fähigkeiten
I 480 f., 482, 597 f.
Schnecke:
– darf nicht getötet werden II 16
– für Teufel gehalten I 859
Schneckenhäuschen:
– Linksgedrehtes Sch. hilft beim Kalbern
I 130, 206
– Linksgedrehtes Sch. von Hexe gebraucht
I 129 f.
– werden zu Goldstücken III 566, 703
Schnee:
– bleibt an bestimmtem Ort nicht liegen
I 148, II 132 f.
– bleibt liegen wegen unbeglichener Schuld
II 470 f.
– Großer Sch. I 334 f., 388, 404, II 439
Schneewettermann (Geist) I 122

Schneewunder der Muttergottes III 856 f.,
867
Schnuller im Dreckwasser waschen II 99 f.
Schnupfen vertreiben II 941
Schöne und Tier III 441 ff.
Schöpfung des Hl. Petrus II 229 f., 599 f.
Schranggapudel (Geisterhund) II 874 f.
Schreinerlehrling ist Hexer II 438
Schûber (Geist) I 100
Schuh / -e: → Hexe / -r: Abwehr / Macht
brechen: Schuhe
– Alte Sch.e dürfen nicht weggeworfen
werden I 394
– müssen gemäß der Fußstellung versorgt
werden I 593
– sind Mittel zum Brechen von
Alpdruckmacht I 483 f., II 438, III 59
– über Regenbogen werfen ist Bedingung
zum Schatzheben II 15, 143
Schuhe, geflickte (im Rätsel) I 810
Schüler der Schwarzen Schule → Fahrender
Schüler
Schuß: Der gelungene Sch. III 220
Schuß geht ins Auge III 220
Schutzengel betet anstelle von Kind II 352
Schwalben trauern nicht um Heiland I 397 f.
Schwangerschaft I 158, 392
Schwarze Engel I 429 f.
Schwarze Finger wegen Diebstahl III 121 f.
Schwarze / dunkle Geister I 52 f., 58, 63, 92,
182, 454, 601 f., 641 f., 703 f., 712, 717 f.,
719 f., 782, 829, 830, II 459 ff., 461 ff., 476 ff.,
488 f., 501 f., 546, 736 ff., 796 ff., 828 f.,
III 92 f., 101 f., 117 f., 141 ff., 146, 149, 202,
237 f., 324 f., 340 f., 601, 639, 665 f., 667 f.,
765 f., 844 f., 919 f., 945, 957 → Nachtvolk
Schwarze Geisterkatze III 106, 110
Schwarze Geisterkuh I 849
Schwarze Geistersau I 96 f., 250
Schwarze / -r Geisterziege / -nbock:
– ist Schatzhüter I 298, II 232
– mit Hausschuhen III 278
Schwarze Henne legt weiße Eier II 99 f.
Schwarze Hexenfüchse III 938
Schwarze Katze: III 81
– bricht Geistermacht III 779 f., 953, 956
– Fell einer sch.n K. zum Schatzheben
III 751 f.
– ist Alpdruck II 534

– ist Geist III 502, 521
– ist Hexe I 26, 170 f., 175, 218, 249, 453 f.,
  465, 716, 896 f., 905, II 40, 120, 164, 412,
  535, 597, 603, 710, 711, 833 f., 929 f., III 75 f.,
  161, 174, 240, 276, 363, 477, 548, 708, 711,
  712, 714 f., 730, 748, 807 f., 810, 862 f., 889
– ist Teufel I 26 f.
– von Hexe zum Schadenzauber benützt
  III 246 f.
– von Jägern verschont I 734
Schwarze Kleidung:
– der Hexe I 668, 723, 895, II 637, 710,
  III 528, 898 f., 943 f., 946
– des Nachtvolks I 36, 111, 167, 173, 182, 195,
  295 f., 364 f., 437 f., 457, 489 f., 554, 558,
  567, 573 f., 666, 887, II 387, 667 f., 685 f.,
  III 38 f., 181, 236 f., 242 f., 247, 252, 402,
  439 f., 585, 588, 626, 648 f., 649 f., 766
– des Teufels III 864, 936 f.
Schwarze Kröte ist Teufel III 816
Schwarze Spinne ist Vorzeichen von Tod III 8
Schwarze Teufelshand I 842 f.
Schwarze Wolle weiß waschen II 545 f.
Schwarzer Bettler II 536 f.
Schwarzer Fleck ist Arme Seele II 136
Schwarzer Geisterstier III 34
Schwarzer Hexennebel II 13 f., 60, 62 f.
Schwarzer Pudel / Hund:
– am Schluß von Armenseelenprozession
  III 874
– ist Geisterhund I 35 f., 131, 226 f., 227 f.,
  343, 474, 488, 511 f., 611, 614, 685, 690,
  780 f., II 736 ff., 859, 866, III 106, 130, 137,
  146, 335, 868
– ist Hexe / -r I 228, II 20 f.
– ist Schatzhüter I 35 f., 343, II 220, 232, 291,
  489, 660 f., 694, 710, 864, 922 f.
– ist Teufel I 131, II 291 f., 925 f., III 349
– wühlt in Akten I 783
Schwarzer Ziegenbock für Erlösung von
  Geist notwendig III 563 ff.
Schwarzes Geisterpferd III 455
Schwarzes Geisterschaf I 790 f.
Schwarzes Geistertier III 504
Schwarzes Zaubertuch der Hexe III 331
Schwarzwerden des Brotes zeigt Präsenz der
  Pest an II 698
Schweden verlangen Brandschatzung von
  Kloster III 153 f.

Schweigegebot:
– beim Erlösen von Geist I 43, II 136, 170,
  III 173, 189, 517, 557 f., 568 ff.
– beim / nach Schatzheben I 43, 343, 531 f.,
  640 f., 766 f., II 136, 152 f., 170, 197, 307, 595,
  865, III 173, 184 f., 189, 196, 517, 538, 559 f.,
  568 ff., 581 f., 643
– beim Ungezieferbannen II 161, 209, 228
– nach Erscheinung des Nachtvolks I 523,
  535, 568, 609, 620, II 345 f., III 33, 110 f.,
  263, 653
– nach Geistererscheinung II 445, 932 f.
– während magischer Heilung I 33
– während Luftfahrt III 32
Schweigen: Wegen Sch.s Erlösung mißlungen
  I 250, 335, 336, 550, 750, III 147 f., 167,
  361 f.
Schwein: → Geistersau; Hexenschwein
– Bauer wegen Gottlosigkeit in Sch.
  verwandelt III 764
– in Schneewetter erfroren I 807
– ist Alpdruck I 879 f., II 641
– ist Arme Seele III 711
– ist Hexe I 197 f., II 311, 354 f., 412 f., III 188,
  473, 736, 756, 946
– ist Reittier von Hexe II 864 f., III 16, 33
– ist Teufel I 173, 190
– Traum von Sch. ist Vorzeichen von
  Unglück II 299
Schwendifrau (Geist) I 206
Schwertprobe II 327 ff.
Schwiegermutter ist Hexe I 296 f., 578 f.,
  III 686 f., 717, 744 f., 939 f.
Schwiegersohn will Schwiegermutter
  vergiften II 585 f.
Schwierigkeiten:
– bei Anfertigung von Zaunpfählen II 106
– bei Herstellung von Trog II 717
– mit Eisenbahn II 52, 106
– mit Gewehr I 775
– mit Holztransport I 740
– mit Jäten II 262
– mit Kaffeekochen II 697 f., 717
– mit Misten II 262
– mit rechts und links I 856
– mit Schießpulver I 774
– mit Sprache I 779, 808, 857, 858
– mit Uhr II 106
– mit Zählen II 152

Schwurfinger:
- verfaulen I 304, 639, 673
- wachsen aus Gräbern I 147 f.

Sebastian, Hl.: Pestkapelle zu Ehren des
  Hl. S. II 646

Sechse kommen durch die ganze Welt II 539

Sechstes und Siebtes Buch Mosis →
  Zauberbuch: S. u. S. B. M.

See:
- Dorf in S. versunken III 43
- Drache in S. I 158, II 368
- Geistererscheinung in S. II 806, III 62, 77,
  91, 230
- Geisterfrosch in S. III 206
- Geisterkuh / -ochs / -stier in S. I 347 f.,
  612 f., II 159 f., 234 f., 258 f., 274 ff., 288,
  289, 306 f., 470 f., 479 f.
- Geistersenn in S. II 159 f.
- Hexe in S. verbannt I 290 f.
- ist grundlos I 354, II 465, 472, 526, III 671
- Kein Entrinnen vor S. III 206, 230
- Kreisendes Rasenstück auf S. II 472 f.
- Kuh in S. versunken, Glocke anderswo
  gefunden I 279, 354, III 370 f.
- Schatz in S. III 206, 944 f.
- Sohn von Mutter in S. verwünscht II 479 f.
- Ursprung von S. I 44, 333, 347 f., 612 f.,
  899 f., III 9, 87 f., 594
- Widder reißt Mädchen in S. I 565
- Zöpfe von im S. Ertrunkenen anderswo
  gefunden I 421, 565, II 465, 472, 658

Seelentier:
- Fliege II 776 f., 781
- Kuckuck III 404
- Maus III 242
- Schlange III 570 ff.
- Wespe I 428

Seelenwaage III 873 f., 901

Segen:
- bricht Alpdruckmacht I 483 f., II 353,
  III 413
- bricht Geistermacht I 33, 44 f., 83 f., 660 f.,
  II 89 f., III 126
- bricht Hexenmacht I 83 f., 174 f., 738,
  II 89 f., 474, 781, III 126, 413
- bricht Teufelsmacht I 479, II 840, 849

Segensformel beim Niesen:
- Erlösung von Geist durch S. b. N. I 190,
  515, 829

- läßt Kind früh sterben I 758

Seitenstechen vertreiben I 100, II 941

Selbstmord: I 565, 668
- aus Liebeskummer I 421, 850, III 76 f.
- aus Trauer I 310
- Tägliches Stoßgebet verhindert S. II 491 f.

Selvadia → Wildfrau

Senn / -erin:
- Bettler / -in abgewiesen I 44, 333, 538,
  612 f., 899 f., III 735 f., 740
- Fluchender S. vom Teufel bestraft II 46 ff.,
  801 f.
- Frevel mit Puppe getrieben I 18 f., 125, 386,
  516, 523, 746, 801, II 117, 197 f., 213, 272 f.,
  630, III 29 f.
- geht zuwenig zum Hengert I 287 f.
- gibt Ehefrau Kot zum Essen II 159 f.
- gibt Mutter Unrat zum Essen II 479 f.
- in See gebannt / verwünscht I 347 f.,
  II 159 f., 234 f., 274 ff., 479 f.
- Meineid bei Alpstreit geschworen II 596
- Molken gestohlen I 100, II 122, 141, 259 f.,
  355 f., 406, 850, III 159, 389
- ringt mit hexenhafter Nebelwolke II 60,
  62 f.
- Steg aus Käselaiben gebaut I 127, 385,
  II 549, 767 f., III 29 f.

Sennenpuppe I 18 f., 125, 386, 516, 523,
  746, 801, II 117, 197 f., 213, 272 f., 630,
  III 29 f.

Sgai-Esel (Kinderschreck) II 877

Siamesische Zwillinge I 792

Sieben Ferkel der Geistersau III 531

Sieben Hexenfüchse I 198

Sieben Jahre geisten II 274 ff.

Sieben Jahre Hirt auf Alp II 119

Sieben Köpfe hat Drache II 158

Sieben Köpfe hat Zauberer III 931 f.

Sieben Nägel im Schuh des Ewigen Juden
  I 626

Sieben Pflüge festgebannt I 462

Sieben Raben II 764

Sieben Schädel um Armenseelenlicht II 521 f.

Sieben Schüler der Schwarzen Schule II 27 f.,
  152 f.

Sieben Sommer während Pest nicht mehr
  geheut worden I 166

Sieben Teufel packen Geisterjungfrau
  II 869 f.

Siebenmal den Besitzer gewechselt I 21, 284, 306

Siebenmal um Burg kriechen II 923

Siebenmal verheiratet III 809

Silvester (31. Dezember): III 530, 541, 552 ff.

– Geistererscheinung an S. I 226 f., II 116, 183, 716, 932, III 216, 219, 270 f., 439 f.

– Vieh kann sprechen an S. I 299

Singender Knochen III 894

Sirene (Fabelwesen) singt II 235

Sittlichkeitsverbrecherin vom Teufel geholt III 351 f.

Skapulier bricht Teufelsmacht II 48 ff.

Skelett:

– im Nachtvolk III 626 f.

– ist Geistererscheinung I 659, III 335, 516, 730

– ist Schatzhüter III 516

– ist Vorzeichen von Tod II 892, III 108, 219, 397

– von Ermordeten gefunden I 46, 69 f., 260, 301, 304 f., 325, 651, II 799 ff., III 82, 480

Sohn am Galgen I 792 f., III 947

Söhne: Die drei goldenen S. III 444 ff.

Soldatenfriedhof II 662 → Franzosengräber

Solddienste: I 32, 248, 425 f., 553, 563 f., 825, II 338 f., 349 f., 547, 583, 731 f., III 132

– Afrikanische S. I 411

– Französische S. I 79, 147, 201 f., 440, III 114 f., 366 f., 675

– Holländische S. I 135 f., 450 f., II 378 f., 833 f., III 33, 98, 167

– Napoletanische S. I 123, II 409 ff., 901 f.

– Preußische S. I 49 f.

– Venezianische S. I 165 f.

Sommersprossen: Entstehung von S. II 938

Sonderbundskrieg (1847) I 132 ff., III 692

Sonne verwünscht I 280, 282, 317, 741

Sonnenlicht im Kübel tragen I 431

Sonnenstrahl: Kleider am S. aufhängen II 450 f., 584, 586 f.

Sonntags-/Feiertagsarbeit: I 528

– Geistererscheinung während S. I 884 f., 893 f., III 802 f.

– im Stall I 753, 773

– Strafe für S. I 5, 84, 206, 216, 294, 511 f., 540, 757, II 139, 253, 754, 755, III 186, 350, 665 f., 718, 764, 790 f., 802 f., 863, 864

– Verzicht auf Anzeige wegen S. I 291

– Während S. ist Teufel Arbeitgeber III 500

Sonntagskinder:

– finden goldenen Schlüssel zu Schatz I 332, 347

– sehen Tod voraus I 296

– sind geistersichtig I 253, 309

Sontga Brida → Brigitte, Hl.

Speck bricht Hexenmacht III 317

Spinne (im Rätsel) III 677

Spinnengewebe ist heilkräftig III 672

Spinnfrauen: Die drei Sp. II 556 ff.

Spinnstube: Neid in der Sp. III 842

Spital: Geistererscheinung in/bei Sp. I 74 f., 515, 637

Sprachschwierigkeiten I 779, 808, 857, 858

Spreumühle: Unfall mit Sp. I 825

Spuren in Stein I 216, 242, 343, II 58 f., 78, 79, 94, 161, 300, 301, 339, 347, 352, 403, 480 f., 566 f., 586 f., 593 f., 596, 605 f., 682 ff., 873, III 295 f., 301 f., 410 ff., 518, 525, 527, 585, 590, 593, 674 f., 676, 679 f., 681, 699, 723, 724, 742, 746, 748 f., 749 f., 756, 757 f., 763 f., 764, 798 f., 815 f., 842 f., 843, 848, 855 f., 867, 883 f., 890, 895, 924

Starke Frau: I 209, 340, 798 f., III 292

– Feinde verjagt I 401, 564, II 32, 61

– Geburten der st.n F. I 548 f., II 32 f.

– trägt Balken II 75

– trägt Steinklotz III 292, 312

– überquert reißenden Fluß I 348, 387 f.

Starker Hans I 629, II 75, 197, 604, III 749

Starke/-r Mann/Männer I 222, 505, 743 f., II 33, 99, 699, 936, III 184 f., 294

– am Turnerfest I 655 f.

– Bajonette wie Holzstäbe zerbrochen II 378 f.

– beim Brückenbau II 105, 118

– beim Händedrücken Blut herausgequetscht II 211

– beim Hausbau I 90, 315, 507, 613, 759 f., II 99, 151, 211, 264, 611, 646

– beim Kirchenbau II 582

– bremst allein den Heuschlitten I 511

– drückt Zinnkanne flach II 385 f.

– Gräber der st.n M.r III 14

– hat Schwierigkeiten mit Schießpulver I 774

– hilft bei Waldarbeit II 32, 118, 151, 731

– hilft beim Dreschen II 604, 611

– ist Kugelstößer II 582

– kann Kanne mit gebanntem Geist nicht hochheben I 16 f., 36, 37, 38 f., 41, 184, 572, 594, 644 f., 865, 889 f., III 121, 232 f., 319
– Kopf des Feindes zusammengedrückt II 224, 452 f.
– macht Chemme (Viehhalskette) aus Tanne I 618
– ringt mit Bär I 357, II 224, 263, 306, 313, III 533
– ringt mit Drachen II 317 f.
– ringt mit Teufel I 580 f., 606, 608, 768, II 611
– sägt Baum in einer Stunde um I 430
– schüchtert Untertanen ein II 289 f.
– schwingt Rädig in der Luft II 385 f.
– sind Brüder II 195, 547, 583
– Sohn des st.n M.s bricht unter Last zusammen I 618
– tadelt seine schwächeren Söhne I 315
– trägt Amboß III 20
– trägt Baum / -stamm I 315, 629, II 90, 105, 151, 197, 362, 385 f., 453 f., 604, 646, III 56
– trägt Glocke I 221 f., II 32
– trägt Kuh II 129, 151, 604, III 289, 300, 312, 552
– trägt Legel II 646
– trägt Molken II 152, 699
– trägt Ofenplatte III 300
– trägt Schlitten samt Holzfuder III 364 f.
– trägt zwei Maltersäcke I 607 f.
– trinkt an der Mutterbrust II 75, 385 f.
– unterliegt Aufhockerinnen III 475 f.
– verjagt Feinde mit Kraftdemonstration I 181, 314 f., 409 f., 506, 563 f., 769 f., 778, 904 f., II 93 f., 240, 313, 454, 646
– Wettkampf der st.n M.r I 222, 506 f., II 195, 224, 361 f., 547, 583
– wirft Feinde über Felsen I 812, 904 f.
– zieht Fuder mit einem Finger II 264
Statue → Muttergottesstatue
Stein / -e: → Hexenstein
– Bild in St. II 873
– der alten Frau II 15, 16 f., 19, 35 f., III 393, 400, 420, 766, 774 f.
– der Armen Seele II 18 f., 40 f.
– der Toten II 532
– des Wildmannes I 315 f., 488 f., II 733
– dreht sich II 16, III 300 f., 675 f.
– Ehepaar stirbt bei St. I 334 f., 410 f., 745

– enthält Wasser gegen Warzen I 475
– erinnert an Pest I 413
– Gold in St. II 920 f.
– Haus auf St. I 245
– in Bach ist großer Mehlkloß II 168 f.
– in St. beißen / St. küssen I 63, II 874, 877, III 400, 766, 774 f.
– ist Geisterwohnung I 279, III 945 f.
– mit Hufspuren II 347, III 590, 681, 756, 763 f.
– mit Karrenspuren III 764
– mit (eingehauenem) Kreuz II 636, 650, 875 f.
– mit Spur der Armen Seele III 895
– mit Spur der Hexe I 216, II 58 f., 78, 79, 593 f., III 295 f., 301 f., 518, 525, 527, 590, 679 f., 699, 815 f., 848
– mit Spur der Muttergottes II 684, III 296, 674 f., 676, 724, 742, 749 f., 757 f., 763, 843, 855 f., 867, 890, 924
– mit Spur der Verlobten III 883 f.
– mit Spur des Abts II 94
– mit Spur des Bären III 585
– mit Spur des Engels III 723
– mit Spur des Heiligen II 161, 352, 403, 566 f., 586 f., III 296, 746, 748 f., 798 f., 842 f.
– mit Spur des Meineidigen II 593 f., 596, 605 f., 682 f.
– mit Spur des Riesen Goliath II 873
– mit Spur des Teufels I 216, 242, 343, II 300, 301, 339, 480 f., III 410 ff., 593, 749 f., 758, 843, 867, 890, 924
– nach Geburt des Kindes begrüßt I 316
– Schädelspur in St. III 895
– Schatz unter St. I 402, II 19, 197, III 708
– Teufel will mit St. Kirche versperren II 502
– Umgang der Riesen mit St. I 315 f., III 280 f., 292
– von Hexe mit Faden / Haar / Kette transportiert II 58, 77, 78, III 700, 702 f.
– von starker Frau auf Stricknadeln getragen III 312
– von Vieh gemieden II 602 f.
Steine in Nahrung verwandelt III 273, 842, 865 f.
Steinplatte:
– erinnert an Pest II 668
– in Baumstamm gefunden II 662
Stellen → Festbannen

Stephanstag (26. Dezember) I 533, II 299, 877
Sterne durcheinander gesehen III 19
Stier / Ochse ist Teufel II 160, 234 f., 274 ff.
Stimme:
– der Geliebten gehört I 701
– warnt vor Gefahr I 445, III 381, 450 f.
Stollenwurm III 182
Strafe für:
– Abweisung von Bettler I 44, 211 ff., 246,
 333, 538, 612 f., 665 f., 899 f., II 200, 208,
 227, III 9, 43, 87 f., 135, 735 f., 740, 793
– Alkoholsucht III 429
– Anrufung des Teufels I 874
– Aufbewahren von Beichtzettel III 63
– Betrug bei Alprechnung III 584
– Betrug bei Feldmessen II 168
– Betrug bei Hausbau II 591
– Betrug bei Hauskauf II 863
– Betrug beim Heuen II 193, 444 f.
– Betrug bei Heumessen I 366, II 736 ff.,
 842 f., III 205, 218, 253, 359 f.
– Betrug bei Kornmessen I 503 f.
– Betrug bei Kredit I 102 f., 254 ff., II 390,
 404, 830, III 216, 246, 350 f., 398, 718
– Betrug bei Maß und Gewicht II 191, 398 ff.,
 413, 445, 630, 831, 843, III 23, 52, 61 f., 108,
 123 f., 177, 238, 241, 407 f., 781
– Betrug bei Milchmessen I 594, II 355 f.
– Betrug bei Prozeß II 290, III 957, 963
– Betrug bei Stoffmessen I 663, 690, 694 f.
– Betrug beim Strahlen II 97 f.
– Betrug bei Testamentsvollstreckung
 I 685 f., II 165, 167 f., 253, 340, III 136, 481,
 785, 893
– Betrug bei Waldverkauf I 387, 601 f., II 830
– Betrug bei Zolleinnahmen III 177
– Brandstiftung I 577, III 401 f.
– Brudermord III 481
– Diebstahl III 275, 530, 594
– Diebstahl ist schlechter Tod I 73, 97
– Diebstahl von Bausteinen I 532
– Diebstahl von Garn / Wolle I 97, II 253,
 635, 651, 754, 927, III 121 f., 223, 264, 308,
 311
– Diebstahl von Geld III 147 f., 642
– Diebstahl von Grashalm I 129, III 119
– Diebstahl von Heu I 154 f., 573, 807 f., II 92
– Diebstahl von Holz I 76, 91, 103, 647, II 191,
 347 f., 419 f., 900 f., III 221 f., 322, 816

– Diebstahl von Kirchenkerzen III 132
– Diebstahl von Lebensmitteln I 670
– Diebstahl von Leichentuch I 634
– Diebstahl von Mehl I 671, III 71, 85
– Diebstahl von Molken I 100, II 122, 141,
 259 f., 355 f., 406, 850, III 159, 389
– Diebstahl von Obst II 590 f., III 82
– Diebstahl von Vieh I 279, 372 f., 490, 502,
 II 379, 404, 613, 616 f., 773, 818 ff., III 253
– Diebstahl von Wäsche I 663
– Diebstahl von Wein II 828 f.
– Einsperren von Nonne III 812 f.
– Entehrung des Allerheiligsten III 129
– falsche Grenzziehung III 590
– falschen Schiedsspruch III 535 f.
– falsches Urteil II 693 f., III 270
– Fastnachtsbelustigungen II 39 f., 44, 120,
 530, III 129, 228
– Fluchen I 280, 282, 317, 741, II 46 ff., 353,
 801 f., III 79, 900
– Frevel mit Heiligenbild II 632, 912 f., III 28,
 60, 150, 228, 231, 243, 666
– Frevel mit Puppe I 18 f., 125, 386, 516, 523,
 746, 801, II 117, 197 f., 213, 272 f., 630,
 III 29 f.
– Geiz / Habsucht I 253 f., 638 f., II 37 f.,
 148 f., 159 f., 810 ff., III 480, 662, 793 f.
– Giftmord I 349, III 197 f.
– Gottlosigkeit I 217, 563, II 652 f., III 723,
 763, 764
– Hoffart I 738, II 25 f., 82, 266 f., 652
– Inzest I 372
– Kartenspiel I 8, 173, 190, 371, 516 f., 549,
 648, 803, II 378, 650, 651
– Kinderverhexung I 130
– Kindsmord I 39, 97, 130, 187, 372, 411, 539,
 550 f., 738, 884 f., 886, 887, II 228, 455 f.,
 546, 796 ff., 842, III 100 ff., 103, 120, 136,
 197 f., 202 f., 214, 270, 548, 567, 637, 656,
 683, 741 f.
– Konversion III 404
– Kriegsverrat I 41, 69 f., 132 ff., 147 f., 193,
 II 844 f.
– Lesen von Zauberbuch I 26 f.
– Markenrücken I 105 f., 115, 118, 120, 132 ff.,
 140, 157, 164, 177, 190, 366 f., 517 f., 523, 645,
 653 f., 807, 884 f., 893 f., 909, II 90 f., 142 f.,
 154 f., 171, 187, 211 f., 230 f., 258, 271, 302,
 357, 390, 419 f., 424, 443 f., 501, 517, 553,

593, 596, 603, 616, 629 f., 641, 650, 743, 752 f., 779, 793, 830, 932, III 9 f., 26, 32, 45, 53, 79, 104, 107 f., 113, 141, 146, 188, 190, 219, 222, 233, 241, 295, 299, 336, 338, 350, 354, 358 f., 361, 362, 375 f., 412, 434 f., 465, 594 f., 602 f., 615, 633, 642, 655, 694 f., 710 f., 754 f., 765 f., 768 f., 781

– Maskenlaufen I 107, 183, 474, 580, 619, II 527, 530, 857, III 79, 129, 228
– Meineid I 6 f., 17 f., 91 f., 96, 120, 147 f., 304 f., 367 f., 564 f., 639, 673, II 90 f., 211, 363, 412, 593, 596, 602 f., 605, 682 f., 699 f., 766, III 89, 272, 310, 508, 693, 703 f., 730, 756 f., 906
– Mitwissen von Markenstreit I 367
– Mord I 126 f., 152 f., 173 f., 353 f., 375 f., 505, 538, 572 f., 643 f., 686, 876, II 351, 799 ff., III 71, 82, 395, 480, 595, 657, 776 f., 853 f., 868, 894 → Geist: Gestalt (Menschen): Mörderwirt / -in
– Nachlässigkeit ist verfrühter Tod I 123 f.
– nicht eingehaltenes Gelöbnis III 764, 836 ff.
– Panschen von Milch I 517, II 141 f., 863 f., III 219
– Panschen von Wein I 314, 454 f., 654, 687 f., 883 f., III 665 f.
– Religionshetze III 412
– Schadenstiften in der Wiese I 68 f.
– Scheibenschlagen III 90, 127 f.
– schlechte Kinderbetreuung I 238 f., 556, II 516
– schlechte Ordnung II 155
– schlechte Viehhut I 39, 44, 51, 82 f., 120, 148 f., 231, 298 f., 348, 385, 458 f., 459, 537, 608, 722, 746 f., 756, 797, 801 f., 894, II 25, 167, 258 f., 274 ff., 288 f., 306 f., 481 f., 515 f., 648
– Schlitteln I 767 f., II 620, 658, III 10, 15, 245
– schwarze Magie III 285
– Selbstmord I 310, II 826 f., 863 f., III 191, 343 f., 447 f., 452 f., 467 f., 488, 500 f.
– Selbstmord des betrogenen Geliebten III 76 f.
– Sittlichkeitsverbrechen III 351 f.
– Sklavenhandel I 698
– Sonntags- / Feiertagsentheiligung I 5, 84, 206, 216, 294, 511 f., 540, 757, II 139, 253, 754, 755, III 186, 350, 665 f., 718, 764, 790 f., 802 f., 863, 864

– Steine auf Wiese werfen II 92, 98, 142, 167
– Sterben im Unglauben I 734
– Störung der Totenruhe I 634, 845, II 37 f., 310, 357 f., 567 f., 615, 677 f., 716, 809, 828, III 25, 51, 228, 706, 963
– Strecken von Mehl III 307 f., 359 f.
– Strecken von Reis III 311
– Strecken von Waschpulver III 223
– Streit unter Nachbarn II 342
– Tanz I 77, 135 f., II 530, III 424 f.
– Theaterspiel an Ostern I 552 f.
– Tierquälerei I 148 f., 643 f., II 167, 208 f., 355 f., 833
– Tyrannenherrschaft I 3, 7, 21, 23, 39, 57, 72, 89, 100 f., 118, 120, 224, 532, 533, 556, 729, 741 f., 744, II 126, 304 f., 379 f., 383, 403, 659 f., 679 f., 699, 763 f., 772 f., 923, III 764
– Übermähen der Wiesengrenze II 193
– Unbarmherzigkeit I 697 f., III 132
– unbezahlte Schulden I 8, 454, II 468 ff.
– Ungehorsam II 658
– ungerechte Amtsführung I 11 f., 76, 90, 96, 104 f., 142, 168, 211 ff., 366, 472, 485 f., 503 f., 511 f., 518, 601 f., 634, 639, 662 f., 849, 887 f., II 140, 168, 223 f., 253, 260 ff., 266, 278 f., 283 ff., 289 f., 302, 459 ff., 461 ff., 527, 577 f., 641, 736 ff., 758 f., 810 ff., 830, 832 f., 854, III 74 f., 83, 148 f., 270, 273, 413, 428, 457, 473, 584, 766 f., 786 f., 919 f., 932
– ungerechte Steuern I 485 f.
– Unglauben II 606, 851, III 698
– unrecht erworbenes Gut III 675
– unrechtmäßigen Erwerb / Verkauf von Grundstück I 144, 387, 601 ff., 641, 832, II 290, 302, III 20, 174 f., 200, 681, 741, 752 f., 754 f., 763 f., 767, 784, 908, 921
– Untreue II 864, 747, III 911
– Unzucht I 72, II 111, 126, 413, 659 f., 882, III 351 f., 435
– Vaterschaftsleugnung II 828 f.
– Verbrennung von Heiliger I 64
– Vergiftung von Hund I 662
– Verhinderung von Prozession III 231
– Verhöhnung des katholischen Grußes II 440 f.
– Verleumdung III 189
– Vernachlässigung der religiösen Pflichten II 257, III 784 f.
– Vernachlässigung des Brevierlesens II 17

– Versäumnis der Messe II 38 f., 253, 303, 426 ff., III 957
– Versäumtes Messelesen II 490 f., III 63 f., 378, 801 f., 844 f., 848, 897 f., 956, 958
– Verschwendung / Verschleuderung I 38 f., 127, 149, 385, II 292, 767 f., III 28 f., 40 f., 114 f., 191, 353
– Verschwörung gegen das Kreuz I 479 f., II 839 f.
– Verstecken von Geld III 61, 112 f., 129 f., 184 f., 269 f., 428 f., 563 ff., 568 ff., 581 f.
– Veruntreuung von Vermögen I 685, 692 f., 695 f., 696 f., II 223 f., 266
– Verwünschung von Alp I 19, 44, 127, 246, 287, 290 f., 333, 347 f., 612, 824, 899 f., II 119, 406, 604, 704 f., 767 f., 871 f., III 5 ff., 674 f., 740
– Verwünschung von Milchkräutern I 19, 246, 287, 824, 899, II 119, 604, 704 f., 841, 871 f., III 310 f.
– Verwünschung von Sonne I 280, 282, 317, 741
– Wachen beim Meermännchen I 530
– Wiese ins Kreuz mähen I 566
– Wildern III 849 f.
– Wucher I 143, 636 f., 652 f., II 289 f., 312 f., 714 f., 832 f., III 73, 75, 92 f., 318, 712 f., 777 ff., 852 ff., 940 f.
– Zerstörung von Kreuz II 668 f.
Strafgericht zu Thusis (1618) III 148 f.
Strahler betrügt Wissenschaft II 97 f.
Streit um Sprachen I 779
Strohhaufen ist Hexe III 915
Student der Schwarzen Schule → Fahrender Schüler
Student ist Hexer II 688 f.
Stumphenni (Kinderschreck) I 195
Stüübimann (Kinderschreck) I 156

Taglöhner / -in ist Hexe / -r II 136 f., 244 f., 318 f.
Taglöhnergebet (magische Praktik zum Schatzheben) I 841 f., II 860 f., 865 f.
Tagwählerei I 202, 218, 263, 269, 325, 341, 393, 448 f., 527 f., II 717, 940, III 47, 317, 613
Tal Josaphat: Vorladung ins T. J. I 102 f.
Talstraße: Führung der T. I 770
Tanz:
– ist Sünde während Schwangerschaft III 424 f.
– Teufel beim T. I 77, 135 f., II 530
– Zum erstenmal T. gesehen I 823
Tanz in der Dornhecke II 818 ff.
Tanzgesellschaft des Teufels auf Alp I 538
Tanzplatz für Trauernde III 532
Tapferes Schneiderlein II 539, III 681 ff., 697 f.
Tapin / -on (Geister und Hexen) III 767, 885, 905, 907, 908, 919 f., 922 f., 932, 933 f., 957, 959 f.
Taufe:
– bricht Macht des Alpdrucks I 120 f., III 835 f.
– des schwächlichen Kindes I 285 f., 303, 431
– in Teufels Namen II 270, 560 ff.
– Schwankhafte T. I 476
Teigkneten (im Rätsel) I 860
Telegraphenstangen kommen vom Teufel III 673
Telligîger (Geist) I 625
Teufel: Abwehr, Macht brechen
– Berberitze II 452
– Brot, geweihtes I 424 f., 801
– Christusmonogramm II 502
– Feuer I 801
– Gebet III 228
– Glockenläuten I 580 f., 606, 608, 768, II 159, 741, III 410 ff.
– Hund mit vier Sporen I 801
– Keuscher Jüngling I 842 f., 868
– Kind III 718, 864
– Kreuz / -zeichen I 833 f., II 48 ff., 214, 524 f., III 849 f., 877
– Muttermilch II 609
– Name der Muttergottes III 758 f.
– Segensformel I 479, II 840, 849
– Skapulier II 48 ff.
– Weihwasser I 833 f., II 238 f., 300
Teufel: Aufgaben für T. II 115, 159, 263, 434 f., 525 f., 545 f., 871, III 21, 56, 749
Teufel: Der dem T. Versprochene wird Priester III 154 ff.
Teufel: Handel mit dem T. II 150
Teufel: Wesen, Tätigkeit
– Alpdruck kommt vom T. I 9
– Alraune kommt vom T. I 470, 541 f.
– als Hase III 849 f.
– als Kröte II 12, 607 f., III 789 f., 859 f.
– als Markenrücker II 466

– als Mühlrad III 866
– als Musikant beim Hexensabbat III 179
– als Ochse / Stier II 160, 234 f., 274 ff.
– als Schatzhüter II 506 ff., 609, III 563 ff.
– als Schlange II 492 f.
– als schwarze Katze I 26 f.
– als schwarze Kröte III 816
– als schwarzer Pudel I 131, II 291 f., 925 f.,
  III 349
– als Schwein I 173, 190
– als Ziegenbock I 838 f., II 506 ff., III 911
– auf der Jagd im Spiel I 9, 62, 200, 207, 208,
  347, 424 f., 460, 496, 521, 522, 568, 588, 787,
  803, 842 f., 867, 868, II 12, 708, 836, 924 f.,
  III 727, 849 f.
– bannt fest III 228
– beim Kartenspiel I 8, 173, 190, 371, 516 f.,
  549, 648, 803
– beim Tanz I 77, 135 f., II 530
– belästigt Frau in der Kirche I 242 f.
– bestraft Hexen II 833
– bewirkt Stummheit II 159
– bietet Herrgott ganze Welt außer
  Heimatdorf seiner Mutter an II 240
– dem T. rufen bricht Geistermacht III 85
– Der dem T. Versprochene wird
  Amtmann / Priester I 415, III 154 ff.
– Erkennungsmittel I 77, 424 f.
– erscheint beim Kalkbrennen am Karfreitag
  I 84
– erscheint Ehebrecher III 911
– erscheint / holt Flucher I 459, 479 f., II 46 f.,
  48 ff., 801 f., 839 f., III 79
– erscheint jährlich einmal II 856 f.
– erscheint Wilderer III 849 f.
– erweckt tote Hexe zum Leben II 677
– Falsches Glockenläuten ist vom T.
  II 380 ff., III 138 f.
– Geist schützt Kind vor T. II 828 f.
– hält blutige Geschlechtsorgane von
  menstruierender Frau für Kratzwunden
  III 846
– hantiert ungeschickt mit Axt I 770 f.
– hat Advokaten auf seiner Seite II 614 f.
– hat Geißfüße I 8, 371, 516 f., 538, 619, 666,
  803, II 115, 300, 480 f., 502, III 79, 593,
  790 f., 863
– hat Gemsfüße II 708
– hat Pferdefüße III 714 f., 718, 864

– hilft Schmied II 146 ff.
– hinterläßt Spur auf Stein I 216, 242, 343,
  II 300, 301, 339, 480 f., III 410 ff., 593, 749 f.,
  758, 843, 867, 890, 924
– holt Dieb I 671
– holt Hexengesellschaft III 758 f.
– holt Kinder vor dem Spiegel I 666
– holt Meineidigen II 682 f.
– holt Mörderwirt III 776 f.
– holt Schlittelgesellschaft I 767 f., II 620,
  658, III 15, 245
– holt Sittlichkeitsverbrecherin III 351 f.
– holt Sonntagsentheiligerin I 216, III 718,
  790 f., 863, 864
– holt / verfolgt Übermütigen II 198, 214, 237
– im Schlafzimmer I 374 f.
– im Spiegel erblickbar II 620
– in Krötengestalt tödlich bedroht – sinnt
  auf Rache III 789 f., 859 f.
– ist Anführer der Wilden Jagd III 747
– ist Arbeitgeber während Sonntagsarbeit
  III 500
– ist Aufhocker II 520 f., III 429 f.
– ist Schatzhüter II 506 ff., 609, III 563 ff.
– Jäger gehört nach drei Schüssen dem T.
  I 568, 868
– kämpft mit Muttergottes um Seele III 742,
  749 f.
– Kind dem T. versprochen I 415 f., 833 f.,
  II 473, 537 ff., 545 f., III 154 ff., 800 f., 889 f.
– Kind geplagt I 714, III 72
– Kind in T.s Namen getauft II 270, 560 ff.
– kündigt sich mit Menetekel an III 352
– küssen ist Bewährungsprobe I 432 f.
– läßt Geld nach Kampf zurück III 896
– lehrt Bauern die Milchverarbeitung II 45 f.
– mischt sich in Alpstreit ein II 339, 342 f.
– mit Zauberbuch beschworen II 813 ff.,
  III 400 f., 662
– Nach Anrufung des T.s dämonische
  Mächte gebrochen III 18 f., 85
– Nach Anrufung des T.s stürzt Fuder in den
  Abgrund I 874
– Nagel des T.s steht in der Luft I 648
– näht Rock seiner Mutter mit Tannästen
  I 343
– plant Überschwemmung II 475
– reitet auf schwimmender Tanne III 133 f.
– ringt mit starkem Mann I 580 f., 606, 608,

- ringt mit starkem Mann (Fortsetzung) 768, II 611
- schindet Menschen I 18f., 100, 516, 568, II 38f., 197f.
- Schwarze Katze ist T. I 26f.
- spuckt auf Lichtdocht I 371
- steht zu Füßen der Sterbenden III 880
- stellt Rätsel III 930f.,943
- straft Holzdieb III 816
- Tanzgesellschaft des T.s auf Alp I 538
- teilt Ernte mit dem Hl. Martin III 846
- Telegraphenstangen kommen vom T. III 673
- Todesvorzeichen kommen vom T. III 512
- trägt grüne Kleidung I 347, 424f., 541, 787, 868, II 433f., 537ff., 545f., III 179
- trägt rote Kleidung I 460, III 81, 718, 776f., 786
- trägt rot-schwarze Kleidung III 726
- trägt schwarze Kleidung III 864, 936f.
- und Maskenläufer I 107, 183, 474, 580, 619, II 527f., 530, 857, III 79
- verbrennt Haus II 607f.
- verdirbt Holz I 294f.
- verhindert Kreuzaufstecken auf Kirchturm II 35
- verlangt Ausharren im Zauberkreis II 600f.
- versucht Pater III 56
- von Hexenmeister beschworen III 158
- von Kapuziner in den Abgrund gestürzt I 574f.
- von Pater gebannt II 291f., 473, III 56
- von Priester herbeigeschworen II 466f.
- will Alp verwüsten II 708, 709, 719, 741f.
- will Brücke zerstören III 890
- will Dorf zerstören III 758, 867
- will Glaubensspaltung II 300, 301
- will Heirat verhindern II 466
- will Herr über Kloster werden III 410ff.
- will Kinderkirchweih verhindern II 502
- will Kindsmord I 551
- will Kirchenbau verhindern / Kirche, Kloster zerstören II 192, 480f., 524f., 708, 741f., III 410ff., 843, 855f.

Teufel: Wettstreit mit T. I 242, 336f., 751, II 263, 403, III 410ff., 930f., 943

Teufel als Advokat III 776f.

Teufelchen ist Geldscheißer III 486f., 516f., 558f., 597, 611, 648

Teufelsaustreibung → Exorzismus

Teufelsbanner II 291f., 473, III 56

Teufelserscheinung, vermeintliche I 743, II 904ff., III 400f.

Teufelsgeld II 813ff., III 758f., 877, 889f., 896, 961

Teufelsgeschenk III 789f., 859f.

Teufelsküche III 191

Teufelskuß ist Bewährungsprobe I 432f.

Teufelsmusik I 374

Teufelsziegenbock als Reittier I 838f.

Têwaldbutz (Geist) I 783

Tiere für Obst gehalten I 900, II 53, III 244

Tierkreiszeichen:
- Arbeitstermin I 324f., 391f., 527f., 599, 891, II 16, 100f., 530f., 785, 877, 918, III 226
- Geburtstermin I 567, III 326f., 343f.

Tiersprachenkundiger Mensch II 319ff., III 251

Tiroler / -in: I 754f.
- am Hexensabbat III 233f.
- bannt Ungeziefer II 375, III 438f.
- behalten sich trotz Konzilsbeschluß Hexerei vor II 473f.
- erkennt Hexen III 278
- erschießt Hexenfuchs III 58
- hält rollende Baumstämme auf II 375
- holt Toten aus der Ewigkeit zurück II 611f.
- ist furchtlos I 746f.
- ist Geisterheuer I 68
- ist Hexer III 233f.
- ist Schlangenbanner III 279
- Jäger mit Teufel im Bund I 347, 460, 803, II 836
- kann festbannen I 498f., 867, II 609f., 712f., 713, III 277f.
- Luftfahrt des T.s III 233f.
- prophezeit Hagel III 274
- sind Wettermacher II 638
- tötet Hahn mit Magie II 609
- Trinkgefäß herbeigezaubert I 500
- weiß Rat beim Sterben III 239
- Wetzstahl entzweigehauen I 500
- zwingt Dieb zurück II 713, III 277

Tisch- / Stuhlrücken II 730, III 104, 150f., 285

Tischleindeckdich III 156ff.

Tischwischer (im Rätsel) I 861

Tobelmannli (Geist) II 728

Tobler (Geist) I 784

Tod: → Vorzeichen von Tod
– aus Liebeskummer II 247 f., 406 f., III 883 f.
– Bienen muß T. eines Familienmitglieds gemeldet werden I 171, 203, 390, 526, 734, II 618 f., 696, 879, III 24, 547
– eines Kindes verhilft zur Seligkeit II 299
– Graben ums Haus bringt T. II 696
– Notwendigkeiten für den T. I 300
– Prophezeiung von T. I 168, 196, 226, 233 f., 237, 242 f., 247, 253, 261 f., 265, 296, 302 f., 308 f., 311, 333, 359, 421, 436, 439, 444, 461, 464, 489, 493, 661, 668, 678, 764, 791, 795, II 21 f., 80, 116, 143, 169, 183, 205, 273 f., 308, 339 f., 414, 426 ff., 447, 628, 654 f., 685 f., 727, 745 f., 787, 851 f., III 8 f., 19, 80, 226, 251 f., 255, 264, 375, 460 f., 461 f., 462 f., 467, 469 f., 475, 522, 524, 526, 531, 546, 556, 601 f., 607, 626 f., 640, 665, 666, 668
– Waschen zwischen Weihnachten und Neujahr bringt T. II 941

Tod durch Schrecken I 792, 844, II 357 f., 677 f., III 51

Todesbank: Sitzen auf T. verursacht baldigen Tod III 567

Todesgefahr: In T. ein Zeichen gegeben II 930 f.

Toggi, Toggli → Alpdruck

Toolawîbli (Geist) I 108, 112

Tot: Sich t. glauben I 771, III 850

Totagëigi (Geistermusik) I 419, 888

Totetrüpfji (Todesvorzeichen) I 398, 413

Totenbefragung:
– macht geisteskrank I 113
– mit Zauberspiegel I 640 f.

Totenesel I 245

Totengräber:
– begräbt Lebende während Pest II 281
– hat Geistererscheinung III 920
– prophezeit Todesfall I 678
– stiehlt Leichentuch I 634

Totenhemdchen I 184

Totenmahl: Holz geführt für eigenes T. I 439, 791

Totenprozession → Armenseelenprozession; Geisterprozession; Nachtvolk

Totenstein II 532

Totenvogel → Eule

Totenwache: Frevel während T. II 214, 809

Totenwecker I 852 ff.

Toter: → Arme Seele; Geist; Leiche; Nachtvolk

Toter als Gast II 388, 449 f., III 663

Traubenkirsche (Prunus Padus):
– bricht Hexenmacht I 249, 525
– ist heilkräftig I 618
– Kreuz Christi ist aus T.nholz I 525, 557
– Muttergottes ruht unter T.nstrauch II 352

Traum:
– Ermordeter zeigt sich im T. I 365 f., 452
– ist Vorzeichen von Ehestreit III 224
– ist Vorzeichen von Krieg II 351
– ist Vorzeichen von Tod I 65 f., 435, 437, 472, 525, 568, 615, 713, II 411, 866 f., 938, 939, 942, III 70, 238, 255, 257 f., 387 f., 396 f., 409 f., 414 f., 518, 536, 538, 580 f., 589, 628 f., 661
– ist Vorzeichen von Unglück I 261, 526, II 299, III 426, 905
– Schöner T. bei richtiger Aufstellung der Schuhe I 614
– Verstorbener warnt im T. vor zu großer Trauer III 622 f.
– von Beinbruch geht in Erfüllung I 126, III 619
– von Dorfbrand II 229
– von Krieg geht in Erfüllung III 854
– von Totem bringt Wetterumschlag III 644

Traum vom Schatz auf der Brücke I 870 f.

Tretschenmacher:
– verhext Kuh II 623 f.
– weiß Heilsegen III 615
– zwingt Dieb zurück III 256

Trienter Konzil (1545–63) II 473 f.

Trost, falscher I 743

Trütla → Alpdruck

Tschaggejöri (Name des Teufels) I 666

Tschalareras → Windfrauen

Tscheng-glächüär (Geist) I 612

Tschiwigga → Eule

Tummegeist I 894

Tüschter (Vieh- und Hühnerdämon) I 25, 342, 413, 448, 498, 519, 546, 807

Tüügger (Name des Teufels) I 709, 710

Tuurawîbli (Geist) I 108, 110 f.

Überzähliger Maskenläufer I 107, 183, 619, 777, II 527 f., 857, III 79, 228

Uhrmacher beschwört Schatz II 609

Ungeziefer: Wegen U. Haus angezündet I 719

Ungeziefer bannen: I 590, II 375, III 438 f.

– Über das U. darf nicht gesprochen werden II 161, 209, 228

Unschuldig verurteilt II 692 ff., III 776 f.

Unsichtbar I 642, 837, II 936 f., III 14, 217, 318 346 f.

Urban, Hl. I 403

Urin:

– bricht Alpdruckmacht I 9, 171 f., 199, 228 f., 269, 668 f., 879 f., II 238, 852 f., III 219, 255, 276 f.

– bricht Hexenmacht I 199, 668 f., 709, 726, 782, III 131, 331 f.

Ürispiägl:

– hat Zauberspiegel I 380

– liegt im Sterben I 872

– nimmt Auftrag wörtlich I 872

– schert Sau I 336 f.

– Wettkampf des Ü. mit Teufel I 242, 336 f., 751, II 263

Ursache / Ursprung von:

– Abgang von Maiensäß I 578, III 21 f., 56, 94 ff., 98 f., 109 f.

– Abgang von Stundengebet III 168 f.

– Allmende I 792

– Alpsegen I 33

– Armenspende III 793 f.

– Aussterben von Familie II 338 f., 823, 864

– Blindheit in Familie II 208, III 724

– Bluterkrankheit II 692 ff.

– Bruderschaft III 136 f.

– Familien / -namen I XXXVIII, 166, II 484, 938, III 16, 44, 204 f., 239, 440

– Flecken des Marienkäfers II 867

– Flur- / Ortsnamen I 41, 63 f., 69, 94, 100 f., 115, 150, 180 f., 192, 193, 231 f., 239, 245, 246, 256, 271, 284, 287 f., 290 f., 292, 295, 312, 334 f., 348, 356 f., 371, 372, 387, 401, 403, 418, 421, 473 f., 508, 580 f., 590, 606, 608, 755, 759, 768, 797, 807, 808, 875, 904 f., II 224, 228, 244, 263, 306, 362, 383, 406 f., 472, 480 f., 597, 602, 620, 658, 662, 668, 710, 719, III 7, 192, 194, 292, 740, 805, 900, 951

– Gänseblümchen III 773 f.

– geringem Sättigungswert der Erdbeeren II 452

– Gewürzstrauch III 767 f.

– Gletscher III 5 ff.

– Glühwürmchen III 770 f.

– Kirche / Kapelle II 94 f., 403, 646, III 404, 678 f., 710, 867, 883 f., 900

– Kreuz / -zeichen I 557, II 875 f., III 236 f.

– Landverlust III 351

– Lied I 850, II 626

– Naturbrücke II 317 f.

– Prozession II 94 ff., 209, 472

– Redewendung I 344 f., 794, II 360, 839 f.

– Rosenkranzandacht III 44 f.

– roten Felsbändern II 771

– Rotschwänzchen III 909 f.

– Rückgang des Waldes III 280, 299

– Rüfe III 852 ff.

– Ruhelosigkeit der Schwalben I 397 f.

– Schatten I 280, 282, 317, 741

– schlechtem Arvenholz I 294 f.

– See I 44, 333, 347 f., 612, 899 f., III 9, 87 f., 594

– Silvesterbrauch III 793

– Sommersprossen II 938

– Totenbrauch I 563, 820

– versetzter Haustüre III 37 f.

– Vogelscheuche III 772 f.

– Weinstock III 771 f.

– weißen Lilien III 710, 839 f.

– Werkzeugbezeichnung I 770 f.

– Wildwasser III 148 f.

– Wolke III 594

– Zittern der Espe II 867

Valentin, Hl., hinterläßt Fußabdruck auf Stein II 352

Vater, toter, warnt Kinder vor Lawine / Rüfe II 247, III 87

Vaterschaftsklage I 673

Vaterunser: I 401, 785, 793, 806, III 86 f., 186

– bricht Alpdruckmacht I 163

– bricht Hexenmacht II 207 f.

– Drei V. für gute Sterbestunde beten II 227 f.

– eine Stunde lang V. beten II 94 ff.

– für Geist gebetet III 77

– ist Gebet des Nachtvolks II 183

– verhindert Kindsmord I 551

Veglia da Verduz, la (Geist) II 631

Venediger:
– Gold gewaschen I 307
– kennen Schätze II 333 ff., 880
Verbrennungen: Heilmittel gegen V. I 204
Verschwundener Anhalter III 216, 350
Versehen von Schwangerer III 206 f.
Verstauchung heilen III 36
Verwandte sind Hexen I 179, 610, II 310 f.,
  355, 616, III 888 f.
Verwünschung:
– Eigene V. I 13 f.
– von Alp I 19, 44, 127, 246, 287, 290 f., 333,
  347 f., 612 f., 824, 899 f., II 119, 406, 704 f.,
  767 f., 871 f., III 5 ff., 674 f., 740
– von Burg I 741 f., 744
– von Diebin I 670
– von Ehemann II 159 f.
– von Herrgott II 353
– von Kindern I 543 f., II 431, 764, III 81,
  261 f.
– von Milchkräutern I 19, 246, 287, 824, 899,
  II 119, 604, 704 f., 841, 871 f., III 310 f.
– von Schloß I 741 f., 744
– von Schwangerer III 206 f.
– von Sohn in See II 479 f.
– von Sonne I 280, 282, 317, 741
Victor, Hl.: Martyrium des Hl. V.
  III 60 f., 192
Victor II., Bischof von Chur III 237
Victorswasser ist heilkräftig III 61
Vieh: → Kuh
– Abstammung vom V. III 24, 46
– aus weiter Distanz gehört III 547
– aus weiter Distanz herbeigelockt I 480, 711,
  714, II 121
– Dreimal täglich V. melken I 19, 287, II 119,
  604, 841
– fürchtet Zwerg II 669
– geht im Namen Gottes auf Alp II 439
– Geistererscheinung vor Erkrankung des
  V.s I 96
– Geschlachtetes V. zeigt Todesfall an I 390
– hat Weizenähren / Maiskörner zwischen
  den Klauen I 33, 35, 722, II 13 f., 18, 28, 31,
  117, 118, 164, 363, 403, III 13
– Messebesuch am Heiligen Abend schützt
  V. vor Hexerei II 303
– rückwärts eingestallt I 202, 355, 566
– spricht am Heiligen Abend / Silvester I 32,

299, 386, 515, 878, II 19 f., 39, 273 f., 426 ff.,
  438 f., 631, 755, III 334, 490, 577 f., 619
– spürt großen Schnee II 439
– stirbt auf Alp nach dem Heiligkreuztag
  I 202, 459
– Teppiche für V. gelegt II 413 f.
– Totes V. muß innerhalb der Dachtraufe
  vergraben werden I 272
– Tränken von V. am Weihnachtsmorgen
  III 490
– Verhextes V. verletzt – Hexenmacht
  gebrochen I 9 f., 22, 110, 114, 119 f., 129,
  143 f., 151 f., 163, 174, 249, 305 f., 404, 427 f.,
  467, 482, 483, 518, 617 f., 625 f., 712, 717,
  732, 733, 802, 820, 834, 880 f., 897 f., 903 f.,
  II 107, 163 f., 177, 196 f., 203, 207 f., 222, 228,
  245, 267, 269 f., 297, 298, 310, 341, 355, 404,
  420, 482, 500, 592 f., 625 f., 633, 642, 643 f.,
  648, 677, 691, 730, 775 f., 780, 864 f., 915 ff.,
  933, 934, III 40, 46, 55, 110, 118 f., 130, 212,
  217, 221, 226 f., 230, 234, 245, 284, 329, 406,
  413, 426, 463 f., 477, 506 f., 519, 522, 528,
  539, 540, 579 f., 597, 598, 620, 622, 623,
  653, 665, 679, 692
– Verhexung des V.s I 22, 25, 26, 51, 106, 117,
  119, 144, 151 f., 186, 269, 272, 296 f., 298,
  304, 344, 376 f., 378, 400, 429, 440 f., 480,
  487, 519 f., 553, 617, 623, 709, 712, 713, 730,
  732, 738, 788, 793, 805, 819, 836 f., 880,
  896 f., 898, 906 f., II 121, 125, 155, 203, 212,
  213, 221 f., 310, 361, 368 f., 371, 372, 435 f.,
  585, 597, 600, 623 f., 634 f., 637, 669 f.,
  690 f., 709, 730, 768, 775, 781, III 89, 128,
  130 f., 211 f., 217, 225, 253 f., 256, 329, 331 f.,
  358, 408, 466 f., 491 f., 493 f., 496 ff., 503,
  506, 519, 539, 549, 550, 714 f., 728, 890 f.,
  915
– von Alpdruck geplagt / getötet I 120 f., 124,
  482, II 238, 269, 580, 641, 697, 728, 853,
  III 58, 106 f.
– von Dämon / Kobold geplagt I 25, 342, 413,
  448, 519, III 685, 699, 706 f., 719, 721, 747 f.,
  758, 786, 845 f., 854, 892, 902 f.
– von dämonischer Macht losgebunden
  I 107 f., 270 f., 503, 781, III 371, 706 f., 721,
  904
– von dämonischer Macht vertrieben I 33,
  35, 51, 81 f., 93 f., 94, 368, 505, 660 f., 722,
  II 13 f., 18, 28, 31, 72 f., 89 f., 109, 117, 118,

– von dämonischer Macht vertrieben
(Fortsetzung) 164, 213, 363, 367, 369, 371,
403, 514 f., 752 f., 841, 857, III 13, 126, 341 f.,
350, 454, 890, 902 f.
– von Geist geplagt / verletzt / getötet I 71,
270 f., 501, III 357
– von Schlangen gebissen II 302, III 302 ff.
– von Schlangen gesogen I 384, III 733, 855,
868
– von Wieseln gebissen I 469
– während Fastenzeit büßen lassen II 426
– wegen Fliegendem Heer erfallen I 196
– zeigt Todesfall an I 435, 439 f., III 426
Viehhandel: III 260, 312
– nach Bayern II 296 f.
– nach dem Süden I 55 f., 190 f., II 14 f., 22 ff.,
56 f., 87 f., 109 ff., 206, 264 f., 389, 408 f.,
478 f., 548, 581, III 97 f., 208 f., 253, 739,
789 f.
Viehhändler:
– kann festbannen III 20 f., 208 f.
– kauft Vieh samt Unfall I 446
Viehhändlerlisten I 779, 808 f.
Viehraub: I 357 f., 876, II 771
– des Burgherrn I 57, II 304 f., 379 f., 383
Viehsegen:
– bricht Hexenmacht I 83 f., 174 f., 738,
II 89 f., 781, III 126, 413
– Geist verschwindet nach V. I 33, 44 f., 83 f.,
660 f.
Viehseuche:
– Geistererscheinung vor V. I 96
– Meisterwurz gegen V. I 459
– Zauberpapier / -spruch gegen V. I 198 f.,
493 f., 599, 623, III 294
Viehweide, besondere III 567
Vierzehn Hexengemsen I 741
Vigilien: III 133
– Geistererscheinung an V. II 522, 900 f.,
III 330
– Schätze sichtbar an V. II 171
Vigiliustag (26. Juni) II 88 f.
Vivras → Stollenwurm
Vogel:
– ist Hexe II 252 f., 431, 818 f., III 248 f.
– weist Weg II 220, 233, 317
– Zauberwurzel des V.s macht unsichtbar
III 14
Völkerwanderung I 759

Volóch (Geistereule) III 886
Vorladung vor Gottes Gericht I 102 f.
Vorreformation I 403, II 16
Vorzeichen von Brandfall:
– Erscheinung von Feuerkugel III 475
– Erscheinung von Flämmchen I 669 f.
– Geistererscheinung I 96
– Glocken klagen III 631
– Himmel offen sehen II 612
– Steine fallen vom Dach in die Milch I 21
– Sturmglocke läuten gehört II 418 f.
– Uhr schlägt dreizehnmal I 583
Vorzeichen von Ehestreit III 224
Vorzeichen von Glück:
– Eichhörnchen I 392
– Kreuzspinne I 734
– Träumen von Pferden I 66
Vorzeichen von Heirat II 359
Vorzeichen von Jagdglück ist Waldspinne
III 105
Vorzeichen von Jagdpech ist Frau III 105
Vorzeichen von Krieg:
– Blutbach I 182
– Traum von Friedhof II 351
Vorzeichen von Lawine III 87
Vorzeichen von Mobilmachung III 438
Vorzeichen von Pest ist Nachtvolk I 346,
II 182, 351, 521, 567, 727, 770, 910
Vorzeichen von Rüfe ist Geistererscheinung
I 182, II 199 f., III 668, 945
Vorzeichen von Ruhr: Engel singen hören
II 619
Vorzeichen von Seuche ist Feuerwolke
III 73 f.
Vorzeichen von Tod: III 323, 386 f., 469, 487,
505, 512, 524, 599, 609
– Arme Seelen I 634, III 129, 725, 738 f., 953
– Ausfallen der Zähne III 224
– Baum wird umgeworfen III 629 f.
– Beerdigung spielende Kinder II 530
– Berührung von kalter Hand III 424 f.
– Bettzeug durcheinander gewühlt III 513
– Bettzeug hebt sich III 880
– Blumen / Kränze sehen I 296, II 942,
III 462 f.
– Bodenbretter formen sich wie Sargdeckel
I 266
– Brot mit auffallenden Veränderungen
I 204, 390, 442

– Diebsgut klappert I 73, 97
– Doppelgänger sehen I 339 f., 536, III 124, 382 f., 470, 488, 524, 592, 600 f., → Nachtvolk: Doppelgänger im N.
– Engel sehen / singen hören I 73, 168 f., 545 f., II 612, III 328 f.
– Erde / Sand rieseln hören I 170, 258, 505, III 327 f., 365, 545 f., 655
– Erdhaufen im Keller / Stall I 565
– Erscheinung der Muttergottes III 170, 635
– Erscheinung von Hand II 629
– Erscheinung von Verstorbenen II 522 f., III 257 f., 366, 881
– Erste Leiche im Jahr I 591, 883
– Eule III 515 f., 904
– Eulengeschrei I 35, 37, 144, 196, 204, 389, 461, 463, 666, II 695, 716, III 205, 245, 488, 641, 788, 961
– Flammenstrom II 448 f.
– Freitagsleiche II 867, III 206
– Gegenstände bewegen sich I 144, II 364, 746, III 513, 639
– Gegenstände fallen aus den Händen I 749, 779, III 27
– Gegenstände fallen auseinander I 196, 338, 814
– Gegenstände zu Boden fallen hören I 73, 118, II 129, 207, 405, III 19, 328, 386, 400, 409, 511, 592, 647 f.
– Geistererscheinung I 92, 184, 266, 389, 434 f., 473, 864, II 241, 352, 447, 522 f., III 17, 116 f., 205, 235 f., 392, 542, 601 f., 639 f., 667 f., 786 f.
– Geräusch von dürrer Haut I 183
– Geräusch von fallenden Tropfen I 398, 413, 436, II 53, 112, 188, 214, 351, III 406, 424, 487, 655, 788
– Geräusch von Stuhlrücken I 614
– Geräusch von zusammenfallender Holzbeige I 552 f., III 604, 634
– Glas zersprungen I 312, 318 f., III 522, 593
– Glied einer neuen Kette zerbricht I 157
– Glocken klagen I 311, 436, 461, II 282, 696, 851 f., 867, III 45, 588, 630 f.
– Glockenläuten hören I 437, III 622 f.
– Glockenläuten und Stundenschlag fallen zusammen I 193, II 785, III 416, 522
– Glockenschlag, letzter I 390, 440, 445, III 206, 461

– Glockenseil bewegt sich II 414 f.
– Goldherz zersprungen III 537
– Grab am Sonntag III 415
– Grab, letztes III 488
– Grab, offenes, sehen III 499
– Graben hören III 522, 586, 648
– Grabwerkzeuge bewegen sich I 390, 421, 461, 464, II 359, III 556
– Grillenzirpen III 626, 627
– Händeschütteln übers Kreuz III 206
– Herdplatte schwankt II 187
– Himmel offen sehen I 168, 259 f., 307, 447, 461, 465, 513, II 619, 717, III 15, 492 f.
– Hundegebell III 371, 472
– Jauchzen hören I 438 f., II 882
– Katzengeschrei III 658
– Kettengerassel III 405, 667
– Klopfzeichen I 73, 85, 93, 118, 120, 144, 152, 169, 196, 307, 489, 551 f., 652, 661, 700 f., 824, II 53, 117, 185, 241, 282, 358, 377, 447, 601, 628, 638, 645, 695, 745 f., 785, III 117, 238 f., 245, 252, 271, 328, 332 f., 337, 400, 409, 448, 474 f., 601, 620, 621 f., 632, 639
– kommen vom Teufel III 512
– Krachen in Boden / Möbeln / Wand I 169 f., 189, 310, 339, 436, 505, 614, 713, 791, II 866, III 373 f., 439
– Kreuz auf Hausdach III 15
– Kreuz auf Stirne II 866
– Kugel rollen hören III 385 f., 399 f., 405, 415, 452, 475, 505, 529 f., 537, 585, 589, 609, 627, 631, 637 f.
– Kuh verläßt Platz im Stall III 426
– Kuhbauch, rollender II 196
– Läutzeichen II 181, 196, III 342
– Lawine krachen hören III 640
– Leichengeruch riechen I 471 f., III 327 f., 392, 461, 470
– Leichenwärme III 461
– Leichenzug voraussehen I 911, II 143, 787, III 538, 665, 666
– Licht / Flamme I 206, II 194 f.
– Licht ausgelöscht / geflackert II 180, 352
– Licht dreht sich III 525 f.
– Mauer einstürzen hören III 386, 509 f.
– Musik gehört I 733
– Nachtvolk I 7, 22 f., 35, 37, 59, 66, 74, 86, 87, 93, 103 f., 116, 117, 118, 130, 131, 137, 141, 143, 156, 164, 167 f., 182, 193, 195, 205, 210,

– Nachtvolk (Fortsetzung) 211, 232 f., 236 f., 244 f., 247, 257, 264 f., 295 f., 300, 317, 333, 345 f., 346, 351, 352 f., 364 f., 398, 405 f., 406 f., 420, 433, 437 f., 444, 457 f., 460 f., 470 f., 477 f., 489 f., 491 f., 513, 535, 546, 558, 568, 573 f., 590 f., 600 f., 603, 606, 614, 617, 620, 634, 635 f., 651 f., 667 f., 677, 728, 756, 791, 826 f., 892 f., II 83, 116, 169, 180, 182, 183, 207, 339, 449, 567, 596, 612, 685 f., 695, 716, 727, 852, 874, 881, 910, III 16 f., 32, 38 f., 41 f., 44 f., 51, 104, 106, 115, 120 f., 128 f., 136 f., 150 f., 170, 181, 205, 218, 223, 236 f., 242 f., 247, 251 f., 257, 262 f., 270 f., 308 f., 317, 337, 345, 351, 354, 361, 365 f., 378 ff., 382 ff., 391 f., 396, 398 f., 407, 412, 439 f., 460 f., 479 f., 518, 522, 543 f., 546, 585, 599, 600, 608, 620, 622, 625 f., 626 f., 649 f., 652 f., 654
– Namen des Todgeweihten rufen hören III 271
– Namen rufen hören I 170, 258, 471, 505, II 53, 196, 225, 584 f., 629, III 15, 170, 385, 424, 425 f., 439, 448, 462, 471 f., 503, 524, 530, 537, 586, 592, 600 f., 881
– Ohren läuten III 604
– Orgel spielen hören III 621
– Personen in Trauerkleidung begegnet II 241
– Petrollampe rinnt I 713
– Photographie des Todgeweihten fällt zu Boden I 444 f.
– Pilzzug III 630
– Raben I 749, II 377, 892, III 296, 546 f., 635, 668
– Rauch III 451 f., 536
– Rauschen zwischen Wand und Mauer III 585
– Regenschirm in Zimmer öffnen III 271
– Reihenfolge während Beerdigung III 551
– Risse in Eingeweide von Schlachtvieh I 193, 204, 359, 442, 595
– Röcheln hören III 474 f.
– Rollen gehört I 258, III 542 f.
– Rollenden Feuerkopf gesehen I 73 f.
– Rote Ameisen erscheinen I 526
– Rüfe III 630
– Säge des Schreiners singt I 253, 457, 464, 492, 609, 617
– Sarg gesehen I 302 f., 791, III 477 f., 640
– Sarglack gerochen I 461
– Schatten III 399 f.
– Schläge gehört II 241, III 328, 385, 523, 536, 544, 609, 639, 787, 841, 904, 920
– Schlange III 515
– Schrank mit Chrisam pfeift II 746
– Schritte gehört II 227 f., 364, 746, III 363, 391, 392, 408 f., 414, 509 f., 511, 583 f., 586 f., 601, 602, 634 f., 655, 660, 667, 920
– Schüsse hören I 206, 339
– Schwarze Spinne III 8
– Sense hat Riß I 438 f.
– Skelett II 892, III 108, 219, 397
– Spiegel, schwarz verhängten, gesehen I 303
– Sprechen gehört II 214
– Spreumühle klappert III 633 f., 638
– Sterbelieder in den Sinn gekommen III 32
– Sternschnuppe I 266
– Streifen / Kreise in Wiese III 487
– Todestermin rufen hören III 648
– Todgeweihter erscheint (in Sterbestunde) I 65, 74, 150 f., 189, 258 f., 302, 306, 312, 339, 359 f., 389, 399, 404, 438 f., 575, 591, 652 f., 704, 706, 758, 864, II 21 f., 30, 54, 76, 185, 189, 192, 214, 376 f., 522 f., 628, 645, 654 f., 727, 746, 848, III 8, 11, 226, 258, 362 f., 373 ff., 405 f., 448, 487, 488 f., 498 f., 511 f., 512, 513, 518, 523, 530, 531, 535, 536 f., 580, 601 f., 606 f., 631 f., 639, 659, 669, 842, 880, 920 f., 939
– Todgeweihter schlägt Lebende III 35
– Todgeweihter singt Totenlieder I 265, II 225, 766 f.
– Todgeweihter / Toter zieht Lebende nach sich I 574, 591, 883, III 116 f., 271, 414 f., 461 f., 462 f., 468 f., 526, 586, 601 f., 604 f., 628 f.
– Topfpflanze blüht nicht III 308
– Totengeläute gehört I 882
– Totenlieder gehört III 587
– Totenuhr (Holzwurm) hören III 387, 474 f., 585
– Toter mit offenen Augen II 938
– Toter zeigt auf Bild von Todgeweihtem III 35
– Traum von ausgefallenen Zähnen I 472
– Traum von Beerdigung I 568, III 387 f., 397, 518
– Traum von entgleitendem Heutuch I 615

– Traum von erblühter Rose III 661
– Traum von fallenden Bäumen III 409 f.
– Traum von Feld mit langen Halmen I 437
– Traum von Friedhof III 70, 388
– Traum von Grab III 415
– Traum von himmlischer Seligkeit III 387
– Traum von Kränzen III 396 f., 589
– Traum von Pfarrer II 938
– Traum von Sarg III 387, 410
– Traum von schwarzen Kirschen I 65 f.,
  525, II 866 f., 942
– Traum von sich zusammenlegendem Bett
  II 411
– Traum von Sturz ins Feuer II 939
– Traum von Tanz I 435
– Traum von Tanz mit Totenkopf III 387
– Traum von Todgeweihtem III 238, 255,
  414 f., 580 f., 628 f.
– Traum von Todgeweihtem als
  rotgekleidetem Tänzer III 538
– Traum von weißen Blumen III 661
– Traum von (trübem) Wasser I 713, III 70,
  536
– Türe öffnet sich I 151, 169, 652 f., 785,
  II 214 f., 227 f., 282, 377, 446, 866 f., III 240,
  326 f., 343 f., 405 f., 416, 448, 452, 498,
  510 f., 526, 535, 544, 546 f., 593, 612, 854,
  880 f.
– Uhr steht still I 257, 340, 395 f., 445, 796,
  883, II 112, 339 f., III 35, 240, 365
– Uhr ticken hören I 206, III 648
– Unglück im Stall I 559
– Unruhe III 397 f.
– Verhaßter Mensch zieht geliebten nach
  sich III 366
– Verkehrt in Kirche sitzen I 253
– Vieh brüllt I 435, 439 f., III 426
– Vieh, geschlachtetes, stirbt langsam I 390
– Vogel gegen Fenster geprallt II 629
– Wasser im Getzi bewegt sich I 128
– Wecker ticken / läuten hören I 822 f., III 45,
  439, 512, 529, 535, 669 f.
– Weiße Tauben II 392
– Weißes Wiesel III 488
– Wind gehört III 584
– Ziegel rütteln hören II 866
Vorzeichen von Überschwemmung:
– Dröhnen in Tobel III 206
– Nachtvolk I 606

– Totenuhr (Holzwurm) III 488
Vorzeichen von Unglück:
– Ausfallen der Zähne III 224
– Ausleeren von Öl III 855
– Elster I 257, 779, II 217 f., 629
– Erscheinung von Kobold III 868
– Geistererscheinung III 882
– Geisterlicht II 358, III 644
– Geisterrind III 471
– Geistersau III 531
– Glas zerspringt II 409 ff.
– Grabender Maulwurf im Haus I 526
– Katze I 26, 305
– Rauch in Schlangenform II 941
– Starker Schneefall am Hochzeitstag
  III 415 f.
– Todesfall III 590 f.
– Traum von Eiern III 426
– Traum von Fleisch I 526
– Traum von rotem Pferd I 261
– Traum von Schlangen III 905
– Traum von Schweinen II 299
– Unruhe, innere III 498
– Weiße Gemse III 206
– Zerspringen von Glocke I 310
– Zwei Tiere in einer Kette III 854
Vorzeichen von Vermögensgewinn:
– Geräusch von tickender Uhr I 399
– in Mist / Jauche treten III 224
– Zahl in den Wolken sehen I 514
Vorzeichen von verschmähter Liebe III 198
Vorzeichen von Viehkrankheit:
– Geistererscheinung I 96
– Geisterlicht II 358

Wacholder (Juniperus communis):
– bricht Hexenmacht I 170 f.
– ist heilkräftig I 524, 541
Wald:
– Geisterhafte Farben in W. III 657
– unbedacht gerodet III 280, 299
Waldfängga → Wildmenschen
Waldrecht: Streit um W. II 563 f., 825, II 921
  → Strafe für unrechtmäßigen
  Erwerb / Verkauf von Grundstück
Waldverkauf unter dem Wert II 699, 720
Wâlimannli (Kinderschreck) III 311
Wallfahrt:
– nach Einsiedeln III 231 f.

– nach Jerusalem I 27, II 100
– nach Mastrils I 23
– nach Rom III 371
– nach Solis III 170
– nach Ziteil III 346 f., 353 f.
Walserhaus I 39, 183
Wanderer: Die beiden W. III 182 ff., 934 f.,
  942
Warzen vertreiben I 12, 19, 175 f., 204, 269 f.,
  475, 529, 597, 625, II 298, 622, 672, 849, 877,
  940, III 20, 36, 192, 213, 272, 426, 520, 567,
  591, 614 f., 644 f., 646
«Was hätte ich tun sollen?» III 850
«Was tot ist, soll tot bleiben!» II 742 f.,
  III 550 f.
Wasser:
– bricht Hexenmacht I 178, III 441
– Heiliges W. am Weihnachts-/
  Neujahrsmorgen III 490, 640
– Heilkräftiges W. gegen Augenleiden I 70,
  III 798 f., 867
– in Wein verwandelt III 678 f.
– Ins W. darf nicht uriniert werden I 202,
  344, II 878
– nimmt Fähigkeit, Dieb zurückzuzwingen
  I 62
Wassermann (Kinderschreck) III 364, 365
Wassermännchen → Meermännchen
Wassermanndli (Kinderschreck) I 443
Wassersieden III 115
Wasserzwerglein → Meermännchen
Weberin ist Hexe II 365 f.
Webschnurstricker zwingt Dieb zurück
  II 624
Wechselbalg I 283 f.
Weg: Holz im W. verursacht Schmerzen I 812
  → Friedhof: auf Weg zum F. darf nichts
  liegenbleiben; Nachtvolk: Weg muß frei
  passierbar sein
Wegbauer zerstört sein Werk II 303
Weihwasser:
– bricht Alpdruckmacht III 59, 413
– bricht Geistermacht I 695, II 244, 356, 424,
  III 343 f., 665 f.
– bricht Hexenmacht II 67 ff., 85 f., 125, 156,
  203, 213, 252 f., 329, 354, 368 f., 369, 431,
  474 f., 643, III 75 f., 79 f., 343 f.
– bricht Teufelsmacht I 833 f., II 238 f., 300
Wein: → Strafe für Panschen von Wein

– aus Brandblase hervorgezaubert III 418 f.,
  419 f.
– magisch beschafft I 108 f., 187, III 420
– Wasser in W. verwandelt III 678 f.
Weiße Blumen: Traum von w. n B. ist
  Vorzeichen von Tod III 661
Weiße Geistergestalt I 3 f., 7, 10 f., 15 f., 20, 23,
  40 f., 53 f., 96, 98 f., 114 f., 135, 143, 145 f.,
  335, 336, 432 f., 441, 447, 456, 459, 472, 502,
  515, 517, 530, 545, 549, 603, 604, 624, 626,
  657 f., 674 f., 678, 710, 783, 784, 815, 827 f.,
  862 f., 866, 875, 885 f., 905, II 188, 208 f.,
  387, 442, 447, 517, 524, 612, 635, 670 f., 685,
  694, 796 ff., 810 ff., 825, 828 f., 832, 864,
  880, 882, III 10, 24 f., 67 f., 76 f., 83, 91 f., 96,
  111, 116, 124 f., 132, 136, 137 f., 138 f., 147 f.,
  160, 184 f., 187, 189, 205, 219, 254 f., 260,
  291 f., 378 ff., 393, 427 f., 428, 436, 449, 472,
  504, 521, 542, 557 f., 595, 709 f., 713 f., 881
Weiße Geisterkugel III 469 f.
Weiße Geisterkuh III 478
Weiße Gemse:
– ist Hexe III 729
– ist Vorzeichen von Unglück III 206
Weiße Gestalten im Nachtvolk I 103 f., 457,
  III 41 f., 625 f., 766
Weiße Lilien blühen nach Ermordung
  unschuldiger Mädchen III 710, 839 f.
Weiße Muttergottes III 680, 730, 888
Weiße Schlange: III 437
– ist Königin der Schlangen I 231 f., 246, 430,
  433, 469, 560 f., 785, 789, 815 f., III 229 f.,
  243, 279
– ist Schatzhüterin III 395, 738
Weiße Schuhe der Armen Seele III 895
Weiße Taube / -n:
– aus Flammen gestiegen II 645
– ist erlöster Geist II 407 f.
– ist Vorzeichen von Tod II 392
Weißer Alpdruck III 250
Weißer Geist ist Schatzhüter I 530
Weißer Geisterpater III 412
Weißer Ochse transportiert Waren während
  Pest III 197
Weißer Pudel ist Geisterhund I 719 f., 721, 784,
  II 922
Weißer Stein der Riesin III 280 f.
Weißer Ziegenbock ist Reittier des
  Hexenmeisters II 50 f.

Weißes Geisterkalb II 824 f.
Weißes Geisterpferd I 516, 537, III 103, 504, 521, 532, 595, 698, 714, 756, 764
Weißes Geisterrind III 471
Weißes Haar:
– mit Schnee verglichen III 811 f.
– Plötzlich w. H. I 103 f., 140 f., 154, 254 ff., 418, 604, 662 f., 702, 742, 784, II 340, 553 ff., 716, 786, 831, III 48, 74 f., 126, 132, 141, 148 f., 190, 375 f., 855 f.
Weißes Pferd:
– bestimmt Gemeindegrenze III 532
– hinterläßt Hufspur in Stein III 590
– transportiert von allein Leichen während Pest III 309, 310, 370
Weißes Tuch bricht Hexenmacht III 132 f.
Weißes Wiesel:
– ist Schatzhüter III 515
– ist Vorzeichen von Tod III 488
Welschtiroler Jäger ist Hexer II 836
Wespe ist Hexenseele I 428
Wetter in den Bergen I 321, 900
Wetter kaufen I 856 f., II 704
Wettermacher / -innen: I 510, 578, II 13 f., 30 f., 34, 204, 206 f., 311, 318 f., 342, 366 f., 421, 436 f., 638, 648, 730, 833, III 51, 99 f., 114, 133 f., 231 f., 329, 331, 681, 717, 735 f., 744, 811, 872 f., 898, 908, 918 f., 926, 960
– Kinder als W. I 510, II 20 f., 155 f., III 740 f.
– Kobold ist W. III 867 f.
Wetterumschlag:
– Geister melden sich vor W. I 39, 51, 71, 122, 132, 231, 240, 242, 290 f., 347 f., 478 f., 515, 517 f., 521 f., 537, 612, 714, 735 f., 814, II 117, 626, III 311, 314 f., 393, 395, 420 f., 421 f., 429, 433 f., 434 f., 435, 481, 504, 656, 692 f.
– Nach Traum von verstorbener Mutter W. III 644
– Nächtliches Graben vor W. gehört I 814
– Viehrücken vor W. II 117
Wettervorzeichen III 698
Wettlauf der Tiere III 842, 846 f.
Wettstreit mit dem Unhold I 336 f., II 263, 539, III 681 ff., 846
Wetzstahl bricht Hexenmacht III 730 f.
Wieland der Schmied II 332
Wiese:
– Gemähte W. mähen II 99 f.
– In einer bestimmten Zeit W. mähen ist

Freiersprobe I 566
– ins Kreuz gemäht I 566
– Schatz in W. I 191 f., II 136, 164 f., 171, 382, 581, 595, 645, 897 f., III 566
– Vertiefung in W. läßt sich nicht auffüllen II 595
Wiese (im Rätsel) I 510
Wiesel:
– beißt Vieh I 469
– gehört zum Haus III 488
– haßt Dengelschläge I 469
– ist Schatzhüter III 515
– kommt massenweise, wenn man es ärgert I 469, 529
– wird ungern gesehen III 515
– zeigt Todesfall an III 488
Wilde Jagd:
– Aasgeschenk der W. n J. III 747
– Geisterhunde in der W. n J. III 878
– lärmt mit Viehglocken III 879
– mit Fuhrwerken unterwegs III 879
– musiziert III 878, 879
– tötet Mann III 762 f.
Wildes Heer → Fliegendes Heer; Wilde Jagd
Wildmenschen: I 523, II 15, 475, III 606
– Aderlaß verhindert Fangen der W. II 720
– als Arbeitshelfer II 740 f., III 291, 438, 483 f., 505, 589, 594, 603, 624, 641
– als Hirten I 5, 278, 283, 286, 358, 386 f., 488, II 697, 732, III 166, 310
– als Kinderschreck I 341
– als Sennen II 697, 720 f.
– als Wetterpropheten I 163
– Alter der W. I 34 f., 422
– ausgelohnt I 278, 283, 286, 358, II 732, III 166, 291
– Aussehen der W. I 421 f., 508
– beim Lausen beobachtet I 341, 421 f.
– betrunken gemacht I 283, 459, 488 f., II 720
– drohen mit Zerreißen I 421 f.
– durch Einführung der Glocken vertrieben I 221 f.
– durch Holzfäller vertrieben I 220, 448, 735
– durch Zuschauen beleidigt II 697, 720 f., 733
– Ehe mit Wildfrau II 389, III 380 f.
– Einklemmen von Wildfrau I 358
– Gemsenmilch verkäst II 720 f., 733
– Glockenläuten bricht Macht der W. I 421 f.

– hassen Wind I 386 f.
– Hebammendienst / Krankendienst bei der Wildfrau I 221, 507, II 192, 209 f., 726, III 164 ff., 290 f., 292 f., 483 f., 711 f.
– im Gletscher II 117
– Kampf der Wildfrauen mit Hexen I 821
– Käse, unaufhörlicher, des Wildmannes I 462
– Käsen den Menschen gelehrt II 260
– kennen Goldquelle I 418, 765 ff.
– Kinder geraubt I 283 f., II 764 f.
– Kohle ist Lohn der W. I 221, 507, II 192, 209 f., 726, III 164 ff., 290 f., 292 f., 483 f.
– Korn ist Lohn der W. III 711 f.
– Meisterwurz ist Heilkraut der W. I 459
– mit Ziegenfüßen II 192, 209 f., III 483 f., 641
– Name des Wildmannes I 216
– rächen Diebstahl III 594
– Rüfe ausgelöst II 192, 412, III 594
– Schuhe gestohlen I 5
– sprechen nichts III 505, 589, 603
– Stein des Wildmannes I 315 f., 488 f., II 733
– verlangen Schweigen über Arbeitshilfe II 740 f.
– verschwinden wegen Bosheit der Menschen III 624, 680
– warnen vor Rüfe I 21
– Wechselbalg der W. I 283 f.
– werden von Bauern verpflegt III 295
– Wildfrau ist Menschenfresserin I 421 f., II 764 ff.
– Wetter angezeigt II 117
– wohnen in Höhlen I 341, III 292, 505, 641
– wundern sich über Eier I 422
– wundern sich über Geschirrmenge I 34 f.
– Wurzelnahrung der W. III 164 ff.
– Zahnweh ist schlimmster Schmerz für W. III 418
Wilt Geißler, dr (Totenvogel) I 204, 463, III 641
Windfrauen: II 159, 200, III 22 f., 55, 100 ff.
– als Aufhockerin III 185 f.
– Kühe verrückt III 13
– reden in verschiedenen Sprachen II 213 f.
– Rote Milch durch W. verursacht III 101 f.
Winkelried, Struth I 790
Wintergarten II 450 f., 466 f.
«Wir drei, für Geld» II 150

Wirtin ist Hexe II 87 f., 251, 296 f., III 457 f., 952 f., 962
Witwe:
– Acker der W. unrechtmäßig erworben I 641 f.
– Alp der W. abgesprochen III 20
– ist Hexe I 29 f., 179
– Kuh der W. abgesprochen I 849
Wolf: Vorkommen von W. III 618 f.
Wolfsmenschen I 677, III 686, 695 ff.
Wolken (im Rätsel) II 204, III 744
Wörtlich nehmen I 872
Wunschwette III 697
Wütendes Heer → Fliegendes Heer; Wilde Jagd

Zählen: Sich nicht z. können II 152
Zähne: Wachstum der Z. fördern I 204, 218, III 136
Zahnweh vertreiben I 88, 112, 228, 242 f., 305, 379, 443, 528, 813, II 672, III 115, 271 f.
Zapfen ist noch süß III 320
Zauberbuch: I 33, 151 f., 388 f., 463 f., 466 f., 542, 610, 617, II 204, 362, 375, 760 f., III 20 f., 136, 148, 152 f., 160, 229 f., 294, 329, 673
– Beim Verbrennen von Z. erscheinen schreckliche Gestalten III 71
– färbt Wasser rot I 200 f., 218 f., 220, 229
– Feuer mit Z. gebannt I 672
– fliegt in die Luft III 809
– Katze erscheint beim Lesen von Z. I 26 f.
– Mit Z. Dieb zurückgezwungen I 26 f., 172, 229, II 610
– Mit Z. Geist gebannt I 571 f., 625 f., 629, III 501 f.
– Mit Z. Teufel beschworen II 813 ff., III 400 f., 662
– muß vor Tod des Besitzers weitergereicht / vernichtet werden I 26 f., 112, 119, 172, 200 f., 210, 218 f., 229, III 158
– Schatzheben mit Z. III 400 f., 559 f.
– Sechstes und Siebtes Buch Mosis ist Z. I 81, 99, 175, 198 f., 200, 207, 213, 298, 536, 587 f., 617, 625 f., II 576 f., 610, 621 f., 623, 624, 871, 924 ff., 940, III 25 f., 136, 179 f., 194 f., 256, 281, 501 f., 549, 559 f.
– Verbrennen von Z. bringt Spuk zum Verschwinden III 71

Zauberbuchbesitzer:
- Fahrender Schüler II 813 ff.
- Hausierer II 813 ff.
- Hexe III 673
- Hexenmeister III 152 f., 158
- Huttenmacher III 809
- Jäger II 924 f.
- Pater II 576 f., III 148, 179 f.
- Pfarrer / Priester I 571, 594, 862, II 115, 159, 204, 434 f., 525 f., 611
- Tiroler II 375
- Ziegenhirt III 25 f.
Zauberbuchleser, unkundiger I 60 f., 99, 185, 200, 209 f., 571 f., 862, II 115, 159, 434 f., 525 f., 611, 623, 635, 733, 836 f., 871, III 20 f.
Zauberer und Schüler → Zauberbuchleser, unkundiger
Zauberer von drei Hunden getötet III 931 f.
Zauberkräfte des kleinen Mannes I 869
Zauberkreis: I 815 f., 867
- Im Z. ausharren ist Bedingung des Teufels II 600 f.
- Im Z. ausharren ist Bewährungsprobe II 380 ff., 490
- Um Vieh Z. ziehen bricht Hexenmacht I 344
Zauberpapier: I 599
- bricht Macht des Alpdrucks I 85
- bricht Macht der Hexe I 180, 198 f., 208 f., 599, 623, 713, 896 f.
- bringt Jagdglück I 885
- heilt Gelähmten I 56 f.
- heilt Schlafsüchtigen I 891
- Mord mit Z. I 383
- stillt Blut II 733, III 243, 591
Zauberpfeife der Hexe zwingt zum Tanzen II 818 ff.
Zauberring II 333 ff.
Zaubersalbe / -pulver I 50 f., 78 f., 187, 375, 396 f., 414, 806, II 888 f., III 96 f., 179 f., 186 f.
Zauberschwert II 327 ff.
Zauberspiegel: I 234 f., 380, 445 f., 458, 481, 594 f., 610, 640 f., 645, 651, 738, 870 f., II 624, 756, 778 f., 781 f., III 151 f.
- Herstellung des Z. s I 610, II 238 f.
Zauberspruch: I 388 f., 596, II 722 f.
- beim Schatzheben II 609
- bricht Geistermacht I 709

- bricht Hexenmacht III 329
- gegen Viehkrankheit I 493, III 294
- Jagdtiere festbannen mit Z. I 521, 588
- muß rückwärts gelesen werden I 60 f., 62, 99, 185, 200, 209 f., II 525 f., 611, 623, 836 f., 871, III 20 f., 329, 662
- während Abendmahl I 624
Zauberstecken der Hexe II 858, III 176
Zaubertuch der Hexe III 331
Zauberwurzel:
- des Vogels macht unsichtbar III 14
- gegen schlechte Wünsche I 303
- zum Schadenzauber III 293
- zum Schatzheben I 870 f.
Zechpreller I 852 ff.
Zehntenabgabe II 822
Zeit zum Sterben haben II 105
Zeno, Hl.:
- verhindert Zerstörung von Dorf / Kirche durch Teufel II 192, 403
- wettet mit dem Teufel II 403
Zeppelin III 73 f.
Ziege / -nbock: → Geisterziege / -nbock; Goldene Ziege
- erscheint bei Herstellung von Zauberspiegel II 238 f.
- Gemeindegrenze durch Z.n bestimmt III 351
- ist Hexe / -r II 108 f., 163, III 240, 448 f., 736, 759, 866, 914 f.
- ist Reittier von Hexer II 50 f.
- ist Teufel I 838 f., II 506 ff., III 911
- zum Bleiben zwingen II 940
Ziegenhirt kann Herde festbannen III 25 f.
Ziegenohren (im Rätsel) I 795
Zigarren mit brennenden Banknoten angezündet III 28, 40 f.
Zigeuner / -in: I 782
- als Heiler I 150, 379, II 675 f.
- Alte getötet I 22, 224, II 132 f., III 11
- auf Heustock / Strohhaufen gefeuert I 22, 64, 78, 150, 399 f., 452 f., 492, 642, 817, 819, II 113 f., 152, 161, 162, 210, 238, 250, 271, 291, 575, 601, 638, 674 f., 696 f., III 19, 44, 108, 278, 293, 333, 369
- Barmherzigkeit gegenüber Z.n wird belohnt III 499 f.
- Bauer warnt Z. vor Landjäger I 642
- Blindheit angehext I 408

– Blindheit prophezeit III 19
– dem Meermännchen gewacht III 150 f.
– Dorf während Hinrichtung angezündet III 369
– Dorfbrand prophezeit I 824, III 499 f.
– Dorfuntergang prophezeit II 250, III 520
– dürfen täglich für den Wert eines Nagels stehlen II 455
– Fahrende Schüler identisch mit Z.n II 249 f.
– Fleisch aus dem Hafen gezaubert I 562
– Frau des Junkers und Z. I 388
– führen Mörderwirtshaus II 22 ff.
– Fuhrwerk verhext II 114
– gehen durch verschlossene Türen III 333
– Geistersichtigkeit der Z. I 601 ff., III 96, 266 f.
– Geld hervorgezaubert III 150 f., 264
– Geld weggezaubert I 170
– Geldstücke sind Blendwerk II 133
– großzügig beschenkt I 388
– hat Schlange im Magen I 379 f.
– hat Ziegenfüße I 831
– Haus durch angehexten Brand zerstört III 268
– Haus vor Brand geschützt III 47
– Heckpfennig der Z. I 642 f.
– Heu in Scheune gezaubert II 617
– in Baumstamm verwandelt II 113 f.
– ist Dieb und Betrüger III 150 f., 223
– Kaffee in Papier verwandelt II 226
– kann dem Brot nicht schaden I 381
– Kartoffeln mit Schale gegessen I 382
– kennen Schatz I 870 f., II 129, 250, 845
– Kind entführt I 224
– Kind verhext II 131 ff., 575
– Krankheit angehext III 268 f.
– Kreuzesnagel von Z. gestohlen II 455
– Küchlein aus der Pfanne gezaubert II 26
– machen sich unsichtbar I 642
– Mord mit Zauberpapier I 383
– Sator-Formel gegen Hexerei geschrieben I 198 f.
– Scheitstock in Bewegung versetzt I 50 f., 78 f., 187, 375, 396 f., 414, 492 f., 806, 870 f., II 238, 271, 419, 888 f.
– Schwangere verwünscht III 206 f.
– Sense magisch gewetzt III 291
– Taler der Z. hindert Priester beim Messelesen I 642 f.
– Tische gerückt III 150 f.
– Verlorene Gegenstände gefunden I 262
– Versteckte Vorräte gesehen I 65, 78, 216, 229, 397, 414, 492 f., 642 f., 799, 831, 872, II 238, III 19, 44, 70, 289, 369, 641 f.
– Verwünschungen der Z. gehen in Erfüllung I 397, II 674 f., III 206 f.
– Vieh verhext I 397
– Weg durch Felsen gebohrt II 161 f.
– Wahrsagekünste der Z. I 65, 150, 229, 262, 296, 303, 493, 818 f., II 617, III 19, 267 f., 369
– Wein aus Baum gezaubert I 108 f., 187
– weiß Rat bei Alpdruck II 627 f., III 276 f.
– weiß Rat bei Viehverhexung I 712, II 435 f., III 331 f.
– Zaubersalbe / -pulver der Z. I 50 f., 78 f., 187, 375, 396 f., 414, 806, II 888 f.
– Zauberwurzel der Z. gegen schlechte Wünsche I 303
– Zauberwurzel der Z. zum Schadenzauber III 293, 870 f.
– Zauberwurzel der Z. zum Schatzheben I 870 f.
– zwingen zum Nachlaufen II 131 ff., 576
Zigeunerkind gefunden II 484
Zigeunersprache I 594
Zimmermann: → Geist: Gestalt (Menschen): Zimmerleute
– stürzt vom Bau I 740
– zwingt Dieb zurück I 542 f.
Ziriak (Geistername) I 367 f.
Zwei Brüder:
– suchen Siedlungsort I 312
– teilen das väterliche Erbe III 321
– überleben Pest III 7, 44
Zwei Buben zugleich aufziehen II 99 f.
Zwei Geisterhunde in einer Kette I 128
Zwei Tiere in einer Kette I 9, 10, 22, 110, 114, 119 f., 143 f., 163, 174, 305 f., 427 f., 467, 483, 527, 625 f., 668, 717, 721, 733, 802, 834 f., 880 f., 897 f., 903 f., II 59, 69 f., 107 f., 155, 177, 196 f., 228, 267, 298, 303, 310 f., 341, 355, 372, 404, 482, 500, 592 f., 632, 633, 642, 643 f., 648, 677, 691, 697, 730, 780, 915 ff., 933, 934, III 40, 46, 55, 110, 118 f., 130, 212, 217, 221, 226 f., 230, 234, 245, 256, 284, 316, 329, 333, 413, 426, 477, 506, 519,

520, 522, 560 f., 566, 620, 622, 623, 628,
655, 665, 679, 692, 699, 721, 854
Zweispänner (im Rätsel) I 509
Zwerg:
– auf Jagd begegnet III 588 f.
– bei Brunnen erschienen II 669
– beim Beschwören des Meermännchens
erschienen II 865
– Kristalle gesägt II 376
– Name des Z.s I 670 f.
– von Vieh gefürchtet II 669

Zwergwuchs I 201
Zwiebel (im Rätsel) I 860
Zwölf Geister gebannt I 6
Zwölf Geisterferkel I 109, 113 f., III 63, 218,
545, 592, 608
Zwölf Hexen beim Hexensabbat III 54
Zwölf Hexenfüchse I 106 f.
Zwölf Kühe für jeden Bauern I 751
Zwölf Paar Hexenkatzen begegnet I 75
Zwölften: Arbeitsverbot während der Z.
I 528

Klassifizierung nach dem internationalen Typenverzeichnis von Aarne / Thompson (AaTh)

(Antti Aarne und Stith Thompson: The Types of the Folktale.
A Classification and Bibliography. Second Revision [FFC 184], Helsinki 1961.)

Vgl. AaTh 4: I 908
Vgl. AaTh 38: I 358
Vgl. AaTh 113 A: II 613 f.
Vgl. AaTh 275 A: III 842, 846 f.
AaTh 285: I 195, 468, 757, 777 f., 785 f.,
  II 431 f., 498 f., 584, III 312
AaTh 285 B*: I 379 f.
AaTh 300: II 500 (Kommentar), 506 f., 511
  (Kommentar), III 931 f.
AaTh 302: III 570–577
AaTh 307: II 560–566
AaTh 313 IIIc → AaTh 361 + 475 + 313 IIIc
AaTh 325*: I 60 f., 99, 185, 200, 209 f., 571,
  862, II 611, 623, 635, 733, III 20 f.
AaTh 325* + 1172*: II 115, 434 f., 525 f., 836 f.,
  871
AaTh 325* + 1183: II 159
AaTh 325* + 1172* + 1183: II 525 f.
AaTh 326: III 516, 591 (Kommentar)
Vgl. AaTh 326A*: II 407 f., 468 ff.
Vgl. AaTh 327 A: II 17 f., 22 f., 764 f.
AaTh 330 + 1187: II 146 ff.
AaTh 360, 1697: II 150
AaTh 361 + 475 + 313 IIIc: II 537 f.
AaTh 425 C: III 441–444
Vgl. AaTh 451: II 764
AaTh 470: I 293, II 194, 239, 523 f., 526, 532,
  III 235, 694, 702, 855, IV 18 (Kommentar)
AaTh 470 A + 471 A: II 388 (Kommentar),
  449 f., III 663 (Kommentar)
Vgl. AaTh 471 A: I 251 f., 418, 678 f., 765 ff.,
  II 144 f. → AaTh 470 A + 471 A
AaTh 475 → AaTh 361 + 475 + 313 IIIc
Vgl. AaTh 500: I 216, 670 f.
AaTh 501: II 556–559
AaTh 503: III 709, 732, 775 f., 819 ff., 935 f.
Vgl. AaTh 506 + 821 A: III 776 f.
Vgl. AaTh 511: II 720 f., 733
AaTh 513 A: II 539 (Kommentar)
AaTh 554: II 319–338
AaTh 555: III 446 f. (Kommentar)
AaTh 563: III 156 ff.

Vgl. AaTh 592: II 818–821
Vgl. AaTh 613: III 182 ff., 934 f., 942
Vgl. AaTh 650 A: I 629, II 75, 197, 604
AaTh 650 A + 1183: III 749
AaTh 653: III 928 ff.
AaTh 653 A: III 482 f.
AaTh 671 D*: I 32, 299, 386, 515, 878, II 19 f.,
  39, 273 f., 426 ff., 438 f., 631, 755, III 334,
  577 f., 619
AaTh 672 B*: I 231 f., 246, 384, 430, 433, 469,
  521, 560 f., 785, 815 f., III 229 f., 243, 279,
  289, 290, 298, 302 ff., 670
Vgl. AaTh 676: II 36 f., III 517
Vgl. AaTh 706: III 927 f.
AaTh 707: III 444 ff.
AaTh 745: I 642 f.
Vgl. AaTh 750 A: II 148 f.
Vgl. AaTh 750*: III 9, 43, 499 f.
AaTh 752 A → AaTh 791 + 752 A
AaTh 759 B: II 450 f., 584, 586 f.
AaTh 767: II 145 f.
AaTh 769: I 184, III 427
AaTh 769*: III 144 f.
Vgl. AaTh 774 A: II 229, 599 f.
Vgl. AaTh 774 H: I 294 f.
AaTh 775: IV 19 (Kommentar)
AaTh 777: I 237 f., 397, 536, 626, II 90, 248,
  259, 309 f., 388, 463, 631, 839, III 47 f., 138,
  238, 324, 333, 335, 519, 848 f., 949
Vgl. AaTh 780: I 538, 577, II 351, III 894
AaTh 791 + 752 A: II 242
AaTh 811: I 415 f., III 154 ff.
AaTh 812 + 1091: III 930 f., 943
AaTh 821 A → AaTh 506 + 821 A
AaTh 822: II 475 f.
Vgl. AaTh 830: I 217, 563, II 652 f., III 723,
  763
Vgl. AaTh 830 C*: III 698
AaTh 838: I 792 f., III 947
AaTh 844: III 760 f.
AaTh 910 B: I 846 ff.
Vgl. AaTh 922: III 760

AaTh 926 C: I 447
AaTh 934 A¹: I 308 f., 311
AaTh 939 A: II 680 f., 886 f., 898, III 590, 637
AaTh 940: II 904–908
AaTh 958: I 357 f., 876, II 771
AaTh 987: I 5, 630, 643, II 609 f., 620 f., 712, III 107, 727, 745 f.
AaTh 990: I 636, 844, III 498, 600, 611
AaTh 1030 + 1095: III 846
AaTh 1037: I 336
Vgl. AaTh 1045: III 681 ff. → AaTh 1640
AaTh 1060: II 539 → AaTh 1640
AaTh 1062: II 539 → AaTh 1640
AaTh 1063 A: III 681 ff. → AaTh 1640
AaTh 1083: I 336 f., II 263
AaTh 1088: II 539, III 681 ff. → AaTh 1640
AaTh 1091 → AaTh 812 + 1091
AaTh 1095 → AaTh 1030 + 1095
Vgl. AaTh 1172*: II 263, III 56, 739, 748, 758, 810, 892 → AaTh 325* + 1172*
AaTh 1172* + 1183: II 263 → AaTh 325* + 1172* + 1183
AaTh 1183: II 545 f. → AaTh 325* + 1183; AaTh 325* + 1172* + 1183; AaTh 650A + 1183; AaTh 1172* + 1183
AaTh 1187 → AaTh 330 + 1187
AaTh 1201: II 262
AaTh 1210: I 751, 772
AaTh 1243: I 740, II 717
AaTh 1244: II 438
AaTh 1245: I 431
AaTh 1247: I 431
AaTh 1287: II 152
Vgl. AaTh 1291A: I 858
AaTh 1291 B: I 857
AaTh 1291 D: I 763, II 439
AaTh 1296 A: I 856 f., II 704
AaTh 1310 B: II 717
Vgl. AaTh 1310*: I 859
AaTh 1313 + 1408 + 1696: III 850
Vgl. AaTh 1315 A*: I 775 f.
AaTh 1319: I 873
AaTh 1319 J*: I 900, II 53, III 244
AaTh 1320: I 858
AaTh 1326: I 739 f., 752

Vgl. AaTh 1337 B: I 856, 873, 902
AaTh 1339 C: II 697 f., 717
Vgl. AaTh 1346 A*: I 459
Vgl. AaTh 1380: II 585 f., 741
AaTh 1408 → AaTh 1313 + 1408 + 1696
AaTh 1539 + 1740: I 852 f.
Vgl. AaTh 1562 A: I 729
AaTh 1586 → AaTh 1642 + 1586
Vgl. AaTh 1587: I 432
AaTh 1590: I 6 f., 17 f., 27, 91 f., 367 f., 564 f., 762, II 90 f., 211, 342 f., 363, 412, 602 f., 787, 868, III 89, 272, 310, 315, 432, 508, 693, 703 f., 730, 756 f., 892 f., 906
Vgl. AaTh 1631: I 808 f.
AaTh 1638*: II 455
Vgl. AaTh 1640: II 539 (AaTh 1062 + 1060 + 1088), III 681 ff. (AaTh 1063 A + 1045 + 1088), 697 f.
AaTh 1642 + 1586: I 855
AaTh 1645: I 870 f.
AaTh 1676: II 742 f., III 550 f.
AaTh 1676B: I 792, 844, II 357 f., 677 f., III 51
AaTh 1679*: I 856
Vgl. AaTh 1681 A: III 850 f.
AaTh 1689 B: II 599
Vgl. AaTh 1695: I 872
AaTh 1696 → AaTh 1313 + 1408 + 1696
Vgl. AaTh 1698 G: I 774
AaTh 1699: I 808, 857
AaTh 1708*: I 495 f.
AaTh 1740 → AaTh 1539 + 1740
AaTh 1833 E: I 773
Vgl. AaTh 1840: I 748, 873, 900 f., 902
Vgl. AaTh 1844 A: II 105
AaTh 1889 C: II 483
Vgl. AaTh 1890: III 220
Vgl. AaTh 1893 A*: I 350
AaTh 1920 E*: III 610 f.
AaTh 1925*: III 697
AaTh 1960 B: III 220
AaTh 1960 K: II 168 f.
AaTh 1960 M: I 222
AaTh 2034 A: II 540 f.
AaTh 2300: II 539

Erzähler und Erzählerinnen

Äbli-Luck Elsbeth (1897–1969), Grüsch, Splügen I 167–170

Accola Marie (1888–1987), Davos Glaris I 738 f.

Albert-Pünchera Barbla Planta (1863–1952) und Tochter, Sta. Maria i. M. I 693, III 384, 390–395

Albertini Anna-Maria (* 1923), Seminaristin, Grono III 791–795

Albertini Christoph Hugo von (1854–1947), Kantonsbaumeister, Aarau I XXXVIII, 698, 705, II 558, 822, 847 f., III 670

Albertini-Parolini Pia (1894–1971), Lehrerin, Grono III 434, 767 ff., 773–782, 940

Albin Anton (1865–1954), Degen, Tersnaus II 637 f.

Albin-Deflorin Maria (1865–1944), Tschamut II 17 f.

Albin Mathias (1891–1958), Lehrer, Munt II 644 f.

Albrecht-Baroggi Mengia Culastia (1875–1949), Dardin I 689, II 240 ff., 245–253, 399 f.

Aliesch-Rüesch Margret (1856–1941), Davos Sertig I 285–288

Alig-Spescha Barla Catrina (1865–1954), Pigniu II 351, 353

Alig Georg (1884–1960), Landwirt und Posthalter, Obersaxen II 304 ff., 312

Alig Gion Luregn (1865–1947), Posthalter, Pigniu II 351 ff.

Alig Johann Julius (1878–1952), Landwirt, Obersaxen II 311 ff.

Alig Martin (1881–1946), Lehrer, Obersaxen II 276, 289–292

Allemann Anna (1878–1948), Guarda III 585 ff., 596

Allemann Peter (1885–1970), Guarda III 585 f.

Ambühl Andreas (1877–1958), Zimmermann, Davos Monstein I 288, 739 f.

Ambühl-Issler Anna (1857–1941), Davos Clavadel I 281–285, 287, 316, 738, II 42, IV 24

Ambühl Christian (1884–1985), Architekt, Davos I 281, 284 f.

Ambühl Emerita (* 1915), Davos Frauenkirch I 741

Ambühl Meinrad (1877–1949), Davos Glaris I 299, 303, 308 f., 320, 322

Ambühl-Kindschi Nina (1885–1952), Davos Frauenkirch I 316

Andreoli-Grüter Julia (1890–1976), Chur I 672 f.

Andri (N. N.), Geschwister, Ramosch III 455

Anhorn Albert (1875–1957), Lehrer, Maienfeld, Malans I 135

(Ardüser-) Michel Betti (* 1872), Pagig, St. Peter I 463 f.

Ardüser Jöri (* 1870), Langwies I 393, 410, 414

Arpagaus Georg Joseph (1895–1977), Gemeindepräsident, Cumbel II 425 f.

Arpagaus Giachen Antoni (1895–1972), Landwirt, Degen II 488, 500, 503–517, 526–531

Arpagaus Gieri Murezi (1879–1948), Uors, Tersnaus II 638, 759

Arpagaus-Benkert Julietta (* 1904), Degen II 517–526

Arpagaus-Tschuor Magdalena (* 1906), Vattiz II 531 f.

Arpagaus-Elvedi Maria Onna (1877–1946), Cumbel II 423 f.

Arpagaus-Gianut Maria Urschla (1859–1950), Uors II 632–635

Arpagaus-Elvedi Mathias (1873–1956), Cumbel II 426–429

Arpagaus Murezi (1864–1949), Hirt, Siat II 42, 363–384, 492, 686, 750

Arquint Anton (1900–1962), Lehrer, Susch III 615, 640 f.

B., Witwe, Sta. Maria i. M. III 382–390

Bacchini-Papa Beatrice (1863–1943), Rossa III 948 f.

Balzer Michel (1875–1949), Schmitten
    III 348–353, 357 f., 360
Bandli Martin (1873–1960), Landwirt,
    Valendas II 679 ff.
Bandli-Conrad Ursula (1858–1955), Davos
    Glaris I 300–306, 322, 686, 738 f.
Banzer Christian (1868–1953), alt
    Bauunternehmer, Scharans III 189
Barandun Valentin (1902–1990), Fuhrmann,
    Feldis III 7
Bardola Jon, Lehrer, Amriswil, Martina
    III 436
Barfuss Salomon (1865–1953), Landwirt,
    Hausmetzger, Igis I 119–122, 727 f.
Bartholet-Zinsli Anna (* 1910), Thusis
    III 223–226
Bartholet Fritz (* 1907), Rehetobel, Thusis
    III 224 ff.
Bärtsch Andreas (1855–1941), Seewis i.P.
    I 163 f.
Bärtsch Andreas (1866–1954), Landwirt,
    Landammann, Furna I 219–223
Bärtsch Konrad (1890–1962), Regierungsrat,
    Furna I 213–216, 220–223, 323
Bärtsch-Züst Maria (1870–1960), Furna
    I 217 f., IV 24
Baselgia Rest (1867–1944), Rabius,
    Compadials II 196 f.
Bass-von Albertini Adelheid (1866–1954),
    Tamins II 822, 847 f.
Bass (N.N.), Frau, Sta. Maria i.M. III 406
Bassi Carlo (1868–1947), Verdabbio
    III 754 ff.
Batänjer Lienhard (1866–1954), Haldenstein
    I 7
Bätschi Joos (1864–1943), Dr. iur., Davos
    I 275, 277, 280, 291, 314
Battaglia Bartolomé (* 1900), Lehrer, Scheid
    III 11 f.
Battaglia-Buchli Elsbeth (1895–1978),
    Scharans III 187
Battaglia Gertrud (* 1935), Paspels III 86
Battaglia Gion (1876–1958), Wegmacher,
    Scheid III 7, 11, 13–16, 24
Battaglia Hugo (1929–1989), Realschüler
    (später Lehrer), Paspels III 67 f.
Battaglia Jakob (1866–1967), Zizers I 104
Battaglia Jakob (1898–1982), Lehrer, Scheid
    III 5, 7–14, 25, 27–31, 281

Battaglia-Egler Madlaina (1878–1969),
    Ardez, Guarda III 594–598
Battaglia Paul (1869–1948), Flaschner,
    Fremdenlegionär, Paspels III 80 f.
Battaglia-Raguth Rosa (1900–1965), Chur,
    Paspels I 662, 665, III 57, 62–65, 67–70, 72,
    74 f., 83–86, IV 17
Battaglia (N.N.), Frau (* ca. 1871), Zuoz
    III 661 f.
Beeli Anton (1870–1940), Landwirt, Molinis
    I 495, 505, 510 ff.
Beeli-Boner Magdalena (1876–1946),
    Maienfeld, Molinis I 685
Beeli Ulrich (1877–1950), Landwirt, Molinis
    I 342, 354, 418, 421, 427, 494–510, 512,
    517 f., 520, 522 f., 532, 769, 786 f., 794,
    803–812, III 741, IV 24
Beer-Schmed Clementina (1870–1949),
    Camischolas II 84–91, 125
Beer Gion Bistgaun (1861–1954), Schmied,
    Sedrun II 78, 112
Beer Giusep (1866–1954), Danis II 231–239
Beer-Maissen Ludivina (1877–1965),
    Tavanasa II 226–229, 401
Beer Sep Anton (1907–1986), Sur Rain II 79
Belz Niklaus (1869–1957), Grüsch I 176–180,
    190, 730
Berchtold Anni (* 1907), Gemeindeschwester,
    Chur I 651, 666 f., 690 f., 694 f.
Bergamin Gion Andreja (1862–1944), Lehrer,
    Schluein II 744
Bernhard Stefan (1864–1939), Alphirt und
    Senn, Untervaz I XIV, 24–27, 33, 714
Berni-Manzoni Lina (1876–1958), Grono
    III 766, 870
Berni Rocco sen. (1865–1942), Landwirt,
    Grono III 765 f.
Berni Rocco jun. (1905–1941), Grono III 765
Berri Gabriella (* 1929), San Vittore III 844 f.
Berta Venanzio (1876–1962), Gemeinde-
    präsident, Braggio III 907
Berther Alfons (1905–1985), Konsum-
    verwalter, Camischolas II 112
Berther Carli (1913–1948), Dr. iur.,
    Camischolas II 33, 46, 81, 84, 92–96
Berther-Carisch Jakob Martin (1858–1944),
    Camischolas II 78, 81–84
Berther Lina (1870–1956), Chur I 652, 659 f.,
    691

Berther Maria Ursula (1882–1957), Rueras
II 75 f.

Berther (Maurus) (1880–1968), Coiffeur,
Sedrun II 51

Berther Vigeli (1878–1964), Mistral
(Landammann), Camischolas II 39, 62, 81,
98 ff., 103, 112

Berther Vigeli (1922–1987), Sekundarlehrer,
Camischolas II 96 ff., 113

Bertogg-Danuser Albertina (1880–1969),
Sevgein II 596 f.

Bertogg Hercli (1903–1958), Pfarrer,
Kantonsschullehrer, Chur II 917, III 34

Bertogg-Danuser Hercli (1878–1971), Lehrer,
Sevgein II 596–600, 627

Bertogg Monika (* 1924), Thusis, Rodels
III 158

Bertossa-Wolf Carmela (1874–1960), Rossa,
Mesocco III 687 ff.

Bertossa Letizia (1863–1946), Sta. Domenica
III 933 f.

Bertossa Rinaldo (1893–1976), Reallehrer,
Soazza, Roveredo III 702–718

Bezler-Marschall Elsbeth (1876–1963), Chur
I 672, 694

Biechler Gion (1881–1952), Andeer III 260 f.

Biechler-Schumacher Maria Barbla
(1891–1972), Andeer III 253, 258 ff.

Biondini Caterina (1868–1954), Leggia
III 764

(Bircher-)Buob Emerita (1900–1983), Lüen
I 554, 687

Bisaz Chatrina (1886–1962), Lavin III 604

Bisquolm Johann Battesta (* 1919), Disentis
II 187

Bisquolm-Desax Maria (1882–1955), Disentis
II 182–186

Bittana Rachelina (1867–1944), Braggio
III 907 ff.

Blumenthal Geli (1900–1983), Landwirt,
Rumein II 500 ff.

Blumenthal Giachen Antoni (1871–1950),
Müller, Vella, Rumein II 478, 486–500,
514, 516, 519, 529, 555

Blumenthal Gion Giachen (1876–1963),
Vignogn II 533–541

Blumenthal Johann Josef (1881–1955),
Stadtschreiber, Ilanz II 199, 256, 360, 396,
431, 458, 484

Boner Christian (1871–1955), Zimmermann,
Alphirt, RhB-Angestellter, Saas I 232,
243–247

Boner Peter (1889–1965), Landwirt, Malans
I 129 f., 696 f., IV 24

Bonorand-Fratschöl Anna (1870–1951), Lavin
III 605, 632

Bonorand-Catani Anna Pitschna
(1858–1954), Lavin III 599 f., 637

Bonorand-Cuonz Maria Ottilia (1877–1950),
Zernez, Lavin III 600–608

Branger Erhard (1881–1958), Landammann,
Davos I 294

Braun David (1873–1951), Schuhmacher,
St. Peter I IX, XV, 477–486, 598, 796 ff.

Brenn Adolf (1894–1977), Lehrer,
Alvaneu Bad III 330, 335, 337 f.

Brenn Albert (1888–1968), Landwirt,
Bähnler, Surava III 330–334

Brenn Alfred (* 1923), Koch, Alvaneu Bad
III 342 f.

Brenn Anna (* 1929), Alvaneu Bad III 335,
340, 342

Brenn-Bandli Anna (1898–1957), Alvaneu
Bad III 335, 340–343

Brenn Edwin (* 1931), Sekundarschüler,
Alvaneu Bad III 340 ff.

Brenn Magnalda (1925–1989), Alvaneu Bad
III 335

Brosi-Brosi Betti (1880–1971), Klosters I 261,
264–268

Brüesch-Gadient Barbara (1888–1974),
Araschgen I 624 f.

Brüesch Georg (1868–1946), Landwirt,
Tschiertschen I 611–615, 906 f.

Brüesch Georg (* 1921), Araschgen I 625

Brüesch-Gadient Hermann (1890–1942),
Dreher, Araschgen I 621, 910 ff.

Brüesch-Engi Menga (1859–1945),
Tschiertschen I 608–611, 906

Brüesch Sebastian (1859–1947), Landwirt,
Wirt, Tschiertschen I 606 ff., 904 f.

Brügger (N.N.), Jenaz I 735

Brügger (N.N.), Rothenbrunnen I 775

Brunner Hans (1873–1960), Reallehrer,
Landammann, Advokat, Küblis
I 230–235, 269 f.

Brunner Hans (1901–1973), Staatsanwalt,
Küblis I 225–230

Brunold-Jeger Agata (1863–1951), Peist
I 440 f.

Brunold Johannes (1878–1958), Landwirt,
Wirt, Peist I 419, 421 f., 426 f., 771

Brunold Nina (1884–1971), Peist I 435 f., 439

Brunold Ulrich (1858–1953), Landwirt,
Maladers I IX, XII, 24, 359, 430, 440, 519,
584–599, 601 ff., 685, 690, 813, 867–889,
893, 895, 900 f., 904, II 43, IV 24

Brunold-Brunold Ursula (1861–1947), Peist
I 433–438, 457, 778

Buchli-Trepp Barbara (1862–1950),
Fürstenau III 175 f., 181, 187

Buchli-Koch Deta (1892–1960), Pitasch
II 503, 619–631, III 41

Buchli Georg (1877–1949), Schmied, Versam
II 697

Buchli-Gredig Maria Barbara (* 1909), Safien
II 706 ff., 711, 741

Buchli Wieland (1864–1951), Lehrer, Safien,
Chur II 703 ff., 710

Büchli-Baumhard Emmy (1885–1968),
Ehefrau von Arnold Büchli, geb. in Berlin
III 647

Bühler-Calörtscher Anna (1872–1953),
Valendas II 674 ff.

Bühler Maria (* 1890), Versam II 698

Bundi-Wellinger Benedikt (* 1888), Disla
II 192

Bundi-Candrian Nesa (1870–1954), Sagogn
II 763–766

Bundi-Caplazi Onna Mareia (1858–1946),
Compadials, Surrein II 206 f.

Bundi-Wellinger Seppa (1885–1960), Disla
II 189–192

Buob-Patt Margret (1876–1956), Lüen I 419,
524, 557–565, 567, 768, 823 f.

Buob Ursula (1894–1960), Lüen I 476, 524,
554, 563, 565 f., 824 f.

Buol-Erhard Anna (1873–1950), Furna
I 208–216, 218

Buol Christian (1891–1959), Lehrer und
Gastwirt, Davos Monstein I 314 f.

Burger Christ(i)a(n) (1868–1957), Senn, Igis
I 126 f., 505

Burger-Roffler Dora (1887–1954), Igis I 728 f.

Burkhardt-Mark Anna (* 1905), Thusis
III 216 ff., 220

Bürkli Peter (1847–1942), Untervaz I 20 f.

Cabalzar-Walther Deta (1899–1965), Riein
II 617 f.

Cabernard Gion Giachen (1865–1945), Danis
II 241–244

Cadalbert-Sgier Josef (1864–1944), Sevgein
II 600 f.

Caderas-Caspar Katharina (1870–1954),
Schmitten III 354–357

Cadlini Filomena (1855–1944), Bäuerin,
Mesocco III 678 ff.

Cadlini Giuseppe (1854–1937), Sorte,
Cabbiolo III 722 f.

Caduff-Goldmann Berta (* 1917), Obersaxen
II 301 f., 304

Caduff Giachen Albert (* 1935), Pfarrer,
Gymnasiallehrer in Schwyz, Degen II 505,
512, 529 ff., 557, 563

Caduff Gieri (1884–1970), Schreiner und
Landwirt, Obersaxen II 300 f.

Caduff Gion (1911–1974), Wagner,
Obersaxen II 303 f.

Caduff Gion Fidel (1865–1945), Cumbel
II 420–423

Caduff Johann (* 1887), Tretschenmacher,
Flond II 301

Caduff-Camenisch Luisa (1879–1964),
Wirtin, Morissen II 249, 429–452,
IV 23, 27

Caflisch-Bernhard Elsbeth (1880–1971),
Maienfeld, Crolio I 135, 158

Caflisch Felix (1877–1952), Landwirt,
Maladers I 596, 599, 601, 603 f., 836, 879,
895–902

Caflisch Jakob (1872–1947), Landwirt,
Maladers I 588, 600–603, 686 f., 836,
885 f., 890–894

Caflisch-von Salis Jertha (1871–1956), Chur
I 688

Caflisch Lienhard (1850–1945), Chur I 629 ff.

Cahannes Eugenia (* 1912), Danis
II 241

Cahannes-Carigiet Mengia (1880–1959),
Danis II 239 f.

Cahannes Nicolaus (1908–1971), Dardin
II 240 f.

Cajochen Gion Giusep (1874–1957), Degen
II 527 ff.

Cajochen Gion Tumasch (1866–1954),
Schreiner, Degen II 526 f.

Calgèr-Melchior Margrit (1870–1954), Andeer III 254–257

Calonder-Roner Johanna (1885–1971), Zernez III 648

Calörtscher Anna (1900–1981), Valendas II 675 f., 681, 688

Calörtscher Balthasar (1867–1944), Posthalter, Carrera II 42, 672 f., 675–678

Calörtscher-Brunner Barbara (1898–1976), Valendas II 681, 685

Calörtscher-Coray Christina (1867–1947), Valendas II 672, 674 f.

Calörtscher Christine (* 1925), Arbeitslehrerin, Valendas II 685 f.

Calörtscher Daniel (1896–1984), Förster, Valendas II 657, 668, 671, 673 f., 681–684

Calörtscher Martin (1870–1960), Zimmermann, Valendas II 662, 678, 681, 688

Caluori-Derungs Catrina (1879–1960), Laax, Bonaduz II 931 ff.

Caluori Johann Jakob (1847–1927), Lehrer, Gemeindepräsident, Domat / Ems II 884–889, 893

Caluori-Lendi Marie (1868–1956), Tamins II 813, 827, 834, 836, 842 ff., 846, 850–862, 877

Caluori-Lendi Paul (1871–1959), Bonaduz, Tamins II 850 f.

Camenisch Emil (1874–1958), Pfarrer, Valendas I XXXVI, II 656 ff., 663, 688

Camenisch Johann David (1876–1965), Hauptmann, Sarn III 241 f.

Camenisch Josef (1868–1945), Lehrer, Morissen II 452 ff.

Camenisch Otto (1869–1953), Hirt, Schuhmacher, Riein II 387, 605–615

Caminada Christian (1876–1962), Bischof von Chur II 587 ff.

Caminada Johann Georg (1883–1949), Almens III 90 f.

Caminada Peter Antoni (1870–1951), Küfer und Senn, Vrin II 579–583

Campell-Thom Andreia (1877–1952), Ardez III 566 f., 607

Campell-Thom Chatrina (1891–1974), Ardez III 487, 545, 551–567, 580 ff.

Candinas Carli (1869–1954), Küfer, Surrein II 210 f.

Candinas (N. N.), Surrein II 204

Candrian Walter (1894–1948), Lehrer, Sagogn II 766 f.

Canta Orsolina (1875–1946), Haushälterin, San Vittore III 855 ff.

Cantalupi-Gasparoli Adelina (1865–1959), Sta. Domenica III 938–941

Cantalupi Cesarina (1906–1981), Sta. Domenica III 934–938

Capaul-Gienuth Alberta (1877–1956), Realta III 231–234

Capaul Georg (1879–1951), Schuhmacher, Lumbrein II 549, III 39, 41 f.

Capaul Jakob Fidel (1874–1952), Realta III 231 f.

Capaul Lorenz (1862–1945), Posthalter, Paspels III 52

Capaul-Capaul Maria Urschla (1879–1964), Lumbrein II 492, 550–573

Capaul Sep Antoni (1867–1946), Stör-Schuhmacher, Lumbrein I 323

Capaul-Casanova Turtè (1871–1954), Lumbrein II 541–546

Capeder Emil (1874–1947), Kantonsschullehrer, Chur I 660 f., 690, 886

Capeder Mathias (1874–1963), Lehrer, Kreispräsident, Duvin II 631

Caplazi-Candinas Onna Mareia (1873–1955), Surrein II 207 f.

Caprez Adolf (1898–1982), Trin II 785

Caprez Jeremias (1883–1961), Senn, Trin II 782, 786 f., 790

Capriroli Antonia (1857–1954), Sta. Domenica III 932 f.

Capriroli Emilia (* 1920), Sta. Domenica III 942–945

Carigiet Giachen Antoni (1871–1943), Danis II 244 f.

Carisch Bistgaun (1895–1962), Landwirt, Schnaus II 363, 384–393, IV 24

Carisch Jakob (1865–1946), Lehrer, Andiast II 338–341

Casal-Koch Eva (1888–1963), Tamins II 869, 872 f.

Casal Margret (* 1922), Hauswirtschafts-lehrerin, Tamins II 822 f., 825, 835, 842, 853, 869–873, 877 ff., 913

Casanova Anton (* 1917), Obersaxen II 298, III 272, 284

Casanova-Hartmann Emilie (1888–1955), Trimmis I 87 f.

Casanova Francestg (1860–1947), Landwirt, Vrin II 574–578

Casanova Franz (* 1919), Ladir II 131, 191 f., 400, 402 ff.

Casanova Johann (1872–1956), Obersaxen II 297 f.

Casanova Josef Anton (1883–1962), Senn, Obersaxen II 282 f., 285, 306 f., 322, 337

Casanova Onna Clara (1872–1950), Vella II 471–476

Caspar-Caderas Dora (1904–1962), Schmitten III 353 ff.

Caspar-Romagna Maria (1885–1957), Schneiderin, Hotelangestellte, Fürstenau, Schmitten III 206, 355–362

Castrischer Christian (1897–1967), Flims II 768 f.

Castrischer Durisch (1858–1946), Maler und Landwirt, Flims II 767 ff.

Casura Gion Rest (* 1899), Falera II 750

Casutt Flurin (* 1897), Müller, Falera II 400 f., 750

Casutt Josef (1871–1962), Schmied, Falera II 749 f.

Casutt-Seeli Madlena (1878–1955), Wirtin, Falera II 745–751, 755

Casutt-Casutt Maria (1874–1945), Falera II 760 ff.

Casutt Maria Catrina (1908–1962), Falera II 751–757

Casutt-Caduff Rosalie (1872–1939), Wirtin, Ilanz, Tavanasa II 223

Cathomen-Cahannes Anna Catrina (* 1907), Tavanasa II 226, 229 f.

Cathomen Marcel (* 1935), Ofenbauer, Plattenleger, Tavanasa II 230 f., 354, 401

Cathomen-Berini Monica (1899–1984), Falera II 304, 757 ff.

Cavegn Culastia (1907–1978), Rueras II 51, 62–70

Cavegn Duri Vigeli (1874–1952), Landwirt, Rueras II 60 ff.

Cavegn-Hetz Giachen Fidel (1871–1954), Postfuhrmann, Rueras II 56–59, 69 f., 74

Cavegn-Caduff Gion (* 1914), Morissen II 454 f.

Cavegn Gion Giachen (1876–1952), Landwirt, Vella II 457–461, 463–471, 476, 488, 494, 529, 551

Cavegn Luregn (1873–1945), Schreiner, Vella II 471

Caviezel-Conrad Angialina (1896–1972), Rodels III 125, 128 f., 131 ff., 135 f., 166, 174

Caviezel Gion Fidel (1867–1951), Senn, Rhäzüns, Tumegl, Rodels III 96, 111, 125–137, 166, 308

Caviezel-Arpagaus Marionna (1875–1950), Siat II 373 f., 380

Caviezel Nina (1906–1990), Thusis III 197 f., 201, 209, 225

Caviezel-Solinger Ottilia (1904–1980), Ardez III 541

Caviezel Rest Giusep (1883–1963), Posthalter, Vrin II 580, 585

Caviezel Sep Anton (1870–1955), Cons II 583 ff.

Caviezel-Christoffel Therese (1875–1946), Rodels III 137 f.

Caviezel Valentin (* 1930), Schreiner, Vrin, Chur II 585 ff.

Cavigelli Giacun (1901–1977), Wirt, Rueun II 358 ff.

Cavigelli Johann Florin (1881–1947), Siat II 361 ff.

Cavigelli-Tschuor Ursula (1879–1953), Siat II 361, 363 f.

Censi Antonio (1872–1958), Senn, Eisenbahnarbeiter, Norantola III 737–746, 750, 845 f., IV 26

Cerletti-Pajarola Sofia (1861–1945), Ilanz II 398 f.

Cerutti-Denicolà Agnese (1859–1945), Rossa III 949–953

Chevalley-Battaglia Regina (1890–1967), Paspels III 57, 75–80

Christoffel Julius (1887–1959), Taglöhner, Knecht, Almens, Rodels III 138–147, 969 f.

Christoffel Philipp (1875–1949), Riein II 615 f.

Ciocco Walter (1903–1956), Lehrer, Hotelier, Mesocco III 689 f.

Claglüna Eduard (1882–1950), Ardez, Sta. Maria i. M. III 406

Clalüna Barbla (1877–1956), Ardez III 582 ff.

Clalüna Otto (1883–1947), Ardez III 582 f.

Clement Christian (1874–1954), Landwirt, Praden I 604, 618 ff.

Clement-Jeger Elisa (1880–1961), Molinis
I 815

Clement-Pargätzi Maria (* 1909), St. Peter
I 464 ff.

Cloetta Barbla Mina (1879–1946), Tschlin
III 434

Cloetta Gian Gianett (1874–1965),
Lehrer, Tschlin III 433 f.

Collenberg Anton (1874–1955), Cumbel
II 424

Conrad Fanny (1878–1962), Näherin, Rodels
III 111, 125, 136, 166–174

Conrad Friedrich (1878–1947), Rodels
III 124, 169

Conrad Hans (* 1911), Elektriker, Rodels
III 124 f.

Conrad Niklaus (1855–1941), Landammann,
Davos Glaris I 279, 305, 309

Conrad Paul (1857–1939), Seminardirektor,
Davos I 279, 736 f.

Conrad-Mark Paul (1910–1982), Bauarbeiter,
Rodels III 164 ff.

Conrad-Jörimann Ursula (1866–1956),
Tamins II 866

Conrad-Haßler (N. N.), Frau (* 1886),
Maladers, Rodels I 903

Coray-Padrun Barbara (1840–1922), Sagogn
II 762 f.

Cotti Andreas (1898–1976), Polizist, Sur,
Rueun III 378–381

Curschellas-Bisquolm Catrina (1894–1965),
Chur, Compadials II 197

Damur-Goop Margret (1869–1965), Chur
I 628, 650–654

Danuser Baltasar (1857–1939), Landwirt,
Langwies I 400, 403 ff., 408, 763, 771, IV 24

Danuser Dorothee (1873–1947), Litzirüti
I 360 f., 754

Danuser Fridolin (1883–1965), Landwirt,
Mastrils I 37–41, 696

Danuser Jakob (1860–1949), Landwirt,
Litzirüti I 356, 358, 360, 375, 402, IV 24

Danuser Jann (1855–1935), Landwirt,
Litzirüti I 356–360, 375, 402 f., 409, 753 ff.,
IV 30

Darnuzer Kaspar (1871–1960), Landwirt,
Jenaz I 732 ff.

Däscher-Hermann Else (1898–1976),
Langwies I 408

Deboni-Casutt Maria Catrina (1868–1951),
Munt II 643 ff.

Decasper Fidel (1886–1950), Paspels III 78 f.

Dedual-Naescher Eugen (1899–1968),
Staatsanwalt, Chur, Burvagn III 370–378

Deflorin Christian (1878–1963), Bahnwärter,
Pagig I 488 f.

Deflorin Gion Battesta (1871–1942), Mompé
Tujetsch II 159 ff.

Deflorin-Venzin Gion Battesta (1900–1988),
Mompé Tujetsch II 161

Degiacomi Cristina (1870–1958), Rossa
III 734, 953 f.

Degiacomi Fedele (1878–1952), Augio III 946

Degiacomi Margherita (1864–1948), Rossa
III 954 f.

Degonda Marionna (1869–1949), Rabius
II 214 f.

Del Storno Giuseppe (1851–1942),
Bärenjäger, Leggia III 762 f.

Demott Anna Ly (1880–1969), Zernez
III 366, 477, 533, 641–648

Denicolà Vereconda (1867–1946),
Augio III 948

De Nigris Giuseppe (1852–1947), Maler,
Mesocco III 690–695

Denoth-Janett Tina (Katharina)
(1889–1986), Tschlin III 424–427, 429

Deplazes Fidel Antoni (1886–1957), Surrein
II 200, 209 f.

Deplazes Gion Battesta (1862–1946), Surrein
II 209

Deplazes Gion Victor (1866–1952),
Flaschner, Surrein II 211 f.

Deplazes-Beer Maria (1887–1971), Rabius
II 214

Deplazes Tumaisch Alois (1868–1952),
Landwirt, Schnitzer, Rabius II 212 ff.

Depuoz Gieri (1860–1941), Lehrer, Castrisch
II 589–593

Dermont Plasch (1916–1978), Lehrer, Rueun
II 358 ff.

Derungs-Walther Elisabeth (1866–1955),
Hebamme, Schnaus, Ilanz II 404 f.

Derungs Geli (1877–1960), Knecht, Riein,
Valendas II 602 ff., 622 f., 657

Derungs Gion Hercli (1863–1952), Camuns,
Tersnaus II 636 f.

Derungs-Jehli Margrit (1880–1961), Hotelangestellte, Realta III 234–239

Derungs Rest Antoni (1885–1960), Landwirt, Vella II 476–484

Desax Baseli (1861–1946), Schreiner, Zimmermann, Portier, Disentis II 157, 176–180

Desax Francestg (1874–1945), Schreiner, Disentis II 169–176, 182

Dethomas Johann (1874–1952), alt Gemeindepräsident, Müstair III 420–423

Dettli Julius (1895–1973), Zahnarzt, Davos, Chur I 325

Dettli-Giesch Margrit (1887–1956), Masein, Thusis, Chur I 659, III 214

Dicht Hans Rudolf (1861–1951), Klosters I 270 f.

Diener Hans (1870–1942), Zimmermann, Landwirt, Molinis I 522, 801 f.

Diener Josef (1873–1966), Molinis I 498

Dolf Johannes (1875–1955), Senn und Schuhmacher, Igis I 122–126, IV 24

Dolf Nanette (1881–1964), Igis I 118

Domenig-Pfister Emma (1869–1959), Dübendorf, Tamins II 863–866

Domenig-Koch Nina (1881–1961), Tamins II 869

Donau-Brunold Eva (1888–1956), Peist I 444–449, 762, 774 f., 779 f.

Donau Georg (1851–1939), Landwirt, Peist I 432 f., 777 f., 783

Donau Georg (* 1925), Landwirt, Peist I 444, 448 f.

Donau-Caviezel Georg (1889–1969), Wegmacher, Castiel, Lüen, Peist I 449–454, 782

Donau Jakob (1867–1956), Landwirt, Peist I 322, 391, 410, 417–432, 434, 440, 447, 532, 553 f., 560, 569, 762 f., 765–778, 786, 884, III 242, IV 19, 23, 30

Donau Jakob (1878–1962), Pagig, Portein III 242 ff.

Donau Menga (1863–1947), Lüen I 428, 471, 504, 548–553, 692 f., 822 f.

Donau Menga (* 1928), Lüen I 553, 823

Donau Padrutt (1876–1969), Landwirt, Peist I 443 f., 448 f., 772, 780 f., IV 26

Donau-Hänny Ursula (1882–1969), Glas, Portein III 244 f.

Donau-Heinz Ursulina (1878–1971), Jenins, Chur I 144

Dönier Nina (1882–1963), Lingerieleiterin, Thusis III 214 f.

Dönz Simon (1862–1943), Putz I 224 f.

Dünser Johann (1895–1982), Alphirt, Trimmis I 43 f.

Durisch Julius (1869–1950), Brienz, Alvaneu Bad III 335–340

Durisch-Zarn Onna Maria (1900–1984), Domat/Ems II 899, 915–918

Eggler-Brunold Anna (1890–1971), Maladers I 586, 592, 595

Egli Gadient (1885–1958), St. Antönien-Ascharina I 237, 241

Engel Jakob (1888–1953), Landwirt, Langwies I 409 ff., 763

Engel Kaspar (1882–1977), Alphirt, Senn, Futterknecht, Gemeindepräsident, St. Antönien I 236–241

Engel Lienhard (1856–1941), Landwirt, Langwies I 403

Engeli Hans (* 1928), Thusis III 215, 218 f.

Engeli-Mark Ursula (1900–1977), Pratval, Thusis III 103, 108, 151, 164, 209, 215–221, 258

Engi Christian (1861–1946), Lehrer, Davos I 289–292, 737

Engi Christian (1864–1955), Bäcker, Versam II 695–699

Erhard Luzi (1871–1936), Jäger, Furna I 207 f., 218, IV 30

Etter-Gees Rosa (1891–1961), Wirtin, Almens III 104

Ettinger Peter (1852–1934), Davos Sertig I 315

Fahrner Georg (1875–1951), Maler, Sta. Maria i. M., Scuol III 491

Färber-Etter Menga (1871–1958), Tamins II 795, 867 f.

Fässler-Bisquolm Maria (* 1915), Disentis II 187 ff.

Felice-Papa Costanza (1889–1951), Wirtin, Augio III 946 f.

Fetz-Rudolf Rosalie (1871–1946), Wirtin, Domat/Ems II 889–892

Filli Jachen (1885–1960), Zimmermann,
Tanzgeiger, Waldarbeiter, Guarda
III 591–594

Fink Angelo (1915–1979), Maler, Almens
III 102 ff.

Fink-Locher Kathrine (1873–1960), Almens
III 91–94

Finschi Lienhard (1871–1957), Safien II 727 f.

Fleisch-Heinrich Anna (1873–1948), Castiel,
St. Peter I IX, XI, 418 f., 467–478, 521, 524,
532, 770 f., 785, 788–796, III 670, IV 19

Fleisch Emerita (um 1947), St. Peter I 470

Fleisch-Heinrich Eva (1865–1943), Lüen
I 553–557, III 407

Fleisch Johann (1854–1948), Lehrer,
Landammann, Lüen I 566

Flisch-Buchli Anna-Barbara (* 1873), Chur
II 930 f.

Florin Margret (1873–1953), Sufers
III 316

Florin Mathis (1882–1960), Bauarbeiter,
Landwirt, Igis I 116 f.

Florineth Jon (* 1910), Schreiner, Ftan III 34,
492, 502 f., 506

Florineth Peter (1881–1957), Müller, Ftan
III 503

Flütsch-Boner Anna (1861–1953), Saas I 233,
247 f.

Flütsch Christian (* 1888), Oberlehrer,
Valendas II 658–671, 673

Fontana Chatrina (1900–1983), Susch
III 594, 612

Fontana-Barfuss Elsbeth (1866–1963), Igis
I 727

Fontana Lorenz (1893–1953), Lehrer,
Cumbel II 418 ff., 448

Francetti Giuseppe (1851–1945), Glaser,
Lostallo III 727 ff.

Franciolli-Bugada Natalina (1874–1946),
Lostallo III 725 ff.

Franzais-ch Jon (1875–1946), Guarda
III 587 ff.

Fratschöl Andreia (1877–1966), Wirt, Ardez
III 541 ff.

Fratschöl Andri (* 1874), Ardez, Ftan III 503,
530

Fratschöl Maria (1884–1960), Ardez III 530 f.

Fratschöl Nuot (1881–1957), Gemeinderat,
Ardez III 531 ff.

Fravi Andreas (* 1899), Aarau, Zernez
III 649 f.

Frehner-Dönier Klara (1885–1968), Thusis
III 215

Frey Ida (*1896), Leiterin des Volkshauses,
Chur I 691

Frey Nikolaus (1896–1970), Hirt, Schuders
I 206 (richtig für: Frey Jakob)

Frigg-Cadisch Nesa (1879–1970), Dalin
III 239 ff.

Frizzi Vittore (1860–1944), pensionierter
Eisenbahnarbeiter, San Vittore III 857 f.

Fromm Marie (* 1897), Malans I 130 ff.,
136, 138

Fulia-Starley Ottilia (1895–1972), Wirtin,
Tschlin III 424, 431 ff.

Fümm-Wolf Michael (1884–1966), Avers
III 289

Furger Antonietta (1864–1951), Lehrerin,
Soazza III 699–702

Gadient-Wilhelm Anna (1863–1945),
Hebamme, Araschgen I 623 f., 909

Gadient Florian (1868–1958), Bademeister in
Alvaneu Bad und St. Moritz I 84, 94 f.,
100 f.

Gadient Johannes (1890–1961), Landwirt,
Trimmis I 63, 83, 88–96, 100, 722

Gadient-Strimer Jörg (1886–1953),
Werkstattmeister SBB, Araschgen I 624 ff.

Gadient-Strimer Mengia (1894–1982), Ardez,
Araschgen I 689, III 543, 545–551, 641

Gadient Peter Florian (1861–1944), Land-
wirt, Knecht, Waldarbeiter, Trimmis
I 57–64, 81, 99, 715 ff.

Gadmer Andreas (1845–1935), Landwirt,
Davos I 277 f.

Gadmer Fida (1861–1956), Davos Clavadel
I 288 f.

Gadmer Heinrich (1898–1946), Landwirt,
Davos, Langwies I LIV, 282, 292–300, 315,
364, 378, 382, 389, 757, IV 24, 27

Gadmer-Gadient Stina (1869–1941), Davos,
Araschgen I 300, 623, 908 f.

Galliard-Pfister Luise (* 1916), Untervaz I 28

Gambon August (1881–1954), Knecht,
Rodels III 147–150

Gambon-Haas Maria Benedikta
(1898–1980), Rodels III 150 f.

Gander Martin (1878–1946), Safien II 731 f.

Ganna-Capriroli Caterina (1858–1947),
Sta. Domenica III 945 f.

Gartmann-Flury Barbla (1868–1946), Susch
III 628 f.

Gartmann-Flury Christian (1878–1947),
Landwirt, Susch III 627–630

Gartmann Elisabeth (1901–1948), Susch
III 630 f.

Gartmann Johann Bartolome (1882–1949),
Kantonsschullehrer, Klosters, Chur
I XXXVI, 248–256, 268, 276, 555, 735 f.

Gartmann Maria (1867–1950), Außerferrera
III 252, 274–277

Gartmann Turteia (1875–1956), Außerferrera
III 252, 272 ff.

Gasparoli Attilio (1909–1970), Sta. Domenica
III 927–932, 943

Gasser Georg (1873–1967), Zimmermann und
Landwirt, Haldenstein I 14–17

Gees-Tscharner Elsbeth (1857–1945),
Scharans III 187 f.

Gees Peter sen. (1863–1954), Almens III 105

Gees Peter (1889–1981), Lehrer, Scharans,
Almens III 94–103, 105–108, 111, 114 f.

Gemperle-Waser Anna (1876–1951),
Bärenburg III 261 ff., 265 ff.

Gemperle-Righini Maria (1887–1954),
San Vittore III 847–854

Geninasca Alice (1895–1973), Roveredo
III 817, 823–829

Giamara Victor (1878–1969), Lehrer, Tarasp
III 513 f.

Giger-Jehli Agnes (1865–1947), Realta,
Rodels III 116–124, 173, 235

Giger Christian Peter (1873–1951),
Gemeindepräsident, St. Martin II 645–648

Giger-Bearth Emanuel (1878–1955), Surrein
II 199–206, 551

Giger-Felix Felizitas (1874–1952),
Haldenstein, Chur I 10–13, 650, IV 24

Giger Johann (1877–1955), Schmied, Medel,
Ilanz II 412

Giger Luzi (1883–1957), Hirt, Knecht, Munt
II 640 ff., 645, 648

Giger Martin (1874–1955), Lehrer,
Haldenstein I 13 f.

Giovanoli Enrico (1872–1956), Posthalter,
Soglio III 674 f.

Giudicetti Ida (1896–1959), Lehrerin,
Lostallo III 722 f., 733

Giuliani Roberto (1881–1957), alt
Bahnbeamter, Poschiavo III 672 f.

Godly Eva (1884–1946), Bergün III 364 f.

Godly Leonhard (1864–1948), Bergün
III 362 ff.

Godly Maria Ursulina (1892–1971), Bergün
III 113, 363 f.

Göpfert Georg (1882–1959), Landwirt,
Schreiner, Jäger, Untervaz I 35

Göpfert Johann (1869–1956), alt Ammann,
Untervaz I 33 f.

Götz Christian (* 1907), Zizers I 113 f.

Götz-Battaglia Christian (1869–1954),
Nachtwächter, Zizers I 113

Götz-Battaglia Hedwig (1866–1951), Zizers
I 112 f., 727

Götz Rudolf (* 1925), Coiffeurgehilfe, Zizers
I 726

Grand Christian (1855–1936), Lehrer und
Landammann, Trimmis I 44 ff., 56, 90, 720

Grass-Brosi Betti (1850–1946), Klosters
I 256–264, 267 f., 270, 276, II 551

Grass-Meisser Christian (1880–1975),
Klosters I 260, 265, 267

Grass Magdalene (* 1910), Klosters I 258

Grass-Meisser Ursula (1877–1954), Klosters,
Chur I 258, 260, 262

Gredig-Rimathé Alma (* 1900), Pontresina
III 667

Gredig Christian (1868–1951), Landwirt,
Safien II 705, 707–715, 727

Gredig-Tester Leonhard (* 1917), Lehrer,
Safien, Chur II 705, 711, 715 ff.

Gredig Paul (1887–1969), Latsch
III 366–369

Gredig-Rimathé Peter (1894–1974),
Wegmacher, Mesmer, Friedhofgärtner,
Zernez, Pontresina III 667 f.

Gredig Ursula (1886–1958), Latsch
III 366–369

Grest-Ludwig Margret (1879–1965), Zizers
I 114

Grischott Moritz (1885–1950),
Betreibungsbeamter, Außerferrera
III 267–273, 281–285

Grond Andrea (1883–1963), Wirt, Müstair
III 414, 416

Grond Tina (1922–1984), Wirtin, Müstair
III 414, 416

Gruber Andreas (1896–1981), Portier,
Schmitten (Albula) III 343 ff.

Gruber Josef (1868–1949),
Schmitten (Albula) III 345 ff.

Gruber Rosa (1869–1950), Hebamme,
Schmitten (Albula) III 343, 345, 347 f.

Guidon-Casparis Deta (1883–1970), Latsch
III 365 f.

Gurt Alois (1862–1945), Waldarbeiter, Sax
I 832, 866

Gurt-Mittner Kathrine (1856–1943),
Hausiererin, Sax I 569, 571 ff., 576,
826–831

Gurt-Mittner Rosina (1867–1949),
Hausiererin, Sax I X, 519, 569 ff., 573–584,
606, 693 f., 831–866, 874, II 893, 898

Guyer Margrit (1917–1974), Thusis III 216

Guyer Robert (* 1918), Thusis III 216, 220

Haas Joseph (1899–1983), Hirt, Rodels
III 158–164

Halter Toni (1914–1986), Sekundarlehrer,
Schriftsteller, Vella II 461 ff.

Hämmerli-Gliott Barbara (1907–1969), Chur
I 661, 695, 709

Hämmerli Peter Walter (1903–1952),
RhB-Beamter, Chur I 661 f., 685 f.

Hartmann-Stock Anna (* 1916), Trimmis I 86

Hartmann-Meier Babette (1890–1974),
Zizers I 114 f.

Hartmann Bernhard (1871–1962), Landwirt,
Senn, Hirt, Trimmis I 85 ff., 721

(Hartmann-)Gadient Elisabeth (1902–1974),
Haushälterin, Trimmis I 89, 92 ff., 96–100,
721

Hartmann Ludwig (1861–1940),
Schuhmacher, Senn und Knecht, Trimmis
I 47–57, 82, 85, 94, IV 30

Hartmann Ulrich (1882–1967), Lehrer,
Fideris, St. Antönien I 241 f., 271

Hartmann-Schrofer Ursula (1862–1937),
Trimmis I 52 ff., 56

Hary-Issler Anna (1883–1951), Davos I 308

Haßler Ulrich (1917–1970), Gemeindeförster,
Maladers I 604 f., 902 f.

Hefti Nanni (1864–1960), Weberin, Scharans
III 182

Heim Hans (1872–1954), Landwirt, Langwies
I 411–416, 762 ff., IV 24

Heinrich Anna (1896–1975), Calfreisen
I 536 ff., 540 f., 544–547, 555 f., 819 f.

Heinrich Johann (1899–1969), Bankbeamter,
Calfreisen I 534, 538 f., 544, 547 f., 614

Heinrich Johannes (1864–1944), Schreiner,
Castiel I 533

Heinrich-Jäger Peter (1880–1976), alt Lehrer,
Calfreisen I 821 f.

Heinrich Peter (1904–1981), Landwirt,
Calfreisen I 536, 544, 547, 819 ff.

Heinz-Frischknecht Luise (1858–1944),
Waldstatt bei Herisau, Sils i. D. III 190

Heinz-Fümberger Michel (1887–1953),
Ramsa, Außerferrera III 277–281

Heinz-Kübler Simon (* 1913), Avers Cresta
III 291 f., 296

Heinz-Kluker (N. N.), Frau, Avers Cresta
III 294 f.

Heldstab Felix (1855–1939), Saas I 245

Heller-Aliesch Heinrich (1896–1978), Davos
I 288

Hendry-Peder Barla Catrina (1879–1957),
Cavorgia II 127

Hendry-Monn Giachen Antoni (1881–1955),
Landwirt, Cavorgia II 113–117, 119, 128

Hendry-Monn Leci (1884–1953), Sur Rain
II 128 f.

Henny Sigisbert (1867–1953), Cazis
III 230

Hermann-Bardola Leta (1890–1956),
Lehrerin, Martina III 434–438

Herrmann Anton (1912–1963), Obersaxen
II 266 f.

Herrmann Martin (1887–1961), Posthalter,
Obersaxen II 261, 288

Hew Jos (1869–1957), Landammann,
Klosters I 269 f.

Hitz-Bärtsch Anna (1859–1946), Seewis
I 162 f.

Hitz Gion Antoni (1873–1955), Förster,
Strahler, Rueras II 71–75, 93

Hitz Mathis (1878–1962), Sattler, Malans
I 141 ff.

Hitz-Joos Ursula (1884–1971), Avers Juf,
Chur III 288 f., 297 f.

Horber Niculin (1879–1971), Mesmer,
Martina III 438 ff.

Horber (N. N.), Sohn des Niculin, Martina
    III 438
Hosang Blasius (Plasch) (1860–1947),
    alt Wagner, Scharans III 178–187, 189,
    IV 26
Hosang Maria (1877–1955), Schneiderin,
    Almens III 113 ff.
Hosig Nikolaus (1871–1959), Landwirt,
    Nufenen III 310–313
Hößli Pauline (1874–1965), Ilanz
    II 413 f.
Hoßmann Anton (1884–1962), Schnaus
    II 393
Huder-Melcher Angèle (1864–1960),
    Sta. Maria i. M. III 398 ff.
Huder-Mettier Ursulina (1878–1969),
    Silvaplana, Sta. Maria i. M. III 400–403
Hug Hans (1841–1936), Untervaz, Maladers
    I 584, 588 f., 889 f.
Hug-Bürkli Johann (1904–1976), Gemeinde-
    ammann, Untervaz I 34 f.
Hug Lorenz (1901–1971), Landwirt, Untervaz
    I 32, 34
Hug Peter (1903–1987), Lehrer, Untervaz
    I 31 f., 34
Hunger-Gredig Elsbeth (1877–1956), Safien
    II 725 f.
Hunger-Derungs Margret (1867–1952),
    Duvin, Safien Neukirch II 632
Hunger Thomas (1868–1953), Posthalter,
    Gemeinde- und Kreispräsident, Safien
    II 632, 718–721, 724 f.
Huonder Curdin (1863–1950), Mompé
    Tujetsch II 78, 151–156, 160
Huonder Mattias (1903–1983), Mompé
    Tujetsch II 156–159

Jäger-Müller Nicolo (1892–1973), Post-
    angestellter, Pontresina, Chur III 669
Jäger-Lyß Nina (1901–1986), Tschiertschen
    I 609, 617, 906
Jäger Peter (1873–1951), Avers III 295 f.
Jäger Ursula (1891–1962), Pontresina
    III 669 f.
Janka Augustin (1901–1975), Schmied,
    Versicherungsvertreter, Ilanz, Obersaxen
    I 679, II 230, 256, 307–311, 316–338, 600
Janka Christian (1878–1950), Landammann,
    Obersaxen II 288

Janka Christian (1913–1983), Pfarrer,
    Obersaxen II 141, 288
Jegen Florian (1880–1955), Zimmermann
    und Landwirt, Klosters I 271 f.
Jeger Christian (* 1923), Molinis I 513 f., 516
Jeger Joos (1891–1967), Bahnhofvorstand,
    Molinis I 529, 802
Jeger-Niggli Margret (1900–1969),
    Posthalterin, Molinis I 512–516, 518, 814 f.
Jeger Marie (* 1924), Molinis I 513
Jegi Benedikt (1895–1969), Molinis I 521 f.,
    800
Jegi-Jeger Marie (1870–1943), Molinis I 521,
    553, 815 f.
Jenny-Ambühl Christian (1873–1943),
    Mesmer und Schulabwart, Davos Glaris
    I 309
Jenny Kaspar (1899–1972), Schulabwart,
    Davos I 309 f.
Jenny-Ambühl Magdalena (1873–1958),
    Davos Glaris I 300, 303, 309 ff., 320, 322
Jeuch Hans (1896–1954), Grenzwächter,
    Seewis, St. Antönien I 241 f.
Joos Alexander (1872–1959), Zimmermann,
    Landwirt, Versam II 698 f.
Joos Christian (1872–1951),
    Gemeindeammann, Trimmis I 61 f., 65
Joos-Gadient Elisabeth (1890–1974),
    Trimmis I 58 f., 65 ff., 76, 717 f.
Joos Josef (1902–1972), Landammann,
    Trimmis I 97
Joos Kaspar (1902–1968), Landwirt,
    Landammann, Untervaz I 21, 32, 35 f.
Joos Kathrine (1856–1946), Andeer III 246 f.
Joos Lorenz (1873–1962), Historiker,
    Konservator, Valendas, Chur I 114, 146,
    692, II 658–661, 665, 668, 674, 678, 681,
    683 f., 686–695, 829, 884
Joos Peter Florian (* 1920), Trimmis I 65,
    67 ff.
Joppini Adolfo (1860–1944), Bauer,
    Waldarbeiter, Roveredo III 813 f.
Jörimann-Domenig Babette (* 1914), Tamins
    II 838
Jörimann Christian (1882–1935), Gärtner,
    Fabrikarbeiter, Tamins, Grenchen II 414,
    667, 790–795, 833, 863, 869, 893
Jost-Davatz Anna (1864–1957), Fanas I 194 f.,
    198 f., 203 f.

Jost Georg (1859–1948), Landwirt und Imker, Fanas I 194–204

Jost Georg (1893–1975), Dr. phil., Fanas I 194, 196, 210

Jost Jakob (1899–1984), Theologe, Fanas I 194, 196, 198, 200 f., 204

Josty-Zanetti Dumeng (1876–1965), Ftan III 504 f.

Juon Bartolome (1877–1955), Landwirt, Safien II 709

Juon-Claglüna Gretta (1892–1977), Susch III 640

Juon Johann (1883–1964), Landwirt, Almens III 90, 97 ff., 102 ff., 108 f., 115

Kauf-Jost Margrit (1879–1964), Wirtin, Igis I 117 f.

Kieni Felix (1860–1945), Tamins II 822 f., 825 f., 829–832, 839, 841

Kieni Jakob (1884–1962), Hirt, Tamins II 823 f., 849

Kieni Ursula (1863–1944), Dienstmädchen, Tamins II 790, 810, 813, 822–847, 867, 869, 872, 877, IV 30

Kieni-Mark Ursula (1865–1947), Scharans III 188

Kindschi-Michel Christina (1883–1964), Davos Frauenkirch I 317, 323

Klaas Steivan (1859–1947), Scuol III 491 f.

Klucker Christian (1864–1948), Weißküfer, Avers Madris, Ramsa III 273, 292 ff.

Kluker-Heinz Anna (1895–1983), Avers Cresta III 295 ff.

Knaus Georg (1873–1952), Landwirt, Molinis I 523, 801

Knecht Augustin (1871–1960), Taglöhner, Ilanz II 124, 405–409

Koch Helene (* 1924), Lehrerin, Tamins II 875

Koch Lienhard (1898–1988), Landwirt, Tamins II 840, 874 f., 877

Koch Lienhard (* 1926), Landwirt, Tamins II 875 f.

Koch-Prader Marie (1888–1974), Tamins II 882

Koch-Meier Rosa (* 1899), Tamins II 866 f.

Koch Ulrich (1877–1967), Bauführer, Gemeindepräsident, Tamins II 825, 833, 838, 845, 852 f., 856, 874, 878 f.

Kocher Hans (1861–1948), Bauer, Maienfeld, Versam I 151 f.

Kohler-Joos Dorothea (1883–1970), Untervaz I 21, 24, 28–31, 33 f., IV 24

Kollegger Anton (1885–1970), Wasenmeister, Grüsch I 194

Könz Andrea (1881–1965), alt Konsumverwalter, Ardez III 531 f., 551

Könz-Claglüna Anna (1888–1968), Ardez III 527–531

Könz Domenica (* 1922), Ardez III 527–530

Krättli Andreas (1893–1986), Postbeamter, Malans, Aarau I 128, 138

Krättli-Rupp Anna (1901–1973), Bäuerin, Trimmis, Igis I 66, 72–80, 83 f., 717, 719 ff.

Krättli-Allemann Barbara (1860–1947), Untervaz I 22 ff., 713

Krättli-Göpfert Johann (1888–1967), Landwirt, Untervaz I 18, 33

Krättli-Krättli Kathrine (1896–1971), Untervaz I 27 f., 393, 714

Krättli-Valentin Leonhard (1886–1946), Arosa, Chur I 336, 687 f., 695

Krättli-Göpfert Marie (1896–1977), Untervaz I 33

Krättli-Valentin Mengia (1886–1958), Köchin, Sent, Chur III 479 ff.

Krättli-Stecher Paula (* 1911), Chamues-ch, Chur III 665 f.

Krättli Rudolf (1877–1942), alt Landammann, Igis I 729

Kressig Johann (1885–1967), Landwirt, Tumegl / Tomils III 43–47

Kunfermann-Jäger Anna (1861–1952), Avers III 288 f.

Kunfermann-Luzi Georg (1873–1957), Landwirt, Scheid III 7, 16–24, 31, 33, 969

Kunfermann-Battaglia Johann (* 1915), Scheid III 33

Kunfermann-Battaglia Nina (1915–1988), Scheid III 34

Kunz-Robbi Maria (* 1900), Kunstgewerblerin, S-chanf III 657–660

Kuoni-Mutzner Barbara (1873–1959), Maienfeld I 152–156

Laely Andreas (1864–1955), Ständerat, Davos I 276

Lanz Jakob (1866–1945), Jäger, Zernez I 208

Lechmann Josef (1904–1983), Vella II 484

Lehmann-Mößner Maria (1866–1954), Zizers I 110 ff.

Lendi Agnes (1890–1986), Tamins II 824 f., 875, 879–882

Lendi Karl (1898–1968), Sekundarlehrer, Chur I 689, II 933 f., 940 f.

Levy-Berther Gion Antoni (1873–1952), Jäger und Strahler, Disla II 194 f.

Lietha Barbara (1859–1947), Seewis i. P. I 163

Locher Christian (1904–1962), Fabrikarbeiter, Almens III 111 ff.

Loretz-Peder Onnamaria (1862–1946), Selva II 31 f.

Loretz Betty, Hinterrhein III 308

Lorez-Schmid Kathrine (1861–1959), Arosa I 350–355, 359, 742 ff.

Losa Carlo (1874–1954), Roveredo III 814 ff.

Luban Salman (1893–1954), Arzt, Grono III 782 f., 870

Luck-Auer Elisabeth (1864–1948), Grüsch I 166–172, 729 f.

Ludwig Maria (1883–1977), Hotelangestellte, Ardez, Scuol III 481–491, 552, 556

Ludwig Mengia (1898–1974), Hotelangestellte, Ardez, Scuol III 487 f., 555

Lütscher Georg (* 1914), Arosa I 749

Lütscher Jakob Ulrich (1859–1943), Haldenstein I 3–6, 17, IV 30

Lütscher Peter (1872–1959), Haldenstein I 4, 17 ff.

Lütscher-Mettier Verena (1890–1957), Arosa I 337, 340, 745

Luzi Luzius (1882–1949), Scheid III 24 f.

Luzi-Battaglia Maria (1875–1947), Scheid III 15, 31 ff.

Luzi-Battaglia Stefan (1870–1966), Schreiner, Senn, Landwirt, Imker, Scheid III 25–31, 969 f.

Lys-Jenny Maria (1854–1940), Praden I 616 ff.

Lyß Christian (* 1882), Chur, Lenz I 687

M. L. (* 1898), Ftan III 447, 500 ff.

Maier Christian (1864–1940), Ammann, Trimmis I 69 f., 719

Maissen-Mirer Anna Maria (1883–1961), Wirtin, Tavanasa II 225 f., 232

Maissen Bernard (1881–1952), Disentis II 182

Maissen Donat (* 1905), Kaminfegermeister, Ilanz, Compadials II 197 f.

Maissen-Huonder Giachen Giusep (1872–1956), Schuhmacher, Acletta II 162–165

Malär Anton (1892–1979), Bürochef Rhätische Bahn, Trimmis I 50

Mani-Kobel Annamarie (1875–1945), Pignia, Andeer III 251 f.

Mani-Gartmann Engeline (1863–1947), Andeer III 246

Mani-Kobel Nikolaus (1868–1947), Außerferrera, Andeer III 251–254

Manzoni Sabina (1883–1975), Magd, Kleinbäuerin, Castaneda III 765, 869–898, 901

Marchion Anna Marie (1872–1949), Valendas II 665

Marchion-Schumacher Barbara (1847–1918), Urmein, Valendas II 658–671

Marchion Claudia von (* 1871), Valendas II 666

Marghitola-Rigassi Clementina (1872–1959), Landarenca III 918

Marghitola Nicolao (1900–1987), Landarenca III 918 f.

Marghitola-Fondini Orsola (1863–1942), Arvigo III 906 f.

Margna Antonio (1860–1942), Arvigo III 905 f.

Mark-Juon Barbara (1877–1949), Thusis III 222 f.

Mark Luzi (1873–1952), Pratval, Thusis III 215 ff., 219, 221

Mark Thomas (1873–1957), Pratval, Almens, Thusis III 221 f.

Markés-Claglüna Arnold (1885–1947), Chur, Ardez III 533–536, 545

Marquart-Kunz Elsbeth (1888–1962), Wirtin, Scharans III 180 f., 189

Marquart Johann Thomas (1897–1985), Bauer und Fabrikarbeiter, Scharans III 188 f.

Marqués-Pargätzi Ursula (1874–1958), St. Peter I 460 ff., 785 f.

Martelli-Tamoni Giulietta (1895–1975), Privatlehrerin, Cama III 749–753

Massera Martina (1860–1955), Taglöhnerin, Mesocco III 685 ff., IV 27

Mathis Magdalena (1873–1965), Jenaz I 734 f.

Mazzolini Martina (1873–1959), Mesocco III 683 ff.

Mazzoni Emilia (1880–1941), Sta. Domenica III 941

Mehr-Truaisch Maria (1864–1949), Mompé Medel II 161 f.

Meiler Agnes (1886–1969), Flims II 769–773

Meisser Jakob (1855–1942), Landwirt, Davos I 280 f., 316

Meisser (N.N.), Knecht, Davos I 317

Meli-Ammann Luise (1864–1947), Chur I 631–650, 679, 689, III 662

Meli-Meli Maria (* 1888), Chur I 632, 638 f., 644

Meli Nikolaus (1889–1968), Chur I 644

Meng Johann Ulrich (1887–1988), Ammann, Trimmis I 54, 725

Messmer-Taverna Daniel (1893–1962), Mesmer, Susch III 612, 618, 635 ff.

Messmer-Taverna Johanna (1894–1969), Susch III 608, 622 f., 639 ff.

Messmer-Derungs Rosina (1863–1946), Susch III 624–627, 635 f.

Mettier Bartli (1851–1934), Landwirt, Arosa I 331–337, 340, 352, 741 f., 745 f., IV 30

Mettier-Beeli Christian (1861–1951), Landwirt, Langwies I 292, 323, 337, 352, 357, 362–391, 393, 400, 402, 404 f., 416, 451 f., 454 f., 755, 757, 762, 769, 793, IV 26

Mettier-Lütscher Christian (1878–1964), Landwirt, Arosa I 337–346, 353, 355, 395, 427, 742, 748–753

Mettier-Beeli Marie (1865–1943), Langwies I 362–366, 756, 811

Mettier Nina (1903–1983), Langwies I 363 f., 370 f., 375 f., 378–382, 387, 389, 390, 437, 756–763, IV 24, 26

Mettier Peter (1883–1954), Landwirt, Langwies I 406 f., 451

Mettier Peter (1884–1960), Langwies I 407, 761

Meuli-Sonder Hans (1886–1968), Gemeindepräsident, Nufenen III 307, 310

Meyer Christian (1904–1942), Typograph, Chur I 654–657

Michael Christian (1892–1971), Bahnhofvorstand, Lüen I 548, 566 ff., 825 f.

Michael-Wilhelm Ursula (1854–1941), Pagig I 487

Michel Hans (1884–1951), Knecht, Igis I 116

Michel Johannes (1885–1967), Lehrer, Landwirt, Überlandquart I 191 ff.

Michel Kathrina (1871–1955), Posthalterin, Grüsch I 193

Michel-Monsch Martha (1889–1974), Zizers I 109 f.

Michel Ursula (1886–1952), Grüsch I 188–192, 730 f.

Mirer Maria Ursula (1878–1962), Obersaxen II 280

Mirer Martin Anton (1877–1959), Postkutscher, Obersaxen II 258, 262–284, 313

Mirer Melchior Anton (1861–1944), Wirt, Obersaxen II 225, 232, 257–263, 265 f., 306

Mohr Gian Rudolf (1885–1956), Stadtpräsident, Chur I 687, 689

Möhr-Rüedi Dorothee (1877–1962), Maienfeld I 156

Möhr-Rissi Paul (1905–1980), Maienfeld I 157

Monn-Deragisch Catrina (1887–1968), Bugnei II 79, 130–150

Monsch-Götz Ida (* 1895), Zizers I 103 f., 108 f.

Monsch Kaspar (* 1919), Lehrer, Zizers I 108

Monsch-Meier Kathrine (1853–1946), Zizers I 101–108, 114, 585, 725 f.

Montalta-Schuoler Maria (1859–1946), Ilanz II 412

Mooser Anton (1860–1947), Schlossermeister, Burgenforscher, Maienfeld I XXXVI, 39, 149 ff., 787, 874, II 686

Morell-Stupan Betta (1889–1971), Ardez III 540 f.

Morell-Stupan Giacomin (1887–1972), Landwirt, Ardez III 536–541, 580

Morell Otto (1879–1950), Landammann, Guarda III 587, 589 ff.

Morellini-Gurt Peter (1907–1985), Maladers I 841, 867

Morellini-Gurt Seraphine (* 1912), Sax I 574, 836, 840, 850, 867

Motalla Virginia (1867–1949), Verdabbio, Sorte III 736 f.

Mucellini Cristina (1866–1943), Carasole III 808–813, 974

Müller Anton (* 1923), Handlanger, Almens III 109 ff.

Müller Dortee (1882–1957), Davos I 306 ff., 321

Müller Elisabeth (1870–1951), Chur I 665 f., 695

Müller-Planta Friedrich (1901–1963), Gärtner, Susch III 637 f.

Müller-Gees Margreth (1866–1951), Bergün III 365

Müller-Müller Nina (1889–1971), Wirtin, Davos Monstein, Chur I 311 ff., 322

Nadig-Bossi Ursula (1876–1955), Wirtin, Brienz III 323–329

Nauli Theresia (1864–1956), Tumegl / Tomils III 8, 43, 47–52

Nay Johann Albert (1855–1941), Schmied, Tavanasa II 219–224

Negretti Alberto (* 1916), Landarenca III 914 f., 917–920

Negretti Alfredo (1903–1973), Landarenca III 920 f., 923

Negretti Costanza (1870–1954), Landarenca III 913 f., 921

Negretti-Macullo Natalina (1894–1982), Landarenca III 915 ff.

Negretti Olimpia (* 1912), Landarenca III 912 f.

Neuhaus Mengia (1870–1949), Tschlin III 426–429, 434, 440

Neuwirth-Casanova Mierta (1867–1965), Lumbrein, Sevgein II 548 f.

Nicca, Familie, Obertschappina III 245

Nigg Johann (1878–1958), Landwirt, Landammann, Rofels I 148

Niggli-Walser Deta (1868–1955), Grüsch I 731

Niggli-Pieth Maria (1873–1950), Molinis I XLVII, 512 f., 515–521, 523 f., 554, 784, 792, 812 f., 816

Niggli Thomas (1883–1961), Klosters I 268 ff.

Noi Pietro (1861–1942), Bauer und Maler, Leggia III 756–762

Nold Christian (1877–1971), Landwirt, Felsberg II 920 f.

Nold-Nold Paul (*1919), Archivbeamter, Felsberg II 922 f.

Nuotclà Chatrina (1869–1954), Ftan III 508, 512 f.

Obrecht-Comminoth Dorothee (1876–1965), Maienfeld, Jenins I 157

Olgiati Elise (1862–1946), Pontresina, Chur III 670 f.

Oswald Martin (1895–1966), Ilanz II 399 f.

Ott Domenica von (* 1923), Sozialarbeiterin, Grüsch I 178, 180

Pacciarelli-Santoro Maria (1877–1952), Wirtin, Sta. Maria i. C. III 873, 877, 900 ff.

Padrutt-Wolf Christine (1873–1962), Chur I 661, 667 ff., 695 f.

Paggi-Parolini Maria (1896–1990), Lehrerin, Grono, Braggio III 770–773, 783–791, 909 ff.

Papa Ernesto (1908–1975), Posthalter, Augio III 946 f.

Papa-Gamboni Eugenia (1864–1955), Rossa III 955–964

Papa Filomena (1852–1941), Braggio III 909

Pappa-Rageth Barbara (1872–1959), Thusis III 200

Pargätzi-Ardüser Deta (1866–1946), St. Peter I 457 f.

Pargätzi Jakob (1877–1963), Schmied, Landwirt, St. Peter I 462, 466 f., 788

Pargätzi Jos (1865–1953), St. Peter I 693, 786 f., 792

Pargätzi-Wieland Nina (1879–1954), St. Peter I 463–466

Pargätzi Peter (1865–1953), Landwirt, St. Peter I 460 ff.

Pargätzi-Ardüser Peter (1859–1944), Landwirt, St. Peter I 457–460, 784 f.

Parpan Anton und Söhne, Obervaz III 321 f.

Patt Fidel (1859–1943), Taglöhner, Rothenbrunnen III 43

Patt-Keßler Hilarius (1859–1939), Landwirt, Polizist, Castiel I 473 f., 529–532, 672, 789, 816 f., 825

Patzen Kaspar (1893–1953), Lehrer,
    Scharans, Almens III 96 f.
Peder Gion Mihel (1904–1957), Lehrer, Selva
    II 33 f., 47–50, 53, 79, 150 f., 159
Peder Johann Anton (1866–1959),
    Posthalter, Selva II 25 f.
Peder Leci Anton (1866–1946), Cavorgia
    II 78, 118–123, 405
Peder Maria Genoveva (1900–1970),
    Cavorgia II 124 f.
Peder Placi (* 1917), Postbeamter, Selva, Chur
    II 16, 30, 106
Peder Vigeli (1892–1958), Eisenbahnarbeiter,
    Maurer, Landwirt, Selva II 13, 18, 33–53,
    78
Peduzzi-Margna Eleonora (1900–1987),
    Landarenca III 917
Peduzzi Ulderico (1856–1949), San Vittore
    III 843–847
Pelican Gion Giusep (1864–1944), Vrin,
    Lumbrein II 546 ff.
Pellegrinelli Giacomo (1865–1941), Bauer,
    Bergamo, Norantola III 746 ff.
Perini (N. N.; *1867), Frau, S-chanf III 660 f.
Perl-Perl Anna Planta (1897–1951), Lavin,
    Ardez III 456, 515–521, 536, IV 19
Perl-Stupan Gretta (1866–1951), Ardez
    III 514 f., 519
Perl Margeritta (1884–1956), Sprachlehrerin,
    Sta. Maria i. M. III 404 f.
Petschen Maria (1872–1952), Disentis
    II 166–169, 192
Pinösch Tön (1872–1950), Ftan III 500,
    505–512
Piubellini Maurizio (1871–1958), Hirt,
    Veltlin, Molina-Buseno III 902 ff.
Planta-Vetsch Bertha (1875–1962), Davos,
    Susch I 318–321, 741, IV 24
Planta Jachen (1899–1987), Susch
    III 637–640
Platz-Ragettli Maria Magdalena
    (1882–1962), Savognin, Cazis III 226
Plouda-Saluz Chatrina (1871–1958),
    Taglöhnerin, Ftan III 34, 492–502, 504 f.,
    519
Plouda-Stupan Maria (1887–1948), Ardez
    III 584
Plouda-Stupan Tumasch (1890–1972),
    Metzger, Ardez III 584

Plump Marie (1876–1956), Tschiertschen
    I 613, 615
Polatta Francesco (1873–1942),
    Giova-Buseno III 904 f.
Polatta Giuseppe (1873–1952), San Vittore
    III 841 ff.
Polatta Giuseppina (1873–1953), San Vittore
    III 842
Polatta Pierino (* 1913), Bauer, Waldarbeiter,
    Mechaniker, San Vittore
    III 842, 852, 854 f.
Pompini Giuseppe (1860–1942), Selma
    III 924 f.
Pool Claudine (1878–1970), Soglio III 675
Prader Christe (1860–1942), Landwirt,
    Langwies I 406 f., 761
Prader Jakob (1884–1949), Davos I 306 ff.
Prader Joos (1868–1945), Landwirt, Pagig
    I 490–494, 499, 536, 786, 799 f.
Puorger Cla (1887–1970), Müller, Seraplana
    III 447–455, 501
Putzi-Lys Margret (1887–1976), Praden I 614,
    616–619, 907

Raffainer (N. N.), Winterthur, Ftan
    III 504
Ragaz-Haßler Betty (1889–1979), Maladers,
    Andeer I 904, III 258
Ragaz Margrit (* 1915), Andeer III 257 f.
Rageth-Schucan Agnes (1857–1946),
    La Punt-Chamues-ch III 662–665
Raguth Hans (* 1913), Maurer, Paspels
    III 73 f.
Raguth-Pasquale Kathrine (1878–1945),
    Chur, Paspels I 662, 664 f., III 65 ff., 70 ff.,
    74 f.
Raguth Richard (1876–1956), Chur, Paspels
    I 662 ff., III 74 f., 83
Raguth Tscharner Elsbeth (1872–1956),
    Rothenbrunnen III 37–42
Rauch-Rimathé Domenig (1895–1952), Chur
    III 466, 476
Rauch-Rimathé Lydia (1898–1951), Crusch,
    Chur I 672, 686, III 457, 461, 465 f.,
    469–477, 667
Raveglia Maria (1878–1970), Lehrerin,
    Roveredo III 795–804
Raveglia Teodoro (1883–1952), Lehrer,
    Roveredo III 804–808

Regi (N. N.), Frau (* 1861), Ardez, Zernez III 648 f.

Reich Christian (1899–1960), Landwirt, Kraftwerkarbeiter, Cazis, Schluein III 149, 228 ff.

Riedberger Peter (1894–1982), Lehrer, Malans I 138–141, IV 24

Rieder Alfred (* 1932), Lehrer, Vals Platz II 650–654

Rieder Peter (* 1915), Landwirt, Kasernen-angestellter, Fanas, Jenins, Chur I 145 f.

Rieder-Tönz Peter (1892–1966), Lehrer, Vals Platz II 651–654

Riedi-Menn Anna (1873–1963), Bäckersfrau, Ilanz II 412 f.

Riedi-Bundi Barla (1883–1953), Disla II 192 f.

Riedi Josef (1855–1945), Furgonist, Rhäzüns II 934 f.

Riedi-Peder Margheta (1877–1960), Tschamut II 12–18, 119, 124, 126, IV 24

Riedi-Patt Maria Antonia (1891–1972), Paspels, Cazis, Tartar III 226 ff. (richtig für: Riedi-Patt Emilia)

Riedi Mathias Victor (1874–1954), Schmied, Paspels III 61 ff., 88

Riedi Moritz (1893–1967), Senn, Oberknecht, Paspels III 88 f.

Riedi Othmar (1906–1954), Kutscher, Rhäzüns II 936 f.

Riedi Tina (1868–1966), Tschamut II 17 f., 36, 124

Riedi-Schröttenthaler Ursula (1870–1947), Rhäzüns II 934 f.

Riesch Albert (* 1911), Trin II 784 f.

Riesch Elsa (* 1947), Trin II 782 ff.

Riesch Hans (1874–1952), Bauer, Trin II 777, 779–782

Riesch Nina (1879–1960), Trin II 775–778

Rigassi-Censi Adelina (1873–1947), Landarenca III 922 f.

Rigassi Anna (1867–1950), Arvigo III 905

Rigassi Maria (1854–1943), Castaneda III 885, 898 f.

Rimathé Edith (1899–1978), Crusch III 440, 456–472

Rischatsch Jakob Donat (1867–1953), Fuhrmann, Obervaz III 318–321

Ritz-Gamboni Margreth (1897–1969), Paspels III 56–59

Ritz Moritz (1854–1946), Landwirt, Paspels III 53–61

Ritz Nina (* 1931), Paspels III 59

Roffler-Jecklin Marie (1883–1966), Bäuerin, Igis I 119, 121

Rosler-Planta Uorschla (* 1867), Susch III 619, 632 ff.

Roth-Danuser Elsbeth (1872–1954), Langwies I 407 f.

Roth Hans (1900–1956), Landwirt, Langwies I 387, 390, 408, 755 f.

Roth Johann Martin (1891–1951), Landwirt, Fürstenaubruck III 176

Rubi (N. N.), Frau, S-chanf III 657

Rudolf Johann (1879–1963), Flims, Ilanz II 415, 773

Rüedi Theodor (1868–1950), Knecht, Postbote, Avers III 290 f., 294

Ruinatscha Jon (1886–1958), Lehrer, Müstair III 414 ff.

Ruinatscha-Prevost Jon Battista (1894–1973), alt Kreispräsident, Müstair III 407–414, 416–420

Ruinelli-Torriani Ruinello (1866–1954), Soglio III 675 ff.

Ruof Albert (1865–1961), Jenins, Chur I 143 f.

Rupp-Gadient Christian (1874–1954), Trimmis I 40, 46, 78 f., 81–85, 94

Ryffel Heinrich (1880–1971), Stations-vorstand, Trimmis, Thusis I VI, 722–725

Sala Palma (* 1919), Gärtnerin, Lostallo III 724

Salis-Soglio Anna von (1884–1956), Schlackenwerth (Böhmen), Chur I 669 f., 673 f., 688

Santi-Mazzoni Maria (1862–1945), Soazza III 720 ff.

Sax-Konradi Mathilde von (* 1909), Obersaxen II 293 f.

Saxer Kaspar (1891–1986), Landwirt, Überlandquart I 165, 180 f.

Scandella Jon Battista (1889–1973), Müstair III 410, 414 f.

Schaller-Grischott Barbara (1893–1970), Außerferrera III 267 f., 270 ff., 279 f., 284 ff.

Scharegg-Decasper Kathrine (1873–1954), Paspels III 86 f., 236

Scharegg Luzi (1876–1958), Landwirt, Gemeindepräsident, Kirchenvogt, Paspels III 66, 81 f., 87 f., IV 17

Scherer Battista (um 1942), Korber, Norantola III 748 f.

Schgör Lorenz (* 1876), Dachdecker, Taufers, Ftan III 504

Schmed Giuanna (1873–1953), Cavorgia II 119, 125 f.

Schmid Alex (1879–1950), Lehrer, Vals II 651

Schmid Anna (1868–1948), Tamins, Rothenbrunnen III 36

Schmid-Buob Anna (1858–1939), St. Peter I 456, 474, 783 f.

Schmid-Conrad Anna (1857–1948), Sils i. D., Arosa III 193 f.

Schmid Christina Anetta (1877–1952), Filisur, Maienfeld, Chur I 157

Schmid-Michel Conradin (1875–1962), Ing. agr., Gemeindepräsident, Rothenbrunnen III 34, 36 f., 502

Schmid Felici (1909–1966), Zarcuns II 81

Schmid Gion Giusep (1872–1952), Küfer, Cavardiras II 196

Schmid Hans (1867–1939), Landwirt, Arosa I 335, 345–350, 387, 743–748, 753, IV 30

Schmid Heinrich Badrutt (1864–1947), Araschgen I 626

Schmid-Michel Helene (1887–1965), Rothenbrunnen III 34–37

Schmid Jakob (1881–1972), Standespräsident, Chur I 135

Schmid Luis (1863–1954), Tschamut II 24

Schmid Luzius (1856–1936), Arosa I 347

Schmid Sep Antoni (1882–1955), Zarcuns II 79 f.

Schmid Ulrich (1846–1921), Arosa I 334, 337

Schmid-Bärtsch (N. N.), Frau, Thusis III 201

Schmidt Giusep (1908–1985), Eisenbahnarbeiter, Sedrun II 107–111

Schneller Lienhard (1884–1966), Felsberg II 921 f.

Schrofer Peter (1882–1954), Trimmis I 722

Schucan-Fratschöl Anna (1868–1954), Ardez III 525 ff.

Schucan (N. N.), Frau (* ca. 1876), Zuoz III 661

Schuoler Anna (1871–1950), Chapella, S-chanf III 654–660

Schuoler-Albin Barla Catrina (1909–1964), Tschamut II 16 f.

Schuoler Benedikt (1875–1957), Hauswart, Chapella III 650–653

Schwarz-Felix Andres (1903–1978), Chauffeur, Splügen III 315

Schwarz Anton (1875–1941), alt Lehrer, Splügen, Chur III 307, 316

Schwarz Hans (1860–1937), Haldenstein I 6 f., 17

Schwarz-Furger Johann (1878–1951), Kaufmann, Vals Platz II 654 f.

Schwarz Josias (1851–1943), Landwirt, Haldenstein I 7–10, 711 f.

Schwarz-Hitz Nina (1875–1964), Malans, Chur I 132–138

Sciaroni-Minotti Angiolina (1860–1948), Carasso, Lostallo III 724 f.

Secchi-Roussette Angelina (1875–1956), Sta. Maria i. M. III 384, 396 ff.

Seeli Eduard (1882–1954), Ilanz II 409 ff.

Sgier Eusebius Anton (1881–1958), Landwirt, Andiast II 341 f.

Sievi Christanton (1864–1953), Sattler, Bonaduz II 933 f.

Simeon Gieri (1865–1948), Lantsch / Lenz III 322 f.

Simmen-Mengelt Agatha (1891–1967), Nufenen III 306–310, 313 f.

Simmen Hans (* 1884), alt Postbeamter, Nufenen, Chur III 315

Simmen Johann (1906–1971), Landwirt, Obersaxen II 302 f.

Simmen-Mengelt Ursula (1885–1975), Medels III 314 f.

Simonet Joggeli (1866–1946), alt Postillon, Tiefencastel III 322

Sitek Franz (* 1916), polnischer Internierter, Rodels III 151–158

Solinger-Meisser Jon (1901–1970), Guarda III 515, 587–590

Solinger-Stupan Mengia (1875–1945), Ardez III 523 ff., 561, 587, 590

Soliva-Cavegn Gion Battesta (1882–1957), Eisenbahnarbeiter, Fuhrmann, Kutscher, Sedrun II 64, 100–103

Spadin Josef (1884–1954), Rhäzüns II 937 f.

Spadin Maria (1887–1966), Rhäzüns II 937

Spadini-Pompini Maria (1889–1989), Selma
III 925 f.

Spescha Condrau (1885–1972), Post-
chauffeur, Andiast II 342

Spescha Giacun Gieri (1900–1983), Lehrer,
Landammann, Pigniu II 342, 353, 357 f.

Spescha Gion (1882–1949), Pigniu II 351

Spescha Gion Fidel (1876–1962), Landwirt,
Gemeinderat, Andiast II 342–350

Spescha-Spescha Maria Emerita (* 1885),
Pigniu II 356 f.

Spescha Onna Catrina (1912–1987), Pigniu
II 353–356

Spescha Paul Valentin (1871–1955),
Gemeindepräsident, Pigniu II 351, 353, 356

Sprecher Anna (1865–1955), Fläsch I 158

Sprecher Elisabeth von (1897–1971),
Maienfeld I 149

Sprecher Joos (1871–1950), Landwirt, Praden
I 620 ff., 908, IV 24

Sprecher Martin (1896–1963),
Gemeindepräsident, Castiel I 532, 817

Sprecher Nina (1863–1940), Calfreisen
I 533–544, 817 ff.

Sprecher Zacharias (1873–1958), Calfreisen
I 537

Stäger-Gredig Anna Barbara (1850–1934),
Haldenstein I 709 ff.

Stanga Jeanne (1884–1960), Paris, Roveredo
III 816–823, 831–834

Steinbach Sofie (1882–1969), Damen-
schneiderin, Fürstenaubruck III 177

Steiner Jacques (1890–1980), Lehrer, Lavin
III 604 f.

Stevenoni Margherita (1856–1948),
San Vittore III 847 f.

Stiffler-Ardüser Nina (1877–1956),
Hoteliersfrau, Davos I 314

Stöckli-Peder Maria (1884–1958), Tschamut
II 18–24, 32 f., 40, III 821

Stoffel Ersilia (1896–1970), Sorte III 729 ff.,
737

Stoffel Johann Rudolf (1870–1952),
Zollbeamter, Regionalforscher, Avers
I 322, III 296, 298–305, 676

Stoffel-Mani Maria (1866–1944),
Innerferrera III 286 f.

Stoffel Martino (1889–1974), Wegmacher,
Sorte III 730, 732–736

Stoffel-Furger Niklaus (1855–1940), Hirt,
Knecht, Postillon, Flachmaler, Landwirt,
Polizist, Vals Platz II 649 f.

Stoffel Peppino (* 1925), Sorte III 732

Stoffel Stina (* 1928), Sorte III 730 f.

Stohr Anton (1893–1975), Lehrer, Grüsch,
Chur I 175

Strimer Jachen (* 1898), Müller, Ardez
III 540, 543 f., 562

Strimer-Margadant Uorschla (* 1905), Ardez
III 543, 545

Strub Agatha (1877–1967), Avers III 288

Strub Christian (* 1885), Bahnwärter,
Felsberg, Masans I 696, II 923 ff.

Studer Barclamiu (1882–1963), Lehrer,
Castrisch II 593 f.

Studer-Canetg Ottilie (1877–1960), Castrisch
II 595

Stupan Chasper (1875–1967), alt Lehrer,
Ardez III 584 f.

Stupan Töna (1916–1984), Lehrer,
Sta. Maria i. M. III 403 f.

Sturm-Durisch Elisabeth (1894–1954),
Alvaneu Bad III 337 ff.

Sturzenegger Johann (1882–1956), Alphirt,
Trimmis I 70 ff.

Sutter-Stock Kathrine (1864–1949), Mastrils
I 36 f.

Sutter Peter (1877–1970), Förster, Mastrils
I 37

Tambornino Sep Anton (1865–1946),
Landwirt, Posthalter, Strahler, Trun
II 215–218

Tamò Lina (* 1918), San Vittore
III 860–863

Tamò-Canta Rina (1881–1978), San Vittore
III 858 ff., 863

Taverna Peter (1864–1950), alt Grenz-
wächter, Zernez, Sent, Chur III 477 ff.

Tester Alexander (1871–1940), Landwirt,
Safien II 741 ff.

Tester Johann (1877–1947), Safien II 729 ff.

Tester Johannes (1878–1973), Waldarbeiter,
Scharans, Sils III 194 ff.

Thom Baltasar (1873–1955), Schuhmacher,
Susch III 417, 608–619

Thom-Rüedi Lore (* 1903), Chur I 673,
II 741, 925–930, III 224

Thom-Rest Margaretta (1867–1947), Susch
III 620–624

Thom Richard (1893–1964), Hotel-
angestellter, Ardez III 567–580

Thöny-Luck Babette (1902–1979), Grüsch
I 168 ff., 172

Thöny-Frei Deta (1875–1956), Grüsch I 170 ff.

Tini-Boldini Savina (1876–1953), San Vittore
III 858

Togni Chiara (1868–1953), Taglöhnerin,
Roveredo III 834–841

Tognola Gaspare (1874–1950), Richter und
Steuerkommissär, Grono III 766 f., 783

Tones-Bardola Uorschla (1878–1972), Tschlin
III 426–430, 432

Tönz-Stoffel Dorothee (1857–1946),
Vals Platz II 651

Toscano (Gabus) Aurelio (1867–1940),
Mesocco III 680–683

Trepp Christian (1859–1911), Lehrer,
Nufenen III 306, 313 f.

Trepp Johann Martin (1863–1948), Splügen
III 315

Troger Maria (1860–1949), Roveredo
III 815 f.

Truog Johann (1873–1954), Grüsch I 172–176

Tscharner Babette (* 1918), Feldis III 5 ff., 191

Tscharner Christe (1906–1975),
Schuhmacher, Sils i. D. III 124, 190–193

Tschupp Johannes (1864–1946), Landwirt,
Fürstenau III 174 ff.

Tschurr Martin (1883–1970), Landwirt, Peist
I 781 f.

Unbekannte Erzähler, Mesocco III 695–698
Unbekannter Erzähler, Soazza III 719 f.
Urech Otto (* 1911), Gärtnermeister, Chur
I 698

Vaihinger-Fimian Margret (1860–1946),
Fardün, Andeer III 247–251

Valaulta Gion Giusep (1888–1965), Lehrer,
Siat II 381

Valier Josef Anton (1867–1944), Bauer,
Zimmermann, Obersaxen II 294–297

Vanoni-Bickel Maria Wilhelmine
(1886–1964), Nenzing (Vorarlberg), Chur
I 670 ff.

Venzin-Desax Benedetg (1900–1963),

Bahnarbeiter, Disentis II 180 f.

Venzin Gion Giachen (1871–1948), Kaplan,
Selva II 25, 54

Venzin Johann Anton Florin (1866–1943),
Selva II 26–31, 39 f.

Venzin Paul Benedetg (* 1914), Selva II 54,

Veraguth Domenig (*1904), Lehrer, Thusis
III 214

Veraguth James (1890–1974), Arzt, Thusis
III 20, 57 f.

Vieli Julius (1896–1968), Rhäzüns II 933

Vinzens-Cavigelli Maria Cristina
(1877–1954), Siat, Zignau II 218 f.

Vital Duri (* 1918), Jurist, Susch III 619 f.,
626, 631–635

Vollmer Bernhard (1893–1972), Gärtner,
Thusis III 199 f., 205

Vonmoos-Luzzi Luisa Notta (1865–1962),
Prato bei Florenz, Raschvella III 440–447,
500, 502, 972

Vonmoos Not, Ramosch III 435 f.

Walder Gaudenz (1897–1959), Bankbeamter,
Chur, Obersaxen I 678, 688, 695, II 299 f.

Walder Gaudenz Anton (1856–1919),
Funeraldiener, Friedhofgärtner, Chur
I 678 f.

Walder Paul (1860–1921), Hirt, Knecht,
Kaminfeger, Obersaxen II 284, 306, 308,
313, 332

Walder (N. N.), Zürich, Sta. Maria i. M.
III 405 f.

Wallier Josef Anton (1867–1944), Landwirt
und Zimmermann, Obersaxen II 294–297

Walser Andreas Viktor (1867–1963),
Landwirt, Landammann, Seewis i. Pr.
I 164 f.

Walser-Roffler Magdalena (1856–1940),
Grüsch, Chur I 166, 188

Walser Marie (1894–1973), Grüsch,
Seewis i. Pr. I 165 f.

Walser Zacharias (1894–1978), Landwirt,
Gemeindepräsident, Pagig I 489 f., 798 f.

Walther-Christoffel Verena (1871–1965),
Riein II 616 f.

Warnier-Thöny Anna Kathrina (1882–1963),
Grüsch I 165 f., 173, 181–188

Waser-Gemperle Agnes (1915–1991),
Bärenburg III 263 ff.

Waser Jakob (1912–1987), Schirmflicker, Mesocco, Morissen II 455 f.

Weber-Danuser Margret (1881–1948), Langwies I 405 f.

Weber-Brügger Nina (1877–1957), Mastrils, Chur I 41

Weichmann-Giger Ursula (1863–1944), Ilanz II 399, 402

Wenzin-Schlanser Ludivica (1877–1960), Surrein II 208 f.

Widmer Ambros (* 1917), Benediktinerpater, Disentis II 162, 945, 949

Wiedmer-Pappa Maria (1897–1977), Geschäftsfrau, Thusis III 185, 198 f., 201–216, 226, 971

Wieland Julius (1877–1948), Sufers III 316 f.

Wieser-Raffainer Maria (1875–1947), Ardez III 521 ff.

Wild-Könz Barbla Bina (–1945–), Luzern, Ardez III 550 f., 647 f.

Wilhelm Lienhard (1877–1952), Landwirt, Peist I 419, 435, 438 ff., 482, 778 f., 781

Willi Otto (1887–1959), Kaufmann, Chur, Schiers I 204 ff., 691

Willi Pieder Antoni (1906–1984), Lehrer, Domat/Ems II 918 f.

Willy Lucas (1907–1988), Lehrer, Riein II 505, 604, 618, 622

Wyß-Ruof Nina (1896–1973), Jenins, Chur I 144

Zarn Flore Aloisi (1859–1942), Zimmermann, Landwirt, Domat/Ems II 892–897, 899–915

Zarn Katharina (1894–1971), Domat/Ems II 897 ff., 917

Zini Maria (1872–1953), Livigno, Guarda III 594

Zinsli Hans (1921–1978), Lehrer, Valendas, Chur II 660, 673, 680

Zinsli Paul (* 1906), Universitätsprofessor, Chur, Bern I 637, 657 f., 674 f., II 733–741, 876

Zinsli-Buchli Ursula (1857–1947), Safien II 728

Zinsli-Zinsli Ursula (1866–1953), Safien II 726

Zinsli Wieland (1868–1952), Posthalter, Thalkirch II 732 f.

Zippert-Bühler Maria (* 1898), Valendas, Langwies II 694

Zippert Peter (1881–1966), Landwirt, Langwies I 357 ff., 364, 375 f., 378, 388, 391 f., 395–403, 409, 413 f., 447 f., 450, 469, 487, 492 f., 761 f., 764, 775, 793, II 694, IV 16 f., 24

Zoppi Carlo (1897–1971), Lehrer, San Vittore III 845, 863–868

Zurfluh Leon, Gorduno, Lostallo III 729

Züst-Bärtsch Dorothee (1870–1958), Furna I 218 f.

Geographische Namen

Aarau (Kanton Aargau) I XXXVIII, 698, 705,
     II 822, 847 f., III 86, 649, 670, IV 8, 10
Aarburg (Kanton Aargau) I 909, IV 7
Aargau II 588, III 181
Acletta → Disentis/Mustér
Affeier → Obersaxen
Afrika I 411, III 182
Ägypten I 223, 698, III 599
Albulapaß III 367
Albulatal I V, 303, 391, III 74, 318–369, 370,
     965, 968, IV 13
Algier III 357
Almens III 38, 44, 48, 56, 73, 77, 90–115, 126,
     134, 137 f., 140 f., 146, 180, 186, 219, 221 f.,
     227, 319, 358
– Crap Gilgias III 96
– Cresta martscha III 99 ff., 105
– Cualm Hicli III 21, 33, 46, 56, 78, 91, 94 f.,
     98 ff., 102, 105, 109, 112, 114, 167, 177, 234,
     358
– Foppas III 101
– Ognas da Nascharegnas III 101
– Ognas dil Reun III 100
– Pardieni III 114
– Plaun la Genna III 102
– Schal III 47, 94, 115, 126, 131, 133, 228
– Val la Pischa III 73, 95, 99, 103, 108 f., 111,
     113
Altstätten (Kanton St. Gallen) I 134
Alvaneu I 347, II 532, III 56, 320 f., 335, 351,
     354
– Albula (Wirtshaus) III 337
– Alp Ramoz I 347
– Bad I 700, III 330, 334–343,
     345, 349
– Pro Quarta III 340 f.
– Solas III 354
– Welschtobel I 347
Alvaschein III 178, 320, 322 f.
Am Bach → Avers
Amerika I 52, 170, 258, 303, 310, 312, 319,
     444 f., 509, 549, 553, 588, 870, 875, II 122,
     304, 358, 574, 657, 862, III 117, 124, 196,

253, 271, 345, 358, 460, 471, 542, 655, 742,
     745, 795, 871, 880
Ancona (Italien) III 498
Andeer I 685, 839, 904, II 935, 938, III 158,
     188, 226, 246–261, 267 f., 271, 275, 277, 280,
     282, 284, 286
– Bärenburg III 255, 261–267, 280
– Cagliatscha III 254
– Cualmet III 246, 256
– Durnan III 59
– Hotel Fravi III 251, 257
– Piz Vizan (Wirtshaus) III 254
– Pro Larm III 254
– Punteglia III 255
– Roflaschlucht III 253, 261, 270, 275
– Rotes Haus III 256, 275, 279
– San Schtiafa III 280
– Sarobi III 246, 256
– Schwert (Wirtshaus) III 246, 256
– Tgavugl III 255
– Ursera III 261
Andergia → Mesocco
Andermatt (Kanton Uri) II 32, 99, 114, 154,
     171, 307
Andiast II 111, 214, 338–351, 357 f., 489
– Caglina II 342
– Calâs II 344
– Clavau niev II 341
– Cuolm dado II 345 f.
– Curnengia II 342 f.
– Glics II 343
– Marategn II 341
– Pleun de Tiarms II 339, 342 f.
– Prauliein II 344
– Run II 348
– Schmuér II 350, 357
– Sigliaus II 341, 349, 357
– Vallaurgias II 344
– Valpintga II 347
Appenzellerland I 819, III 175 f., 223, 225 f.
Araschgen → Chur
Arbedo-Castione (Kanton Tessin) III 801, 844
– Castione III 727, 745, 842

– Molinazzo III 802

Ardez I 319, III 406, 427, 446, 456, 469, 473, 475, 483–488, 495, 497, 508, 514–585, 587 f., 596, 598–601, 607, 624, 632, 640, 647ff., 653

– Alpina (Gasthof) III 489, 541, 648
– Arschera III 521, 578
– Arschiglioulas III 517, 581, 597
– Arsüratscha III 568, 570
– Aual III 486
– Bellezza III 568, 570
– Bos-cha III 484, 518, 521, 523, 527, 530, 537ff., 559, 563, 565, 585, 590, 593, 637
– Chanoua III 489, 515, 525, 589 f.
– Chanvers III 582
– Chastè III 488, 514 f., 532, 547, 567, 587, 597, 649
– Chöglias III 583
– Craista Sutera III 538
– Craistas III 567
– Crusch III 558
– Cuotscha dals Morders III 523
– Cuotscha da Pignun III 585
– Cutüra III 483
– Dnonz III 540
– Fabrîca III 527, 562
– Foura Chagnoula III 567
– Hotel Aurora III 538, 648
– Las Baselgias III 521, 533
– Las Ruinas III 540, 562
– Murtera III 538, 547
– Müschains III 560
– Palazi III 489, 515, 538
– Piz cotschen III 585
– Plan Plaz III 532
– Plan da Preirs III 532
– Platta da las Streas III 518, 525, 527, 529, 590
– Plazzetta III 516
– Punt III 588
– Quadras III 553
– Raiöz III 515, 539
– Sampinous III 585
– Sampuoir III 532 f., 563, 580
– San Steivan III 533
– Sassa III 525, 562
– Sassagl III 518
– Strada III 521
– Suot Calögna III 485

– Suot Dossa III 565
– Suot Sass III 483
– Suotauta III 558
– Suren III 483–486, 491, 523, 528, 539 f., 556, 566, 596, 598
– Sursass III 486, 579
– Tanter Sassa III 520, 531
– Tuor III 555, 579
– Urezzas III 508, 528, 532, 535
– Val Soncha III 486
– Val Tasna III 469, 506, 521, 540 f., 557 f., 569
– Vals III 568, 570
– Zops III 517, 547, 563, 579

Arezen → Versam

Argonnen (Belgien) II 845

Arosa I LIV, 331–355, 357, 359 f., 384, 386, 404, 454, 461, 483, 495 f., 502, 536, 575, 604, 653 f., 741–753, 759, 774, 782, 794, 831, 866, 909, III 8, 49, 670, 741

– Äberli I 339
– Alp Ramoz I 347
– Alteiner Wasserfall I 741
– Arva I 333
– Bärabad I 333 f., III 194
– Birchegga I 344
– Büdemji I 332, III 194
– Carmenna, -stein I 334, 340, 745, 747, 878
– Chessilöcher I 343
– Chopfji I 339
– Chuoredstein I 348, 743, 746, 797, 877
– Egga I 337, 339, 343, 345 f., 351 f., 750
– Erezhôra I 334, 347
– Fänggäggufer I 341
– Gottlobstein I 334, 745
– Gredigs Älpli I 343
– Gruoba I 339
– Gspân I 334 f., 337, 340, 491, 750, 752, III 193 f.
– Haspelgruoba I 335, 750
– Hörnli I 742, 744, 759
– Hundaloch I 343
– Infang I 334, 339, 742, 744
– Isel I 357
– Leidflua I 741
– Leinegga I 339, 345 f., 351, 463, 742
– Mälchernä I 340
– Marân I 345 f., 351, 359, 653 f., 749
– Marâner Alp I 597

- Martischhus I 334, 353
- Mittagarba I 332
- Müliboda I 354, 357
- Mutta, rucha I 332
- Muttachöpf I 332
- Plessur I 333, 346, 348, 793 f.
- Prätsch I 479, 500, 506, 549, II 908
- Prätschli I 335, 745
- Rôthôra I 333
- Sattel I 759
- Schmalzbrunna I 742, 744
- Schönboda I 744, 759
- Schwarzseeli I 354
- Schwellisee I 332
- Seegruoba I 345, 351 f., 354, 461, 742 f.
- Seehof I 877
- Stâfel I 341
- Tieja I 404, 458
- Tobel I 341
- Tola I 352
- Tschugga I 746
- Verwünschta Schloß (im−)I 741 f., 744, 759
- Wasser I 346
- Wasserboda I 333
- Welschtobel I 334, 347 f., 458
- Wolfsbode I 333 f., 353, 604

Arvigo III 786, 788, 876, 885, 905 ff., 923, 961
- Coronan III 922
- Dabbio (Dabc) III 871, 885 f., 891, 927
- Lancon III 945
- Laura III 789
- Pcian dell'Isol III 905 f.
- Sella III 950

Ascharina → St. Antönien

Augio III 689, 852, 878, 917, 945−948, 951, 953 f., 959, 961
- Lüéira III 941
- Naucol III 913, 918
- Pciotta III 946
- Picanözö III 947
- San Rocco III 961

Außerferrera II 298, III 11, 251 ff., 256, 267−286, 292, 973
- Alp Moos III 284
- Alp Samada III 274, 282
- Clavadi III 271
- Cresta III 282, 286
- Gruebe III 252 f., 267
- Muschnas III 269

- Passet III 205
- Piz grisch (Wirtshaus) III 282
- Schmelzi III 252 f., 257, 267, 271, 282
- Tgeas III 282 f., 286
- Ual dils Peschs III 276

Avers I LV, 322 ff., II 568, 684, 733, 822, 935, III 164, 233, 278, 283 f., 288−305, 313, 603, 676, 968, 974, IV 23
- Am Bach III 229 f., 295, 299
- Bächa III 300
- Bendlistein III 280
- Bergalga III 301, 675
- Blatta III 292, 294, 298, 304
- Bleis III 300, 302, 677
- Büel III 298
- Campsut → Magsut
- Casolbach III 289
- Chloschbach III 290
- Cresta III 273 f., 278 f., 289−292, 301, 303 f., IV 16
- Cresteralpa III 304
- Cröt III 166, 233, 280, 293, 296, 304
- Duanpaß III 304
- Fad III 299, 302, 304
- Frana, Frona → Sovrana
- Furggelti III 304
- Furra III 303
- Galga III 295, 301
- Galgaboda III 296, 301
- Gruoba III 292
- Gruobabüel III 304
- Hans Gräwisch Hus III 292, 305
- Höjahus III 305
- Juf III 230, 291, 297, 299
- Juppa III 164 f., 292
- Jupper Alpelti III 295, 301
- Jupperhoura III 292 f.
- Laub III 280, 299
- Letziwald III 293
- Loretschhus III 280, 295 f., 301
- Madrisch III 292, 300−304, 675
- Magsur III 280, 304
- Magsut III 280, 298 f., 303 f.
- Malleggabach III 279, 289, 298, 304
- Oberblatta III 297
- Oberboda III 292
- Palü III 300
- Podeschtotschhus III 288 f.
- Pürt III 279, 290, 294, 304

– Ramsa III 294, 305
– Russa III 280
– Sovrana III 300, 304
– Spitzegga III 292
– Stallerbärg III 304
– Stedtlialpa III 280
– Stein (bim–) III 300
– Tälifurgga III 298
– Trütschhus III 301
– Tscheischa III 289
– Tscheischhora III 230
– Turra III 301
– Wißbärg III 290, 292, 298, 304
– Zogga III 302
Axenstein → Obersaxen
Azmoos (Kanton St. Gallen) I 211

Bad Ragaz → Ragaz
Baden (Kanton Aargau) II 30
Baldenstein → Sils i. D.
Balgach (Kanton St. Gallen) III 366
Balzers (Liechtenstein) I 818
Bärenburg → Andeer
Bargis → Flims
Basel I 93, 773, II 111, III 49, 239, 366, 441,
    583 f., 972, IV 7, 10
Baselbiet III 737
Bayern II 296, 340
Belgien III 624, 803, 838, 854
Bellaluna → Filisur
Bellinzona (Kanton Tessin) II 215, III 718,
    720, 724, 728, 748, 790, 844, 848, 850, 878,
    882 f., 889, 891, 912 f., 918, 937 f., 955 f., 959
– Daro III 912
Bergamo (Italien) III 268, 279, 286, 496, 613,
    733, 746, 751 f., 897
Bergell I V, 703, III 300, 674–677, 968
Bergün / Bravuogn I 314, III 113, 290, 318 f.,
    338, 362–365, 367 ff., 559
– Bergüner Stein I 700, II 408 f.,
    III 364, 368 f.
– Latsch III 337 f., 364–369
– Preda III 356
– Pro sontg III 365
– Punt ota III 368
– Stuls III 367
– Tuorserbach III 365
– Val Tuors III 365
– Vivel III 365

– Weißenstein III 367 f.
Berlin I 704, II 255, III 404 f., 647, IV 10
Bern (Stadt und Kanton) I 701, II 28, 848,
    III 20, 185, 197 f., 213, IV 27
Berneck (Kanton St. Gallen) III 53, 55
Bever II 836, III 432, 488, 533, 537, 617, 649 f.,
    653, 657 f., 667 f.
Biasca (Kanton Tessin) III 734, 848, 888, 948,
    956, 962
– Mazzolin III 814
– Negrina III 813
– Pontirone III 813 f., 946, 955, 959
Bivio III 674, IV 16
Bleniotal (Kanton Tessin) II 651, III 918
Blons (Vorarlberg) I 671 f.
Bludenz (Vorarlberg) I 671
Bodio → Cauco
Bogéra, Bach (Kanton Tessin) III 859
Bologna II 60
Bombay III 658
Bonaduz I 630 f., 711, 826, II 409, 431, 441,
    455, 597, 776, 836 f., 843, 859, 931–934,
    III 128, 131, 138 f., 177, 967
– Buccaneua → Wackenau
– Campogna II 931
– Isla II 856
– Pun veder II 825, 833
– Stutz I 721
– Wackenau II 822 f., 825 f., 832 f., 858, 869,
    931, 934
– Wiße Stall II 932
Bondo I XXXVIII, III 274
Bordeaux II 302
Bormio (ital. Provinz Sondrio) III 265, 451,
    792 ff.
Bos-cha → Ardez
Bozen (Südtirol)
– Gries, Kloster III 409
Braggio III 789, 799, 858, 871 f., 898, 907–911
– Camarcügn III 925
– Lancón III 945
– Pciàn de Rénten III 872, 907 f.
– Refontàna III 908
Brail → Zernez
Brasilien III 366
Braunwald (Kanton Glarus) III 488
Bravuogn → Bergün/Bravuogn
Bregenz (Vorarlberg) I 123
Breil / Brigels I 405, 701, II 42, 139, 196, 220 ff.,

228 ff., 233, 236, 239, 242, 244, 252, 278, 354, 368, 588, 640
– Bass II 228
– Capaul II 239, 244 f.
– Capeder II 239
– Crest Canariel II 229
– Cum II 228
– Cuschina della stria II 165
– Danis II 94, 228, 231–239, 243, 259, 354, 520, III 381
– Dardin II 165, 168, 229 f., 239–253, 292, 307, 520, 588 f., 927
– Flem II 248
– Foppa II 230
– Gliz I 689, II 239, 245, 248, 250
– Grep dil Lochli II 229, 233, 246
– Pardella II 243
– Pleuncas II 252
– Prada II 244
– Rasuz II 251
– Raveras II 243
– Run la Moila II 230
– Selfli II 232
– Tavanasa II 165, 205, 219–231, 239, 244, 290, 938
– Tschegn dadens II 240
– Tschegn dadò II 250
– Uaul schetga dell'aua benedida II 244
– Val Frisal II 251
Bremgarten (Kanton Bern) III 197
Brescia I 302
Brienz (Albulatal) II 85, 532, III 322–329, 335 f., 338 ff.
– Belfort I 334, III 112
– Crappa neira III 335 f., 340 f., 354
– Val mala III 323
– Vazerol III 323 f., 327, 329, 376
Brinzouls → Brienz
Brün → Valendas
Brüsada (Ödland im Veltlin) III 740
Brusio
– Ganda Ferlèra III 673
Buchen → Luzein
Bugnei → Tujetsch
Bündner Herrschaft → Herrschaft
Bündner Oberland → Surselva
Burvagn → Cunter
Buseno III 756 f., 766, 788, 799, 870, 874, 879, 883, 885, 891 f., 895, 926, 945

– Barscion III 878
– Fontana III 945
– Fontanon III 750
– Giova III 744, 756, 799 f., 855, 899, 904 f.
– Molina III 875, 883, 886, 900, 902 ff.
– Ponte Nuovo III 788 f.
– Porta III 891
– San Carlo III 891, 896
– Sant Antoni de Bollàda III 884
– Scarvi III 886
– Tieda III 892, 899
– Val di Asc III 878

Cabbiolo → Lostallo
Cadi II 249, 409, 450, 471, 520, 534, 556, 633
Calancasca (Fluß) III 782 f., 924, 941, 945, 947, 950, 952, 961
Calancatal I V, XXI, XXXV, LV, 201, 391, 874, III 312, 679, 693, 699, 703 f., 714–717, 746, 758 f., 767, 782, 784, 788, 851, 857, 869–965, 968, 971, IV 13, 23
Calantgil → Innerferrera
Calfeisen → Pfäfers
Calfreisen I 367, 414, 421 f., 466, 496, 527, 530, 532–548, 550, 554, 556, 559, 579, 595, 619 f., 783 f., 789, 817–822, 830, 861, 875, 889, 899, 905, II 923
– Äris I 536
– Badunja I 767, 886, 908
– Balnettis I 537
– Bärafalla I 546
– Bernegg I 533, 745, 794
– Bleis I 536, 547, 823
– Eichwald I 540
– Furgglis I 821
– Höch Rain I 820
– Lochhus I 530
– Rein I 548
– Spunda I 547
– Statthalters Bârgä I 533
– Tanzbodä I 539, 818, 822
Calven → Taufers
Cama III 681, 714, 731, 737 f., 741, 744 f., 749–753, 756, 784, 786, 880, 892, 897, 904
– Caslò III 738
– Géch III 749
– Norantola II 684, III 737–749, 751 f., 890, IV 26
– Pé d'cavall III 742

- Pianécc III 904
- Reguscei III 738
- Roalta III 903
- Sor III 738
- Val Cama III 681, 733, 739, 741, 754, 756, 762
Camana → Safien
Camischolas → Tujetsch
Campodolcino (ital. Provinz Sondrio) III 260
Campovast → Punt-Chamues-ch, La
Camuns II 439 ff., 500, 507, 509, 518, 632, 636, III 690
- Alp Seglias II 371, 415, 439, 445, 454 f., 614, 628, 636, 641, 654
- Pala de Tgiern II 431
- Seznas II 636
Canova → Paspels
Capeder → Breil / Brigels
Caprau → Disentis / Mustér
Carasole → Roveredo
Carrera → Valendas
Casaccia → Vicosoprano
Castaneda III 755, 781 f., 857, 869−899, 900, 945, 969
- Andider III 885
- Cà del Bocascia III 873
- Calón III 881, 895
- Cappella dei Miracoli III 878
- Cappella de Pciüti III 891
- Cappella dei Promessi Sposi III 884
- Casa dei Laghi III 880
- Cogn III 875
- Cot III 879
- Crosc III 895
- Fornass III 878
- Gambella III 874
- Mola III 875
- Nadro III 779, 874, 901
- Pal III 878, 883
- Pcian Fracas III 898 f.
- Pcian di Scignan III 879, 898 f.
- Pietra della Costanza III 873, 883
- Piöt III 885
- Pisèlla III 907, 945
- Prò Rodond III 878
- Riale di Mainìn III 885
- Sasc de Bülon III 766
- Sasc Calon III 791 f., 891
- Sien III 894
- Tövegn III 881, 883

- Val della Furnasc III 891
Castasegna III 300 f., 676 f.
Casti-Wergenstein
- Casti III 248
- Wergenstein III 221, 248
Castiel I XI, 421, 432, 456, 461, 466, 471, 512, 529−533, 535 f., 542, 546 f., 549, 552, 555 f., 590 f., 596 f., 619, 621 f., 711, 716, 767 f., 783, 789−792, 794, 808, 812, 816 f., 821, 875 f., 899, 905, III 136, 159
- Arsass I 556
- Bärafalla I 546
- Bleis I 565
- Büel I 745, 808, 823
- Calüendia I 474, 530, 767
- Carschlingg I 532, 783, 794, 817, 905
- Gadrälla I 469
- Gafrassa I 530
- Guorra I 531 f., 767, 823, 825
- Hertawisa I 544
- Hööch Egg I 456
- Jarätsch I 622
- Passunna I 471, 545, 565, 823
- Pfaffäställ I 473, 530
- Riser I 556
- Schnäggäbüel I 622
- See I 421, 472, 825
- Stîg I 443
- Tobelhus (weiß Hous) I 472 f., 530, 546, 556, 783 f., 822
- Totäbrünneli I 421, 534, 565, 875
Castione → Arbedo-Castione
Castrisch II 191, 362, 404, 413, 581, 589−596, 606, 610, 616 f., 681, 755 f., 806, 808, 855, III 181, 650
- Chisti sut II 595
- Crest II 595
- Tschentaneras II 596
Cauco III 766, 873, 905 f., 925, 932, 943
- Bodio III 924, 944
- Lasciàl III 905
- Masciadón III 944, 960
- Rodè III 789, 926, 932, 938, 940, 943
- Rüghel III 766, 905, 907, 919 f., 944
- Spülügón III 921
Cavardiras → Disentis / Mustér
Cavorgia → Tujetsch
Cazis II 296, 340, 721, 733, 736, 856, 934 f., III 14, 43, 93, 103, 110, 117−121, 150, 188,

199, 216, 226–239, 271, 284, 291
 – Caglia Casti **III** 237
 – Claustra vedra **III** 230
 – Kloster **II** 633, 700, 722, **III** 135, 144, 192,
   238
 – Luvreu **III** 117, 226
 – Pardisla **II** 635
 – Pitgogna gronda **III** 117 f.
 – Ratitsch **I** 483, **III** 118, 122, 231
 – Realta **I** 721, **II** 296, 632, **III** 14, 26, 47, 88,
   116–120, 161, 164, 231–239
 – Rheinkorrektion (Wirtshaus) **III** 47, 69 f.,
   234
 – Ruegnas **III** 231
 – St.-Wendelinskapelle **III** 228, 231
 – Schauenberg **III** 151, 223, 263, 268
 – Summaprada **III** 43, 120, 227, 247, 263
 – Tignez **III** 122 f., 231
 – Trieg **II** 634, **III** 238
Cebbia → Mesocco
Celerina / Schlarigna **III** 274, 623, 659, 661
 – Crasta **I** 703
 – Stazerwald **III** 671
Champfèr → Silvaplana
Chamues-ch → Punt-Chamues-ch, La
Chapella → S-chanf
Chiavenna (ital. Provinz Sondrio) **I** 612,
   II 389, 822, **III** 268, 320, 740, 963 f.
China **III** 371
Chlus (Prättigau) **I** 16, 62, 77, 109, 121, 134,
   184, 193, 200 f., 221, 229, 909
Chur **I** V, IX, XXXI, XXXV, XL ff., LV, 5 f.,
   9, 12, 19, 46, 48, 59 f., 62, 64, 74, 76, 91, 95,
   104, 118, 123, 125, 128, 136, 162, 175, 217,
   224, 229, 261, 269, 304, 334, 337 ff., 348,
   353, 360, 364 f., 375 f., 378 f., 382 f., 387,
   389, 403, 418, 425, 431 f., 451, 467, 476 f.,
   479, 481, 484, 497, 499, 506, 509, 511,
   559 ff., 571, 573, 580, 586, 589 ff., 598, 604,
   606–698, 702–706, 710, 718, 729, 737, 745 ff.,
   760, 770, 775, 778 f., 784, 787, 790, 799, 808,
   819 f., 823 f., 831, 833, 837 f., 844, 848,
   854–858, 863 f., 866 f., 877 f., 880, 885,
   901 ff., 906, 909 f., **II** 5, 52 ff., 118, 203, 214,
   224, 240, 251, 296 f., 375, 441, 451, 467,
   528, 576 f., 675 f., 697 ff., 704 f., 707, 713,
   734, 748, 752, 782, 827, 829, 837, 848, 863,
   873, 885, 887 ff., 895, 897, 899, 904, 908 f.,
   911–931, 935, 940 f., **III** 5, 20, 34 f., 59,

62, 64, 70, 80, 83, 89, 97, 99, 149, 163, 180,
   196, 198, 214, 223 f., 227, 231, 282, 284, 312,
   326, 340, 360, 364, 366, 370, 391, 396, 410,
   451, 456, 465, 469, 479, 513, 530, 533, 535,
   543, 577, 638 f., 641, 644, 669, 779, 876, 973,
   IV 9–13
 – Alta Gebäu (im–) **I** 673, 676, **III** 472, 777
 – Araschgen **I** 296, 298, 425, 478, 541, 582,
   622–626, 641, 643 f., 653, 908–911
 – Bära (Gasthof) **I** 688
 – Bäraloch **I** 638, 672, 816, **II** 42
 – Brünnali, teggtes **I** 663, **III** 83
 – Bündtli **I** 910
 – Bünti **I** 652 ff.
 – Calanda (Wirtshaus) **III** 474
 – Campadels **I** 661
 – Fontana (Spital) **I** 515
 – Foral **II** 930
 – Fürstawald **I** 95, 575, **III** 161
 – Gansplatz **I** 481, 639, 663
 – Gäuggeli **I** 687
 – Grabeschuälhus **I** 637
 – Halbmil **I** 575, 712
 – Hof **I** 64, 403, 485, 534, 571 f., 574, 594,
   634, 643, 649, 651, 659, 664, 678, 681, 696,
   779, 781, 784, 786, 820, 826 f., 835, **II** 467,
   III 85, 89
 – Hofkellerei **I** 571, 862, 908
 – Kälberweid **I** 655
 – Kapeller-Haus **I** 636
 – Karlihôf **I** 673
 – Kaserne **I** 787
 – Kôraplatz **I** 5, 636
 – Kratz **I** 636, 652
 – Kreuzspital **II** 54, 321
 – Krona (Gasthaus) **I** 667 f.
 – Krüzgaß **I** 659, 663 f., **III** 83
 – Loestraße **I** 645
 – Löösli **I** 624
 – Lürlibad **I** 541, 644, 688
 – Malixerstraße **I** 623 f., 637 f., **III** 587
 – Maladerserstraße **I** 651, 685, 693–696, 786,
   862, **II** 936
 – Martinskirche **I** 624, 688, 691, 775, **II** 638
 – Martinsplatz **I** 630, 672, 684 ff., 688,
   690–693, 771, 816
 – Masans **I** 54, 482, 589, 594, 644, 656, 661 f.,
   665, 668, 677, 685, 690, 695, 710
 – Metzgergaß **I** 633

– Mittabärg I 629, 786, 884
– Münzmühli I 636
– Naßtobel I 902
– Obergaß I 639, 663, 857 f.
– Obertor I 643, 655, 686, 787, 858, II 870
– Pfaffaställ I 651
– Pfisterplatz I 688
– Planaterrastraße I 672
– Plessur I 637, 653, 655, 684, 688 f., 787, 889
– Plessurströß I 689
– Priesterseminar I 531, 636, 651, 660
– Rabegaß I 638, 652, 666, 677, 686 f.
– Rätisches Museum II 34, 234
– Reydtsches Haus I 684, 691, 694
– Rhîmühli I 669
– Richsgaß I 633, 679, III 665
– Rigahus I 701, III 456
– Rôsahügel I 684, 687
– Roßboda I 827
– Roß-Straß I 608
– Rôta Platta I 868 f.
– Rôthus I 629, 639, 655, 662, 679, 691,
  III 74, 83
– Salishäuser, Untertor / Masanserstraße
  I 656, 674
– Salvatoraturm I 677
– Sand I 279, 677, 690, 789, 837
– Sant Antönia I 638, 641
– Sant Hilaria I 638, 640 f., 651, 654
– St. Luzikapelle I 104
– St. Luzikirche I 660, 684, 692, 694, 697,
  II 912
– St. Nikolai I 651
– Scalära I XXI, 6, 8, 17, 42, 53 f., 58, 70,
  93 f., 486, 572, 574 ff., 588, 590, 594, 629,
  644, 677, 686–689, 693, 696, 709 f., 862,
  865, 890, II 290, 400, 909 f., III 119, 191,
  232, 264, 308, 766
– Scalettatöörli I 657
– Schanfiggerströß I 859
– Scharfrichtergäßli I 583, 835 f.
– Schlangagaß I 652, 689
– Schloß I 644
– Schuomacherzumft I 651
– Schwana I 589, 666
– Schwarzwald I 591, 648
– Segantinistraße III 308
– Sennhof I 375, 397
– Spaniöl I 676

– Städeli I 644, 648
– Stadtgarte I 634
– Stadtspitôl I 637, 641
– Steigeßli I 634
– Steinbock (Wirtshaus) I 509, 653, 657
– Sterna (Gasthaus) I 649
– Storchabrunna I 659
– Storchagaß I 644, 659
– Süeß Winggel I 636
– Türligarte I 663 f., III 85
– Turnhalla I 636
– Untergaß I 571
– Untertor I 113, 583, 655, 657, 672, 674, 835,
  III 472
– Villa Sarona III 670
– Waldhaus (Nervenklinik) III 67, 70
– Welschdörfli I 653
– Wiß-Torggel-Gaß I 710
– Wunderlis Hus I 633
– Zfridaheit I 689
– Zollhus (Gasthaus) I 862
Churwalden I 25, 581, 587, 615, 829, 844,
  II 517, III 34, 36
– Alp Stetz I 505, 876
– Grida I 127, 378, 498, 591, 651
– Joch I 888
– Passugg I 582
– Pradafänz I 422
– Pradaschier I 126, 505
– Runggaliär I 497, 617, 619
– Schintertanna I 126
– Stätzerhorn III 183
Cinuos-chel → S-chanf
Claro (Kanton Tessin) III 745
Clavadel → Davos
Clavadi → Sumvitg
Cleven → Chiavenna
Clobuz (Polen) III 152
Comersee III 666, 793, 798
Como (Italien) II 374, 411, III 869
Compadials → Sumvitg
Cons → Vrin
Conters im Prättigau I 124, 179, 237, 298, 316,
  401, 487, 759, II 766
– Durannapaß I 400
– Schwendi I 487
Crasta → Celerina / Schlarigna
Cresciano (Kanton Tessin) III 745, 859
Cresta → Außerferrera, Avers

Cröt → Avers
Crusch → Sent
Cumbel II 418–429, 431 f., 435, 438, 443 f.,
    446, 459, 466, 473 f., 484, 504, 519, 609 f.,
    628
– Fieus II 420
– Lamens II 420, 466
– Linaus II 443
– Pleun Fravgia II 431
– Porclas II 420, 761
– Prau Culiez II 420
– Sum Bual II 424, 426
– Valgronda II 633
Cunter III 376
– Burvagn III 370–378
Cuoz → Disentis / Mustér
Curaglia → Medel (Lucmagn)
Czenstochau (Polen) III 151, 153

Dalfazza → Luzein
Dalin → Präz
Dänemark III 511
Danis → Breil / Brigels
Dardin → Breil / Brigels
Daro → Bellinzona
Davos I V, XXIII, XXXVII, XLVII, LIV f.,
    117, 169 f., 178, 196, 237, 245, 258, 261 f., 267,
    275–325, 364 f., 380, 383, 392, 401, 407,
    410 f., 438, 458, 487, 492, 509, 513, 561, 568,
    649, 736–741, 757 f., 761, 763 f., 770, 781, 785,
    793, 806, 808, 838, 850, 854, II 9, 135, 196,
    894, III 74, 122, 214 f., 326, 364, 448, 451,
    660, IV 8, 12, 18, 23, 27
– Alpa I 296
– Alpelihôra I 280, 317
– Alpewaald I 315
– Ardüüsch I 303 f., 310
– Arelä I 737
– Bäbi I 285, 738, 741
– Bodarein I 315
– Bodma I 279
– Bord I 309
– Büdemji I 285
– Büela I 314
– Büünda I 318
– Cheisera I 305 f.
– Cheiserstall I 305
– Chêra I 295
– Chintschhûs I 290

– Chlein Alpa I 282
– Chnäübüelen I 377
– Chüalp I 283, 286, 295, 315 f.
– Chummeralp I 279
– Clavadel I 288, 296, 299, 301, 305, 739
– Dischmâ I 276, 282, 290, 293, 295, 297, 300,
    306 f., 316, 736 f.
– Eggä I 280, 293 f., 317, 741
– Eggeli I 277
– Engi I 277, 284, 739
– Erbalpa I 284, 306
– Frauenbach I 310
– Frauenkirch I 284, 286, 291, 296,
    320, 354
– Furgga I 314
– Furra I 305
– Gadma I 290
– Gfrôren Hôra I 282
– Gipshorn I 740
– Glaris I 279, 284, 302, 309 ff., 317, 319 ff.,
    324, 686, 695, 737, 739 f.
– Groß Stein I 286
– Grüeni I 316
– Gruoba I 278
– Haud, undrischte I 306, 739
– Häxähütti I 319
– Hochducan I XXI
– Horlaubena I 738
– Hotel Rätia I 260, 304 f.
– Inneralpä I 314
– Jöri Jegersch Nase I 282, 295
– Landwasser I 401, 606, 785, 793, 806
– Laret I 325, II 169, IV 24
– Latschüel I 763
– Leidbach I 279
– Lengmatta I 310, 325
– Loch I 325
– Luksch Alp I 289
– Maiafälder Furgga I 279, 387, 406
– Mäschenboda I 314 f.
– Matta I 284
– Meierhof I 739
– Mittaghôra I 295
– Monstein I 276, 292, 295, 306, 311 f., 314,
    320, 739 f.
– Mötsch I 286
– Mülibode I 284
– Ortôlfi I 300 f., 303, 309, 738
– Parsenn I 318, IV 24

– Platz I 260f., 276, 287, 291, 295, 308, 316, 738
– Promenade I 304f.
– Rotschzug I 303
– Rüedisch Tälli I 282, 293
– Ruoßänä Bodn I 272
– Sältenüeb I 287f.
– Schatzalp I 206, 806
– Schiafluh I 314, 454, 883
– Schiahoore I 314
– Schloßegg I 301
– Schlößli I 285, 288, 310
– Schloßspîchrä I 286
– Schmalböörtji I 315
– Schmelzbodä I 298, 311, 316
– Schönbodafurgga I 316
– Schottäsee I 293
– Schwarzflua I 280
– Schwarzhôra I 282, 290, 307, II 42
– See I 319, III 364
– Seehof I 260, 319, III 215
– Seehôra I 307, 318
– Seewerbärg I 290
– Sertîg I 196, 277f., 281f., 284, 286, 293ff., 298, 306, 309, 316f., 606
– Sibelmatta I 284, 299
– Silberbärg I 298, 305
– Spîna I 304, 312, 738
– Stilli I 307
– Stutz I 277, 325
– Stütz I 314
– Sutzi I 282
– Tällifurgga I 293
– Tobel I 310
– Tobelmüli I 302
– Totalp I 287, 290, 824, 899
– Totalpsee I 291
– Underschnitt I 276
– Unghüürschluochtji I 325
– Unghüürstei I 279
– Wasserfall I 282, 295
– Weng I 293
– Wildmatta I 739
– Wiltmännlistein I 315
– Wißige Boda I 322
– Wîti I 281, 284, 287, 309
– Wolfgang I 259f., 262, 284, 290, 314, 325, 455
– Züg I 304, 311, 316

Degen II 382, 427f., 437, 444f., 473f., 480ff., 485, 503–531, 932
– Bargun II 506–509
– Crap dil Giavel II 481
– Crap Male II 502, 524f.
– Crap da Morts II 532
– Crap dellas Umbrivas II 472
– Gianastga II 507, 509
– Muschna gronda II 518
– Rumein II 382, 486–502, 526
– Sogn Bistgaun II 444f., 465, 472, 480, 526
– Sogn Vetger II 502
– Tietschen II 444f., 518
– Turatscha II 500, 506ff., 511
– Vattiz II 486, 503, 531f.
Deutschland II 338, 610, 791, III 132, 152, 250, 329, 503, 627, 635f., 659
Dieni → Tujetsch
Digg → Trin
Dischmâ → Davos
Disentis/Mustér II 5, 8f., 21, 29, 52, 59, 61, 65f., 83f., 88, 90f., 93, 106, 111, 114, 132f., 136, 140ff., 155–158, 161, 163f., 166–189, 192, 209, 211, 227ff., 356, 377, 412, 418, 471, 599, 609, 625, 659, 669, 804, 812, 816, III 228, 332, 687f., 968
– Acletta II 162–165, 174, 182, 188
– Alp Lumpegna II 129, 172, 209
– Alp Magriel II 164, 179
– Alp Run II 159f.
– Bostg II 156f.
– Brulf II 192
– Caischavedra II 186
– Caprau II 173, 181, 196, 206
– Carmascheras II 136, 157
– Cavardiras II 137, 155f., 181, 186, 192f., 196, 206
– Clavadet II 164
– Crest ault II 206
– Crusch II 152
– Cunel II 161
– Cuoz II 182
– Disla II 152, 173f., 182, 184, 188–195
– Faltscharidas II 170f., 182, 184f., 187f., 201
– Fontanivas II 152
– Funs II 163, 168
– Gassa veglia II 173f.
– Gonda II 156, 167, 176
– Hotel Bellevue II 168

– Lag Brit II 159 f.
– Lag serein II 164
– Marias II 187
– Mompé Medel II 108, 161 f., 181, 194 f., 355, 599
– Mompé Tujetsch II 43, 136 f., 141, 150–162, 178, 210
– Muschna gronda II 173
– Muschnas liungas II 170
– Palius II 157
– Pardomet II 193
– Pastg de Bos II 171
– Pazzola II 181, 368
– Pégn rodun II 172
– Peisel II 153, 182
– Plaun de Fallas II 172
– Plaun gron II 178
– Plauns Varclisa II 164, 179
– Prau II 177, 195
– Punt da Brulf II 173, 181
– Punt Russein II 187
– Quadras II 155
– Raveras II 188
– Rieven II 180
– Ruinas II 187
– Ruosna II 210
– Salez II 178
– Sax II 163
– Schetga II 157
– Schetga Madernal II 195
– Segnas II 88, 124, 151, 157, 178, 182, 186 f., 226 f.
– Sontg Antoni II 206
– Sontga Gada II 152, 194
– Sogn Giachen II 182
– Sogn Gions II 163, 167, 169, 175
– Sogn Valentin II 194
– Sonduritg II 174 f.
– Sontget II 174, 180, 188
– Stgeinas II 153
– Turtengia II 179
– Uffiern II 156
– Val de Crusch II 151
– Val Häusern II 185
– Val Sogn Placi II 181, 187
– Vergera II 195
Disla → Disentis/Mustér
Domat/Ems I 25, 50, 123, 577, 634, 693, 798, 849, 858, II 365 f., 371, 411, 612, 752, 772, 782, 837, 840, 858, 883–919, 924, III 10, 111, 130, 344
– Aults II 900
– Barnaus II 901 f.
– Bova II 899 f.
– Caneua II 915 f.
– Crusch alva (Wirtshaus) II 899 f.
– Curtgin grond II 899
– Dolmetsch (Wirtshaus) II 884–887, 895, 898
– Er da la crusch cotschna II 890
– Gassa surò II 900
– Glashütte I 833, II 892, 899 f.
– Jux I 99, II 897
– Plon Mulin II 899 f.
– Saglioms II 888
– Sogn Gion II 905 f., 912 f.
– Tumma arsa II 913
– Tumma Casti II 890
– Tumma Marchesa II 891
– Tumma Padrusa II 890
– Tumma Turera II 897, 912
– Val di Schnec II 915 ff.
– Val da Treps II 900 f.
– Veia Calanca II 885, 888, 895
– Veia da Munt II 916 f.
– Vogelsang II 373, 888, 895, 903, III 18, 138
– Ziägelhütte I 831
Domleschg I V, XLIII, LI, LV, 225, 350, 578, 664, II 546, 549, 913, III 5–196, 247, 260, 319, 362, 903, 968, 973 f., IV 11, 23
Donat II 854, III 276
Dreibündenstein I 591
Dusch → Paspels
Dutjen → Valendas
Duvin II 446, 603, 625, 629, 631 f., 912 f., III 150, 666
– Verduz II 631

Egga → Obersaxen
Eggersriet (Kanton St. Gallen) III 225
Einsiedeln (Kanton Schwyz) I 603, 902, II 146 ff., III 117, 231
Elm (Kanton Glarus) II 771
Elsaß III 80, 745, 878, 946, 953
Ems → Domat/Ems
En → Inn
Engadin I V, XI, XXVI, XXX f., XXXVIII, XLI, LV, 92, 204, 206, 208, 223 f., 238,

Engadin (Fortsetzung) 244 f., 302, 315 f., 375,
    384, 574, 682, 702, 737, 761, 779, 824, II 6,
    185, 238, 240, 409, 533, 597 f., 603, 611, 617,
    629, 669, 673, 765, 933, III 96, 179, 186, 290,
    352 f., 366 ff., 386, 402, 424–671, 903, 965,
    968 f., 973 f., IV 13, 23
England I 686, II 97, III 261, 434, 491, 668

Fajauna → Schiers
Faido (Kanton Tessin) II 128
Falens → Sumvitg
Falera II 362, 376, 378, 387, 391, 409, 580,
    744–762
– Cafegns II 748, 761
– Casti de Chischlatsch II 750 ff.
– Giaus II 750 f.
– Gliendras II 753
– Mutta II 749
– Sogn Rumetg II 746, 750, 758, 761
– Val de Begls II 746
– Wildenberg → Casti de Chischlatsch
Faltscharidas → Disentis / Mustér
Fanas I 161, 163, 173, 178, 194–204,
    206, 730
– Chalchofa I 197
– Dalfazza I 178
– Ludera I 197
– Lumadu I 186, 197
– Plagaur I 202
– Platta I 197
– Quadris I 196
– Râl I 201
– Sâga I 173
– Sassauna I 205
– Stutz I 197
– Winkel I 198
– Wißa Hus I 195
Fardün → Patzen-Fardün
Feldis / Veulden I LII, 793, 858, II 901, III 5 ff.,
    9 f., 20, 48, 74, 126, 141, 190 f., 326, 342
– Plaun dils Reuns III 7
– Schegnas III 7
– Tit III 14
– Tuals III 191
Feldkirch (Vorarlberg) II 937
Fellers → Falera
Felsberg I 18, 436, 641, II 373, 752, 796, 803,
    827, 830, 841, 868, 886 f., 895, 898,
    919–925, 942 946, III 119

– Calanda II 920
– Flida II 830, 881, 920
– Geißweid I 833, II 898
– Riterstutz II 921
– Schloß II 922
– Schloßhalda II 922 f.
– Wingert II 921
Fermunt (Vorarlberg) III 532
Ferrera → Außerferrera
Fetan → Ftan
Fextal → Sils i. E. / Segl
Fidaz → Flims
Fideris I 109, 216, 224, 227, 241, 271, 398, 400,
    406, 633
– Ariesch-Brugg I 227
– Clûn I 465
– Stralegg I 186, 215, 227, 297 f., 482, 909
– Tarnuz I 241
Filisur II 409, III 139 f., 318, 325, 342, 350,
    354, 364
– Bellaluna III 330
– Cavia III 357
– Greifenstein III 357
– Schaftobel III 319
– Sela III 350 f.
Fionnay (Kanton Wallis) I 849
Fläsch I LIII, 26, 38, 148, 153, 155 f., 158, 761,
    II 851 f.
– Keßlerhof I 154
– Plattisbruch I 158
Flem → Flims
Flerden I 444, II 738, III 244
Fließ (Tirol) III 454
Flims I 580, 710, 726, II 26 f., 251, 405, 732,
    761, 767–773, 806, 830, 852, 863, 928 f., 932,
    936, III 33, 149, 224, 651, 653
– Barghis II 786 f.
– Belmont II 772, 786
– Buhaul II 773
– Caumasee II 658
– Con II 658, 932
– Fidaz II 613, 767 f., 772 f., 786 f.,
    III 115, 223
– Flimserstein II 605, 770 f., 777, 781,
    III 20, 223
– Isla Casti II 658
– Piz Aulta II 771
– Platta II 767
– Plenggi II 787

– Plong dils Turbis II 786
– Rens II 769
– Scheia II 767
– Segnes II 771
– Val Stenna II 936
– Vallorca II 767
Flix → Sur
Flond I 700, II 300 f., 515, 623, 939
Florenz III 673
Flüelapaß I 307 f., 311, 316, 612, 616, 640, 850
Flutginas → Sumvitg
Fondei → Langwies
Foppa II 385, 638, 754, 761, 770
Frankfurt a. M. I 705
Frankreich I 49, 79, 147, 196, 198, 201, 306,
    440, 543, 656, II 227, 248, 784, 822, 893,
    III 114, 177 ff., 184, 236, 239, 316, 366 f., 432,
    434, 454, 597, 620 f., 635, 665, 689 f., 753,
    788, 799, 803 f., 872, 915, 957
Frauenfeld (Kanton Thurgau) III 63
Frauenkirch → Davos
Freiburg i. Br. IV 7
Freila → Außerferrera
Freistadel (Ungarn) III 699
Friesland II 729
Ftan II 568, III 447, 466, 470, 473 ff., 492–513,
    519, 521, 530, 532, 535, 557, 561, 568 f., 581,
    590, 600, 654, 660, 669
– Champs III 494
– Chaschlogna III 508
– Ftan grond III 494, 496
– Ftan pitschen III 494, 498, 505, 511 f.
– Futschölbach III 536
– Greala III 512
– Grusaida (Wirtshaus) III 509
– Platta Sar Duri III 495
– Val Tasna III 469, 481, 504, 506, 508, 535
– Val Urschai III 512
Fuldera III 398 f., 594
Fünf Dörfer I V, XXXI, LV, 3–127, 722,
    IV 12
Funs → Disentis / Mustér
Furna I 94, 161, 181, 207–223, 241, 380, 586,
    711, 850
– Bärgli I 214
– Börtji I 222
– Brüelsch I 209, 221
– Danusa I 222
– Dolfen Plata I 223

– Dreji I 220
– Flüa I 216, 221
– Fluawald I 221
– Furnerberg I 214
– Gärbi I 220
– Haldi I 220
– Häxästein I 216
– Hindrunderbärg I 216
– Hüänerloch I 222
– Inderbärg I 219
– Oberegga I 219
– Rappaschröfi I 221
– Ried I 181, 222
– Ronggji I 222
– Schlipftobel I 120
– Strich, underä I 216
– Tatschala I 222
– Varnezza I 586, 588, 868, III 159
– Wildenmann I 216
Fürstenau III 73, 103, 105, 109, 174 ff., 193, 206,
    228, 265, 320, 359, 361
– Cresta III 103
– Fürstenaubruck III 92, 102 f., 175 ff., 218
– Hexeschtutz III 177
– Kriäsital III 177
– Padreins III 177
– Schloß III 166, 170, 187
– Val piertga III 92
– Zollhaus III 177
Furth → Uors-Peiden

Galenstock (Berg; Kantone Uri und Wallis)
    II 596
Ganda → Igis
Gardone am Gardasee III 352
Genf I 234, II 446, 839, III 697
Genua II 411, 931, III 98, 624
Giarsun → Guarda
Giova → Buseno
Giubiasco (Kanton Tessin) II 22, III 731
Giuvaulta → Rothenbrunnen
Glarus → Davos
Glarus (Flecken und Kanton) I 56 f., 127,
    II 196, 635, 771, 861, III 6, 10, 239, IV 7
Glas → Tschappina
Glenner → Glogn
Glion → Ilanz
Glogn (Fluß) II 475, 480, 502, 506 f., 509, 522,
    523, 524 f., 597 f., 600, 603

Gordona (Veltlin) III 740
Gorduno (Kanton Tessin)
– Monte de Roscada III 729
Göschenen (Kanton Uri) II 171
– Göscheneralp II 171
Gotthardpaß II 736
Göttingen (Deutschland) I 701
Grabs (Kanton St. Gallen) II 778, III 210
Gravedona (Italien) III 798
Grida → Churwalden
Grono I 135, II 169, 180, III 690, 693, 711 f.,
    714, 718, 722, 745 f., 765–795, 805, 812 f.,
    857, 869 ff., 879 f., 882 ff., 893, 898, 900, 907,
    909, 911, 916, 922, 932, 940, 943, 945, 948,
    951, 957
– Cappella della Madonna del Carmine
    III 774
– Carà di Quartina III 780
– Cròt III 951
– Fontana III 945
– Gambader III 769
– Guernasc III 782
– Motta III 765
– Mottabella III 769
– Pianecc III 781 ff.
– Posa de la vegia III 775
– Promazzola III 769
– Ransc III 779, 784
– Ria di Mol III 765, 768 f.
– Selvapiana III 782
– Splendor III 792
– Tècc de Costa III 792
– Turnichée III 784
– Val Bandida III 778 f.
– Val di Mol III 766
– Val Grono III 766, 774, 783, 849, 882
– Vera III 849
– Zucón III 780
Gruob → Foppa
Grüsch I 112, 161, 166–194, 444, 576, 594,
    729 ff., 874, III 48, 671
– Arälja I 172, 182, 186 f., 731
– Bseiki I 182
– Bündti I 173 f.
– Burgtobel I 166, 182, 188
– Carggî I 175
– Cavadürli I 178
– Chalchofa I 178
– Groß Hus I 183

– Gülla I 175, 182
– Hääri I 176
– Hääribord I 180
– Jösler I 192
– Junkersch Hus I 173, 182, 187, 193
– Krone (Wirtshaus) I 50, 169
– Landquart (Fluß) I 174, 182, 185, 192 f., 208,
    211, 221
– Lenzaboda I 180
– Löötsch I 182
– Môza I 182
– Müli I 175
– Müllitobel I 192
– Pêgital I 180
– Prâ I 178
– Rosengarten → Junkersch Hus
– Ruot I 182
– Schäfli (Wirtshaus) I 184, 188
– Spitzbündti I 187
– Tarschinis I 191
– Überlandquart I 180, 189, 191 f.
– Val di Taus I 192
Guarda II 684, III 456, 515, 521, 526, 548,
    550, 585–598, 608, 611, 635, 658
– Alp sot III 588
– Auasagna III 593
– Chant da la Signura III 589
– Clozza III 595, 605
– Curtins III 595, 605
– Giarsun III 483, 485, 519, 533, 550, 594,
    596, 604, 624
– Pra davant III 594
– Sot Strada III 595
– Val Tuoi III 588, 590, 596, 606

Halberstadt (Deutschland) II 627
Haldenstein I LIV, 3–19, 27, 60 f., 113, 668,
    696, 709–713, 864, III 63, 163, 167, 374
– Alpboda I 711
– Altsäß I 8, 18
– Bärafalla I 4
– Bärahag I 4
– Batänia I 6 f., 11, 17 ff., 27, 29 f., 60 f., 99,
    291, 714
– Bischofa Wald I 16
– Bongert I 798
– Calanda I 4, 18 f., 26 f., 84
– Chindenelpli I 19
– Chloster I 17

– Chrüzweg I 14
– Cunclis I 709
– Ggalotterstega I 16
– Haldenstein (Burg) I 3, 13, 15, 60
– Haldenstein (Schloß) I 11 f., 711
– Heraberg I 4, 291
– Herahus I 17
– Lichtenstein I 3, 7, 13 f., 16 f.
– Oberberg I 5
– Palu I 14
– Satlina I 4, 10
– Spitzenegg I 6
– Steiggela I 4
– Süeßa Winggel I 3, 7
Hall (Tirol) III 457
Haslital (Kanton Bern) IV 21
Heinzenberg I 214, II 42, 634, 731, III 5, 54,
    62, 90, 105, 125, 127, 148, 199, 214, 223, 228,
    239–245, 247, 277, 968
Helena (Insel) III 184
Herisau (Kanton Appenzell Außerrhoden)
    III 225
Herrschaft V, IX, 19, 48, 56, 127–158, 201,
    543, 588, 889, III 99, IV 12
Hinterrhein I V, II 296, 629, 645, 649, 653,
    III 306–311, 316, 974
– Spissä Wang III 312
– Wîbaschtützli III 310
– Wîsheitswasserli III 310
Hohenems (Vorarlberg) I 845
Hohenrätien → Sils i. D.
Holland I 135, 450 f., 680, 697, II 378, 833,
    934, III 16, 33, 98, 167, 854
Horgen (Kanton Zürich) I 484
Hospental (Kanton Uri) II 177

Igels → Degen
Igis I 50, 75, 109, 115–127, 714, 727 ff., 793
– Alta Brünna I 118
– Bâwald I 728
– Bööfel I 727
– Chalchôfaris I 121
– Chastalet I 118
– Fagglastei → Schlößli
– Felsabach I 50, 125, 187, 208, 217, 224, 729,
    909, III 671
– Fôrst I 185, 217, 220
– Ganda I 77, 229, 737
– Hirschastall I 118, 120

– Landquart I 229, 575, 686
– Marschlins I 47 f., 111, 117, 119, 121, 865,
    893
– Pfaffagäßli I 121
– Rüfi I 109, 111
– Schlößli (Ruine Falkenstein) I 111, 116, 118,
    120 f., 727, 729
– Stutz I 113
– Undergaß I 118
Ilanz I XXXV, LV, 685, 688, 779, II 120 f.,
    123 f., 130 f., 151, 197, 207, 211, 242 f., 255,
    266, 290, 301, 308, 362, 364 f., 369, 373,
    385, 390, 393, 394–415, 418, 424, 431,
    440 f., 445 f., 452 f., 455, 474, 483 f., 517 f.,
    523 f., 531, 549, 577 f., 580, 582, 598, 603,
    614 ff., 620, 630, 633 f., 636, 641, 649, 661,
    678, 681, 740, 760, 829, 840, 925 f., 929, 934,
    III 158, IV 23
– Casa cotschna II 400 f.
– Casa gronda II 191, 229, 398–401, 413, 445,
    529, 613, 638
– Grüneck II 386, 399, 613
– Haus Cerletti II 242
– Haus Schmid von Grüneck II 399 f.
– Institut St. Joseph II 378, 404
– Krone (Wirtshaus) II 213
– Lukmanier (Wirtshaus) II 526
– Mundaun (Gasthaus) II 401
– Oberalp (Gasthof) II 223, 266, 290
– Obertor II 386, 415
– Runcaleida III 158
– St. Martin II 455, 517, 524, 609, 612, 619,
    633
– St. Niklaus / Sontga Clau II 358, 404, 409,
    415, 528
– Strada II 405, 926
– Talasyl III 42
Ingenbohl (Kanton Schwyz) III 321, 841
Inn (Fluß) III 439, 449, 453, 478, 483, 485,
    532, 559 f., 562, 567, 578, 585, 601, 611, 621,
    624, 627, 633, 637, 656, 661
Innerferrera II 627, III 253, 270, 273, 276, 278,
    285 ff., 290, 298, 973
– Alp Starlera III 272
– San Martin III 273
– Tgavrida III 286
Iran I XLVII, IL
Irland I 444
Italien I 55, 166, 190, 302, 308, 396, 685, 789,

Italien (Fortsetzung) 863, II 22, 60, 66, 85,
    190, 276, 374, 473, 479, 643, 822, 834, 901 f.,
    III 20, 37, 49 f., 97, 150, 192 f., 229, 250, 260,
    265, 270, 272, 286, 291, 293, 323, 329, 339,
    343, 358, 365, 371, 378, 382, 385, 393, 403,
    413, 440, 451, 456, 464, 481, 488, 496 f.,
    504 f., 516, 530, 533, 538, 551, 556, 584, 587,
    596, 611, 613, 622, 630, 657, 666, 669, 686,
    739, 742, 748, 853, 869, 871, 876, 880, 887,
    889, 924, 961

Japan III 154 f.
Jenaz I V, 161, 219, 223, 227, 231, 268,
    731–735, III 653, 671
– Fanin I 120, 386, 424, 459, 478 ff., 490, 499,
    502, 516, 521, 523, 540, 550, 568, 587, 787,
    796, 798, 801 ff., 807, 842 f.
– Garauscha I 424, 459, 787, 801, 803
– Prafieb I 732
– Schwendi I 734
– Waldavôs I 734
– Zigerstein I 480, 516
Jenins I 128, 134, 143–146, 148, 150, 156,
    II 596, III 161
– Aspermont (Ruine) I 145, 148, 158
– Äuli I 149
– Mühlebach I 144
– Müli I 144
– Pradafant I 148, 156
– Rüfi I 148
– Sprecherhus I 144 ff.
– Teilerrüfi I 145
Jerusalem I 27, II 100, 310
Jörgenberg → Waltensburg/Vuorz
Juf → Avers
Julierpaß III 125

Kästris → Castrisch
Klosters I XXX, 162, 245 ff., 248–272, 284,
    307, 311, 335, 402, 555, 575, 667, 735 f.,
    II 83, 169, 551, III 316, 439 f., 616 f., 640, 671
– Au I 258, 261 f.
– Äuja I 250 f., 269
– Balzersguot I 648
– Boden I 264
– Boschga I 260
– Brügga I 250, 264, 267 f.
– Büel I 263, 272
– Buochwald I 268

– Cappwald I 250
– Carfiun I 240
– Cholplatz I 250
– Chremerchöpf I 254 ff.
– Dörfli I 247, 259
– Fremdvereina I 231, 242, 244, 255
– Galgenbündi I 262
– Gründji Bödali I 262
– Gruobastutz I 268
– Hennenmedji I 271
– Hexenbödali I 262, 271 f.
– Hof I 270
– Landquart (Fluß) I 269
– Laubigen Zug I 251
– Machalpa I 270
– Madrâls I 265
– Monbiel I 245, 249, 259, 261, 267, 271
– Morderloch I 260
– Novai I 241
– Pardenn I 261 f., 271
– Platz I 258, 264
– Ruätschisch Hus I 257
– Safranga I 272
– Sardaschga I 244, 255 f.
– Schlappin I 231, 247, 384, 735
– Schreiend Bach I 232, 246
– Serneus I 266, 270, 787
– Silvretta I 254 f.
– Tal I 257
– Talgassa I 259, 265
– Toggiloch I 250, 258
– Toktersch Hus I 257, 264
– Verstankla I 255
Königsberg III 526, 600
Kopenhagen III 513
Kreibiz (Polen) III 151 ff.
Kreit (Alm; Tirol) III 455
Kriens (Kanton Luzern) III 581
Küblis I 161, 196, 219, 225–235, 237–244, 247,
    257, 295, 305, 398, 753, 764, 804, II 881,
    III 36, 387, 640
Kunkels → Tamins

Laax II 191, 221, 362, 624, 748 f., 761, 768 f.,
    895, 928 f., 931 f., III 149, 624
– Cons II 932
– Crap ner II 365 f.
– Palutta II 748
– Pardatsch II 932

– Vorab II 366, III 5 f., 191
Ladir II 53, 131, 362, 403 f., 526, 746, 748, 755
– Gandatscha II 403
Landarenca III 911–923, 951
– Bolìv III 922
– Bosch da la Gésge III 923
– Cran III 922
– La Rigli III 921
– Pcian III 921
– Pordont III 914, 923
– Sora Cran III 916, 922
– Val d'Albert III 921
Landeron, Le (Kanton Neuenburg) III 397
Landquart → Igis
Langwies I LII, LIV, 294, 333, 341, 344,
    348, 355, 362–416, 419, 429, 432, 437, 448,
    450 ff., 454, 457 f., 476 f., 481, 503, 508,
    513, 541, 550 f., 558, 564 f., 573, 578, 580 f.,
    583, 598, 607, 614, 616, 618, 654, 743,
    755–764, 769, 773 ff., 823, 826, 855, 859,
    861, 899 ff., II 176, 661, 694, III 402,
    IV 16, 24
– Aachchübl I 403
– Alp Steiner I 406, 449
– Alpen (in der–) I 449
– Bahnhof I 368
– Bärenbad I 333
– Bârtlisch Hûs I 371, 398
– Bazger Brunnen I 764
– Blakten I 779, 900
– Blakteralp I 357, 372
– Bödem I 368, 370
– Bodetobel I 398
– Bôrd I 368
– Brochnen Gaden I 358, 389, 405, 408,
    450 f., 757, 759, 761
– Brünschtrog I 414, 761
– Brünschwis I 357, 414, 761
– Campadiel I 365 f., 368, 402, 779, 826
– Chilchboden I 357, 371
– Chilchwâld I 372
– Chollernen I 371
– Chüpfen I 409, 412 ff., 764, 779, 800
– Chüpfenflua I 383, 403
– Eggen I 368, 374 f., 379, 396 f., 414 f., 492,
    761, 763
– Eva Loch I 762
– Firscht I 370, 387, 400, 493, 587, 763, 848
– Fondei I 209, 215 f., 294, 333, 341, 354, 366,
    370–374, 376, 379, 381, 391, 395, 398–401,
    403, 405 ff., 411 f., 416, 418, 431, 444–449,
    458, 476, 493, 503, 508, 511, 564, 567,
    587, 590, 748, 754 f., 757, 760, 763, 773 f.,
    777–781, 784, 786, 825 f., 849, 873, 875, 882,
    900, 902
– Frauentobel I 372, 401, 564, 573, 762, 776,
    779, 808
– Frauenwägji I 372
– Fridhof I 356, 413
– Gadastatt I 399
– Gassenhüüschi I 414
– Geisgrabn I 403
– Graggestein I 401
– Gründjitobel I 364, 372, 564
– Hafni I 449 f.
– Haut I 408
– Heinza Matta I 368, 389
– Hof I 382, 387, 412
– Jatz I 377, 409
– Junkersch Hus I 403
– Läuber I 370, 411, 415 f., 493
– Läuberwäg I 370
– Lên I 372 ff., 384, 587, 754
– Lîchähus I 781
– Litzi I 405
– Litzirüti I 356–361, 377, 383, 398, 753 ff.
– Lugmilchstuk I 387
– Matta I 564
– Mattjisch Hôren I 357, 367, 786
– Medergen I 357, 360, 386, 414, 761, 763 f.
– Meierhof I 567, 758
– Melch I 399
– Nigglischhus I 333
– Nüües Hus I 405
– Oberwies I 452, 761
– Palätsch I 368 f., 387, 391, 414, 755, 757 f.,
    761 f., 769, 778, IV 26
– Pfaffechäller I 368, 382
– Pfaffeställ I 368
– Pirigen I 344, 389, 427, 511, 550, 613
– Platz I 358, 365 f., 373 ff., 406 f., 431,
    444, 882
– Platzegga I 407, 513
– Plessur I 348, 368, 370, 376, 387, 399
– Prätschwald I 344 f., 353 f., 368, 388, 461,
    753, 769, 903
– Reckholdern I 400
– Rôfel I 373, 402, 407

– Rofelwâld I 368
– Rongg I 490
– Ronggwald I 743
– Rüti I 398, 406, 448, 801
– Sapün I 299, 340, 348, 356, 359, 364, 366, 370 f., 374 f., 377, 383, 388, 392, 395 ff., 400, 403 f., 408–413, 416, 438, 444 ff., 453, 491 f., 503, 749, 753, 761, 764, 799 f., 838, 884, 900
– Sapüner Stein I 410, 764
– Sattel I 391, 452 f.
– Schlüechtji I 379, 389
– Schmitten I 403, 412 f., 800
– Sêta I 372, 564, 576, 755
– Sita I 782
– Sprächersch Hus I 369, 387 f., 390, 758
– Stadtler Hof I 366, 452
– Stelli (bi dr fûle–) I 373
– Straffeleggen I 774, 882
– Straßberg I 370 f., 373, 393, 398 f., 403 f., 445, 825, 902
– Sträzewâld I 367
– Stutz I 373, 449
– Tanzlauba I 400
– Täüfi I 403
– Teilen I 760
– Töbl I 415
– Töni Engelsch Gaden I 407
– Totabrunnä I 755
– Tritt I 763
– Tschuggen I 404, 406
– Tschuggenalp I 358
– Walggabrugg I 348, 368, 387
– Wildi I 399
– Wildiboda I 408
– Wiselti I 406
– Wißfluä I 377
– Wiswâld I 397, 415 f.
Lantsch / Lenz I 44, 687, III 56 f., 322 f., 326, 328, 377, 503
– Crusch III 322
– God la Tgoma III 323
Laret → Davos
Latsch → Bergün / Bravuogn
Laus → Sumvitg
Lausanne (Kanton Waadt) II 143
Lavin III 481, 488, 514, 518, 520, 526, 560, 590, 593, 595, 599–608, 615, 623 f., 629, 631, 635, 637, 640, 660, 671, IV 19
– Curtins III 519

– Fisèn III 606
– Gonda III 519, 593
– Lavinuoz III 518
– Plans III 604
– Runsauts III 615, 628
– Suorns III 594
– Sur Punt III 600 f.
– Tanter Muglins III 606
Leggia I 698, III 681, 739, 742, 745, 748 f., 756–764, 778, 868, 890, 896
– Mea III 681, 756, 764
– Palazzo a Marca III 739
– Piott de Méa III 763
– Pizzo Paglia III 884
– Possul de la Madona III 757, 763
– San Remigio III 741, 757 f., 763
– Val Leggia III 681, 698, 730 f., 734, 741, 762, 764, 884
Leipzig III 526, 599
Lenz → Lantsch / Lenz
Lenzburg (Kanton Aargau) I XIX, XXVIII, II 744, 866, IV 5
Lenzerheide → Vaz / Obervaz
Liechtenstein (Fürstentum) I 14, 23, 156, 787, 869
Linard, Piz I 289
Litzirüti → Langwies
Livigno (ital. Provinz Sondrio) III 594, 630
Locarno (Kanton Tessin) III 757
– Madonna del Sasso III 917
Lohn III 221, 271
London III 537
Loretschhus → Avers
Lostallo III 273, 722–733, 746, 756, 778, 840, 847, 857, 892
– Alp de Bon III 735, 754
– Arbea III 733
– Bartedà III 728 f.
– Beveradoo III 736
– Cabbiolo III 722 f., 728, 730, 756, 889
– Cappella d'Aquatich (Madonna dell' Aquate) III 723
– Croch III 727
– Dosseda III 724
– Drenola III 723, 727
– Mot de Barn III 725, 732
– San Carlo III 727, 746
– San Giorgio III 725, 732
– Sassello III 748

– Sorte III 722, 724 f., 727, 729–738, 742, 855
– Val Drenola III 724, 727, 734
– Val Gamba III 754
– Val de Rebulgin III 734
– Val di Strion III 727
– Vazzola III 729, 734, 754
Lü:
– Lüsai III 399
Lüen I 202, 419, 432, 450, 468, 471, 476, 514,
   520, 526, 529 f., 534, 547 f., 568, 575, 590,
   607, 613 f., 619, 692, 748, 759, 773, 783, 785,
   789–792, 815, 822–826, 856, 889, 899,
   III 159
– Bruggboda I 560 f., 564, 825
– Büdeli I 817
– Clasaurerwald I 456
– Galgabüel I 432, 516, 590, 792, 905
– Gärbi I 553
– Ladannawald I 557, 563, 825
– Mawâls I 907
– Mesmet I 555, 825
– Muggenau I 590
– Parvig I 466, 531, 553, 767, 795
– Piesel I 553
– Prafinklistein I 553, 562 f.
– Sufs I 470
– Talig I 553
– Têwâld I 469, 474, 564, 783, 825
– Walsilams I 531
Luerscha → Olivone
Lugano (Kanton Tessin) II 14, 18, 29, 57, 64 f.,
   110 f., 223, 264 f., 548, 581, III 253, 724
Lugnez I XXIX, 402, II 18, 22 f., 207, 211, 223,
   230, 280, 345 f., 362, 367, 376, 382, 385,
   398, 415, 480, 487, 521, 531, 545, 570, 597 f.,
   600, 627, 631, 638, 642, 648, 718, 766, 768,
   926, 932, 939
Lukmanierpaß II 29, 43, 57, 113
Lumbrein II 326, 425, 440, 460 ff., 474, 485,
   517, 523, 531, 541–573, III 39, 41
– Alp Cavel II 367, 471, 581
– Alp Nova II 298, 514 f.
– Farglix II 543
– Miedra II 437, 524, 581
– Péz Regina II 473, 547, 568 f.
– Pruastg II 547
– Silgin II 568 f., 581
– Sontg Andriu II 543
– Sogn Glianard II 460

Sogn Roc II 541, 567
– Staviala II 552
– Surin II 425, 473, 587 f., 643 f.
Lumino (Kanton Tessin) III 720, 856, 868, 872
– Madonna di Bertè III 855 f., 867
Lumneins → Trun
Lumnezia → Lugnez
Lunden → Schiers
Lunschania → St. Martin
Luven II 379, 440 f., 493, 606, 619, 621, 627,
   633, 926 f., III 246 f.
– Castelberg II 242, 379, 416, 492 f., 508, 510,
   512 f., 597
– Curtganatsch II 421
– Farmarins II 474
– Prada II 483
– Sogn Flurin II 597
– Val Pilaccas II 424, 633, 749
Luvis → Luven
Luzein I XXXIV, 231, 323, III 616
– Bôfa I 842
– Buchen I 734
– Castels I 148, 224, 227
– Dalfazza I 226
– Gadastätt I 228
– Pany I 228, 242, 832, 842
– Prada I 228
– Putz I 208, 214, 224 f., 227 f., 244
– Ruobstein I 242
– Sprächerhus I 183
– Ziginerloch I 224
Luzern III 190, 259, 580
Lyon II 429 f.

Macugnaga (Italien) IV 21
Madrisch → Avers
Madulain III 661, 664
Magadino (Kanton Tessin) III 866
Magdeburg (Deutschland) II 627
Magsut → Avers
Maienfeld I LIV, 23, 26, 37 ff., 47 f., 105, 113,
   134 f., 137, 145–158, 406, 653, 685, 787, 873,
   II 83, 685
– Aichholz I 151
– Band I 149
– Bôvel I 153
– Brandis (Schloß) I 154, 173
– Brüggerhûs → Sprecherhûs
– Buachwald I 152

– Calanggergäßli I 152 f.
– Falknis I 149, 155 f.
– Guscha I 151, 154 f., 157, 543
– Guschaturm I 156
– Lûr I 157
– Luziensteig → Steig
– Malbiet I 157
– Mörderplatta I 156
– Palatrei I 134
– Pardellarüfi I 153
– Pola I 153
– Rofels I 148, 151 ff.
– Rohan-Schanza I 201
– Rüedihus I 156
– Salenegg I 23, 39, 142, 149, 157 f., 213, 682, 874, 893
– Sprecherhûs I 146, 154, II 529
– Steig I 80, 123, 147, 156 f.
– Steiggaß I 155
Mailand I 56, II 87 f., 574, 589, III 98, 290, 695 f., 738, 798, 806, 811, 904
Maladers I IX, 46, 340, 383, 387, 430, 433, 477 f., 483 ff., 538 f., 549, 559 f., 574, 584–605, 609, 684, 695 ff., 770, 772, 777, 783, 790, 797, 820, 830, 839, 842, 864, 867–904, 906, 908, II 175, III 258, 338
– Arfrîewis I 881
– Brandagger I 695, 841, 887
– Brunnehus I 545, 593, 835
– Chogästein I 884
– Chogatöbeli I 770
– Cholplatz I 888 f.
– Egga I 879
– Eichwâld I 387, 602, 884, 887
– Fääld I 887
– Heuberge I 400, 422 f.
– Judewegli I 832, 884, 887
– Krüzlistall I 837 f.
– Lêrch I 430
– Montalin (Wirtshaus) I 870, 889
– Partschils I 602
– Prâwis I 489
– Quâdera I 430, 596, 600
– Sax I 489, 559 f., 569–584, 693, 698, 797, 826–867, 888, Under- I 480, 832
– Schloß I 595, 601, 836, 903
– Schüßlätrog I 559
– Selias I 486
– Stägähus → Brunnehus

– Strêla (Gasthaus) I 833
– Taunis I 885, 893
– Tumma I 387, 619, 886, 894
– Waldheim I 430, 886
– Winggel I 574, 840
– Zafraus I 423
Malans I 41, 48, 107, 127–143, 155 f., 193, 201, 241, 685, 688, 692, 696, 704, III 232, 671
– Amstainahus I 142
– Baholz I 128, 130, 138
– Bofel I 130, 132
– Bongertrechti I 129
– Bothmar I 142 f.
– Buachwald I 138
– Egipta I 141
– Gazienz I 141 f.
– Gürageßli I 131, 143
– Hexabödeli I 130
– Joseppipark I 143
– Kabisgärta I 133
– Krone (Wirtshaus) I 136
– Lugga I 132, 137
– Mülbach I 142
– Müli I 49
– Mülwisa I 142
– Oberdorf I 131 f., 136, 140
– Panx I 129, 134
– Pfaffawingert I 128
– Rütiwisa I 134
– Saga I 134, 142
– Scadena I 136, 140
– Scheidtanne I 134
– Schloßschmitta I 130
– Studachhus I 135, 140, 142
– Stutz I 107
– Tobel I 129
– Tunggla Äüli (bim–) I 138
– Türalihus I 136
– Underdorf I 141
– Weschhus I 131
– Winegg I 130
Malix I 346, 478, 500, 576, 624, 626, 638, 712, 845, III 22, 37, 208, 638 f.
– Gatzi I 581, 829, 863
– Palvêdra I 626, 641 f.
Maloja → Stampa
Mals (Vintschgau) III 390
Malserheide (Vintschgau) III 397
Manas → Ramosch

Marmorera III 228, 350
Martina, Martinsbruck → Tschlin
Masein III 196 f., 199 f., 205, 210, 214
 – Casals III 214
 – Dalaus II 721, 738, III 201, 214
 – Schinterschtutz III 204
 – Tagstein III 360
Mastrils I 22 f., 26, 36–41, 97, 105, 124, 133 f.,
    137, 142 f., 176, 361, 445, 574 f., 588, 610,
    630, 647, 666 f., 714, 814, 836, 889, 893, 896,
    II 553, 831, III 71, 84, 134, 232, 326
 – Balma I 37
 – Cheppeliloch → Nußloch
 – Isla I 37 f.
 – Muntneregg I 37
 – Nußloch I 37, 41, 133, 193
 – Schnetzerwand I 37 f., 41
 – Tardisbrugg I 38, 655 f., 686
 – Tarviersch I 33
 – Tretsch I 23
Mathon I 33, III 221, 248, 283
Medel (Lucmagn) I 859, II 22, 29, 52, 57, 59,
    66, 91, 103, 105 f., 117, 124 f., 162, 187, 211,
    262, 599, 945
 – Alp Cristallina I 691, II 161, 412
 – Curaglia II 140, 189 f., 211, 945
 – Glitsche da Medel II 90 f., 117, 190
 – Lavaz II 112, 211
 – Matergia II 156, 200, 208
 – Péz Caschleglia II 90 f.
 – Sontga Maria II 29
Medels im Rheinwald III 307, 314 f.
 – Äbi III 315
 – Guggernüll III 307, 310 f., 314 f.
 – Tambo III 26
 – Wâli III 311
Medergen → Langwies
Meierhof → Obersaxen
Mels (Kanton St. Gallen) I 150, III 51, 371, 374
Memmingen (Deutschland) III 199
Mesocco II 468 f., III 264, 266, 315, 678–698,
    733, 847, 889, 965
 – Andergia III 678 f., 686, 695
 – Ant III 681
 – Arbea III 697
 – Areue III 310, 315, 730
 – Barna III 681
 – Béis III 680, 683, 741
 – Benabbia III 686

 – Buschitt III 691 f., 694 f.
 – Castello di Mesocco III 691, 694
 – Cebbia III 680, 683, 686
 – Centrale III 680
 – Ceta III 679
 – Cianca del Bescin III 697
 – Creméo III 684 f., 693
 – Darba III 681, 683
 – Deira III 694
 – Gervan III 679
 – Gratella III 680
 – Lant III 689
 – Lavina III 678
 – Leso III 678
 – Lido III 683
 – Logian III 691 f., 695
 – Monda III 689 f.
 – Monzotent III 696 f.
 – Naressa III 696 f.
 – Pian Doss III 683 f., 695
 – Pian San Giacomo III 679 f.
 – Pinec III 695 f.
 – Piz Pombi III 692 f.
 – Pradiron III 697
 – Premp III 679
 – Ranghela III 691
 – San Bernardino II 628, 736, III 680, 683 f.,
    690, 696 f., 706, 723, 737, 778, 786
 – Santa Maria del Castello III 686
 – San Michele III 678 f.
 – San Pietro III 684, 693
 – San Rocco III 684 f., 692
 – Spina III 689 f.
 – Suossa III 686
Mesolcina → Misox
Miraniga → Obersaxen
Misox I V, XXXI, XXXIV, XXXVI,
    XXXIX, XLI, LI f., LV, 147, 294, 507, 510,
    514, 567, 681, 697 f., 835, II 14, 169, 180,
    III 296, 312, 678–868, 903, 951, 961, 963,
    965, 974, IV 13, 18, 23
Moesa (Fluß) III 691, 698, 700, 708, 720, 738 f.,
    782, 801, 865 f.
Moleno (Kanton Tessin) III 701
Molina → Buseno
Molinazzo → Arbedo-Castione
Molinis I LIV, 338, 365 f., 376–380, 382 f.,
    390, 400, 421, 425, 453, 460, 462, 464 ff.,
    472, 474, 476, 488, 494–529, 535, 550, 553,

Molinis (Fortsetzung) 563, 606 f., 685, 743, 756, 760, 762, 768, 782, 785, 787, 790, 794, 800–816, 830, 867, III 308, 741
– Calüez I 511
– Cania I 504, 519, 822
– Caresta I 474, 511, 607 f., 783, 811
– Casaura I 511
– Chällerlistein I 507
– Chuoriger Stein I 797
– Foppa I 516, 803
– Gadastätt I 365, 501, 504, 506 f., 513, 516, 756 f., 768, 804, 807
– Girenegga I 511
– Gügel I 441, 502, 815
– Mittagstein I 567
– Navâls I 502 f., 505
– Obersäß I 507
– Ogsenalp I 336, 339, 348, 385, 426, 479, 502, 567, 597 f., 645, 654, 746, 797, 841, 867, 877
– Palûs I 501, 625
– Pardiel I 811
– Poscht I 528
– Pradapunt I 516, 794
– Quadra I 515, 804
– Rasenachera I 517
– Telf I 441
– Tewald I 474, 501 f., 564
– Tscheppa I 505
– Wolfboda I 458
– Zaliôs I 804
– Zanâ I 366, 462, 501, 522
Mompé Medel → Disentis / Mustér
Mompé Tujetsch → Disentis / Mustér
Mon III 322, 348
Monbiel → Klosters
Mons → Mon
Monstein → Davos
Montafon (Vorarlberg) I 166, 189, 372 f., II 765, III 291, 317
Montaschg → St. Martin
Monte Carasso (Kanton Tessin) III 724, 812 f., 948, 951
Monte Ceneri (Kanton Tessin) II 22, III 821
Monticello → San Vittore
Montreux (Kanton Waadt) IV 14
Morissen II 290, 375 f., 429–456, 466, 472, 504, 519, 546 f., 603, 618, 637, 761, 927,

III 261, IV 23
– Bus-ches II 432
– Muletg su II 637
– Muschna liunga II 443 f.
– Sogn Carli II 439, 474
– Sogn Giachen II 437
Morteratsch → Pontresina
Mühlen → Mulegns
Muldain → Vaz / Obervaz
Mulegns I 855, III 77, 380
– Piz Platta III 298, 304
München IV 7
Münster in Westfalen III 525
Münstertal (Graubünden) I V, XXXIV, 700, II 765, III 321, 334, 382 - 423, 453 f., 493, 611 f., 660, 965, 968, IV 13
Munt → St. Martin
Murissen → Morissen
Müstair III 384, 389 f., 394 f., 397, 400, 403 f., 407–423, 453, 550, 639, 661
– Alp Mora III 389 ff., 421 f., 584
– Alp Sprella III 422
– Bain ars III 420
– Balcun at III 393
– Chà da Marlett III 407
– Chasseras III 403
– Chastè marsch III 412
– Fopuzins III 417 f.
– Fradetsch III 410 f.
– Guad III 400
– Hohenbalken → Balcun at
– Lemniushof III 420
– Pedra grossa III 412
– Pisch III 412, 420
– Piz Chavalatsch (Gasthaus) III 414, 416
– Pra da la Crappa III 412
– Praungal III 419
– Ruinatscha III 417 f., 421
– Tea fondada III 421 f.
– Tea nova III 421
– Tramen III 408
– Val brüna III 393
– Val Clo III 412
– Val Plazzöl III 393, 408
– Vallatscha III 418
Mustér → Disentis / Mustér
Mutten I XXXIV, 280, III 203, 360
– Pass mal II 409, III 96

Nauders (Tirol) III 430, 504
Neapel I 123, II 59, 411, 901 f., III 624, 671
Neuchâtel III 39
Neukirch → Safien, Surcuolm
Norantola → Cama
Nufenen III 238, 306–314, 730
– Ääbi III 313
– Cadriolbach III 313
– Casâwald III 311
– Isla III 306, 310, 313
– Jegena III 310
– Mädelti III 314
– Surwasser III 314

Oberhalbstein I LV, 103, 246, 642, 646, 828,
    II 389, 765, III 24, 34, 108, 126, 163, 187, 261,
    370–381, 968, IV 13, 23
Oberkastels → Surcasti
Oberriet (Kanton St. Gallen) I 667
Obersaxen I X, XXIX, XXXI, XLIX, LII,
    703, II 130, 205, 221, 224, 228 ff., 244, 253,
    254–338, 362, 479 f., 589, 755, 757, 930, 939,
    947, III 179, 267, 968
– Affeier I 700, II 265, 282, 298 f., 301 ff.
– Alp Garveras II 927
– Alp Grein II 272, 274, 480 f.
– Axenstein II 220 f., 232, 291, 298, 307
– Ballaua II 257, 281
– Bäraboda II 224, 263, 306
– Bebmerbrunna II 277
– Bifal II 337
– Blausee II 234, 255, 258, 274, 289, 306,
    470, 479
– Brandwald II 302
– Breitried II 273
– Brennta Gada II 302
– Brodzeina II 304
– Canterdüü II 270
– Cartitscha II 482
– Casatschli II 283
– Chlinga II 305 f., 318
– Claveierchopf II 317
– Egga II 265, 304 f.
– Falmenboda II 311
– Friggahüs II 257, 307
– Giraniga II 268
– Großtobel II 265, 288, 290 f., 443
– Hantschahüs II 221, 232 ff., 244, 267, 269,
    271, 280, 283, 297, 299, 311

– Heidenberg (Burg Holenstein) II 220, 233
– Huot II 223, 304
– Iljahüs II 257
– Inderalpa II 272, 274, 289, 296, 309, 311,
    470, 479
– Innertobel II 310
– Kleintobel II 288
– Lochli → Heidenberg
– Lochlifelsen II 246
– Lôrischboda II 265 f., 290
– Lumbreinersch Brigga II 309
– Meierhof II 223 f., 232, 234, 259 f., 265, 278,
    282 f., 288, 300, 304, 310, 313, 443, 482
– Miraniga II 256, 281, 291, 335
– Moregg II 292, 302, 304 f., 311
– Pardella II 302
– Pilavarda II 304
– Platenga II 305, 311
– Platta II 259
– Pradamaz II 303
– Punt II 303, 318 f.
– Puntstäg II 260 f., 278 f., 283, 290, 298, 303,
    317, 319, III 284
– Ronggal II 229, 276, 278, 288
– Ronggli II 271, 280
– Sand II 259, 291
– Sandandersch II 312
– St. Joseph II 291, 305
– St. Martin II 225, 235, 256–259, 263, 270,
    280 f., 307
– St.-Peters-Bach II 305 f., 317, 325
– Schlafbiel II 277
– Schlettertobel II 303
– Schwarzenstein II 232, 291, 305, 317, 325
– Schwarzsee II 288
– Stavones II 515
– Steimättelti II 260
– Tîfelsplatte I 700, II 301
– Titschal dadens → Inderalpa
– Titschal davon → Vorderalpa
– Tomahüs II 277
– Tschavänna II 264
– Turä, rota II 283
– Tusa II 264, 300, 757
– Valdunga II 266
– Valata II 300 f.
– Vorderalpa II 234, 259, 271, 306, 313
– Wali II 212
– Zafraga II 246, 263

Oberschlesien III 492

Obervaz → Vaz/Obervaz

Ofenpaß III 488, 612, 645 f.

Olivone (Kanton Tessin) II 206, 223

Olten (Kanton Solothurn) I XLI

Ortenstein → Tumegl/Tomils

Osogna (Kanton Tessin) III 859

Österreich I 769, 785, II 351, 663, III 285, 367,
    432, 448 f., 457, 624, 809, 856

Ostfriesland I 555

Pagig I 114, 361, 418, 420, 422, 426, 428, 464,
    467, 480, 486–494, 497, 515, 524 f., 527 f.,
    540, 558, 562, 567 f., 667, 756, 774, 780, 786,
    798 ff., 830, 834, III 242
– Büel III 242
– Cartiein I 488
– Classaurer Bach I 428
– Goldgruoba I 418, 765 f.
– Loch I 490
– Rafär I 790
– Sandtüra I 474
– Schrels I 777
– Sulsch I 429

Palermo III 150

Panix → Pigniu/Panix

Pany → Luzein

Pardisla → Seewis i. Pr.

Pardomet → Disentis/Mustér, Sumvitg

Paris II 377, 578, 606, 610, 649, 766, III 39, 58,
    112, 269, 405, 690, 693, 754, 768, 816,
    842, 903
– Notre-Dame III 239
– Tuilerien I 202

Parpan I 794, III 36

Parsonz → Riom-Parsonz

Paspels III 10, 20, 26 f., 36 ff., 44–48, 52–90,
    94, 104, 112 ff., 120, 126, 137, 169, 192, 207,
    226, 229, 267, 489, IV 17
– Bühl III 81
– Bules III 63
– Canova III 63, 83, 110 f., 217, 226, 284
– Darestas III 82
– Dusch III 78, 86, 146
– Leg da Canova III 9, 43, 55, 62, 77, 83, 87 f.,
    91, 106, 112, 206
– Ochsentobel → Val da Bovs
– Pardisla II 635
– Pro da Scadealas III 94, 99, 104, 110, 167

– Raschlegnas III 57
– Sta. Maria Magdalena III 86
– Sogn Luregn (St. Lorenz) III 14, 45 f., 50,
    60 f., 66, 76, 85, 129, 173, 192
– Tomba da Pardisla III 129, 236
– Val da Bovs III 55, 92, 120, 146
– Veia da Morts III 38, 126

Pasqual → Paspels

Passo del Brageggio (Schweiz/Italien) III 839

Passo del Camedo (Schweiz/Italien) III 798,
    839

Passo di Giümella (Graubünden/Tessin)
    III 946

Passo da la Prasignola (Avers/Soglio)
    III 301, 676

Passo del San Iòrio (Schweiz/Italien) III 839

Passo della Torresella (Schweiz/Italien)
    III 839 f.

Passugg → Churwalden

Patzen-Fardün
– Fardün III 221, 248, 256
– Patzen III 221, 247 f.

Peiden → Uors/Peiden

Peisel → Disentis/Mustér

Peist I 24, 321, 335, 368, 372, 385, 403,
    416–457, 459 f., 476, 482, 487, 505, 508, 543,
    545, 550, 562, 564, 573, 626, 762, 765–782,
    784, 789, 791, 803 f., 810, 819, 821, 838, 867,
    882, 898, 908, II 350, III 89, 242, 741, IV 23
– Anischeida I 372
– Arflîna I 431
– Calpuz I 781
– Farbtobel I 781
– Gartniel I 434
– Geißegga I 447 f., 764, 779, 898
– Gruoba I 434 f., 440, 457, 562
– Lerch I 445
– Maselfa I 771
– Ogsamattelti I 388
– Pardiel I 781
– Riedbodä I 421
– Rota Tritt I 458, 479
– Rüütäli I 375 f.
– Schwiloch I 807
– Stutz I 429, 438
– Tanil I 815
– Tieja I 438
– Zalgôrt I 447
– Zalüenja I 438

– Zerfâlta I 421
Pfäfers (Kanton St. Gallen) I 35, 655, II 836, 868, III 378
– Calfeisen I 24, 26
– Guaggis I 589
– Valens III 239
– Vättis I 589, II 843, 875 f., III 43
Pfunds (Tirol) III 448, 454 f.
Philadelphia I 82, 94
Pian San Giacomo → Mesocco
Piani di Verdabbio → Verdabbio
Piemont III 918, 951
Pignia III 252, 255, 261, 280
– Dros III 275
Pigniu / Panix II 111 f., 252, 339, 350−358, 466 f., 515 f., 518, 646
– Acla Hans II 345, 354
– Ranastga II 371, 411, 612
Pisa III 657
Pitasch II 603, 615, 619−631, 940
– Cavalera II 620
– Glix II 619
– Plattas II 603
– Pleun de Lenziel II 624
– Turnaus II 620
Piuro (ital. Provinz Sondrio) III 272 f., 287, 676
– Savogn III 676 f.
Platenga → Obersaxen
Pleif → Vella
Plurs → Piuro
Polen I 416, III 35, 147, 154
Ponte → Punt-Chamues-ch, La
Pontresina II 406 f., III 480, 655, 667−671
– Alp Bernina III 274
– Gasthaus Müller III 88
– Haus Saratz III 88
– Hotel Palace III 343
– Hotel Steinbock III 343
– Hotel Stoppani III 238
– Morteratsch II 406, III 670
– Runtumiser Brugg III 670
Portein III 228, 231, 242 ff.
Poschiavo I V, III 66, 672 f.
– Alta Villa III 673
– Le Prese II 214
Pradaschier → Churwalden
Praden I 91, 201, 425 f., 453, 481, 483 f., 497, 499, 510, 549, 587, 607, 609 f., 614, 616−623,

625, 645, 749, 771, 798 f., 805, 812, 885, 904−907, 910
– Boda I 618
– Büelbächli I 619
– Faräbodä I 474, 614, 821
– Flua I 426, 484, 798
– Hof I 904
– Joch I 625
– Litzi I 453
– Loch I 604 f.
– Öä I 618
– Sagatobel I 625
– Schluochtegga I 609, 906
– Schneggastand I 607
– Spaniertobel I 904 f.
– Steinbachtobel I 603 f., 611, 905
– Walaboda I 497
Prättigau I V, XXIX, XXXI, XXXVI, LII, LV, 5, 16, 37, 50, 61 f., 77, 80, 109, 121, 134, 137, 159−272, 287 f., 290, 311, 380, 398, 436, 463, 482, 516, 564, 566, 575, 578, 682, 702, 714, 728, 770, 793, 806 f., 825, 842, 850, 873 f., 909, II 765, 854, 861, 925, III 71 f., 195, 201, 294, 311, 407, 439, 610, 614, 617, 641, 653, IV 12, 23
Pratval III 126, 133, 146, 209, 215, 219, 221
– Cresta III 103
– Hasensprung III 125, 170−173
– Rietberg II 888, III 60, 67 f., 92, 103, 106, 136, 145 f., 219, 222
Präz II 699, 720, III 55, 117, 234, 242, 662
– Dalin III 239 ff.
– Sarnez III 240
Preda → Bergün / Bravuogn
Prese, Le → Poschiavo
Preußen I 50
Promontogno
– Hotel Bergellerhof III 347
Prosto (ital. Provinz Sondrio) III 273
Pruastg → Lumbrein
Punt-Chamues-ch, La
I 57, 703, III 617, 657, 662−666
– Chamuera III 662
– Cuschinuns III 664
Pürt → Avers
Puschlav I 74, 183, 396, III 672 f., 968, IV 17
Pusserein → Schiers
Putz → Luzein

Rabius → Sumvitg
Radom (Polen) III 155
Ragaz I 22, 26, 137, 153 f., 685, 702, III 67
– Hof Ragaz (Hotel) III 67
– Rößli (Wirtshaus) I 656
Raggal (Vorarlberg) I 671 f.
Ramosch III 431 f., 436, 441, 446, 448 f.,
    452 f., 455, 463, 465, 471, 477, 604
– Chilcheras III 449
– Jenna III 434
– Manas → Vnà
– Pedra gronda III 436
– Plan da la Crusch III 472
– Plan grond III 450
– Pra San Peder III 436
– Pra S-charplaz III 435
– Pra sech III 449
– Prada sura III 448
– Punt III 436
– Raschvella III 430, 440–447, 450–453,
    500, 502, 567
– Ruinains III 450 f.
– Seraplana III 440, 447–455, 500 f.
– Storta da la strias III 472
– Tschanüff III 435 f., 471
– Val d'Assa III 476
– Vnà III 434 f., 463, 466 f., 472, 475, 477 f.,
    481, 640
Ramsa → Avers
Raschvella → Ramosch
Ratitsch → Cazis
Ravensburg (Deutschland) III 170
Razen → Rhäzüns
Realta → Cazis
Reams → Riom-Parsonz
Reichenau → Tamins
Reichenbach (Kanton Bern) III 197
Reischen → Zillis
Remüs → Ramosch
Reußtal II 32
Rhäzüns I XXXV, 664, II 376, 576 f., 661,
    693 f., 699, 934–938, III 54, 120, 125, 128,
    130 f., 134, 138, 160, 967
– Casti → Schloß
– Foppas III 130
– Rosas III 130
– Schloß II 424, III 59, 160 f., 163, 361
– Tobel II 937
– Undrau III 231 f.

– Val da Sperts III 130
Rheineck (Kanton St. Gallen) II 696, 837
Rheinwald III 175, 197, 290, 306–317, 734,
    968
Riein II 505, 596, 598, 601–619, 622, 625, 629,
    939, III 158
– Capriel II 606
– Chiltgêra II 606
– Curschetta III 158
– Flutginas II 603
– Muntein II 616
– Pardi II 608
– Plattas II 603
– Pleun Bigiat II 605
– Pleun de Crusch II 602
– Pleun de Morts II 593, 596, 602
– Quadra II 616
– Raveras II 597
– Signina II 618, 624 f., 627
Rietberg → Pratval
Ringgenberg → Trun
Riom-Parsonz
– Adont III 370, 375
– Lai lung III 370
– Parsonz III 372
– Riom II 378, III 361, 372
– Salaschigns III 370, 372
– Talvanas III 372
– Val da Morts III 370
– Val Nandro III 372 f.
Riviera (Kanton Tessin) III 918
Rochelle, La (Frankreich) I 147
Rodels I 416, 903 f., II 161, 635, III 26, 34, 61,
    64 f., 90, 103, 110 f., 116–174, 180, 217, 221,
    233, 236, 308, 818, 969
– Nueins III 104
– Pardatsch III 81
– Resch III 90
– Tumba da Sogn Gion III 135, 217
– Val da Bovs III 92
– Zeinzas III 124
Rofels → Maienfeld
Rom I 629, II 190, 248, 440 f., 883, 892,
    III 155, 371, 828 f.
Rona III 77, 377
Rongellen II 729, III 148, 218
Rossa III 687, 689, 852, 881, 898, 908, 916,
    941, 948–964
– Bosch di Sella III 950

– Calvarésc de sóra III 957
– Calvari III 734, 898, 947–950, 953 f.,
    956, 958
– Cascinarsa III 898, 948
– Fontileone III 954
– Ganan III 956
– Motta III 953
– Mottarella III 955
– Motta d'Aurél III 947, 961
– Motta de Rotondél III 750
– Pcian del Sespet III 918, 937–941, 946, 960
– Pcianca d'la Pégor III 750
– Pciotta III 946
– Pont dell'Agnell III 946
– Pont de Ri III 947
– Ristorante Turisti III 948
– Rüp III 956, 959 f.
– Sabión III 949 f., 956, 959 f.
– San Bernardo III 949
– San Carlo III 689
– Scalotta III 948, 955, 959
– Stabioréll III 898
– Val granda III 951
– Valbella III 878, 946 f., 951 f., 954, 961
Rothenbrunnen I 660, 775, III 11, 14, 19 f.,
    34–44, 46 f., 54 f., 62, 64 f., 69, 110, 137, 211,
    227, 475, 492, 502, 903
– Nieder-Juvalta III 37
– Ober-Juvalta III 36, 50, 118
– Ravetg III 54, 138
Roubaix (Frankreich) II 430
Rouen (Frankreich) III 665
Roveredo III 685, 690 f., 693 ff., 702, 707–710,
    713 f., 717, 727, 729, 738, 741, 745, 759,
    795–841, 852 f., 857, 861, 877, 879, 887, 889,
    901, 909
– Aiàr III 798
– Albion III 798
– Albionasca III 798, 837
– Arbol del Monich III 796
– Ava III 795, 805 → Lava
– Baitin III 837
– Belléc III 814
– Boggiano III 795, 797, 805, 816, 836,
    849, 872
– Cadin III 798, 837, 839
– Carà di Mort III 858
– Carasole III 799, 803, 808 f., 849, 904, 974
– Casa di Circolo III 853

– Er III 839
– Fontanella III 798
– Fontanin III 811
– Fonte di San Carlo III 798
– Galiàz III 809
– Gardellina III 872
– Guèra III 800, 809, 838 f.
– Lanés III 798, 811, 836 f.
– Laura III 844
– Lava III 816
– Lotàn III 799
– Madonna del Ponte Chiuso III 796, 798,
    802, 806, 817, 836
– Mont de Leer III 819
– Morera III 797, 839 f.
– Motorech III 819
– Mott III 805
– Mott dell'Areset III 837
– Mott di Dròs III 837
– Nadro III 861 f., 868
– Not III 816
– Paltàn III 947
– Pertisc III 802
– Piana di Maarch III 797, 802, 810, 814 f.
– Pianasc III 796
– Pianez III 796
– Piano della Madonna III 796, 806
– Piazèta III 797
– Pont de Maarch III 802 f., 819 f.
– Ponte Vecchio III 852
– Prodlò III 810 f., 814, 821, 834, 839, 844,
    905
– Riva III 836, 838 f.
– Rogg III 798
– Roggiasca III 798
– Rotonda III 802
– Rugn III 795, 797, 805 f.
– Sant'Anna → Madonna del Ponte Chiuso
– San Fedele III 717
– San Giulio III 802 f., 809, 816, 850, 852,
    858, 947
– Santa Lucia III 796, 806
– San Rocco III 904
– Sant III 810
– Scarlanz III 836
– Soltima III 802
– Stagn III 837
– Traversagna III 796, 798, 806, 816
– Trii III 807

– Val Domba III 805 f., 866

Rueras → Tujetsch

Rueun II 229, 271, 338, 344 f., 357–363, 367, 371, 387, 393, 403, 411 f., 489, 491, 500, 809, III 378
– Darpagaus II 358 f.
– Gula II 386, 393, 403
– Guvlatsch II 344
– Lumbernas II 390, 410
– Marschiel II 371
– Sontga Maria Madleina II 403

Ruis → Rueun

Rumänien II 791

Rumein → Degen

Rümlang (Kanton Zürich) II 839

Ruschein II 361 f., 366, 369 f., 373 f., 384, 390, 392, 403, 520, 766
– Sitgets II 482
– Val de Vintgins II 403

Rußland II 223, 266, 629, 884 f., III 154 f., 184, 189, 258, 267 f., 298, 498

Saas (Prättigau) I XXX, 196, 207, 224, 231, 243–248, 255, 298, 386, III 656
– Quadra I 248
– Raschnal I 244
– Stein I 245

Safien I V, 258, II 642, 645, 700–743, III 123, 190, 194, 198, 315 ff., 366, 628
– Allmeini II 707
– Alp Falätscha II 699
– Aspa II 718 f.
– Bäch II 708, 719
– Bärahora II 719
– Bodä II 710
– Boga II 728
– Brand II 711
– Bruschgaleschg II 707
– Bruschghora II 711
– Büel II 710
– Camana II 697, 708–711, 719 ff., 724, 726, 729, 741 ff.
– Campel II 706, 711, 715, 728
– Carnusatobel II 728
– Egschi II 697
– Enthälb II 696, 732
– Gadmen II 731 f.
– Grava II 728
– Guggernüll II 708, 719

– Gün II 708, 710 f., 717, 728
– Häfeli II 718
– Hütti II 710
– Koltobel II 710
– Löchlibärg II 719
– Mülihus II 727
– Neukirch II 710, III 259
– Oberhus II 726, 732
– Ogsätobel II 729
– Platz II 707, 710, 713, 718, 724, 727, 729, 731, 740, 743
– Präzerwald II 720
– Rinmattalitzi II 711
– Rüti II 713
– Salpännaalp II 718
– Scalutta II 712
– Stein II 710
– Stotzwang II 712
– Tällihora II 733
– Tanzgada II 711, 730
– Thalkirch II 708 f.
– Tomül II 732
– Traktästei II 733
– Tscheurig II 708, 733, 742, III 243
– Turrahus II 732
– Waldhus II 741, 743
– Wallagrab II 718
– Wiltmannlisch Höhli II 720
– Wißasteihora II 742
– Zalön II 704, 706, 715, 722, 726

Sagens → Sagogn

Sagogn II 26 f., 224, 266, 362 f., 402, 410, 490, 508, 510, 520, 590, 593, 597, 624, 641, 678, 681, 747, 755 f., 762–767, 773, III 149, 228, 666
– Bregl II 762, 764
– Cuvel de Martin Giohen II 597, 766
– Planezzas II 642
– Schiedberg II 762
– Tuora II 603

Salouf III 50, 346, 350, 361, 371, 375 f.
– Alp Foppa III 371
– Del III 346
– Gneida III 372
– Sars III 371 f.
– Ziteil II 487, III 141, 346 f., 354

Salux → Salouf

Samedan I 169, 306, III 498, 535, 608, 617 f., 627

Samnaun III 431, 579, 624, 968
St. Agatha → Scharans
S. Andriu → Lumbrein
St. Antönien, St. Antönien-Ascharina I 123,
    125 f., 162, 180, 236−243, 257, 578, 753
– Äbi I 239
– Älpli I 242
– Ascharina I 237 f., 240
– Buchweh I 239
– Büüschn I 238 f.
– Castels I 236
– Eggbärg I 239
– Flua I 241
– Gafia I 240
– Gafiertal I 238
– Gämpiflua I 239
– Jägglishôrn I 242
– Langsigäda I 240
– Mattä I 239
– Mattelti I 239
– Partnun I 239 f.
– Platz I 236, 238, 241 f.
– Rüti I 236, 240 f., 243
– Schollbärg I 238, 240
– Schwendi I 242 f.
– Sulzflua I 207
S. Bernardino → Mesocco
Ste-Croix (Kanton Waadt) III 881
Sta. Domenica III 786, 873, 926−946
– Cappella della Madonna Addolorata
    III 945
– Mont de Parè III 938
– Mont de Scorsö III 933
– Pcian di Strión III 912
– Rodè III 789, 926, 932, 938, 940, 943
– Ronco III 942
– Scandalàsc III 933
– Val Giola III 933
– Val de Nomnom III 932, 940 f., 945
St. Gallen (Stadt und Kanton) I VI, VII, IX,
    727, II 229, 627, III 47, 53, 239, 242, 328,
    356, 446, 451, 659, 855, 915, 917, IV 5, 11, 13
St. Gallenkirch (Vorarlberg)
– Gargellen I 671
S. Giusep → Vrin
Sta. Maria in Calanca III 766, 782, 873, 876,
    879, 885, 895, 900 ff., 907, 909
– Briagn III 875
– Cant III 885

– Caorina III 874 f., 900
– Dàsga III 875
– Mortorio III 900
– Naddi III 871, 881, 886
– Pcian Garün III 898 f.
– Pcian Gió III 872
Sta. Maria im Münstertal I 693,
    III 382−407, 421, 453 f., 639, 670
– Alp Terza III 421
– Alpina (Gasthaus) III 396
– Blaisch da Tuor III 421
– Chasatschas III 384
– Chomp III 413
– Craistas III 382 f.
– Crap da la mumma veglia III 393,
    400, 420
– Faschas III 394
– Piz lad III 393
– Plattamala III 384
– Plaunatschs III 393
– Prasüra III 393, 400
– Pütschai III 408, 420
– Rom III 413
– Sassabinghel III 384, 396
– Schaibias III 420 f.
– Sielva III 413 f., 420
– Süßer Winkel → Sassabinghel
– Umbrailstraße III 384, 396
– Val Vau III 395, 401
– Weißes Kreuz (Wirtshaus) III 395, 401,
    405 f.
St. Martin (Lugnez) II 503
– Alp Rischuna II 476 ff., 494, 636,
    647 f., 652
– Bucarischuna II 645
– Calasa II 642
– Crap grisch II 454 f.
– Feißtabärg II 645 f., 653 f.
– Grava II 636
– Grüebli II 646
– Hundschipfa II 652
– Lunschania II 639, 648, 653
– Mariaga II 641
– Montaschg II 645−648, III 318
– Munt II 637, 639−646, 648
– Sant Sebastian II 646
– Travisâsch II 645, 654
St. Martin (Obersaxen) → Obersaxen
St. Moritz I 100, 118, 702 ff., II 370, 649,

St. Moritz (Fortsetzung) III 16, 233, 357, 376, 385, 516, 658
– Bad III 491
– Palace Hotel II 392
– See III 491
– Suvretta-Haus III 669
St. Peter I IX, 114, 336, 372, 376 f., 379 f., 419, 421 f., 426, 429, 434, 455–486, 488 f., 492, 497, 502 f., 508, 512 f., 520 ff., 524 ff., 527 ff., 558, 567 f., 573, 602, 693, 716, 771, 783–799, 805, 816, 819, 830, 835, 857, 882, 905, III 308, 670, IV 19
– Caflies I 460, 462
– Capâls I 464, 786
– Carschiljas I 439
– Chlûs I 503
– Cûfa I 466, 489, 508, 523
– Fatschaz I 784
– Fatschêl I 426, 458, 461, 474, 479, 481, 490, 531, 788
– Ggunggäl I 418, 460, 502
– Gitzistein I 443
– Hêra Spîna I 497, 786
– Lajens I 459, 488, 784
– Legi I 508
– Loch I 503
– Oksaboda I 792
– Palûs I 426
– Pardiel I 567
– Patlinis I 489
– Rathaus I 472, 512, 783
– Ronca I 459, 476, 490, 770
– Rudanôs I 464
– Schluocht I 788, 791, 795
– Tuff I 567
– Wäärzästein I 475
– Wîs I 434
S. Vittore I 698, III 273, 693, 711, 715, 718, 720, 737, 756 ff., 763, 789, 799, 807, 812 f., 835, 841–868
– Alva III 841, 867
– Bassa III 847, 855
– Bregnón III 842, 858
– Ca d'sot III 867
– Carà del Baldé III 845
– Collegiata III 845, 847
– Crola III 852, 855, 868
– Dro bass III 862
– Duu Sass III 843
– Duu Scopéi III 866
– Er de Bors'gel III 857
– Fenéra III 842, 848, 855, 858
– Finanza III 867
– Fornass III 878
– Gerb III 843
– Larec III 862
– Martum III 859
– Mem III 693, 703 f., 756 f., 859, 892, 906, 908
– Monticello III 848, 856, 860 ff., 866 ff., 872
– Motta III 856, 867
– Nisciòo III 867
– Palàzi III 859
– Paleta III 790, 863, 865
– Pizzo Claro III 757
– Pozàtt III 866
– Purgatorio III 843 f., 889
– San Lucio III 847
– Santa Croce III 843, 847, 864
– Sass im Pé III 868
– Senté Bandid III 868
– Sgravèr III 848, 866
– Stabi III 858, 867
– Torre di Pala III 843
Sapün → Langwies
Sargans (Kanton St. Gallen) I 220, 660, 818, III 666
Sarganserland I 753
Sarn III 54, 239–243, 247
– Bot dalla Crusch III 242
– La Tor III 242
– Mühli III 241
– Platzhus III 242
– Sartüns → Zartuns
– Zartuns III 241
Savognin III 226
Savoyen II 839
Sax → Maladers
Says I 49 f., 52, 54, 61, 63, 67–70, 73, 78 ff., 84, 88 f., 95, 97, 101, 103, 127, 595, 630, 718, 720 f., 806, 871, II 241
– Alp I 51 ff., 127
– Althus I 79
– Bleisa I 55
– Chadschlag I 84, 100, 126
– Crestermäla I 63
– Gäßli I 50
– Gîgersch Hus I 70, 719

– Hagrüfi I 79
– Hagtobel I 50
– Laubazug I 44, 81–84, 94, 100, 122, 630, 721, 723
– Letzi I 63 f., 67, 87, 718 f., 723
– Letzibödali I 69
– Martschällis I 70
– Mülimatt I 55
– Rota Wäg I 63
– Säß, alter I 51 f., 94
– Säß, neuer I 51
– Sattel I 94
– Stams I 83, 94
– Valtanna I 51, 80, 590, 622, 720
– Wächselwisa I 69
– Waldrigada I 74, 94 f., 717
Scalettapaß I 306, 308, III 548, 651
Scanfs → S-chanf
Schaan (Liechtenstein) I VII, II 243
Schams I XI, XXVI, LV, 323, II 184, 712, 714, 729, III 59, 72, 147 f., 151, 158, 174, 180, 185, 190, 220, 246–287, 968, 973, IV 23
Schamserberge III 206, 227, 247, 249
S-chanf II 611, 621, III 357, 424, 651 ff., 654–661
– Chapella III 366, 475 f., 547 f., 650–653, 655 f.
– Chesa noscha III 652 f.
– Cinuos-chel III 365 f., 548, 615, 637, 652, 656
– Griatschouls II 621
– Plaun III 650 f.
– San Güerg III 651
– Susauna III 366, 547, 650, 652, 654 f., 657
Schanfigg I V f., VIII, XXI, XXIII, XXIX ff., XXXVII, XXXIX, XLI, LII–LV, 68, 166, 202, 216, 226, 246, 314, 327–414, 458, 521, 536, 618, 630, 645, 660, 667, 671, 680, 741–904, II 6, 176, 530, III 43, 89, 176, 204, 307, 311, 402, 741, 901 f., 969, IV 12, 19
Scharans I 298, II 598, III 11, 21, 24, 46, 58, 73 f., 92 ff., 96, 105, 113, 134 f., 137, 178–189, 216 f., 271, 281, 358, IV 26
– Brogn III 319
– Cardinel III 186
– Carschegna III 174
– Clavo ars III 141, 181
– Clavo Brlot III 92 f.
– Cluser Tobel III 176, 188
– Cresta Falèra III 175
– Foppa III 185
– Garveras III 104 f., 188
– Panaglias III 75
– Parnegl III 194, 358
– Plaun Caluster III 188
– Prin III 358
– Pro Brlot III 92, 98 f., 104 f., 113 f.
– Pro davos III 178
– Sant Agatha III 103, 175, 186
– Sgramas III 179
– Sogn Giacum III 105
– Sumvitg III 182
– Val blaua III 91, 108
Schauenberg → Cazis
Scheia → Flims
Scheid I 320, II 161, III 7–34, 37, 40 f., 46, 51, 78 f., 91, 126, 132, 141, 190, 192, 231, 281, 326, 341
– Alp dil Plaun III 11, 13, 17, 22, 24, 28 ff., 191
– Alp Rutta III 191
– Bodenalp → Alp dil Plaun
– Crap Latscheras III 25
– Crap Pardeala III 26
– Cualm ault III 26
– Curt da Latsch III 11
– Dirauls III 13
– Leulas III 9, 15, 27
– Musôs III 14
– Plaun dils Mats III 13, 33
– Plaun da Tgampeals III 15, 33
– Plazzas III 126
– Tuleu III 27
– Val da Ruvegnas III 11
Schiers I 49, 62, 162, 167 f., 170, 172, 190, 194, 200, 204–206, 207, 222 f., 225 f., 258, 318, 572, 574, 576, 831, 873, II 370, III 48, 671
– Brâwi (Brauerei, heute: Prättigauerhof) I 196
– Buochner Tobel I 205
– Chrêa I 205
– Chrüüz I 205
– Fajauna I 171, 196
– Fallflua I 206
– Giraspitz I 205
– Häxätänli I 206
– Lunden I 212
– Mai I 198

– Maria I 171, 196
– Möördertöbeli I 181, 192
– Pöschis I 580, 831
– Pusserein I 196, 205 f., 229
– Rôzentobel I 176
– Rüti I 192
– Salfsch I 175, 185, 193, 200 f., 207 ff., 210, 217 f., 220 f., 290, 682, 729, 737
– Salgina I 205
– Schafbärg I 166
– Schanenn I 205, 215
– Schraa I 170
– Schuders I 185, 200, 206, 210, 729
– Schwendi I 206, 215
– Stäls I 205
– Wisli I 206
Schlackenwerth (Böhmen) I 669
Schlans II 229, 241, 244, 252 f., 271, 292, 354, 360
Schlappin → Klosters
Schlarigna → Celerina / Schlarigna
Schleins → Tschlin
Schleuis → Schluein
Schluein II 190, 214, 362, 402 f., 526, 593, 614, 634, 681, 744, 758, 761
– Clautras II 403
– Crap (a)git II 744
– Crap Sogn Sein II 403
– Farschlein II 191
– Gonda II 191
– Löwenberg II 403, 526, 744
– Val de Vintgins II 403
Schmitten (Albulatal) I 700, III 206, 343–362
– Acla III 350
– Adler (Wirtshaus) III 353
– Chamoni III 345
– Grôggeloch III 355
– Lenzbuz III 355
– Rëze III 355
– Zalains III 348
Schmitten (Seewis) → Seewis i. Pr.
Schnaus II 258, 370, 384–393, 405, 410, 520, 613, 629
– Casa Crap II 386 f., 393
– Dulezi II 393
– Isla II 413
– Mulin sura II 390, 393, 410
– Spiz II 385, 393
Schuders → Schiers

Schuls → Scuol
Schwaben I 569 f., II 89, 104, 204, 237, 295, 490 f., 645, 680, 929 f., 934
Schwanden (Kanton Glarus) III 13
Schweden III 154
Schyn III 85, 96 f., 169, 180, 185, 193 f., 210, 265, 319, 368
Sculms → Versam
Scuol III 186, 387, 439, 441, 446, 461, 477, 481–493, 495, 497, 517, 523, 533, 544, 547, 586, 590, 628, 639, 658, 669
– Clemgia III 474
– Hotel Post III 481, 487
– Val Mingèr III 474
– Val S-charl I 700
Sedrun → Tujetsch
Seewis im Oberland → Sevgein
Seewis im Prättigau I 123, 125, 132, 152, 162–166, 183, 187, 197, 217, 839, 873, 904
– Fadära I 130
– Faschnai I 175, 183
– Fracstein I 78
– Gany I 165
– Gilieila I 132, 164, 176
– Pardisla I 165 f., 229
– Plileisch I 164
– Schmitten I 182, 194
– Solavers I 170, 174, 194
– Tarlâna I 184
– Truvaschina I 177 f., 186, 190, 288
– Vals I 197
– Vilan I 163
Segl → Sils im Engadin / Segl
Seglias → Sils im Domleschg
Segnas → Disentis / Mustér
Selma III 788, 843, 906 f., 920 f., 924 ff., 932
– Gamp III 924
– Isolan III 924
Selva → Tujetsch
Sementina (Kanton Tessin) III 812 f.
Sent III 432, 434 f., 456–459, 461, 463 ff., 468 ff., 472, 474 f., 477–481, 495, 546
– Chantuffera III 465
– Chas'alba III 457 ff.
– Chasa dal boc III 470
– Chasa cotschna III 456 f., 474
– Crusch I 686, III 205, 429, 433, 446, 456–477, 478, 481
– Fuorcha III 478

– Mot San Peder III 472
– Motta III 460
– Muglin III 458
– Pedra fitta III 465
– Plan Sursass III 486
– Sals III 458
– Stron III 473
– Suren III 458 f.
– Tschern III 481
– Val Laver III 463
– Val Sinestra III 463 f., 475 f., 478, 481
– Zuort III 478
Septimerpaß III 320, 322
Seraplana → Ramosch
Serneus → Klosters
Sertig → Davos
Seth → Siat
Sevgein II 223, 266, 308, 390, 399, 404, 513,
    548, 576 ff., 593, 596–601, 604, 606 f., 609 f.,
    616, 618, 623, 626 f., 682 ff., 690, 760 f., 927
– Begl sut II 600
– Crestas II 600
– Isla II 413
– Pleunca de Paders II 598, 606
– Sogn Bistgaun II 615, 618
Siat II 42, 121, 218, 329, 360–384, 386, 403,
    406, 490, 686, 755, III 329
– Cava II 381
– Crap ner II 365 ff.
– Friberg II 362 f., 375 f., 380, 490
– Nual II 373
– Pun Gieri Tumasch II 369, 373
– Rieven II 382
– Run dadens II 361
– Ruosna dellas olmas II 383, 489
– Senda nauscha II 382
– Sogn Gliezi II 360, 363, 383
– Termon II 361
– Val Mulin II 365, 383
– Valuppi II 361
– Via de Tuf II 381
Sibirien III 154
Sigg → Valzeina
Signina → Riein
Silgin → Lumbrein
Sils im Domleschg I 225, III 81, 96, 124, 134 f.,
    149 f., 190–196, 207, 210, 229, 247, 265, 359
– Albula III 92 f., 113, 123, 134, 228, 237, 358
– Baldenstein III 174, 193, 210, 237, 358 f.

– Campi III 358
– Carschenna III 358
– Cresta Quadra III 358
– Crocs III 358
– Freihof III 194
– Hohenrätien III 149, 174, 182, 202
– Johannisbärg III 202, 229
– Sant Cassian III 193, 210, 222
– Via Plana III 193 f.
Sils im Engadin / Segl I 703
– Fextal III 669
Silvaplana III 351 f., 402
– Champfèr III 658
– Surlej III 403
Sizilien II 938, III 16
Soazza III 699–722, 727, 740 f.
– Bec (Bogio) III 699, 719 f.
– Buffalora III 704, 719 f.
– Lavina III 700, 702, 704
– Lughezon III 699
– Madonna Addolorata III 701
– Mot de Creuc III 700
– Piz de Pal III 699
– Roncaia III 700
– San Martino III 701, 706
– San Rocco III 701
– Sasso della Stria III 699
– Scona III 722
– Toi III 719
– Val Bregn III 703
Soglio II 558, 684, 847, III 300, 674–677
– Alp Bles III 675 f.
– Casa Gubert III 675
– Hotel Willi III 674
– Palü III 675
– Preda III 675 f.
– Sass della Madonna III 674, 676
– Sovrana III 300, 304, 676
– Tumblér III 674, 676
Solis → Vaz / Obervaz
Somvix → Sumvitg
Sonntag (Vorarlberg) I 671
Sorte → Lostallo
Spanien I 196, 904, II 893
Speicherschwendi (Kanton Appenzell
    Außerrhoden) III 224 f.
Splügen I 170, 699, II 935, III 306, 311, 313,
    315 f.
– Albertinihus III 307, 315 f.

– Burg III 316
– Chalchbärg III 312
– Löchliwäg III 316
– Schtrahla III 316
– Wißa Schtei III 312
Splügenpaß I 55, 612, II 736, 829, III 20, 208
Stallerberg IV 16
Stampa
– Maloja I 435, 463, II 847, III 322, 439
Stierva III 141, 143, 322, 375
Stilfs (Vintschgau) III 408
Strada → Ilanz, Tschlin
Stralegg → Fideris
Straßburg (Elsaß) II 846
Strelapaß I 290, 365, 377, 409 f., 414, 452, 454,
    492, 568, 749, 764, 884, 899 f.
Stuls → Bergün / Bravuogn
Stürvis → Stierva
Sudetenland III 339
Südtirol → Tirol, Südtirol
Sufers III 53, 307, 316 f.
– Gguguschtei III 312
Summaprada → Cazis
Sumvitg II 54, 106, 141, 193, 197, 203, 209, 211,
    214, 235
– Bubretsch II 207
– Cagliezi II 200
– Caho II 208
– Camaler II 198
– Caplut II 198
– Cavrein II 195
– Cavrida II 201
– Clavadi II 200, 206, 209, 250
– Compadials II 159, 174, 196 ff., 200, 203,
    214, 253
– Con de Vitg II 206
– Crap Ner II 200 f.
– Dandengiels II 203
– Darguns II 209 f.
– Falens II 200, 202
– Flutginas II 209
– Garvera II 192
– Laus I XXXIV, II 196, 200, 203, 209 f., 214
– Naustgel II 197, 213
– Pardatsch II 202
– Pardomet II 193, 200
– Plazzas II 200
– Pleun Tegia nova II 204
– Portas II 201, 204

– Rabius II 209, 211–215, 471
– Rabius-Curtins II 196
– Reits II 196, 205
– Ruinas II 198
– Run II 201
– Ruosna de Scazis II 209
– Russein II 152, 186 f., 228
– Sax II 209
– Sur Lag Val II 200, 209
– Surrein II 186, 196, 199–212, 918
– Tenigerbad II 204
– Uldeuna II 200
– Val II 201, 204, 214
– Vallesa II 197
Sur III 378–381
– Acla Schlecf III 380
– Flix III 381
– Tgacrest III 378
Sur Rain → Tujetsch
Surava III 324 f., 330–334, 336, 345, 354
– Val gronda III 330
– Voia plana III 336
Surcasti II 463, 475, 533, 647 f.
Surcuolm II 130 f., 145, 291
– Marschaga II 291
Suren → Ardez, Sent
Surin → Lumbrein
Surlej → Silvaplana
Surrein → Sumvitg
Surselva I V, XXI, XXV, XXIX f., XLI, LI f.,
    107 f., 148, 156, 225 f., 285, 292, 324, 391,
    402, 467, 537, 586, 648, 685, 779, II passim,
    III 177, 186, 217, 578, 619, 624, 650, 653, 961,
    IV 12, 16
Süs → Susch
Susch I 231, 244, 255, 319, 660, III 170, 416 f.,
    446, 475, 484 ff., 491, 495, 533, 546, 548,
    594, 602, 608–641, 669, 671, 903
– Alp Fless III 617
– Chaschinas III 623
– Crap Saschlatsch III 624
– Cuschinai III 620
– Davo Plattas III 636
– Foura da Nusch III 475
– Galgen III 637
– Grava III 634, 638
– Grialetsch III 623
– Guadatscha III 624
– Gualgiarangia III 629

– Plan da Chantaluf III 640
– Plazza gronda III 610
– Pra d'Guad III 610
– Pra da la Paglioula III 623
– Pradé III 617
– Punt Sagliains III 616 f.
– Schies-cha III 623
– Sot Plaz III 638
– Steinbock (Wirtshaus) III 625
– Sur Plaz III 620, 622
– Surpunt III 615, 618, 621 f., 627
– Tuor III 505, 615, 639
– Val da Larmas III 623
– Val Mazzun III 629
– Val torta III 616 f.

Tamins I 650, 812, II 778 f., 782, 787–882, 913,
    921, 923, 938, 946, III 196, 222 f.
– Adler (Gasthaus) II 844, 877
– Afuris II 881
– Alig II 870
– Älpli II 799 f., 839, 841, 849, 868
– Asella II 837
– Balsûra II 839, 841
– Bäraloch II 881
– Bîhel II 838
– Bleiswald II 875
– Buchenboden II 803 f.
– Bullis II 825, 832
– Bursadungga II 842, 875
– Calanda II 799, 802 f., 841, 845 f., 849, 868,
    873 f.
– Campania II 835
– Cartschitscha II 863
– Chäppeli II 841
– Chessiegg II 882
– Eichwald II 796, 830
– Fanaus II 796
– Fâtschis II 823, 856
– Foppastei II 877, 882
– Fridhefli II 881
– Galgabihel II 820 f.
– Girsch II 845, 881
– Großalp II 801, 840, 845, 871
– Guspels Rîti II 841 f., 868, 880
– Hêrahefli II 875
– Hexästain II 833
– Hinderalp II 882
– Îberuuf II 795, 842, 857 f., 875, 880, 882

– Krone (Gasthaus) II 859, 877, 881
– Kunkels I 650, II 635, 794, 796 f., 818, 834,
    841 f., 844 f., 849 ff., 853, 863, 868, 871,
    873–876, 878, 880 ff.
– Langa Stei II 874
– Langwîs II 874
– Lawoi II 857
– Lawoibach II 823 f., 833, 835, 864, 869 f.,
    874, 880, 882
– Lawoitobel II 804
– Lerchwäldli II 882
– Liebti II 882
– Linde II 802, 853
– Lûsbihel II 881
– Millerslôs II 875
– Môr II 833
– Obergaß II 864, 882
– Parmuntbach II 871
– Pascheis II 869
– Platz II 828, 832, 876
– Pochi II 881
– Pradamâl II 796, 826 f., 830, 832, 921
– Quadera II 859, 866, 873 f.
– Rappabrinnali II 841
– Reichenau II 174, 612, 626, 736, 804, 840,
    843 f., 857, 866, 873, 890, 895, 901 f.,
    III 111, 138
– Ried II 881
– Riefa II 855, 868
– Ringel II 845
– Scalasita II 877
– Schafgrat II 882
– Schlößli II 838, 847, 864 f.
– Schrangga-n-Egg II 874
– Sgai II 824, 840, 863, 875, 877, 881
– Tschiplatta II 805
– Ußergaß II 836, 881
– Valarauscha II 830
– Valtonis II 796
– Vasôrta II 835
– Vianôva II 845
– Wasserschmitta II 854 f.
Tarasp I XXXVIII, III 505, 513 f., 522, 528,
    539, 578, 624, 666
– Avrona III 624
– Bonifaciusquelle III 523
– Fontana III 513
– Plavna III 513
– Schloß III 514, 590

– Vulpera III 474, 505, 514 f., 648

Tartano (ital. Provinz Sondrio) III 902

Tartar III 226, 241 f., 247

Taufers (Vintschgau) III 412, 504

– Calven III 397, 403

Tavanasa → Breil / Brigels

Tavetsch → Tujetsch

Tenigerbad → Sumvitg

Tenna II 692 ff., 717, 720, III 198, 243

– Aclatobel II 704

– Chrüz II 696

– Piz Fess II 705

– Schneeböda II 704

Tersnaus II 227 f., 636 ff., 647

– Sontga Catrina II 560

– Sorts II 637

Tessin II 18, 22 f., 31, 43, 57, 110, 156, 172, 265, 409, 548, III 16, 265 f., 378, 687, 701, 852 f., 876, 888, 918, 955, 959, 962

Thalkirch → Safien

Thalwil (Kanton Zürich) III 170

Thurgau I 705, II 423, III 915, 917

Thusis I VI, 143, 685, 688, 703 f., 722, 839, II 279, 297, 635, 709, 712 ff., 721, 725, 731, 734, 736 ff., 935, III 52 f., 57, 61 f., 64 f., 97, 103, 108, 110, 123, 139, 141, 148 f., 151, 178, 180, 182, 185 f., 197–226, 230, 253, 263, 275, 277, 359 ff., 433, 667, 779, 971, IV 16, 22

– Alta Schloß III 204

– Bernina (Wirtshaus) III 264

– Boofel III 214

– Briggli (Wirtshaus) III 213

– Gemsli (Wirtshaus) II 297, III 72, 75, 191, 227

– «Judengasse» III 199

– Krone (ehem. Wirtshaus) III 200, 202

– Leeser III 210

– Nolla II 280, 378, 712, 738, III 28, 62, 148, 150, 199, 201, 203 f., 206, 214, 218, 221, 263

– Rathaus III 149

– Saissa II 739, III 53, 108, 124, 148, 197, 204 f., 216, 218, 222, 230, 238

– Saissatobel II 280, 738, III 75

– Schiaßhütta III 212

– Schpligabrunna III 208

– Spital III 45, 214

– Straja II 738

– Tscharteina III 62

– Übernolla III 360

– Verlorna Loch (im –) II 935

Tiefencastel III 57, 261, 322, 324, 327, 350, 376

Tinizong I 855

– Alp d'Err I 43, III 56

Tinzen → Tinizong

Tirol, Südtirol I XII, 631, II 293, 791, III 239, 382, 389 f., 394 f., 403, 416, 438, 550, 630, 667

Tomils → Tumegl / Tomils

Toscana I 669

Trans I XXXIV, III 9 f., 15, 28, 44, 60, 75, 77 f., 80 f., 94, 110, 132, 193, 260, 281

– Darmiez III 15

– Meunt III 167

– Schins III 96, 114

– Surmeras III 131

– Sut il Foss III 9

Trepalle (Livignotal) III 630

Trimmis I VI f., IX, XII, LII, 21, 41–101, 118, 164, 200, 431, 575, 578, 622, 629 f., 667, 715–725, 751 f., 772, 786, 805, 817, 838, 840, 843, 864, 866, II 909 f., 924, III 90, 97, 159 f., 243 f., 338

– Alp Falsch I VI, 63, 67, 122, 630, 722 ff., III 159

– Aspermont I 89, 101, III 160

– Bäralöcher I 722

– Bbränta Studä I 64, 91

– Bluotmarch I 53 f.

– Brüel I 68, 81

– Bruoderhus I 718

– Cadruvi I 57, 100

– Caluonia I 97

– Cavidura (Säß) I 72

– Caviduraspitz I 70

– Cavidurawald I 70

– Cawarschbôda I 85

– Chrieshalda I 58, 98

– Chrüzgaß I 90, 723

– Churwäg I 46, 64, 75, 80, 91, 715

– Costamser Brüggli I 70

– Fugsatanz I 55

– Fürstenalp I 44 f., 64, 67, 71, 542, 590, 722, 819, III 159

– Galbutz I 51, 65, 80, 85 f., 92, 97, 723

– Garggällis I 95

– Gargîn I 90

– Gargul I 80, 94
– Großrüfi I 66, 76, 78, 81, 93, 658, 715, 728
– Grüa Hag I 50 f., 95
– Hag (im ober–) III 160
– Hagrüfi I 79
– Hågschlößli → Aspermont
– Hansimannsch Wägli I 44
– Hexagatter I 46, 74 f., 91, 723
– Hexawis I 46
– Hirschen (Gasthaus) I 69
– Isla I 81
– Krone (Gasthaus) I 72
– Löser I 96
– Maschäns I 58
– Maschänser Rüfi I 45, 84
– Matisahus I 51
– Megerna I 68
– Mittelwäg I 68 f.
– Molinära I 45, 66, 70, 78, 95, 101, 566, 647, 843, III 160
– Müliwägli I 92 f.
– Müliwis I 89
– Obergaß I 92
– Obermüli I 46, 48, 54, 85 f., 93
– Ölbärg I 97
– Prüsahus I 49
– Quadera I 90, 720
– Ruchabärg I 43, 45, 56 ff., 82, 89, 97 f., 100, III 818
– Ruchabärger Wald I 72
– Rüfi I 54, 58, 76, 78, 81, 86, 658, III 70
– Ruppetaboda I 85
– Saliet I 716
– Schindelboda I 72
– Schlößli I 49
– Schmalzmegeri I 94
– Schützäbodäli I 89, 101
– Schwiweid I 69
– Stafels I 76
– Talei I 55, 85, 92
– Tannwald I 92
– Tobel I 72
– Underaua I 75
– Undermühli I 85
– Vazäris I 55
– Winkel I 78
– Wîtena I 46, 84
Trin I 580, 630, II 240, 412, 613, 625 ff., 774–787, 804 f., 808, 813, 817 f., 827, 829 f.,
835, 858, 864, 871, 873, 890, III 16, 37
– Alp Mora II 781 f., III 128
– Bot da Fiena II 785
– Bot da Mantinadas II 784
– Canaschal II 627
– Crap da Bos II 783
– Crap da Pops II 785
– Crap Sogn Barcazi II 781
– Crap Ueara II 781, 784
– Digg II 626, 775, 780, 783, 787
– Fiena II 783
– Fup Porclis II 780
– Fussau II 781
– Hohentrins II 816 f., 853, 874
– Isla II 786
– Lurez II 779
– Maliens II 782 ff.
– Mulign II 626, 768, 780, 783, 835
– Mun II 780, 782 f.
– Muntegn II 783
– Pintrun II 768, 775
– Porclis II 777, 781, 783, 833
– Purcs II 782 f.
– Raschaglius II 777 f., 781
– Ringel (Gasthaus) II 775
– Sur Ploncas II 775
– Tschanonca II 787
– Val Bergla II 786
– Val Gion Patt II 775
– Visura II 783 f.
– Visut II 783
Trins → Trin
Trun II 205, 211, 215–218, 229, 235, 247, 250, 252, 257, 267, 271, 472, 680, III 689
– Lumneins II 223, 283
– Punteglias II 215, 250
– Rensch II 247
– Ringgenberg → Zignau
– Zavragia II 246, 263
– Zignau II 218 f., 222, 250, 264, 769
Truns → Trun
Tschamut → Tujetsch
Tschappina II 721, III 53, 219, 225
– Beverin II 280, III 23, 150, 183, 191, 245, 279
– Chräjeloch III 245
– Glas II 713, III 37, 206, 243, 245, 733, 737
– Glaspaß II 709, 714, 731, 739
– Häxäschtälli III 245
– Lüschersee II 42, III 230

- Masigger Tobel III 206
- Meitlastutz II 658
- Meitlatobel II 658, III 245
- Obertschappina III 245
Tschiertschen I 366, 422, 425 f., 437, 487, 497, 499, 501, 511, 523, 549, 557, 563 f., 580 f., 603, 605–616, 618 f., 621, 645, 653, 743, 756, 768, 777, 798, 807, 825, 885, 904–907
- Alpstein I 612
- Augstbärg I 333, 537, 841, 899
- Baltsch Ris I 581, 606, 608, 768
- Bleisa I 611, 653 f.
- Brüüscha I 614, 821
- Carmenna I 878, 894
- Geisterstei I 608
- Girenegga I 511, 563, 609
- Gürgaletsch I 888
- Güüdaspitz I 841
- Hüräli I 333
- Loch I 619
- Paiüel I 549
- Sagäbach I 615
- Schafälpli I 334
- Sennästein I 608
- Spinezmantobel I 612
- Stäffisch Chilchli I 607, 609 f.
- Tälli I 888
- Tschingla I 612
- Urda I 43, 385, 537 f., 550, 579, 608, 619, 765, 894, 899
- Urdasee I 44, 333, 347, 612
Tschierv III 383, 594, 641
- Chasuras III 383
Tschlin III 424–435, 437, 440, 451, 457, 467
- Balsarom III 430, 436
- Bulfinal III 431, 434
- Cha d'sura III 428, 436, 452
- Chaflur III 428 f., 452, 457
- Crap da las Strias III 431
- Crap da l'Ura III 431
- Giassa dimez III 430, 433
- Las Rossas III 386, 449 f.
- Martina III 429 f., 434–441, 453, 456 f., 473, 667
- Martinsbruck → Martina
- Mott'ota III 436
- Munt III 431
- Piz Fot III 434
- Piz Mundin (Gasthaus) III 424, 431
- Plan Chanver III 437, 453
- Plan Puntesta III 437
- Pra dadora III 438
- Pra da Plan III 432
- San Niclà III 441
- Sclamischot III 428, 439, 453
- Serviezel III 436 f., 453
- Strada I 255, III 386 f., 429, 433, 436, 452 f., 457, 473
- Tea sura III 433
- Val gronda III 436
- Val pitschna III 436
- Val torta III 429, 440
Tujetsch I XLII f., LII, LV, 149, 251, 761, 837, II 5–150, 156, 158, 212, 229, 237 f., 367, 948, III 296, 687, IV 23
- Acla Mila II 56, 65
- Alp Tgom II 30 f., 86
- Badus II 6, 25, 31 f., 35, 62 f., 82, 101
- Bostg II 156
- Bugnei II 5, 21, 30, 60, 101, 129–139, 142, 156
- Bulatscha II 44
- Burcanets II 134
- Cadruvi II 52, 81, 134
- Calmot II 74
- Camischolas II 56, 67, 81–101, 117, 120, 125, 139
- Candentschuns II 69 f.
- Cargnola II 40, 44
- Carmihut II 35, 39 ff.
- Caschle II 58, 67 f., 77 ff., 118 ff., 127 f.
- Caschleglia II 90 f.
- Caspausa II 20, 28 ff., 35, 37 ff., 95
- Cavorgia II 75 f., 81–85, 107, 113–127, 132, 135 ff., 141, 158, 193, 872
- Cavradi II 9
- Crap buna (dunna) veglia II 15–19, 36
- Crap git II 99
- Crest Pun II 16
- Crestas II 33, 45, 121, 367
- Crispalt II 6, 101
- Crusch II 41
- Culmatsch II 6, 46–49, 58, 73, 77 ff., 89, 109, 128 f.
- Cungieri II 93
- Cuolm II 57
- Cuolm Cavorgia II 117, 119
- Cuolm da Val Giuv II 121

- Cuolm da Vi II 60, 63, 78, 81, 109
- Curnera II 8, 12 f., 30 f., 50 f., 62 ff., 128, 464
- Dieni II 56, 74
- Drun II 35, 102, 135
- Dulezi II 135
- Giepia II 125
- Gionda II 30, 120
- Giuv II 94 f., 98
- Grep da pegnas II 36
- Lai la Toma II 13, 82
- Liets II 89
- Maighels II 50, 109, 128
- Maises II 67
- Mariahilf II 32
- Mila II 64 f., 67 f., 77, 79 f., 97, 104 f., 119 f.
- Milets II 67, 71, 74
- Mira II 139
- Mulinatsch II 67
- Nacla II 90
- Nalps II 84, 115, 210
- Niregl II 136
- Nual II 32, 96, 117
- Nurschallas II 31 f., 34
- Oberalp II 5, 8 f., 32, 61, 95, 99, 114, 151, 180, 266
- Ondadusa II 55, 59, 68 f., 78
- Pardatsch II 69 f., 97, 122
- Pazzola II 35, 114
- Platta dal Barlot II 58, 77 f., 211
- Platta dal Vin II 77
- Plaun da Mattauns II 78
- Plaun miez II 29 f.
- Plaun Miradas II 51
- Pontaningen → Putnengia
- Prauina II 17
- Pulanera II 79, 120
- Putnengia II 35, 37, 56, 60 f., 126
- Rain II 15, 17, 51
- Rheinquelle (Gasthaus) II 133
- Rotenberg II 51
- Rovens II 82 f.
- Rueras I 689, II 14 f., 29 f., 41, 44, 50 f., 55–80, 94, 96 f., 99 f., 105, 119 ff., 127, 354
- Salins II 107, III 57
- Scangleras II 35, 37
- Scharinas II 74 f., 96
- Sedrun II 21, 24 f., 29, 32, 35, 37, 40, 43 f., 59, 74–77, 80 ff., 84, 93 f., 97, 101–112, 116 f., 119 f., 129, 131 f., 134 ff., 139, 141, 150,
158, 161, 354, III 57, 332, 689
- Selva II 10, 13, 15 f., 18, 20 f., 25–55, 57, 60–63, 67, 70, 94 f., 118, 123, 126, 131 f., 229, 354
- Siala II 15, 18 f.
- Siara II 13
- Sontga Brida II 40, 55, 67, 94, 96
- Strim II 67 f., 77, 81, 88 f., 148
- Sur Rain II 29 f., 64 f., 85, 90, 113, 125, 128 ff., 132 f., 135 f.
- Sutcrestas II 32, 44
- Tgatlems II 13, 28
- Tgiern da Toma II 13
- Tgom II 57
- Thomasee → Lai la Toma
- Tiarms II 28, 93
- Tschamut II 9, 12–25, 28, 31, 39 f., 43 f., 50, 53, 61, 82, 95, 117, 124, 133, 211, 233
- Tschevitg (Tscheivitg) II 20, 29
- Tschuppina II 67
- Uaut da Rosas II 61
- Val Giuv II 74
- Val Martina II 45
- Val Val II 28, 74
- Vons II 103 f.
- Zarcuns II 18, 24, 55, 58 f., 65 f., 74, 76 f., 80 f., 84, 91, 94 f., 120, 130, 135, III 821
- Tumegl / Tomils III 8, 34, 38, 41, 43–52, 54 f., 60, 62 f., 65, 74, 79, 91, 94, 106, 118, 120, 125–130, 136 f., 190, 192, 231, 235, 265
- Alpenblick (Wirtshaus) III 45
- Bot da Quadra III 79
- Isla III 45
- Moos III 11, 62, 81, 167, 193, 216
- Mulegn Val III 82
- Ortenstein (Schloß) II 822, 830 f., 848, III 11, 45, 53, 59, 60 ff., 69, 76, 81, 83, 114, 127, 129, 191 f.
- Plattas III 39
- Rofna III 127
- Sogn Vetger III 60, 77, 82, 86, 192, 236
- Val Casti III 45
- Val Mulegn III 38 f., 45, 120
- Val Schlareras III 192
- Vegna nova III 60
- Veia nôva II 830, III 45
- Vischnôs III 45
Turin III 919
Tusa → Obersaxen

Überlandquart → Grüsch
Ungarn II 695, 791, III 473, 699
Untervaz I 6 ff., 9, 18, 20–36, 60, 62, 76, 80,
    84, 97, 349, 360, 393, 422, 477 f., 572 f., 575,
    643, 647, 658, 667, 712 ff., II 914, III 63, 84
– Au I 113, III 85
– Bachtobel I 23
– Bandli Chaschperlis Hus I 32
– Brunnaboda I 7
– Büüheli I 31, 35
– Calstrînis I 20, 23, 28, 31
– Casenzbach I 10, 21
– Chriesibüel I 28
– Egg I 20
– Eggbâbis Hûs I 35
– Friewis I 8, 35, III 71
– Geißplatz I 23
– Gigers Grab I 18
– Horn I 22, 27
– Ips-Schlößli → Rappastein
– Lareza I 6, 35
– Mühleli III 84 f.
– Neuenburg I 21, 33, 76, 718
– Oberer Berg I 25
– Padnal I 22, 33, 658
– Pawangs I 30
– Pradawald I 28, 34 f.
– Rappastein I 10 f., 20 f., 28 f.
– Salâvis I 28
– Salaz I 24, 714
– Scafaliuna I 22
– Scharina I 20, 28, 31
– Simmisbödeli I 18
– Steibruch I 29
– Töbeli I 30, 33
– Walböda I 589
– Wang I 6
– Zanoppiser Kopf I 35
Uors-Peiden:
– Furth → Uors
– Peiden II 404, 418 f., 465, 473, 632, 634
– Peiden-Bad II 439, 445 f.
– Sogn Glieci II 632
– Uors II 599, 611, 632–635, 638, 646,
    III 121
Uri I 295, II 32, 51, 93, 114, 258, 266
Urmein II 658, 731
– Dürrwald III 72
– Propeua III 244

– Zwölfihore III 191
Urseren (Kanton Uri) II 8, 133, 154

Vaduz (Liechtenstein) I 48, 869
Val → Sumvitg
Val di Lei (ital. Provinz Sondrio) III 272
Valata → Obersaxen
Valbella → Rossa
Valcava → Valchava
Valchava III 389, 398, 400 f., 403, 406
Valendas I XXVIII, II 42, 413, 605, 655–694,
    696, 699, 747, 937, 940
– Ala II 696
– Alix II 668
– Allmeini II 662, 678
– Altaun II 668
– Bächli (Wirtshaus) II 688
– Boda II 669
– Bord II 671, 674
– Brün II 591, 670, 673, 696
– Bunggert-Haus II 663 f., 667
– Burg II 659 ff., 667, 681, 694
– Caltîra II 668
– Carrera II 657, 669 ff., 672–675, 680, 684,
    696, 699, III 308
– Carreratobel II 673 f.
– Cholgassa II 678, 691
– Chrizerstall II 679, 699
– Curdinals II 685
– Dutjen II 593, 603, 623, 663, 680, 682 ff.
– Erezloch II 663
– Erlatreggli II 657, 670
– Fraissa II 658 f., 671
– Fridhof II 662
– Fulabärg II 676, 683
– Grau Hus II 663–666
– Haus Deflorin II 660
– Haus Jenal II 663
– Haus Tanner II 671
– Opferwis II 668
– Palmartscha II 694
– Platz II 670
– Posthof II 669
– Prada II 661 f., 669
– Rasalz II 668
– Ritland II 689
– Ritlandtobel II 678
– Ronggätsch II 657
– Sant Blasius II 686

– Schmittatobel II 667
– Tälbiel II 676
– Totaboda II 603, 668, 684
– Tschilschanungs II 691
– Turisch II 677
Valens → Pfäfers
Valgronda → Cumbel
Valle Cavargna (Italien) III 840
Vals II 477 f., 521, 530, 599, 635, 648–655,
    888, III 87, 121, 264, 308, 311
– Blachtenalpa II 650
– Fleis II 654 f.
– Grauhôra II 641
– Lampertsch Alp II 636, 641, 650 f.
– Pradätsch II 652
– Valee II 650 f.
– Vallerbärg II 653
– Zafreila II 638, 650 f., III 311
– Zameia II 650
Valsertal II 211, 415, 463, 560, 708
Valtanna → Says
Valzeina I 39 f., 81 f., 163, 165, 178, 180, 187,
    192, 236, 312, 591, 716 f., 874, 883, 896 f.
– Baroon I 39, 72
– Büdemji I 40
– Chempfi I 83
– Churbärg I 40
– Güeter (in da–) I 8, 39
– Henslisch Boda I 869
– Sigg I 166
– Totbodä I 193
– Zislisbôda I 8
– Zürsi I 40 f., 83
Varenna (Italien) II 411
Vättis → Pfäfers
Vattiz → Degen
Vaz / Obervaz I 24, 333, II 408, 598, III 11,
    96, 139 f., 178 ff., 186 f., 194, 207, 318–322
– Creusen III 178 f.
– Fusso III 318
– Lenzerheide I 518, 872, II 351, 782, 872,
    III 57, 85, 220, 318
– Marschignev III 318
– Muldain III 321
– Niveigl III 319
– Plaun las Funtanas III 180, 319
– Pro davos III 178
– Solis III 139, 163, 170
– Zorten II 126, III 321

Vazerol → Brienz
Vella II 431 f., 437, 447 ff., 456–485, 487, 500,
    504, 519, 528, 570, 932
– Bual sut II 474, 481
– Cagliver II 476
– Casti II 458 f., 500
– Cauma II 464
– Crest de la Fuortga II 522
– Crusch II 459
– Curtgin Rîsch II 473
– Davos Cuort II 459
– Nurtatsch II 461 f.
– Pleif II 432, 434, 438, 442, 456, 460 ff., 465,
    472, 474, 499, 521, 525, 529, 580
– Puoz de Crenas II 472, 480
– Puoz de Grun II 437, 472, 526
– Rofna II 481
– Sogn Roc II 461 f.
– Sumsiaras II 461 f.
Veltlin I 147, 835, II 260, 283, 289, 375, 664,
    737, 818, 829, III 286, 740 f., 759, 794, 902
Venedig I 166, II 467, 901 f., III 97 f., 951
Verdabbio III 681, 701, 736, 742, 745, 748,
    754 f., 758 f., 764, 786, 877, 889 ff.
– Albione III 739
– Alp del Lago III 743
– Alp Vecc III 752
– Bosch di Marca III 743
– Cappella di Piét III 742
– Piani di Verdabbio III 732, 763
– Valdort III 767
Versam II 190 f., 409, 413, 441 f., 455, 576 f.,
    597, 658 ff., 671, 676, 679, 695–699, 732, 747,
    III 216, 308
– Aala II 696
– Arezen II 660, 695 ff., 699, 704
– Calörtsch II 696
– Carnifels II 676
– Fan II 657, 680, 696, 698
– Mareina II 698
– Sculms II 699, 932
– Summergada II 698
– Tscheppa II 698 f.
Veulden → Feldis / Veulden
Viamala II 712, 736, III 147, 218 f.
Vicosoprano
– Casaccia III 322
Vigens → Vignogn
Vignogn II 437, 443, 460 ff., 473, 487, 518, 522,

Vignogn (Fortsetzung) 527, 533–541, 932
– Alp Seznêr II 501
– Curschellas II 501
– Fopp'aulta II 484
– Pleun Reisgias II 522
Villa → Vella
Vilters (Kanton St. Gallen)
– Wangs I 660
Visp (Kanton Wallis) I 300, II 135
Vnà → Ramosch
Vrin I 586, II 85, 211, 264, 270, 274, 377, 433,
    436 f., 449, 463 f., 471, 473 ff., 478 f., 483 f.,
    497, 524, 547 f., 556, 573–583, 607 f., 638,
    642, 646, 648
– Blengias II 528, 580
– Cons II 583–589
– Darlun II 478, 579
– Diesrut II 264
– Greina II 548
– Péz Terri II 434, 497
– Salischina II 498 f., 566 f., 579, 584, 586
– Scharboda II 478, 579 f., 588
– Schareida II 473, 543 f., 556
– Schetga II 586
– Sogn Giusep II 585
– Tgiern II 585 f.
– Vanescha II 588
– Villein II 582 f.
– Vrin dado II 585
Vulpera → Tarasp
Vuorz → Waltensburg / Vuorz

Waadtland III 746
Walenstadt (Kanton St. Gallen) I 199
Wallis I XXXVII, XLI, 249, 251 f., 257, 300,
    661, 772, 798, 849, II 6, 135, 276, 409, 742,
    947, III 375
Walsertal (Vorarlberg) I 670
Waltensburg / Vuorz I 156, II 229 f., 240 f.,
    243, 290, 302, 338 f., 342 f., 371, 412, 488,
    757 f., III 624
– Crestas II 342
– Grottenstein II 614
– Jörgenberg II 342, 379, 386, 388, 489, 679
– Kropfenstein → Grottenstein
– Ladral II 357
– Mischieras II 593 f.
– Pardella II 224, 266, 342
– Sez della Stria II 594

– Urscheu II 343
Wangen im Allgäu II 130
Wangs → Vilters
Warschau III 34
Wassen (Kanton Uri) II 32
Weesen (Kanton St. Gallen) II 185
Weinfelden (Kanton Thurgau) III 410
Welschland III 25
Wergenstein → Casti-Wergenstein
Wettingen IV 7
Wielun (Polen) III 156
Wien I 673, 706, III 700, 903
Wiesen I 282, 649, III 325 f., 336, 343, 357
Winterthur (Kanton Zürich) III 382, 556
Wolfgang → Davos
Württemberg I 835, II 237, 934, III 170, 655

Zafreila → Vals
Zarcuns → Tujetsch
Zermatt (Kanton Wallis) III 375
Zernez I 208, III 393, 446, 477, 528 f., 533,
    544, 546 f., 549 f., 556, 561, 601, 606 ff., 614,
    635 ff., 640–651, 667 f.
– Brail I 480, III 478 f., 601, 642, 644 f.
– Chesas noschas III 644
– Crischoul III 550
– Cristatscha III 642
– Curtins III 549, 645
– Funtanatschas III 644
– Lavinar III 549
– Munt Baselgia III 646
– Muotta da Crastatscha III 643
– Parschun III 528
– Plaz III 645
– Punt ota I 480, III 478
– Rosenhügel III 549
– Röven III 667
– Runatsch III 645, 667
– Spöl III 601, 649 f., 667 f.
– Tretschinas III 549 f.
– Tuor III 600, 614, 646
– Vièl III 646
– Wyß Krüz (Wirtshaus) III 644
Zignau → Trun
Zillis I 839, III 188, 248, 250 f., 270, 321
– Pessen III 250
– Rania III 277
– Reischen III 249
Ziteil → Salouf

Zizers I 10, 50, 64, 72, 75, 90, 95, 101–115, 117,
  583, 589, 667, 680, 712, 715, 723, 725 ff., 831,
  II 169, 908 f., III 70, 84, 264, 326
– Bööfel I 115, 727
– Doggterhus I 103
– Fridau I 108
– Galgen I 722
– Gerbi I 103 f.
– Gigertobel I 105
– Gitzischlauf I 112
– Goldbrünneli I 115
– Johannesstift III 84
– Löwen (Wirtshaus) I 102, 106
– Post I 103, 113
– Rapagugg I 75, 692, 719, 722 f., III 84
– Schelmaturra I 108, 110, 112, 115

– Sturnabôda I 115
– Stutz I 57, 75, 103
– Tôla I 108, 112, 114
– Underhus I 112
– Urbanesahus I 109
– Vorburg I 112
Zofingen (Kanton Aargau) I XXIX, IV 19
Zorten → Vaz / Obervaz
Zuoz III 357, 397, 400, 475, 547 f., 617, 654,
  657, 661 f.
Zürich (Stadt und Kanton) I XXVIII f.,
  LIV f., 172, 269, 704, 787, 908, II 106, 111,
  177, 245, 365, 393, III 177, 193, 250, 269,
  294, 373 f., 405, 501, 528, 605, 948, 951, 962,
  IV 7, 19
Zurzach IV 7

Personen und Sachen

Äberli (N.N.; um 1799), Wirt, Trimmis
   I 80

Académie Celtique IV 14, 21

Accola (N.N.), Frau, Davos I 310

Adam von Camogask (15. Jh.), Freiheitsheld
   des Engadins III 665

Albertini, Familie, Splügen III 315

Albertini Christoph von (1774–1848),
   Bürgermeister von Chur, Regierungsrat
   I 698 ff., 705, II 848

Albertini Ulysses von (1809–1866),
   Oberst i. österr. Diensten I 700, 706

Albin Christ Anton, Travisasch II 645

Albin Nikolaus, Munt II 643

Alesch Johann, 1726–1752 Pfarrer in
   St. Moritz I 702 ff.

Aliesch Benedikt, Fanas I 196

Alig Anna (* 1908), Obersaxen II 309

Alig Geli, Pigniu / Panix II 352

Alig Gion Ludivic, Mesmer, Pigniu / Panix
   II 339

Alig Järi, Obersaxen II 311

Alig Melchior (1835–1909), Obersaxen
   II 278, 307

Alig (N.N.), Zimmermeister, Pigniu / Panix
   II 646

Allemann Johann Luzi, Untervaz I 23

Allemann (N.N.), Abwart, Chur I 662,
   III 74 f., 83

Alltägliche Produktionsweisen IV 24

Alltagserzählung I XIV, II 948, III 970,
   IV 24 f.

Alpenmythologie IV 10 f.

Alpenreisen IV 10 f.

Älplerbräuche I 63, 442, II 782 ff., 874, 877,
   III 400

Alprechnung II 51 f., 732, 782 ff.

Alpwirtschaft II 788

Altherr (N.N.), Tschappina III 219

Ambass Friedrich (um 1808), Lehrer, Molinis
   I 506, 794

Ambass Hartmann, starker Mann, Molinis
   I 506

Ambass Walter, starker Senn, Molinis
   I 506 f.

Ambass (N.N.), Bauer, Molinis I 502

Ambühl (N.N.), Konfirmandin, Davos I 513

Ambühl (N.N.), Davos Sertig I 196

Ammann, Familie, Davos I 319

Amme Bartli, Landammann I 887

Anda Menghin (Übername), Grono III 768

Andreoli Barclamiu, Vignogn II 518

Andreoli (N.N.), Frau, Cazis III 235

Anhorn Bartholomäus (1566–1644),
   Pfarrer und Chronist I 148

Anna Gronda, vermeintliche Hexe, Ardez
   III 406, 528 f., 540, 579 f.

Annali im Winggel (Übername), Araschgen
   I 625

Antognini, Familie, Soazza III 703

Aeppli, Familie, Tumegl / Tomils III 130

Aprilscherze I 99

Arbeitsbräuche I 33 f., 202 ff., 218, 263, 268 f.,
   324 f., 341, 391 ff., 448 f., 526 ff., 598 f.,
   II 16, 50, 100 f., 299, 303, 531, 585, 671, 717,
   785, 867 f., 877, 918, 939 ff., III 24, 47, 115,
   226, 285 f., 389 f., 422 f., 490, 582, 587, 613

Arbeitskräfte, fremde I 107 f., 498 f., 795,
   II 101, 375, 726 f., 730, 821, III 50, 58, 144 f.,
   151, 193, 233 f., 270, 278, 279 f., 286, 291 f.,
   310 f., 339 f., 343 f., 371 f., 451, 488, 496 f.,
   611, 612 f., 630, 635, 667 f.

Ardüser Balthasar (1845–1913), Langwies
   I 452

Ardüser Betti, Langwies I 389

Ardüser Brunnajöri, Langwies I 453

Ardüser Elsi, Arosa I 360

Ardüser Hans (* 1557–16..), Chronist II 738

Ardüser Jöri, Meister, Langwies I 453

Ardüser Nini, Langwies I 407

Ardüser Sebastian († 1890), Langwies I 354 f.

Ardüser (N.N.), Frau, Arosa I 346

Ardüser (N.N.), Davos I 302, 310

Ardüser (N.N.), Schreiner, Langwies I 457

Ardüser (N.N.), Zernez III 544

Armenspende I 34

Armut: Kennzeichen der A. III 852 f.

Arnold Hans, Bauer, Davos I 295

Arpagaus, Familie, Siat II 378

Arquint Jachen, 1929–1965 Pfarrer in Zuoz III 656

Arquint (N.N.), Susch III 633, 635

Arrigoni Gaspare, Castaneda III 883

Auffahrtsbräuche I 319, 393, 524, III 24, 187

Auffahrtsharz I 393, III 24

Auffahrtskäse III 24

Augustin Jakob Anton, 1882–1889 Pfarrer in Paspels III 126

Augustin Victor, Alvaneu III 335

Ausblendungen beim Erzählgut I IX–XIV, II 948, III 969 ff., IV 17 f., 20, 28

Bächbabuob (Übername), starker Mann, Avers III 300

Bachman Albert (1863–1934), Lexikograph, Dialektologe IV 7, 21

Bachofen Hans Kaspar (1692–1755), evang. Pfarrer, Komponist I 320

Bachofen Jakob, Wirt, Chur I 702

Bächtold-Stäubli Hanns (1886–1961), Volkskundler IV 20

Bäder Stephan († 1875), Arzt, Schiers I 212

Badunja-/Badunscha-Martschi → Sprecher Martin

Bal Josef († um 1860), Schreiner, Domat/Ems II 885

Baldé, Propst von St. Vittore (?) III 845

Baldiron Alois, österreichischer Oberst (um 1621) I XII, 410, 546, 769, 798, III 593, IV 18

Balet-Laveau Maria († ca. 1920), Heilerin, Zignau, Dardin II 769, 927 f.

Balz, dr starch (Übername) I 768

Balzer Christian (vor 1844), Landammann, Alvaneu I 700

Balzer Hermann, Alvaneu Bad III 335

Balzer zopp (Übername), Almens III 101

Balzert Lezi, Schnapsbrenner, Cavorgia II 115

Bandli Lienhard († ca. 1950), Safien Bäch II 739

Bandli (N.N.), Chur I 701

Baptista Fida, Posthalterin, Innerferrera III 270

Barandun Niklas I 792

Barandun (N.N.; Übername: Beerejäger), Pratval III 219 f.

Barandun (N.N.), Rodels III 128

Barba Vairett (Übername), Roveredo III 695, 726 f., 795 ff., 806 f., 815, 818 f.

Barblan Not, Vnà III 472

Barcli dür → Filli Barcli

Bardill Ueli, Jenaz I 733

Bardola, Familie, Tschlin III 429

Bärgli-Hittisch (Übername), Furna I 214

Bärnibaabla (Übername), Vals II 651

Barometer-Bume (Übername; um 1850), Barometer-Hausierer im Zürichbiet I 908

Barth (N.N.), Frau, Guarda III 592

Baselgia Aluis, Rabius II 471

Baselgia Jakob, Viehhändler, St. Moritz III 376

Baselgia Plazidus Laurenz, 1862–1872 Pfarrer in Domat/Ems II 914

Bassi Fulvia, Lehrerin, Cauco III 934

Batiggel (Spottname), Andeer III 261

Battaglia Luzi, Geißhirt, Scheid III 25

Battaglia Pol, Landammann, Almens III 180

Battaglia (N.N.), Paspels III 62

Battaglia (N.N.), Frau, Scheid III 8

Battaglia (N.N.; 16. Jh.), Lehrer, Trans III 60

Batz Anton, Bienenzüchter, Ardez III 535

Bauern- und Hirtenuhren I 332 f., 567

Bauler (N.N.), Arzt, Balgach III 366

Baulig Nivard, Kapuziner, 1927–1933 Pfarrer in Ardez III 515

Bavier (N.N.), Oberst, Chur I 692

Bavier (N.N.), Ratsherr, Chur I 656 f.

Bavier (N.N.), Chur I 676

Bazzell, Familie, Sent III 480

Beccarelli (N.N.) III 609

Beck Anton (1813–1906), Gemeindevogt, Heiler, Grüsch I 175

Beck Hans, Bauer, Grüsch I 874

Beck Hans Peter, Grüsch I 176

Beeli-Zippert Dorothea, Sapün I 299

Beeli Hans, Davos I 739

Beeli Klara, St. Peter I 379, 830

Beeli Simon I 503

Beeli (N.N.; † 1946), Frau, Langwies I 760

Beeli (N.N.), Molinis I 383

Beer Gaspare, Vogt auf Burg Norantola III 749

Beer Gionet, Camischolas II 94 f.

Beer Th. Anton, 1818–1845 Pfarrer in
    Breil / Brigels I 701

Beer Tumasch, Schuhmacher, Realta III 236

Beer Vigeli Giusep (1873–1940), Sur Rain
    II 79

Beerejäger → Barandun

Beggtîsli → Liesch Mathis

Belina Fritz, Bäcker, Valendas II 695

Belloli, Familie, Cama III 881

Belloli Antonio, Holzarbeiter, Sorte III 734 f.

Belz, Familie, Grüsch I 183

Belz Chlas, Grüsch I 174

Benedikt XV., Papst (reg. 1914–1922) II 291

Bener, Familie, Chur I 572, 885

Bener Christian (1799–1876), Bürgermeister,
    Chur I 683, 690

Bener Gustav (1873–1946), Direktor
    der Rhätischen Bahn I 628, 683

Bener Nutin, Chur I 689

Bener, dr alt (N.N.), Chur I 683–698, 784,
    786, 862, II 937, III 119, 191

Bener, Konfektionsladen, Chur I 857

Berchter Jakob (um 1645), Landammann der
    Cadi II 98

Bergamin Donat, Kapuziner, 1887–1899
    Pfarrer in Obervaz III 319

Berger, Schinderfamilie, Sax I 569

Berger Eva, Maladers I 830

Berger Sepp, Hirt, Heiler, Maladers I 480,
    597 f.

Bernet, Familie, Jenaz I 733

Bernhard Hannes (um 1799), Untervaz I 33

Bernhard Simon, Untervaz I 27

Bernhard Têti, Untervaz I 713

Berry Uschi, Trimmis I 54

Berther Anton (* 1927), Dr. iur., Chur II 10

Berther Baseli (1858–1931), Benediktiner
    von Disentis II 11, 29, 32, 40, 51 f., 95

Berther Stiafen (1869–1950), Arzt, Disentis
    III 332

Berther (N.N.), Brüder, Disentis II 179

Berther (N.N.), Landschreiber, Bauer II 156

Bertogg Christian († 1843), Landschreiber,
    Sevgein II 627

Bertogg Johann (17. Jh.), Sevgein,
    Halberstadt II 627

Bertogg (N.N.), Frau, Bonaduz II 933

Bertossa Giovanni, Glaser, Rossa III 948

Betta schliata (Übername), Morissen II 454

Bewässerung II 793 f., 835

Bezzola Stasius († ca. 1935), Zernez III 547

Bezzola (N.N.; * 1887), Frau, Zernez III 644

Bezzola (N.N.), Zernez III 667

Biart Jakob, 1736–1749 Pfarrer im Tavetsch
    II 80

Biäsch Sidonia, Davos I 306

Bieler Fidel, Bonaduz II 933

Bifrun-Josti Anna (um 1887), Brail III 645

Binder (N.N.), deutscher Färber, Andeer
    III 250

Biologie des Erzählguts III 972, IV 20, 28

Bircher Jörg, Praden I 609, 617, 906

Blaktawuoscht-Chrischtä (Übername),
    Tschiertschen I 775 ff.

Blauschnörrler (Übername), Praden I 481

Blumenthal, Familie, Rodels III 90, 140

Blumenthal, Herren von II 506

Blumenthal Christian (um 1621), Degen
    II 488

Blumenthal Glieci, Lehrer, Morissen II 454

Blumenthal Johann Ulrich (um 1711),
    Bundesschreiber II 488

Blumenthal Vinzenz (1839–1925), Morissen
    II 448 f.

Blumenthal (N.N.), Frau, Disla II 184

Blumenthal (N.N.), Jäger, Morissen II 433

Blumenthal (N.N.; † ca. 1935 / 36), Frau,
    Rodels III 138, 145, 168

Bluterkrankheit II 692 ff.

Blutzger-Jörtschi (Übername), Klosters I 271

Bodens Wilhelm, deutscher
    Volkserzählungssammler I XXXIII

Boletta → Balet-Laveau

Bon Carlo, San Vittore III 866

Bonalini Giuseppe († 1938), Maler,
    Roveredo, Milano III 798

Boner (N.N.), Lehrer, Ardez III 596

Boner (N.N.; Übername: Mehlboner;
    um 1817), Ladenbesitzer, Malans I 143

Bono Giovanna (um 1942), San Vittore
    III 847

Bonomi Lino (um 1941), San Vittore III 843

Bonorand, Familie, Ardez III 546

Bonorand Dosch, Susch III 633

Bonorand Otto, Ardez III 580

Borella Lena, San Vittore III 866

Bossi Andreas, Brienz III 323

Bossi Gion Giusep, Brienz II 85

Bottini Giovanni, 1848–ca. 1875 Pfarrer in
Augio III 945

Bramberg Hans von, Schloßherr in Maladers
I 594 f., 870 f.

Brandeberger → Bramberg

Brandl, Verfasser der «Narren-Kurzweil»,
Innsbruck 1695 I 818

Brassel Johann Hermann, 1849–1858 Pfarrer
in Arosa I 349 f. (richtig für:
Brasser Johann Hermann)

Braun David, Chur I 877

Braun Georg (1848–1888), Hauptmann,
Trimmis I 81, 715

Brazerol Alfons, Portier, Schmitten
III 344

Brazerol Anna, Wirtin, Schmitten III 351

Brehm Wilhelmine (18. Jh.), Tenna II 693

Brentini Pietro Gerolamo, 1857–1879 Propst
von San Vittore III 868

Bridel Philippe Sirice (1757–1845), Altertums-
und Sprachforscher IV 14 f.

Brinkmann Otto, deutscher Erzählforscher
IV 20

Brins Uorschla (um 1904/05), Ardez
III 580

Brosi (N.N.), Bundesstatthalter,
Conters i. Pr. I 401

Brüälsch Hitti → Sprecher Christian

Brüesch Hans, Jäger I 350, 750

Brüesch Jöri, Maladers I 560

Brüesch Luzi, Klarinettist I 910

Brüesch Peter, Tschiertschen I 614

Brüesch Toni, Hirt I 877

Brüesch (N.N.), Statthalter, Tschiertschen
I 611

Brüggenthaler (N.N.), Frau, Andeer III 256

Brügger, Familie, Maienfeld I 146

Brügger Andreas (1588–1653), Oberst in
französischen Diensten I 147, 154

Brun Leo, Erforscher der Obersaxer
Mundart II 255, 264, 304, 656

Brunies Steivan (1877–1953), Biologe III 536,
548, 652

Brunold, Familie, Maladers I 892

Brunold Albert, Maladers I 837

Brunold Hans, Arosa I 831

Brunold Johann, Fuhrmann, Affeier II 301

Brunold Katharina, Arosa I 339

Brunold Luzi, Arosa I 752 f.

Brunold Magdalena (Übername: d Madlene
uf em Schloß), Maladers I 836

Brunold Uäli, Senn I 484, 797

Brunold Urban, Bauer, Peist I 436

Brunold (N.N.), Frau, Peist I 457

Brunold (N.N.), Peist I 898

Brunold (N.N.), Landammann, Schanfigg
I 490

Büäljöri (Übername), Klosters I 263

Bubengericht I 447 f., 762, 780

Büchler (N.N.), Knecht, Flims II 936

Buchli Christian († vor 1944), Lehrer, Safien
II 705

Buchli Clo, Scharans III 185

Buchli Kaspar (?), starker Mann, Scharans
III 184 f.

Buchli Marie (* 1944), Safien II 705

Buchli Ulrich, Lehrer, Chur II 713

Buchli (N.N.), Gärtnerin, Lavin III 481

Buchli (N.N.), Söldner, Scharans III 189

Buchli (N.N.; 1877–1949), Schmied, Versam
II 697

Büchli-Baumhard Emmy (1885–1968),
Ehefrau von A. Büchli IV 7–10

Buggälflippi (Übername), Molinis I 514 f.

Bühler, Familie, Davos I 311

Bühler, Schinderfamilie, Maladers I 569

Bühler Alfred (1900–1981), Professor der
Ethnologie, Basel I VI

Bühler Christian (18. Jh.), Richter II 693 f.

Bühler Disch, starker Senn, Almens III 56

Bühler Peter, Almens III 108

Bühler Valentin (1835–1912), Dialekt-
forscher, Davos I 442, 509, II 255, 337

Bühler (N.N.), Almens III 95, 104, 109, 112

Bulfoni, Familie, Susch III 616, 626

Bundi (N.N.), Bauer, Medel II 90 f.

Bundi (N.N.) II 118

Buob Hans (1830–1910), Lüen I 564

Buob Hans, Lüen I 470

Buob Luzi, Lüen I 552

Buob Nikolaus, Molinis I 513, 523

Buob (N.N.), Frau, Lüen I 554

Buol Christian, St. Antönien I 237

Buol Peter, Heiler, Pany I 228, 237

Buol (N.N.), Bonaduz II 934

Büren Eugen von, Bankier, Bern II 848

Büren Franz von, Bern II 847 ff.

Burkart Walo (1877–1952), Kreisförster, Archäologe II 683

Burkhardt Seppli, Cazis III 103

Bürkli-Lipp Maria Creszenz, Untervaz I 11

Burla (Übername), Castaneda III 873, 901

Burri, Familie, Chur I 638

Büsch (N.N.), Davos I 281, 284

Büschaliöhi (Übername), St. Antönien I 239

Buschauer (N.N.), Chur I 880

Cabalzar Gion Luzi, Degen II 427 f.

Cabalzar Jakob, 1763–1806 Pfarrer in Falera II 759

Cabernard (N.N.), Dardin II 243

Caderas, Familie, Cadi II 409

Cadonau Anton (1850–1929), Wohltäter, Waltensburg/Vuorz I 698

Cadonau (N.N.), Korbmacher, Waltensburg/Vuorz II 240

Caduff Barbolina, Ardez III 523

Caduff (N.N.), Frau, Sent III 480

Cadusch Sepp, Realta III 238

Caflisch Anton (1860–1925), Nationalrat, Flerden I 444, 652 f.

Caflisch Leni, Maladers I 895

Caflisch (N.N.), Frau, Crusch III 471 f.

Cagianuth Monica (1866–1937), Wahrsagerin, Laax II 768 f., 928 f.

Cahannes Gion (1872–1948), kath. Geistlicher, Sprachlehrer, Chur II 505

Cajos (N.N.), Frau, Ftan III 504

Calgèr-Simonet (N.N.), Frau, Andeer III 255

Calgèr (N.N.), Koch, Sils, Schams III 190

Calörtscher Hans († 1991), Kreisforstingenieur, Ilanz II 353, 673, 689, 758

Caluori Kaspar, Spezereienhändler, Domat/Ems I 858

Calvenfeier in Chur (1899) I 864

Camani Felix (Pseudonym von Ulrich Gartmann), Romanschriftsteller II 702

Camen Jakob Andreas, 1804–1814 Pfarrer in Siat, 1816–1826 in Falera II 378

Camenisch, Familie, Realta III 237

Camenisch Emil (1874–1958), Reformationshistoriker II 409, 602, 666, 669, 672, 674, 762, 913

Camenisch Nina (1826–1912), Dichterin, Sagensammlerin IV 29

Camenisch Urban, Chur I 641

Camenisch (N.N.), Oberst, Sarn III 54

Camenisch (N.N.), Heiler, Valendas II 680

Camenisch-Buggeli (Übername), Ladendiener, Thusis II 635

Caminada Andreas, Almens III 103

Caminada Christian (1876–1962), Bischof von Chur I X, XIV, XIX, XXV, XXXI, 835, II 97, 282 f., 451, 520, 541, 947 f.

Cammerlander (N.N.), Tiroler, Abdecker, Sevgein II 600

Campell, Familie, Susch III 637

Campell Jachen, Organist, Susch III 621

Campell Peter, Celerina III 623

Campell Riet (1867–1951), Gründer des Engadiner Museums, Celerina III 621, 623

Campell Ulrich (1510–1582), Reformator, Chronist II 42

Campell (N.N.), Frau, Susch III 640

Candinas Benedetg († 1899), Hirt II 195

Candinas Gebrüder, Ofenbauer, Surrein II 918

Cantieni Anton, Guarda III 608

Cantieni Simon, Andeer III 252

Cantieni (N.N.), Ardez III 545

Cantieni (N.N.), Ftan III 513

Capaul, Familie, Realta III 237

Capaul Gion Clau, Senn, Ruschein II 392

Capaul (N.N.; * 1866), Wirtin, Degen II 516 f.

Capaul (N.N.), Sta. Maria i. M. III 404

Caplazi (N.N.), Geschäftsleiter, Roubaix II 430

Caprara (N.N.), San Vittore III 866

Caprez (N.N.), Bonaduz II 934

Carigiet, Familie, Disentis II 174

Carigiet Bartolome, Tavanasa II 222

Carigiet Giachen Mattias, Bauer, Dardin II 251

Carigiet Giusep, Bauer, Dardin II 588

Carigiet Tumaisch, Dardin II 248

Carisch Christoffel (1852–1932), Schnaus II 384

Carisch (N.N.), starker Mann, Schnaus II 385

Carl Andreia, Bauer, Susch III 611

Carl-Crastan Anna, Sent III 475

Carli Stalter (Übername), starker Mann, Segnas II 151

Carmagnola Diotimo da (um 1858), Kapuziner, Pfarrer in Rossa III 951 f.

Carnot Maurus (1865–1935), Schriftsteller, Benediktiner von Disentis II 112, 140 f., 211, 589

Casal (N.N.), Frau, Prättigau III 641

Casanova, Familie, Vrin II 377

Casanova Enrico, Vrin II 575

Casanova Flurin, Landammann, Vrin II 581

Caseeli Nina, vermeintliche Hexe, Valendas II 691 f.

Casotti (N.N.), Wirt, Maladers I 797

Caspar Katharina, Schmitten III 354, 360 f.

Casparis, Familie, Pratval III 60

Casparis Julia, Ilanz II 629

Casparis (N.N.), Wirt, Surava III 336

Casparis (N.N.), Geschäftsmann, Thusis II 279, 714

Caspescha Lorenz, Flims II 773

Castelberg, Familie, Ilanz II 242

Castelberg Balthasar von (1812–1898), kath. Pfarrer, Ilanz II 243

Castelberg Christian von (1532/33–1584), Abt von Disentis II 93 f.

Castelberg Conradin de, 1725–1750 Pfarrer in Falera II 759

Castelberg Sebastian de (1540–1587), Disentis, Landammann der Cadi II 93

Castelberg, Schwestern, Disentis II 161

Castelmur (N.N.), Oberstleutnant, Sils i. D. I 703

Castelmur (N.N.), Lehrer, Tumegl/Tomils III 65

Casti J. B., Sekundarlehrer, Lokalforscher, Arosa I 331

Casura (N.N.) III 548

Casutt-Heini Anna Maria (1823–1906), Munt II 644

Casutt Christoph von (1678–1726), Pfarrer, Dekan des Oberen Bundes II 663

Casutt Jakob (um 1733), Podestat in Teglio II 759

Casutt Jakob de (um 1783), Podestat zu Tirano II 664

Casutt Jakob Joder von (um 1618), Hauptmann, Valendas II 664 f.

Casutt Peter von († 1817), Hauptmann, Valendas II 664

Casutt (N.N.), Flims II 936

Catèla del Nanci (Übername), Grono III 779, 784

Cathomen (N.N.), Frau, Tavanasa II 226

Catrin Sep, Mesmer, Dardin II 241

Cavegn Gion Antoni, Rueras II 65

Cavegn Moritz, Ruschein II 482

Cavegn Paul, Rueras II 56

Cavegn Rest Antoni, starker Senn, Breil/Brigels II 240 f.

Cavegn-Pfister (N.N.), Frau, Ilanz II 629

Cavegn (N.N.), Strahler, Rueras II 97 f.

Caviezel Martin, Geschworener, Vrin II 474

Caviezel (N.N.), Hirt, Siat II 371

Caviezel (N.N.), Schmied, Tumegl/Tomils III 192

Cavigelli, Familie, Siat II 378 f.

Cavigelli Jakob Blasius, Söldner, Siat II 378 f.

Cavour Camillo (1810–1861), italienischer Staatsmann II 834

Cazin, Familie, Tamins II 822

Cazin (N.N.; um 1925), Fräulein, Susch III 631

Cerletti, Familie, Ilanz II 242

Cerletti Anton, 1913–1923 Pfarrer in Paspels III 63, 65 f., IV 17

Cerrotti Martino, Castaneda III 886

Chalanda Marz III 551

Chällerli → Keller Jaggi

Chämma-Jöri (Übername), starker Mann, Praden I 607, 618, 812

Cheppeli, Fähndrich, Malans I 41

Chiampell → Campell

Chichi da Carmagnola Ottavio (1811–1893), Kapuziner, Pfarrer in Camuns, Cumbel, Sagogn und Sevgein II 440 ff.

Chilbi I 331 f.

Choblmark (Übername), Prättigau I 222

Cholhansi (Übername), Kohlenbrenner, Trimmis I 62

Chrischtli uf Daleig (Übername), Lüen I 553

Christensen Arthur Emanuel (1875–1945), dänischer Orientalist und Erzählforscher I XLVII

Christoffel Gion, Cazis II 935

Christoffel Gion Risch, Heiler, Riein II 622

Christoffel Padrutt, Heiler, Riein II 622

Christoffel Philipp (1875–1949), Heiler, Riein II 622 f., III 158

Christoffel (N.N.), Schuhmacher, Andeer III 259

Christoffel (N.N.), Hafner, Sils i. D. III 194

Chrummbein (Übername), Tamins II 833

Chrummohr (Übername), Tamins II 864

Chüäjohli (Übername), Hirt, Maienfeld I 148 f.

Ciocco Aurelio, Mesocco III 690

Ciocco Lazzaro, Mesocco III 686

Cioldini Giovanni, Lostallo III 725

Claglüna, Familie, Ardez III 558

Claglüna Andri, Totengräber, Ardez III 556

Claglüna Jon da Bart, Ardez III 587

Claglüna (N.N.), Lehrer, Ardez III 486

Claglüna (N.N.), Ardez III 488

Claglüna-Bonorand (N.N.), Frau, Suren III 483

Claina, vermeintliche Hexe, Grono III 767

Clavuot Tina, Zernez III 648

Clement (N.N.), Frau, Praden I 483

Cloin (N.N.), Müller, Cunter III 376

Clopath Peter, Lehrer, Lohn III 271

Coaz-Vasalli, Geschäftshaus, Chur I 858

Colani Gian Marchet (1772–1837), berühmter Jäger, Pontresina I 208, III 670

Collenberg Johanna (1798– nach 1884), Geschichtenerzählerin, Cumbel II 426, 428

Collenberg (N.N.), Morissen II 290

Columberg Toni, Disentis / Mustér II 180

Columberg (N.N.), Disentis / Mustér II 189

Comander Johannes († 1557), Churer Reformator I 637

Cominoth Johann (1843–1905), Vieharzt, Maienfeld I 113, 713

Conrad Friedrich, Hauptmann, Rodels III 167

Conrad Ludwig, Rodels III 145

Conrad (N.N.), Sager, Andeer III 259

Conrad (N.N.), Furgonist, Avers II 935

Conrad (N.N.), Bäcker, Küblis I 227 f.

Conrad (N.N.; um 1870), Lehrer, Rodels III 61

Conrad (N.N.), Schreiber, Scharans III 182

Conway Hugh, Schriftsteller III 599

Coray Johann (um 1798), Trin II 784

Cori Tomaso da, Kapuziner, 1892–94 Pfarrhelfer in Obervaz III 320

Correvon Hedwig, Schriftstellerin, Bern I XXVIII

Crastan, Familie, Sent III 473

Crastan Chatrina, Sent III 469

Crastan Nuot, Sent III 475

Crastan (N.N.), Frau, Sent III 465

Cravena Carlo, Hausierer, Castaneda III 873

Cuonz Ursula, Ardez III 600

Curô F., Frau I 704

Curschellas Rumias (um 1799), tapferer Mann, Selva II 40

Curti Notker (1880–1948), Volkskundler, Benediktiner von Disentis II 116, 130, 170, 589

Dachauer (N.N.; † 1946), Schmied, Küblis I 228

Dalier (?) Jooggi, Maladers I 835

Dante Alighieri (1265–1283), ital. Dichter I XXVII, II 639

Danuser Hans, Langwies I 375

Danuser Hans (Übername: ds lamm Hansi), Langwies I 408

Danuser Lenz, Langwies I 458

Danuser (N.N.), Langwies I 378

Darms Johann Sebastian, 1846–1896 Pfarrer in Breil / Brigels, Domherr II 252

Darnuzer-Badraun Barbara (1804–1887), Jenaz I 733

Däscher Jos (19. Jh.), Ammann, Trimmis I 70

Däscher Nikolaus (um 1799), Grüsch I 731

Däscher (N.N.), Valzeina I 236

Davatz Andri, Nachtwächter, Zernez III 556, 648

Decasper Giacum, Knecht, Paspels III 83

Decurtins Alexi (* 1923), Sprachforscher, Chur II 11, 262

Decurtins Caspar (1845–1916), Volkserzählungssammler, Herausgeber der «Rätoromanischen Chrestomathie» I X, XIII, XIX, XXXI, II 95 f., 146, 208, 282 f., 430, 451, 500, 511, 541, 556, 559, 589, 772, 787, 948, III 320, 412, 420, 553, 972 f., IV 18, 23

Decurtins (N.N.), Landschreiber, Camischolas II 99

Dedual Georg, Parsonz III 372

Dedual Johann Joseph (1834–1911), Regierungsrat, Chur III 374

Defalaris Jakob, Kastellan, Müstair III 412

Deflorin, Familie, Trun II 247

Deflorin (N.N.), Bauer, Mompé Tujetsch
    II 152

Deflorin (N.N.), Frau, Pagig I 464

Deflorin (N.N.), Maurer, Pagig I 428

Demont → Mont

Denoth, Familie, Raschvella III 449

Denz (N.N.; um 1860–1870), Schatzgräber
    II 661

Depeder-Rageth Mengia, Chamues-ch
    III 663

Deplazes Gion (* 1918), Schriftsteller,
    Kantonsschullehrer, Chur II 288, 946

Deporta Josef Anton, 1775–1780 Pfarrer
    in Vrin II 475

Deportas Rest Modest der Ältere, Surrein
    II 201

Depuoz Fidel (1817–1875), Jesuit, Gründer
    des Instituts St. Joseph in Ilanz II 378

Deragisch Giachen Antoni, Hirt, Tavetsch
    II 67 f.

Deragisch Rest, Hirt, Tavetsch II 67 f.

Deragisch Sep Antoni (1815–1890/95),
    Töpfer, Bugnei II 130

Deragisch (N.N.), Jäger, Sedrun II 81

Derichsweiler Wilhelm Walram (1872–1936),
    Alpinist II 706, 708, 719, 722

Dermon Gion Antoni (1841–1921),
    Schuhmacher, Rueun II 393

Derungs Anton (1883–1942), Lehrer, Bauer,
    Sagensammler II 488

Derungs Giacun, Heiler, Riein II 622

Derungs Josef, Lehrer, Musikdirigent, Chur
    II 447, 563

Derungs Luregn, Knecht, Lugnez II 207

Derungs Martin (um 1900), Mesmer, Susch
    III 621, 626

Derungs-Jehli Murezi, Hotelangestellter,
    Surcasti, Cazis III 236

Derungs Nicolaus, Camuns III 690, 694

Derungs Rest Giusep († 1929), Waldarbeiter,
    Vignogn II 523

Derungs Therese († um 1918), Cazis III 236

Derungs Thomas, 1883–1893 Pfarrer in
    Obersaxen II 443

Detektivromane III 147, 969 f.

Dettli Benedikt († 1696), Hexenmeister,
    Safien II 712

Deuther, Familie, Ilanz II 223, 266

Dialekt:

– allgemein I VII, LIX f., 570 f., 586, II 11,
    256, 739, 945 f., III 965, 972 ff., IV 7, 11 f.,
    21 f.

– Arosa I 334, 343, 346, 354

– Außerschanfigg I 530, 586, 876

– Bugnei II 132, 134

– Calfreisen I 541, 544

– Castiel I 792

– Cavorgia II 121

– Cazis III 228, 229

– Chur I 628, 634, 639, 642, 647, 648, 659,
    667, 880, III 63, 113 f., 217, 255, 973

– Davos I 276 f., 278, 279, 283, 287, 288, 299,
    302, 304, 316, 782

– Deutschbünden III 46

– Domat / Ems II 887

– Domleschg III 113 f.

– Fanas I 195

– Felsberg II 921

– Furna I 215

– Haldenstein I 17, III 63

– Klosters I 259, 260

– Langwies I 357, 364, 366, 371, 372, 373, 401,
    402, 403, 413, 757

– Litzirüti I 357

– Lüen I 792, 868, 875

– Lugnez II 436, 504 ff., 563

– Lumbrein II 545, 547, 553, 554, 572

– Maienfeld I 150

– Maladers I 586, 868, 875, 876, 880, 894

– Malans I 129, 150

– Masein III 205

– Molinis I 499, 508, 785, 791, 813, 816

– Morissen II 433, 436

– Munt II 643, 644

– Nufenen III 313, 314

– Obersaxen II 255, 268, 269, 272, 318

– Paspels III 63, 228

– Peist I 418, 425, 427, 433, 447, 782, 868

– Prättigau I 873

– Realta III 120

– Rehetobel III 225

– Rhäzüns III 120

– Rodels III 120, 140, 141, 144, 159

– Rueras II 58, 68

– Safien II 709 f., 712, 718, 729

– St. Antönien I 241

– St. Peter I 499, 785, 791, 792

- Sax I 843, 848
- Schanfigg I 331, 667, III 258
- Scheid III 7, 10 f.
- Schmitten (Albulatal) III 349
- Sedrun II 105
- Selva II 26, 28, 34, 48
- Sils i. D. III 194
- Sufers III 317
- Sur Rain II 128
- Susch III 628
- Tamins II 852, 857, 861, 867
- Thusis III 113 f., 199 f., 205, 211, 214 f., 217, 255, 971
- Tirol I 499
- Trimmis I 42 f., 49, 57, 59, 96
- Trin II 768, 777, 779, 783
- Tschamut II 12, 15, 20
- Tschiertschen I 608
- Untervaz I 39, III 63
- Valendas II 689, 691
- Zizers I 647
Dialektwörterbücher III 965, IV 7, 21
Dicht, Familie, Klosters I 261, 268
Dicht Dorothee, Klosters I 258
Dicht Jaaggli, Davoser Original I 291
Dicht (N.N.), Landammann, Klosters Monbiel I 259
Diener Hans, Jäger, Pagig I 490, 521 f.
Dietrich (N.N.), Frau, Chur I 836
Din Curdin, Landammann, Sent III 432 f.
Disch, Familie, Schiers I 168
Dokter Moser → Moser (N.N.)
Dolf Benedetg (1849–1932), Lehrer, Andeer III 255
Dolf Hans, Igis I 729
Dolf Hansmichel, Senn, Igis I 714
Dolf Tumasch (1889–1963), Lehrer, Mathon II 825, 854, 869, III 389
Domenig Georg (um 1799), Trin Mulin II 626
Donau Hilarius, Jäger I 490
Donau Jakob, Peist I 445
Dönier (N.N.), Lehrer, Davos I 282
Dönz (N.N.), Schlosser, Heiler, Valendas II 672
Dorer (N.N.), Schuhmacher, Samedan III 617
Dorfwache II 458
Droste-Hülshoff Annette (1797–1848), deutsche Dichterin I 555

Dufour Henri (1787–1875), schweiz. General, I 133
Duhm Bernhard (1847–1928), Alttestamentler, akademischer Lehrer von A. Büchli I XIX, 555, II 729, IV 7

Edelmann, Familie, Thusis III 208
Eggbabi (Übername), Untervaz I 35
Egger (N.N.; Übername: di âlt Eggeri), Maladers I 839
Eggler (N.N.), Maladers I 867, 892
Egli Andres, Grüsch I 730
Eichholzer (N.N.), alt Lehrer, Masein III 199, 214
Eichholzer → Färber
Eichwâldschelm (Übername), Maladers I 387
Enderlin (N.N.), Maienfeld I 148
Engel, Familie, Langwies I 373
Engel Jos, Podestat, Langwies I 390 f.
Engel Jos, Schreiber, Langwies I 333
Engel Katharina, Langwies I 390 f.
Engel Peter, Langwies I 407
Engel Töni, Langwies I 407
Engel Trina, vermeintliche Hexe, Langwies I 344
Engel Ursula, Langwies I 391
Engel (N.N.), starker Mann, Langwies I 774
Engi Jakob, Maurer, Tschiertschen I 906
Engi Luzi, Tschiertschen I 603
Engi Uäli, Heiler, Tschiertschen I 613
Engler Gaudenz, 1897–1922 Pfarrer in Sedrun II 21 f., 90, III 332 f.
Engler (N.N.), Maladers I 895
Englert-Faye Curt (1899–1945), Schriftsteller IV 11
Erhard (N.N.), Hirt, Furna I 586, 588
Erzählsituation, ursprüngliche I XXIX ff., 6, 54, 86, 89, 118, 125, 132 f., 188, 193 f., 205, 206, 214 f., 222 f., 231, 232 f., 289, 307, 318, 354 f., 359, 360, 400, 405, 416 f., 424 f., 426, 431, 440 f., 449, 454, 469, 485 f., 498, 509 f., 551, 562, 625, 629, 630, 716, 733, 742 f., 758, 760, 780, 792, 806 f., 807 f., 841, 848, 849, 873, 903, II 64, 123 f., 131, 169, 173 f., 217, 231 f., 262, 295 f., 422 f., 426 ff., 486, 529, 533, 551, 555, 587, 691, 726 f., 728, 788, 794, 806, 809 f., 868, III 8 f., 31, 51, 63, 67, 72, 75, 112, 174 f., 177, 178 f., 200, 201, 209, 216, 220, 259, 264, 311 f., 315, 365 f., 382 f., 416 f.,

Erzählsituation (Fortsetzung) 420, 424,
  481 f., 515, 527, 534, 568 ff., 579 f., 581 f.,
  585, 610 f., 619, 645, 686 f., 735 f., 918, 926,
  IV 25
Erzählstoffvermittler: → Arbeitskräfte,
  fremde
– Futterknechte II 382
– Hausierer I 108, III 317, 481 f.
– Schmuggler III 741
Eselchindschi → Kindschi (N.N.)
Etter Hannes (um 1926–1930), Tamins II 876
Etter Nina (um 1926–1930), Tamins II 876
Etter (N.N.), Bauer, Tamins II 863

Falett Christian, Landammann I 700
Falke Gustav (1853–1916), deutscher Dichter
  II 558
Fanconi (N.N.), Holzhändler III 286
Färber Anton, Tamins II 876
Färber (N.N.), Davos I 312
Färber (N.N.; Übername: Schuachterjeeri /
  Eichholzer), Flößer, Tamins
  II 837, 870
Färber (N.N.), Bäcker, Tamins II 853
Fasani Ugo, Mesocco III 697
Fässler (N.N.), Büchsenmacher, Churwalden
  I 587
Federspiel Gieri (1879–1964), Arzt, Chronist,
  Domat / Ems II 884, 899
Federspiel Leonhard (um 1872), Pfarrer,
  Domat / Ems II 913
Fehr (N.N.), Hellseher, Klosters I 269
Feldschèr (N.N.), Lehrer, Fürstenaubruck
  III 102 f.
Felix Peider, Susch III 630
Fenner-Hosig (N.N.; † 1934), Frau, Flerden
  II 738
Ferrari, Familie, Chiavenna II 822
Ferrari (N.N.), vermeintlicher Hexenmeister,
  Verdabbio III 758
Festspiel von Porclas in Vella (1952)
  II 476
Festumzug (Herbstfest) I 131
Fetz (N.N.), Bahnhofportier in Landquart
  II 889, 893
Feuerbach Ludwig (1804–1872), Philosoph
  II 504
Feuerbrief I 474 f.
Feuersatzung I 32

Feuerstein Cla (1844–1913), Jäger, Scuol
  III 186
Fieni Mengia (um 1799), Trin II 626 f.
Fient Georg (1845–1915), Lehrer,
  Kanzleidirektor des Kantons Graubünden,
  Sagensammler I 215, 775, 875, 901
Filli Barcli (Übername: Barcli dür), Zernez
  III 546
Filli Guolf (um 1916), Zernez III 546, 640
Filli Mathias (anfangs 19. Jh.), Guarda
  III 548
Filli Mathias, Mesmer, Zernez III 546
Filli Mathias († 1886), Zimmermann, Zernez
  III 609
Filli Mengia, Zernez III 549
Filli Uorschla, Zernez III 550
Filli (N.N.), Lehrer, Zernez III 601, 649, 667 f.
Filmromane III 147, 969 f.
Finer Peter (um 1579), Podestà zu Plurs II 664
Firschteruäli (Übername) I 587
Fischer C., Arzt im Schanfigg I XXXIX, XLI,
  329, 376, 745
Fischerei I 325
Fleckenstein (N.N.), Pontresina III 669
Fleisch Christian, Lüen I 471
Fleisch (N.N.), Lüen I 530
Fleisch (N.N.), Peist I 908
Fleisch (N.N.), Scharans III 358
Flisch Jakob, Bauer, Scheid III 15, 26
Florentini Theodosius (1808–1865),
  Kapuziner, Generalvikar des Bistums
  Chur, Sozialreformer I 574, III 321
Florin Anton (1843–1870), Landammann,
  Maladers I 602 f.
Florin Bartholome, Landammann, Maladers
  I 602
Florin Hans, Wirt, Davos I 314, 454 f., 884
Florin Margretta, Ardez III 596
Florin (N.N.), Landammann, Maladers
  I 485, 591
Florin (N.N.), vermeintliche Hexe I 117, 269
Flößerei I 194, 584, II 838
Flüe Nikolaus von der (1417–1487) II 504
Flugi Alfons von (1823–1890), Volkslied- und
  Sagensammler I 149
Flury Michel, Davos I 311
Flury Peter (1853–1938), Arzt in Schiers I 223
Flury Peter, Hirt, Trimmis I 76, 721
Flütsch, Familie, Igis I 122

Flütsch Peter, Grüsch I 182

Fontana Benedikt († 1499), bischöflicher
  Vogt, Held im Schwabenkrieg I XII

Fontana Kilian, Bauer III 598

Foppa, Familie, Vignogn II 484

Forchhammer Paul, 1891–1899 evang.
  Pfarrer in Trimmis I 720

Fragebogen IV 20

Franceschini (N.N.), Grono III 712

Francestg pign (Übername), Ilanz II 528

Franciolli Martina, Sorte III 729

Frank, Familie, Vignogn II 461 f.

Franz, dr groß (Übername), Peist I 482

Franzais-ch, Familie, Guarda III 597

Fratschöl Jachen, Mesmer, Ardez III 558

Fratschöl (N.N.), Ftan III 512

Fravi, Familie, Zernez III 667

Fravi Toni, Cazis III 121

Freidig Jakob, Heiler, Genf II 839

Frick Hans, 1915–1922 Pfarrer in
  Seewis i. Pr. I 176 f., 187

Fricki, die alt (Übername), vermeintliche
  Hexe, Tamins II 864

Friedli, Familie, Davos I 319, 325

Frigger Joseph, 1875–1876 Pfarrer in
  Schmitten (Albulatal) III 356

Frizzoni Johann Baptist, 1718–1734 Pfarrer in
  Celerina I 703

Fromm (N.N.), Hauptmann, Malans I 136

Fronleichnamsbräuche I 34, II 26, 50

Fuchs Christian, Ochsenhirt, Trimmis I 58

Fuchs Johann (1763–1834), Landammann,
  Trimmis I 70

Fuchs (N.N.), Trimmis I 85

Fuchsjagd II 940

Fughin, vermeintliche Hexe, Bormio III 792

Fügia, la, vermeintliche Hexe, Poschiavo
  III 673

Fulgher, Sägerei, Mesocco III 696 f.

Fürer Anton, Chur III 161

Furger, Familie, Chur I 571

Furger Peter Anton, 1864–1878 kath. Pfarrer
  in Trimmis, Sagensammler I 44, 98, III 61

Fûschteri (Übername), vermeintliche Hexe,
  Almens III 102

Gabathuler (N.N.), Frau, Chur I 636

Gabmämichel → Zinsli Michael

Gadient Hans, Trimmis I 74, 91

Gadient Peter, Trimmis I 81 f.

Gadient Stefan, starker Mann, Mastrils I 36

Gadient (N.N.), Landammann, Trimmis I 51,
  60, 76, 96, 118

Gadient (N.N.), Landschreiber, Trimmis I 78

Gadient (N.N.), Lehrer, Trimmis I 68

Gadmer (N.N.), Frau, Davos I 117

Gadola Guglielm (1902–1961),
  Kantonsschullehrer,
  Volkserzählungssammler, Chur II 945

Gaffibohnä (Übername), Frau, Thusis II 737

Galliard, Tanzmusiker, Untervaz I 658

Galluzi, vermeintlicher Hexenmeister, Peist
  I 767 f.

Gandhi Mahatma (1869–1948),
  Führer der indischen Freiheitsbewegung
  III 519, IV 19

Gansner Eva (17. Jh.), Seewis i. Pr. I 164

Ganzoni (N.N.), Bundespräsident I 704

Garbald (N.N.), Küblis I 226, 764

Garee (N.N.), Akkordant, Trimmis I 84

Garibaldi Giuseppe (1807–1882),
  italienischer Freiheitskämpfer II 834,
  III 624

Gartmann Katharina, Lüen I 471

Gartmann Peter († 1897), Küfer,
  Außerferrera III 272

Gartmann Rest, Bienenzücher, Signina II 618

Gartmann Ulrich → Camani Felix

Gartmann (N.N.), Klosters I 263

Gasner Jos, Fanas I 196

Gasparoli Domenico († 1920),
  Sta. Domenica III 927

Gebete I 263, 520 f., 756, 840, II 281 f., 672,
  III 830

Geburtsbräuche I 34, 218, 321, 341, 392, 524 f.

Gedächtnis, kollektives IV 18

Gedächtnis, ungewöhnliches III 591

Gees, Dorfladen, Bergün III 365

Gees (N.N.), Klosters I 272

Geiger Paul (1887–1952), Volkskundler
  IV 10

Geiger-Chuored (Übername), Spielmann
  I 817 f.

Geißbartli (Übername), Maladers I 842

Geißkrischtileene, vermeintliche Hexe,
  Maladers I 837

Gerber Hannes, Maladers I 485

Gerber Stina, Davos I 296

Gerber (N.N.), Praden I 617

Ggrîdner Joggeli (Übername), Felsberg
II 924

Giacumet → Jacomet

Gianutt (N.N.), Heilerin, Zizers I 112, 715

Giedion S., Orientforscher I XXII

Giger, Familie, Haldenstein I 13

Giger Christian Martin († 1885),
starker Mann, Feißtenberg II 646

Giger Sebastian (um 1867), Feißtenberg II 646

Giger (N.N.), Uhrenmacher, Disentis II 106

Gîgersepp (Übername), Trimmis I 833, 843

Gigi, el (Übername), San Vittore III 861

Gillardon (N.N.; um 1799), Fanas I 201

Gion la Beeli → Kunfermann Gion

Gion Bistgaun Alexi (Übername),
Tavetscher Original II 64

Gion Gianochel (Übername), Bauer, Vrin
II 575

Gion Tschamun oder Gion ferm (Übername),
starker Mann, Rueras II 104f.

Gion Uors (Übername), starker Mann,
Sumvitg II 197

Giovanoli Gaudenzio (um 1938), Lehrer,
Soglio III 675

Gîratrîna (Übername), Tamins II 834

Gis-Spiel II 692ff.

Giuliani Sergio, bischöflicher Kanzler,
Poschiavo, Chur III 672

Gitzijooggi (Übername), Ziegenhändler,
Seewis i. Pr. I 164

Gladner → Ladner

Glock Joh. Phil., Pfarrer, Herausgeber des
«Breisgauer Volksspiegels» I XXXVII

Gmür, Hosengeschäft, Chur I 857

Gogol Nikolai (1809–1852), russischer
Schriftsteller I XLII, II 423, 560

Good Angelica, Mels III 374

Good Ed., Arzt, Mels III 371

Goethe Johann Wolfgang (1749–1832),
deutscher Dichter I XVII, XXVII,
XXXVII, II 141

Gotsch Jakob, Geißhirt, Samnaun, Ardez
III 579

Gotsch Urschla, Samnaun, Ardez III 624

Gottesurteil I 615f.

Gotthelf Jeremias (1797–1854), Schriftsteller
I XLII

Götz Elisabeth, Ardez III 517

Götz Leonhard, Taglöhner, Zizers I 109

Graf (N.N.), Chur I 668f., II 930

Granada Maria, Grono III 785

Grass Curdin, Zernez III 645

Grass Nesa, Zernez III 549

Grass-Lütscher (N.N.), Frau, Pontresina
III 668

Gredig Martin, Fuhrmann, Engadin III 649

Gredig-Engi Urseli, Safien II 739

Gredig (N.N.), Langwies I 490

Gredig (N.N.), St. Peter I 460f., 641

Gregori P., Bergün I 700

Greifenstein, Ritter von III 357

Greßli (N.N.), Chur I 113

Greyerz Otto von (1863–1940), Sprach- und
Literaturforscher I 265

Grigis (N.N.), Krankenkassenverwalter,
Thusis III 150

Grimm Jakob (1785–1863) und Wilhelm
(1786–1859), deutsche Volkserzählungs-
sammler I XIV, XXV, XLVI, 293, II 284,
468, 535, 538f., 541, 947, III 516, 901, 928,
IV 7, 15, 18, 20

Grimmelshausen Johann Jakob Christoph
von (1621/22–1676), deutscher
Barockdichter I 823

Grischott Caspar, Außerferrera III 274

Gröger Otto (1876–1953), Lexikograph,
Dialektologe I 230, III 199, 313

Groschenneger Haintz (um 1461) I 615

Gross (N.N.), Major, Sta. Maria i. M. III 387,
397

Groß Joggel (Übername) I 643

Groß Peetschler (Übername), Furna I 222

Großenbacher-Güntzel Ernst (* 1910) und
Anneliese (* 1906), Mäzene von A. Büchli
I VI, VII, 231, 265, III 446, IV 5, 10f., 13

Gruaba-Urschla (Übername), starke Frau,
Avers III 292

Gruäbänurschla (Übername), Peist I 562

Gruber (N.N.), Händler II 455

Grußformeln I 33, 54, 264, 320, 526f., III 923

Gschwornä Hans → Stiffler Hans

Gspân-Nahni, ds (Übername), Arosa I 337

Gugelberg (N.N.), Maienfeld I 23, 37ff., 149,
157f., 865, 873, 893, III 52

Guidon Arpen, starker Mann, Bergün III 364

Guidon Bernhard, 1906–1930 Pfarrer in
Scharans III 182

Gujan Bartholome, Fideris I 400f.

Gujan Rudolf Julius (1888–1955), Heiler,
  Fideris I 62, 109, 144, 633

Gujan (N.N.), Peist I 487

Gunkel Johannes Friedrich Hermann
  (1862–1932), Alttestamentler,
  Religionshistoriker I XXVII, II 496, 801

Günther Albrecht Erich, Psychologe
  I XXXVII

Guolf Steivan, Ardez III 556

Gurt Hans, Maladers I 901

Gurt Lorenz, Lehrer, Maladers I 587

Gyr (N.N.), Frau, S-chanf III 656

Haag (N.N.), Schuhmacher, Scuol III 186

Hager Karl (1862–1918), Benediktiner von
  Disentis II 33

Hagmann Matthias, 1848 Pfarrer in Arosa
  I 336, 349f.

Haleners (Übername), Familie, Tavetsch
  II 118

Halder Nold (1899–1967), Schriftsteller,
  Staatsarchivar, Aarau I XXVIII, IV 8

Hanflied III 553

Hannikel († 1787), Räuberhauptmann III 368

Hans, dr rot (Übername), Maladers I 590

Hans ab Pirigen, starker Mann, Langwies
  I 511

Hanselmann, Familie I 841

Hansi, ds lamm → Danuser Hans

Hartmann Anton, Senn I 68, 723f.

Hartmann Benedikt (1873–1955), Pfarrer,
  Historiker, Schiers II 725

Hartmann Christian, Hirt, Trimmis I 56

Hartmann Georg (1774–1841), Trimmis I 48

Hartmann Kaspar (Übername: Rößli-
  Happ), Hirt, Putz I 231, 242, 244, 255

Hartmann Melchior, Hirt, Außerferrera
  III 280

Hartmann (N.N.), Schreiner, Malans I 137

Hartmann (N.N.), Frau, Says I 721

Hartmann (N.N.), Landjäger, Trimmis,
  Malans I 88, 137

Hartmann (N.N.), Müller, Trimmis I 85

Haßler Albert, Maladers I 587, 875, 882

Haßler Bartli I 878

Haßler Fidi, Maladers I 593

Haßler Hans Peter, Maladers I 884

Haßler Nina, Maladers I 485

Haßler Ragett, Maladers I 596

Haßler (N.N.), Frau, Maladers I 483, 903

Hatz Bartholome, Calfreisen I 536

Hatz Maria, Silvaplana III 403

Hausmetzg I 34, 193, 204, 218, 324, 392, 442,
  II 16, 597, 785, 939, III 422f., 551

Hebel Johann Peter (1760–1826), badischer
  Dialektdichter I 262

Hedinger (N.N.), Frau, Tamins II 865

(Heer-)Chuäleenä, vermeintliche Hexe
  I 376f., 474, 540f., 590

Heidogs (Übername), Trin II 782

Heilsegen I 230, 596, 624, III 36, 136, 213, 284
  → Zaubersprüche

Heim Jos, Langwies I 451, 764

Heim Peter, Sapün I 438, 749

Heim Simon, Peist I 435

Heim, Laden, Chur I 858

Heinrich Bartholome, Calfreisen I 819

Heinrich Johann Ulrich, Lüen I 789

Heinrich Peter, Lüen I 552

Heinrich (N.N.), Frau, Churwalden I 651

Heinz Andreas (um 1841), Landammann,
  Furna I 211ff.

Heinzigreeta, vermeintliche Hexe, Klosters
  I 271f.

Heiratsorakel I 361, 515, 525, II 859f.,
  III 32f., 209f., 490, 530f., 541, 552ff., 605,
  606, 646f.

Hemmi Jakob, Arzt, Zernez III 644

Hemmi Josef, Lüen I 471

Hemmi Martin (1800–1891), Heiler, Castiel
  I 464, 466, 532, 537f., 542, 544, 621, 711,
  716, 821f.

Hemmi, dr alt (N.N.), Castiel I 823, III 136

Hemmi (N.N.; um 1860), Arzt im Schanfigg
  I 773

Hemmi (N.N.), Frau des Schmieds, Trimmis
  I 866

Hemmi (N.N.), Trimmis I 77

Hennädreggler (Übername) II 782

Henny, Familie, Obersaxen II 260

Henßen Gottfried (1889–1966), deutscher
  Volkserzählungssammler I LIII, IV 20

Herder Johann Gottfried (1744–1803),
  deutscher Literaturtheoretiker I XX,
  XLVI, 680

Hermann Chlas, Langwies I 413

Hermann Florian, Langwies I 365

Hermann Marti, Molinis I 498 f.

Hermann Peter, Langwies I 445

Hermann (N.N.), Metzger, Chur (?) II 863

Herold Leonhard, 1847–1896 Pfarrer in Chur
I 571, 862

Herold (N.N.), Ratsherr, Chur I 702

Herrmann Melch, Obersaxen II 271

Herzog Heinrich (1822–1898),
Sagensammler I XV, IV 8, 20

Heß Theobald, Surava III 334

Heumessen I 391

Hewen, Herren von II 764

Hirschbühl Luigi (1883–1950), Oberst,
Burvagn III 373

Historisierung IV 19 f.

Hitler Adolf (1889–1945), deutscher Diktator
III 854

Hochzeitsbräuche I 34, 204, 392, 525, II 671,
939, 941, III 491, 672

Hoffmann-Krayer Eduard (1864–1936),
Volkskundler II 219, 359, 402

Hoffmann Jos, Klosters I 258

Holbein Hans der jüngere (1497–1534),
Maler I 687

Hold Anna, Chronistin, Arosa I 332, 346,
742, 751

Hold Badrutt, 1857–1875 Lehrer in Arosa
I 331, 334, 773

Hold Konrad, Lehrer, Chur, Arosa I 339

Hold Peter, Arosa I 339, 351 ff.

Hold (N.N.), Oberst, Arosa I 355, 742

Holzrechte I 394

Homer, griech. Dichter I XXVII, II 566

Hößli (N.N.), Landammann III 59

Hoeßly-Haerle Gertrud Tabitha (um 1930),
Ärztin II 693

Hoßmann Domenig, Postfuhrmann, Ftan
III 495

Huber Alfred, Zeughausbeamter, Araschgen
II 909

Huber Anastasia, Chur I 644 f.

Huber Peter (Übername: Zündhölzlipeter),
jenischer Wanderhändler III 150 f., 223,
263 f.

Hundertjähriger Kalender I 262

Hunger Alexander (Übername:
Tirrlixander), starker Mann, Arezen II 699

Hunger Christian, Mesmer, Safien II 727

Hunger Johann Georg, Thusis III 199

Hunger Valentin, Maladers I 601, 882, 892

Hunger (N.N.), Knecht, Safien I 258

Huonder Sigisbert, Sedrun II 117

Huonder (N.N.), Bauer, Disentis II 227

Hürnen (Kugelspiel) I 214 f.

Huswaldandres → Thöny Andreas

Hüüschmeruäli, dr alt → Lyß Hanuäli

In der Gand Hanns (1882–1947), Volkslied-
forscher II 239, 245, 892 f., III 970

Individualisierung IV 21

Industrialisierung III 194

Interessendominanzen IV 20, 24 f.

Îser Eehi (Übername), Säumer II 829

Issler Nikodemus (um 1803), Jäger, Davos
I 282

Item (N.N.), Maladers I 837, 862

Item (N.N.), Maulwurffänger, Obersaxen
II 221 f.

Item (N.N.), Safien II 729

Item (N.N.), Silvaplana III 352

Item (N.N.; Übername: Mîslimacher),
Zainenmacher, vermeintlicher
Hexenmeister, Tamins II 837

Jacomet Placi, Jäger, Sedrun II 109 f.

Jacomet (N.N.), Mompé Tujetsch II 155

Jäger Hans, Küfer, Arosa I 336

Jäger Peter (1873–1951), Heiler, Avers III 295

Jahreswechsel: Bräuche zum J. I 204, 271,
320, 361, 390, 523, 599, II 359 f., 938, III 24,
133, 424 f., 491, 530 f., 541, 552 ff., 591, 605,
606, 640, 646 f., 793

Jakob, Pater in Müstair, Tiroler III 408

Janett Not (Übername: Not Trenta), Tschlin
III 429 f.

Janett (N.N.), Andeer III 261

Janett-v. Sprecher, Pfarrersfrau, Jenins I 145

Janett (N.N.), Hauptmann, Langwies I 403

Janett (N.N.), Tschlin III 467 f.

Janka Josef (1855–1936), Lehrer, Jäger,
Obersaxen II 300, 307, 337

Jatta grischa (Übername), vermeintliche
Hexe, Giarsun III 596

Jazzannä, vermeintliche Hexe, Peist I 446

Jecklin Adolf, Mesmer, Grüsch I 168

Jecklin Dietrich von (1833–1891),
Sagensammler I X, XI, XIII, XXXI,
XXXVI, LIII, 20, 150, 158, 368, 376, 412,

417, 539, 587, 700, 765, 790, 813, 871, 874 f.,
885, 887, 889, 894, 900, II 307, 407, 787 f.,
893, 919, III 61, 166, 203, 393, 465, 532, 603,
624, IV 18, 20, 22 f.

Jecklin Rudolf von († 1931), Arzt, Zizers
I 723

Jeerli → Jörimann (N.N.)

Jeger Bartholomä (* 1796), berühmter Jäger,
Arosa I 335, 357, 495, 745, 750

Jeger Christli, Molinis I 507

Jeger Hans, Molinis I 464

Jeger Jakob, Rhäzüns II 377

Jeger Michel, Molinis I 760

Jeger Peter, Molinis I 365

Jeger Peter, Fuchsjäger, Peist I 496 f., 803

Jeger Walter (Übername: ds âlt Valtiärli),
Langwies I 399

Jeger (N.N.), Hauptmann im Regiment Salis,
Peist I 425 f.

Jeger (N.N.), Rhäzüns, Realta III 120

Jegerlehner Johannes (1871–1937),
Volkserzählungssammler I XIII

Jegi Fabian, Molinis I 521

Jegi Hans, Molinis I 804 f.

Jegi Maria, Molinis I 808

Jegi Peter, Landwirt, Zizers I 103

Jehli, Familie, Cazis III 239

Jehli Johann Jakob (1878–1968), Novellist,
Cazis III 234

Jenatsch Jörg (um 1596–1639), Oberst I XII,
677, 680, II 463, 665, 810, 888

Jenny Jöri (* 1788 / 89), Arosa I 345 f., 351 f.,
742 f., 746, 750 f.

Jenny Rudolf (* 1909), Staatsarchivar, Chur
II 286

Jenny (N.N.), Säumer, Arosa I 340

Jenny (N.N.), Fuhrmann I 611

Jeschorski, polnischer vermeintlicher
Hexenmeister III 152

Jeuch Sirena (um 1676), Wirtin, Grüsch I 173,
183

Jöhri Katharina, Hausiererin, Cazis
II 856 f.

Jonin da la Val → Nuolf Johann

Joodä/-i, ds (Übername), Obersaxen II 264,
289

Joos Christian, Außerferrera III 271

Joos Jakob, Trimmis I 81

Joos Lorenz (1873–1962), Historiker,

Konservator, Valendas, Chur I XX,
XXVIII, XXXVI, 643, II 655, 699, 722, 825

Joos (N.N.), Gemeindepräsident, Valendas
II 690

Jörger Johann Joseph (1860–1933),
Psychiater, Regionalforscher I 391, II 505,
640, 651 f., III 334

Jörimann Melch, Tamins II 866

Jörimann (N.N.; Übername: ds Jeerli),
Tamins II 834, 863

Jost Agnes, Lantsch / Lenz III 503

Jost Christian, Heiler, Igis I 117

Jost Michel, Klosters I 260

Josua grand → Kunfermann Josua

Jud Anna, Arosa I 340

Juon Johann Martin (um 1789), Podestat zu
Tirano II 732

Juon (N.N.), Wirt, Brail, Lavin III 601

Juon (N.N.), Frau, Prättigau I 874

Juon (N.N.), Frau, St. Peter I 485

Juon (N.N.), Lehrer, Schiers I 171

Juon-Clavuot (N.N.), Frau, Zernez
III 644

Jurnitschek Oskar (1870–1950) Advokat,
Haldenstein III 374 f.

Just Michel, Jäger, Seraplana, Raschvella
III 451

Just Robert, Chronist, Arosa I 332, 742, 759

Juvalta, Familie, Schloß Ortenstein II 830,
848, III 40 f.

Kaiser Leonhard (1836–1891), Hotelier,
Davos I 260, 304 ff., 319

Kaiser (N.N.; um 1850), Arzt, Chur I 655

Kapeller, Familie, Chur I 636

Kapuziner: Lohn der K. III 693

Karwochenbräuche I 34, 99, 267, 390, 528,
II 50, 671, 939, III 24, 732

Kasimir, König von Polen III 154

Kaufmann (N.N.), Kornhändler, Chur I 652,
686

Keller Gaspare, Buseno III 870

Keller Jaggi (Übername: dr Chällerli),
Mörder, Grüsch I 174

Keller (N.N.; um 1798), Trimmis I 80

Keßler Johannes, Fanas I 201

Keßler (N.N.), Frau, Chur I 638

Khupferi (Übername), vermeintliche Hexe,
Andeer III 255

Kieni (N.N.), Tamins II 822, 850
Kieni (N.N.), Wirt, Thusis III 75
Killias Emilie, Chur I 705
Killias Wolfgang, Chur I 704 f.
Killias (N.N.), Chur I 634, 637
Killias (N.N.), Klosters I 260
Kind Paul Gotthold, 1849–1859 Pfarrer in
    Maladers I 594
Kinderfolklore I 206, III 823 f., 828 ff., 833
Kindschi Martin, Davos I 318
Kindschi Paul, Stationsvorstand, Peist I 779
Kindschi Peter, Klosters I 258 ff.
Kindschi (N.N.; Übername: Eselchindschi),
    Maladers I 383, 763
Kirche: Einstellung der K. zum Erzählgut
    IV 15 ff.
Kirchenstuhl II 822
Kirchmatter Ruotzmann (um 1461), Vogt zu
    Straßberg I 615
Klucker, dr alt (N.N.), Avers, Langwies I 372
Knaus, Familie, Araschgen I 910
Kobel Christian, Klosters I 270
Kobelt (N.N.), Wirt Gasthaus «Groß Rüfi»,
    Trimmis I 93
Koch-Dalbert (N.N.), Frau, Luven II 619
Kode, restringierter IV 22
Kohler Hans, Knecht, Trimmis I 74
Kohler (N.N.), Klosters I 402
Kohlrusch Georg Clemens (1818–1892),
    deutscher Sagensammler I XI, 790,
    III 214
Koiné der Rätoromanen III 257, 973
Könz Jon, Schreiner, Ardez III 515 f.
Könz (N.N.), Lehrer, Ardez III 580
Könz (N.N.), Ardez III 536
Kopisch August (1799–1853), deutscher
    Dichter und Maler III 748
Kordezki Augustin, Prior des Klosters
    Czenstochau, polnischer Freiheitsheld
    III 154 (richtig für: Stefan Kordezki)
Krättli Johann, Senn, Igis I 714
Krättli (N.N.), Schreiner, Pagig I 490, 793
Kräuterweihe (24. Juni) III 896
Küffer Georg (1890–1970), Berner
    Mundartschriftsteller, Sagensammler
    I XXXVI
Kulturpessimismus I VII, II 948, III 969 ff.,
    IV 15 f., 22, 28
Kunfermann, Familie, Scheid III 9, 16

Kunfermann Barclamiu, Trans III 10
Kunfermann Gion (Übername: Gion la
    Beeli), Scheid III 41
Kunfermann Hans, Scheid III 27
Kunfermann Johann († 1902), Scheid III 17
Kunfermann Josua (Übername: Josua
    grand), starker Mann, Scheid III 20
Küng Jon P. (1850–1908), Arzt in Sent III 477
Kunz Kaspar (um 1798), Grüsch I 188
Kunz (N.N.; um 1798), Frau, Grüsch I 187
Künzig Johannes (1897–1982), deutscher
    Volkslied- und Volkserzählungsforscher
    I XLI, II 295
Künzle Johann (1857–1945), Priester,
    Kräuterheilkundiger I 660
Künzli Johannes (19. Jh.), Malans I 48 f.
Kuoni Andreas, Rebmeister, Jenins I 145
Kuoni Christian, Chur I 657 f., 674 f.
Kuoni Jakob (1850–1928), Sagensammler
    II 778
Kuoni Michael (1838–1891), Dialektdichter,
    Maienfeld I 249
Kuoni (N.N.), Fuhrmann, Chur
    I 685, 689
Kupli (N.N.), Ratsherr, Chur I 639, 696

Ladner Franzis, Tiroler Hirt I 877
Ladner (N.N.), Tiroler, Malix I 626
Lampert Christian I 211
Lampietti Giuseppe, Mesocco III 692
Landammann II 55, 98
Landwirtschaftsregeln I 99, 130, 324 f.,
    II 100 f., 303, 531, 878, III 514
Lanicca (N.N.), Rothenbrunnen III 37
Lanicca (N.N.), Oberst I 704
Lansel, Familie, Sent III 465, 480
Latour Caspar Theodosius von (1782–1855),
    General in päpstlichen Diensten,
    Breil/Brigels II 411
Latour (N.N.), Breil/Brigels II 237
Laurer, Familie, Chur I 686
Laus da Murissen (Übername), starker
    Mann, Morissen II 453 f.
Lebenserinnerungen I 257, 289, 337 f., 356,
    412, 654, II 32 f., 71 f., 102 f., 706 f., 733 ff.,
    908, III 239, 450 f., 612 f., 617 ff., 690, 783,
    869 ff., 951
Lebensregeln III 855
Leber Jakob, Coiffeurmeister, Ilanz II 401

Lechner Ernst (1825–1912), Naturforscher II 570

Ledigenbräuche II 877, III 209, 424 f., 435, 490, 532, 551, 553 f.

Ledóchowsky Mieczysław Halka (1822–1902), Kardinal II 892

Lemm, dr alt (N.N.), Wirt, Bever III 653

Lemm Marugg, Familie (um 1892), Davos I 325

Lendi Fritz, Schriftsteller, Chur II 868

Lendi Herbert, Gemeindeschreiber, Tamins II 844

Lengg Chrischtli → Loretz Christian

Lenz Hilarius (Übername: Mistral Largias; 1781–nach 1849), Landammann, Vaz / Obervaz II 408 f., III 96 f., 179 f., 186, 187 f.

Leopold, Familie, Malix I 829, 864

Lesestoffe I X f., XXVI, XXIX, XXX, XXXII, LII, 5, 132, 137, 144, 245, 262, 301, 329, 364, 368, 376, 447, 534, 565, 570, 606, 633, 798, 908, II 364, 430, 451, 457, 505, 544, 559 f., 570, 785 f., 895, III 96, 662, 693, 737, 969 f., IV 16, 19 → Schriftlichkeit der Volkserzählung

Liebi Werner (vor 1920), Arzt in Zernez III 545

Lieherd im Geßli (Übername), vermeintlicher Hexenmeister, Tamins II 838

Liehertschbuab (Übername), Avers III 295

Lienhard, Kreispräsident, Domat / Ems II 919

Liesch Mathis (Übername: Beggtîsli), Malans I 129 f.

Liesch Ruedi, Malans I 141 f.

Lietha, Familie, Grüsch I 183

Lietha Jann, Bauer, Seewis I 164, 177

Liun Lina (1875–1943), romanische Schriftstellerin III 446 f.

Locher Kathrine, Saaltochter, Domat / Ems III 344

Locheevi, vermeintliche Hexe, Pagig I 834

Lombardin Justinian (1824–1906), Kapuzinerpater, Müstair III 413 f.

Longa Pietro, Bormio III 793 f.

Longa (N.N.), Frau, Chur I 652

Lorenz Adam, Fanas I 197

Lorenz-Bener Paul (1835–1915), Spitalarzt, Chur I 637, 694

Lorenz Peter, Tschiertschen I 604

Loretz Christian (Übername: Lengg Chrischtli), Söldner in franz. Diensten, Fanas I 201 f.

Lorez, Familie, Hinterrhein III 312

Lötscher Valentin, Versam II 697

Luck, Familie, Davos I 289

Luck (N.N.), Landammann, Luzein I 228

Ludwig Daniel August, 1866–1871 Pfarrer in Langwies I 450 f.

Ludwig (N.N.), Landammann, Schiers I 168

Lütolf Alois (1824–1879), Sagensammler III 841

Lütschaluzi (Übername), Trimmis I 97

Lütscher (N.N.), Haldenstein I 668

Lütscher (N.N.), Knecht, Paspels III 226

Lützelschwab (N.N.), Hoteldirektor, Gardone III 352

Lutzenberger (N.N.), Frau, Araschgen I 297 f.

Luzi Christian, Jenaz I 732

Luzi Hans, Scheid III 32

Luzi Johann (1873–1958), Sprachforscher, Tumegl / Tomils III 51

Luzi (N.N.), Lehrer, Scheid III 11

Luzzi Giovanni (1856–1948), Pfarrer, Tschlin III 430

Lys, Familie, Cazis III 230

Lyß Hanuäli (Übername: dr alt Hüüschmeruäli), Zauberkundiger, Praden I 481, 499, 616 f., 621, 625 f., 805

Maccolino Iacum → Mattli Jakob

Madlene uf em Schloß → Brunold Magdalena

Maffei (N.N.), Castaneda III 874

Maffiew Wolfgang, Kapuziner, 1855–1868 Pfarrer in Zizers I 105

Maffioli (N.N.), San Vittore III 853

Maggini Francesco, Buseno III 879

Maggini Maria, Buseno III 892

Mahanki Luise, Oberschlesien III 492

Mahuet Carli, aus Frankreich, 1814–1815 Kaplan in Breil / Brigels II 248 f. (richtig für: Minuet Carli)

Maiensäß II 878

Maier Johann Heinrich Anton (1757–1825), Oberst der französischen Miliz und Generalinspektor der eidgenössischen Miliz, Trimmis I 70, 92

Maikäferlesen II 878

Maissen Alfons (* 1905), Romanist,
Seminarlehrer, Chur II 396, 399

Maissen Flurin (* 1906), Benediktiner von
Disentis II 33, 98

Maissen Giusep Antoni, 1789–1815 Pfarrer in
Surrein II 200

Maissen Hercules, Axenstein II 298

Maissen (N.N.), Bauer, Küfer, Mompé
Tujetsch II 210

Malacrida (N.N.), Lüen I 530

Malacrida (N.N.), Podestat, St. Peter I 794 f.

Malacrida (N.N.; um 1808), Schulmeister,
St. Peter I 795

Malär, Familie, Trimmis I 786

Malär (N.N.), Molinis I 476, 502, 507

Malerba, Malerva (Übername), Mompé
Tujetsch II 153 f.

Mandela (Übername), Frau, Disentis, Tessin
II 172

Mani Murezi, Heiler, Bärenburg III 262, 280

Mani Zippert, Heiler, Avers III 294

Mannhardt Wilhelm (1831–1880),
deutscher Volkskundler II 947

Mantovani Pasquale (1858–1922), Soazza,
kath. Geistlicher III 699

Manzoni-Trepp Felizitas, Andeer III 257

Manzoni Giovanna (* 1860), Roveredo
III 803

Manzoni (N.N.), Andeer III 260

Marca a, Familie, Leggia III 739, 741, 784

Marca a, Familie, Mesocco III 681, 690, 705

Marca Carlo a (1806–1876), Hauptmann,
Mesocco III 692

Marca Gaspar a, Mesocco III 697

Marca Giovanni Antonio a (1787–1858),
Lokalhistoriker III 693, 738, 873

Marcacci Pietro, San Vittore III 868

Märchenanfänge, scherzhafte II 539, III 489

Marchion, Familie, Valendas II 684

Marchion (N.N.), Landammann, Andeer
III 275, 279

Marchion (N.N.), Frau, Valendas II 677

Margadant Bartel, Hirt, Ftan III 504

Margadant (N.N.), Engadin III 591

Margreth-Mettier Anna (1865–1945),
Langwies I 366, 757

Margriata cutscha (Übername), Abdeckerin,
Sevgein II 600

Marguth Hans Jaggi, Jenaz I 733

Mark Bartolome, Trans III 80

Mark (N.N.), Domleschg III 173

Marken III 115

Markés Simeon, Jäger, Ardez III 539

Maron Peter, Bonaduz II 932

Marty Gabriel, 1871–1893 Pfarrer in Peist
I 436

Marugg Simon, Klosters Monbiel I 267

Marugg (N.N.), Sattler, Küblis I 226 f.

Marxer, Metzgerei, Thusis III 263

Märzscherze I 99

Masüger Johann Baptista (1879–1964),
Erforscher der Bewegungsspiele I 215,
II 688, 693

Mathis Christian, Heiler, Trimmis I 51, 55

Mathis (N.N.), Says I 63, 78 f.

Matias, Geschworener, Sent III 458 f.

Matossi, Café, Lyon II 430

Mattias tudestg (Übername), Bauer, Selva
II 50 f.

Mattli, Familie, Langwies I 458

Mattli Christian, Schreiner, Sapün I 764

Mattli Jaggi, Langwies I 882

Mattli Jakob (um 1617), Langwies I 411 f., 753

Mattli Joos, Lehrer, Langwies I 401

Mattli Jöri (* 1837), Sapün I 397, 400

Mattli (N.N.), Landeshauptmann, Sapün
I 375

Mattli (N.N.), Säumer I 499

Maurizio, Pater, Pfarrer in Castaneda III 880

Mazzolini Francesco, Soazza III 727

Mehlboner → Boner

Mehr Agnes, Almens III 102

Mehr Philipp I 614

Meia Miotta (Übername), vermeintliche
Hexe, Paspels III 55

Meiche Alfred, deutscher Sagensammler
I IX, 690

Meisser Madlena, Klosters I 258

Meisser (N.N.), Frau, Davos Wolfgang I 259

Meisser (N.N.), Frau, Guarda III 592

Melch, dr graus, dr Goli (Übername), Senn,
Tamins II 849

Melcher (N.N.), Frau III 456, 474

Meli Christian, Chur I 641

Memper (N.N.), Frau, Thusis III 227

Meng, Familie, Trimmis I 200

Meng Anna (um 1799), St. Peter I 798

Meng Peter, Schmied, St. Peter I 465

Meng (N.N.), St. Peter I 473

Menghetti Pedrin, Fuhrmann, Mesocco III 690

Mengiardi Margritta, Ardez III 518

Mengiardi Peider, Lehrer, Ardez III 531

Mengiardi (N.N.), Frau, Ardez III 547

Mentasti, Familie, Sta. Domenica III 933

Meschenmoser (N.N.), Thusis III 205

Mesolcinerfest in Chur (1942) III 821

Messmer, Familie III 626

Messmer Georg, Susch III 624

Messmer Martin, Susch III 627, 635

Messmer-Claglüna Matias Bastian, Susch III 620, 622, 635

Messmer-Derungs Matias Georg († 1946), Mesmer, Nachtwächter, Susch III 622, 631, 641

Messmer-Jaggi (Übername), Mesmer, Prättigau I 233

Mettier Bandicht, Langwies I 401

Mettier Bartholome, Langwies I 384

Mettier Hans, Söldner in holländischen Diensten, Langwies I 450 f.

Mettier-Robbi Hans, Langwies III 402

Mettier Jöri, Langwies I 438

Mettier-Engel Katharina, Fondei I 366

Mettier (N.N.), Brail III 478 f.

Mettier, dr starch (Übername), Langwies I 358, 409

Mettier (N.N.), Schmied, Langwies I 382

Metzgerseppli (Übername), Trimmis I 95

Meuli Karl (1891–1968), Altphilologe, Volkskundler IV 10 f.

Meuli Toman, Bauer, Scharans III 181

Michael (N.N.), Peist I 487

Michaelis Burchard, 1934–1959 Pfarrer in Feldis III 5

Michel Betti, St. Peter I 461

Michel Clos, Susch III 611

Michel Fridel, Zimmermann, Ardez III 527 f., 578

Michel Hans, Grüsch I 182

Michel Marie, Susch III 637

Michel Peter, Davos Monstein I 311

Michel Peter (um 1892), Peist I 439

Michel (N.N.), Lehrer, Zauberkundiger, St. Antönien I 180, 242

Michel, dr pugglet (Übername), Geschworener, Safien II 741 f.

Mîslimacher → Item (N.N.)

Mistral Largias → Lenz Hilarius

Mittner (N.N.), Praden I 645

Moder (N.N.), Sta. Maria i. M. III 401

Mohr (N.N.), Chur I 701

Molina Antonio (1580–1650), Ritter auf Salenegg (Maienfeld) I 23, 39, 145, 149, 157, 213, 587, 874, II 285, III 784, 893

Mondeinfluß I 19, 99, 392, 527 f., 599, II 16, 100 f., 299, 303, 877, 918, 939, 940, III 226, 310, 491, 545, 566 f., 614

Monn Maria, Disentis II 184

Mont de, Familie, Vella II 459, 500

Mont Balthasar de (um 1607, 1611), Podestat in Trahona II 462 f.

Mont Gallus de (1537–1606), Landammann des Lugnez II 472

Morell Dumeng, Ardez III 580

Moser, Jenischenfamilie III 268, 318, 377

Moser (N.N.), jenischer Mähder, Cazis III 291

Moser (N.N.; Übername: Dokter Moser), Heiler, Disentis / Mustér II 175 f.

Moser (N.N.), Jenischer, Maladers I 430, 602

Moser (N.N.), Jenischer I 388

Muffli-Hansi (Übername), Maienfeld I 150

Mühli-Ggritschli (Übername), Bauer, Araschgen I 653

Müllenhoff Karl (1818–1884), deutscher Germanist und Märchensammler I 447

Müller, Familie, Langwies I 409

Müller Christian, Schiers I 318

Müller Iso (1901–1987), Historiker, Benediktiner von Disentis II 282

Müller Josef (1870–1929), Pfarrer, Volkserzählungssammler I XIII, 760

Müller Martschi, ds aalt → Sprecher Martin

Müller (N.N.), Frau, Igis I 116 f.

Mumpfäli-Trîna (Übername), Saas I 248

Muongias, las (Übername), Sent III 460

Muoth Eduard, 1885–1887 Pfarrer in Sedrun II 21

Muoth Giachen Caspar (1844–1906), Historiker II 9

Muratori Maria, Castaneda III 885

Murezi grass (Übername), Vrin II 524

Murk Tista (* 1915), Bibliothekar II 447

Mythologie, niedere IV 20

Mythologisierung I IX, XII f., XIV, II 947 f., III 970, IV 14 ff., 17 f.

Nachtwächter:
– Lohn I 113
– Pflicht II 458
– Rufe I 195, II 447 f., 671, III 203, 541 f., 625
Nadig Hani, Molinis I 497
Nägeli (N.N.), Hutmacher, Chur I 663
Napoleonische Kriege II 457
Nauli, Familie, Tumegl / Tomils III 60
Neujahrsbräuche → Jahreswechsel
Neujahrswünsche I 264, 320, 442, 599
Nezi (Murezi) fravi (Übername), Schmied, Degen II 483
Nigg (N.N.), Markenrücker, Maienfeld I 157
Niggli Christian, Landammann, Grüsch I 176
Niggli Jakob, Grüsch I 175
Niggli Johannes, Mesmer, Molinis, St. Peter I 421
Niggli Jöri, Wirt, St. Peter, Molinis I 472
Niggli (N.N.), Mesmerin, St. Peter I 489
Nikolausbräuche II 360, 877
Nogler Gisep, Mesmer, Lavin III 488
Nold Christian, Felsberg II 920
Nold Jakob, Lehrer, Felsberg II 919
Nold Johann (um 1876), Kantonsschüler, Felsberg II 919
Not Trenta → Janett Not
Nuolf Johann (Übername: Jonin da la Val; um 1854), Tanzgeiger, Jäger, Tschierv III 493
Nutt Maria, Klosters I 264
Nuttli, Familie, Versam II 676
Nuttli (N.N.), Bannerherr, Ilanz II 413

Obrecht (N.N.), Frau, Grüsch I 173
Obrecht (N.N.), Wirt, Trimmis I 658
Oechsli Wilhelm, Professor III 226
Onda Nonna (Übername), Ilanz II 474
Onna de tschéss (Übername), Selva II 35
Onnina da Crusch, vermeintliche Hexe III 457–460
Orlandi (N.N.), Major, Bever III 617 f.
Ortsneckereien I XIII, LII f., 155 f., 164, 431 f., 476 f., 739 f., 748, 751 ff., 762, 772 f., 781, 823, 826, 855–859, 873, 900 f., II 52 f., 105 f.,

152, 230, 240, 262, 484, 599 f., 620, 717, 868, III 24, 46, 243 f., 321, 857, 883
Osenbrüggen Eduard (1809–1879), Jurist, Alpinist I X
Osterbräuche II 50
Ott, von, Familie, Grüsch I 182, 188

Pacciarelli Giacomo, Sta. Maria i. C. III 875
Padrun (N.N.), Frau, Sagogn II 410
Padrutt Christian, Säumer I 394
Padrutt Jöri, Chur I 644
Padrutt (N.N.), Schreiber, Pagig I 488
Padrutt (N.N.), Pagig I 490
Padrutt (N.N.), Bäcker, Thusis III 149
Pajarola Silvester, Ilanz II 577 f.
Pappa (N.N.), Thusis III 265
Paravicini Gion, Lavin III 603
Pargätzi Chlas, St. Peter I 458
Pargätzi Kaspar, St. Peter I 489
Parini Giuseppe (1729–1799), ital. Schriftsteller III 811
Parli oder Parma, Firma, Chur II 528
Parli, Gärtnerei, Engadin III 391
Pasquale, Familie, Poschiavo, Untervaz III 63, 70
Passett Johann Anton, Thusis III 199, 201, 205
Passett, dr âlt (N.N.), Kaufmann, Landammann, Thusis I 689, II 736, III 23, 52 ff., 72, 75, 108, 123, 148, 203 f., 216, 218, 222, 238, 241, 971
Patscheider (N.N.), Münstertal III 334
Patt Christian, Landammann, Castiel I 472 f.
Patt Cilia, Cazis III 230
Patt Deeta, Castiel I 546
Patt Marie, Castiel I 473
Patt Peter, Castiel I 791
Patt (N.N.), Lehrer, Castiel I 789
Patzen (N.N.), Präsident, Scharans III 216
Peder, Familie, Selva II 99, 129
Peder Haleni, starker Mann, Cavorgia II 118
Pedrett Beni, Hirt, Außerferrera III 280
Pedrin de Piazèta (Übername), Roveredo III 797 f.
Pedroletti (N.N.), Pfarrer in Verdabbio III 701
Peegitalmenndli (Übername), Grüsch I 180 f.
Peer Riccardo, Ftan III 504

Peetschler, dr groß (Übername), Furna I 222

Peita Giovannin, Susch III 611

Pellizari (N.N.), Junker, Langwies I 340, 344, 388, 395 ff., 583

Pellizari (N.N.), Landeshauptmann, Langwies I 374 f.

Pellizari (N.N.; um 1799), Langwies I 409

Pellizari (N.N.), Langwies I 414

Pèpa del Muliné (Übername), Verdabbio III 755

Perl, Familie, Sta. Maria i. M. III 405

Perl Annina, Susch III 620

Perl Peider, Bauer, Susch III 629

Pernis Chr. Gaudenz, 1752–1756 Pfarrer in St. Moritz I 703

Pernisch Rosina, Thusis III 201

Perret Franz, Stiftsarchivar, St. Gallen I 628

Pestalozzi Johann Heinrich (1746–1827), Pädagoge I 330

Pestelacci (N.N.), Lumino III 868

Pestinschrift II 716

Peterelli (N.N.), Savognin III 226

Petrarca Francesco (1304–1374), ital. Dichter I 682

Pfiffner (N.N.), Brienz III 329

Pfingstbräuche I 34

Pfister Alexander (1876–1961), Historiker I 680

Pfister Hermann von (1836–1916), deutscher Offizier, Folklorist I XIV, XVI, XXV, XXVII, XXX, IL, 684, IV 15, 18

Pfister Tieni, Tretschenmacher, Waltensburg / Vuorz II 629

Pfisteri (Übername), Tirolerin, Magd in Zizers I 110

Pflaumensonntag III 233 f.

Philipp, dr alt (N.N.), Untervaz I 29

Piccardi da Monteleone Luigi, Kapuziner, 1901–1911 Pfarrer in Almens und Rodels III 134

Pieth (N.N.), Landschreiber, Molinis I 366

Pietismus I 135 f.

Pinggera Adam, Ardez III 525

Pinösch, Familie, Vulpera III 514 f., 538, 584

Pirckheimer, Wilibald (1470–1530), Humanist I 214

Pitsch Angel, Weger, Müstair III 414

Pitsch Clau, Sta. Maria i. M. III 396

Pitsch (N.N.), Sta. Maria i. M. III 383

Pius IX., Papst (reg. 1846–1878) III 238

Pizzetti Battista, Cabbiolo III 728

Placi de strick (Übername), Schnurmacher, Zauberkundiger, Signina II 624

Planta-Wildenberg, Familie, Ardez III 567

Planta Catharina Barbara von (1791–1869) I 674

Planta Duriet, Susch III 610 f.

Planta Jachen Curdin, Susch III 634

Planta Lucrezia von, Tochter des Pompejus III 68

Planta Neisa, Susch III 633

Planta Pompejus (1570–1621), Staatsmann, Rietberg II 488, 665, 888, III 67 f.

Planta Robert von (1864–1937), Sprachforscher II 11, III 179, IV 28

Planta Rudolf, Susch III 634

Planta Uorschla, Susch III 634

Planta (N.N.), Ardez III 489

Planta (N.N.), Chur I 698

Planta (N.N.), Junker, Guarda III 595

Planta (N.N.), Haldenstein I 12

Planta (N.N.), Rietberg III 222

Planta (N.N.), Fräulein, Susch III 618

Planta (N.N.), Susch III 621

Plattner Anton, Arzt III 374

Plouda Nesa, Ftan III 513

Plouda (N.N.), Frau, Ftan III 501

Plümplifelix (Übername), Safien II 713, 731

Poltéra Gion, Knecht, Rona, Paspels III 77

Ponzio Sebastiano (um 1940), Hirt III 912

Poeschel Erwin (1884–1965), Kunsthistoriker I 472, 595, 871, II 360, 396, 398, 425, 456, 485, 488, 493, 595, 708, 744, 749, 752, 763, 825, III 371, 835, IV 28

Poschtpeter (Übername), Langwies I 654

Postniggli (Übername), Molinis I 813

Post-Simon (Übername), Lehrer, Peist I 439

Pottaschefabrikation I 202

Pradella (N.N.), Mesmer, Chur I 636

Prader Andres, Arosa I 344 f.

Prader Christian, Säumer, Langwies I 364

Prader Christian, Statthalter, Langwies I 388

Prader Fluri, Langwies I 493

Prader Georg, Sapün I 444

Prader Meinrad, Tamins II 864

Prader-Engel Trina, Langwies I 388

Prader Uäri, Langwies I 458

Prader (N.N.), Molinis I 528, 813

Prader (N.N.), Frau, Molinis I 515, 517

Pregaldini (N.N.), Sta. Maria i. C. III 874

Prevost Benedikt, 1888–1916 Abt von
Disentis II 193

Prevost Paul, 1866 Domherr, 1870–1889
Pfarrer in Falera II 745 f.

Prevost (N.N.), Eisenhändler, Thusis III 216,
359 f.

Pröhle Heinrich (1822–1895), deutscher
Volkserzählungssammler I 329

Projer, Familie, Vella II 459

Prüsi (Übername), Frau mit magischen
Fähigkeiten, Trimmis I 50, 61

Puorger, Familie, Seraplana III 449

Putzi Johannes, Prättigau, Thusis III 201

Radio I XXXII, 172, 329, II 550, III 369,
IV 16

Ragaz Conradin, Kreisförster, Tamins II 793,
795 f.

Ragaz Elsbeth, Andeer III 257 f.

Ragaz Emerita, Tamins II 873

Ragaz Jakob, Tamins II 836

Rageth Anton († 1909), Wirt, Domat/Ems
II 892

Rageth Dora, Lehrerin, Domat/Ems II 886

Ragettli-Calgèr (N.N.), Frau, Andeer
III 255 ff.

Rägipetsch (Übername), Trimmis I 724

Raguth Domenig, Paspels III 67

Raguth Johann Peter, Paspels III 56 f.

Raguth Victor III 174

Raguth (N.N.), Frau, Chur I 637

Raguth (N.N.), Maurer, Chur I 664, III 74

Raguth (N.N.), Frau, Realta III 120

Raguth (N.N.), Frau, Rodels III 124

Raguth Tscharner, Familie, Scheid III 37

Rampa Franz Konstantin, 1879–1888
Bischof von Chur I 634, 636, II 437

Rampa (N.N.), Elektriker, St. Moritz
III 658

Ranke Friedrich (1882–1950), deutscher
Germanist, Erzählforscher I IX, III 973,
IV 20

Raschèr (N.N.), Chapella III 652

Raschèr (N.N.), Lehrer, Strada III 473

Raschèr (N.N.), Zuoz III 662

Rathuspeter (Übername), St. Peter I 796

Rätoromanische Chrestomathie
→ Decurtins Caspar

Rätsel I XIII, XXXIII, LI, LII, 405, 509 f., 760,
763, 795 f., 809 f., 859 ff., II 204, III 677, 743,
744, 810 f., 941

Reemerhanssi (Übername), Trin II 827, 834 f.

Regli Martin, Obersaxen, Andermatt II 307

Reidt Jakob († 1908), Abdecker, Heiler,
Fideris I 296 ff., 482, 909

Reidt Johannes, Wasenmeister, Serneus
(1846 hingerichtet) I 787

Reiner David, Schmied, Trin II 786

Rest Curdin, Susch III 628

Rhäzüns, Freiherren von II 665, 668, 680,
III 362

Rhyner (N.N.), Frau, Zizers I 106

Rialt, Ritter von III 237

Ried-Andäris (Übername), starker Mann,
Furna I 181

Rieder Jos, Fanas I 197

Rieder (N.N.), Fanas I 201

Riedhauser, Familie, Zillis III 248

Riedi Balzer, Bauer, Selva II 44

Riedi Christian, Schmitten (Albulatal) III 355

Riedi Giusep, Rueras II 99 f.

Riedi Martin (1793–1841), Landrichter,
Landeshauptmann im Veltlin II 260, 283,
286 f.

Riedi Onna Catrina (um 1799), tapfere Frau
II 32, 61

Riedi Peter Anton (1742–ca. 1815),
Landammann, Landrichter II 287, 289, 302

Riedi (N.N.), Flims II 929

Riedi (N.N.), Schmitten (Albulatal)
III 351

Riesch, Familie, Trin II 625

Riesch (N.N.), Trin II 775

Rietberger (N.N.), Metzger, Igis I 117, 121

Riffel Fluri, Trimmis I 93, 723

Riffel Hans, Trimmis I 723

Riffel (N.N.), Müller, Trimmis I 85

Riffel (N.N.), Schafhirt, Trimmis I 67

Riffel (N.N.), Trimmis I 75 f.

Rigassi Angiolina, Castaneda III 880

Rigassi Elvira, Haushaltungslehrerin, Grono
III 911, 913

Righini Maria, Castaneda III 874

Rimathé Cla Janett, Landammann, Tschlin
III 431 ff.

Rimathé Domenic (um 1805), Landammann, Zolleinnehmer, Martina III 457, 473

Ris Otto († 1912), Arzt, Samedan I 169

Risch (N.N.), Oberst, Alpfachchef, Chur I 598

Rîschi im Winggel (Übername), Maladers I 574

Ritter, Familie, Sta. Maria i. M. III 395, 401

Ritz, Familie, Guarda III 589

Riz à Porta, Familie, Sta. Maria i. M. III 402

Rochholz Ernst Ludwig (1809–1892), Sagensammler I 616, II 28, 947, IV 8, 15, 20

Roffler Heinrich (Übername: Schrîber Heiri; um 1769), Gerichtsschreiber, Furna I 213, 223

Roffler Magdalena, Grüsch I 188

Roffler Michael, Grüsch I 186

Rosa Colomba, Lostallo III 730

Rosenroll, Familie, Thusis II 737, III 200

Rosler, Familie, Susch III 626, 633, 637

Rosler Baltisar, Susch III 618

Rosler Curdin, Susch III 615

Rosler (N.N.), Frau, Susch I 319

Rößli-Happ → Hartmann Kaspar

Roßzindel → Zindel (N.N.)

Rostetter Johannes, Knecht, Andeer III 257

Roth, Familie, Paspels III 10, 78

Roth Ursula, Langwies I 387

Roth (N.N.), Landjäger, Maladers I 885

Roth (N.N.), Frau, Zizers I 110

Rubitschon Jakob, Chur I 644

Ruchenberg Eufemia von I 98 f.

Rüd E., Regionalforscher, Schanfigg I 584

Rudolf von Strättlingen III 901

Rüedi, Familie, Maienfeld I 156

Rüedi Heinz (um 1927), Chur I 7

Rüedi Simon (Übername: Simmadschtînlisch), Heiler, starker Mann, Avers III 294

Rüedi (N.N.), Mutten, Davos I 280, 317, 741

Rüesch (N.N.), Hebamme, Chur I 651

Ruffner Barbara, Maienfeld I 713

Rümmel (N.N.), Schuhmacher, Chur I 655

Ruof (N.N.), Brüder, Jenins I 144

Rupp, Familie, Trimmis I 718

Rupp Änderli, Trimmis I 75 f.

Rupp Anton Heinrich, Lehrer, Chronist, Trin II 774

Rupp Christian, Trimmis I 74, 84

Rupp Hanspeter, Vadura (Pfäfers) I 28

Rupp Peter, Says I 79 f.

Rupp (N.N.), Lehrer, Trimmis I 864

Ruppen Peter Joseph (1815–1896), Domherr, Sagensammler I 849

Ruschieder, Familie, Tumegl / Tomils III 132

Sachkultur IV 16, 23, 26

Sagen, «neue» IV 28

Sagenillustrationen I 146, 149, 629, IV 26

Sala Pietro, Carasole III 803 f.

Salea Isidoro da, Kapuziner, 1852–1864 Pfarrer in Almens III 104

Salfschchlas → Tarnutzer Niklaus

Salis, Familie I 5, 39, 201 f., 656, 663 f., 673 f., 683, 711, II 484, 558, 847, III 85, 674 f.

Salis Battista, Außerferrera III 282

Salis Hercules von (um 1590), Ritter, Erbauer des «Groß Hus» in Grüsch I 183

Salis-Marschlins Meta von (1855–1929), Historikerin, Schriftstellerin I 111, II 930

Salis-Marschlins Ulysses von (1760–1818) II 284

Salis-Marschlins (N.N.), Hauptmann I 119, 121

Salis-Seewis Hieronymus Dietegen von (1632–1705), Hauptmann in span. Diensten, Bundeslandammann I 164

Salis-Soglio Andreas von (1782–1858), Chur I 674 f.

Salis-Soglio Gubert von III 675

Salis-Soglio Graf John de (1872–1939), Bondo I XXXVIII

Salis-Soglio Paul von († 1938), Chur I 441

Salis-Zizers Heinrich von (1753–1819) I 72

Salis-Zizers Rudolf von (1779–1840), k. k. Feldmarschall I 699

Salis, Regiment I 425

Saluz Peider, Ftan III 507

Saluz Peter, 1705–1729 Pfarrer in Trin II 785

Saluz (N.N.), Hauptmann, Ftan III 492

Salvett Gallas, Zernez III 646

Salvioni Carlo (1852–1920), Dialektologe II 204

Sand-Anderis (Übername), Prättigau I 234

Saratz-Badrutt Claudio, Hotelier, Pontresina III 343

Sattlermaria (Übername), Grüsch I 175

Säumerei II 829 f.

Savi-Lopez Maria, ital. Schriftstellerin II 276

Sax-Misox (Sacco), Freiherren- und Grafenfamilie II 163, 180, 595, III 783, 945

Sax-Misox Heinrich von II 180

Scaramella-Manzoni Angiolina, Castaneda III 881 f.

Scartazzini (N.N.), Frau, Hotelierin, Promontogno III 347

Schallplatte III 201, 313, 971, 973, IV 7

Schamaun Kaspar (Übername: Sibestimmler, Tschamüüni), Schuhmacher, Sattler, Hellseher, Klosters Monbiel I 261 f., 267, 307 ff., 311

Schamgefühl I 21, 43

Schanutt Annamaria, Schiers I 831

Scharegg Peter, Paspels III 26

Schatz Jöri (um 1808), St. Peter I 795

Schaub (N.N.), Knecht, Thusis III 75

Schelma-Chlas (Übername) I 905

Schenk (N.N.), Pfarrer I 259

Schenoni Anna, Pfarrhaushälterin, Grono III 784

Scherer (N.N.), Gemeinderat, Trimmis I 575

Scherzfragen III 811

Scherzmärchen II 539

Scherzsprüche I 276, 388, II 302, III 200, 221, 413 f.

Schgnafs (Übername), Familie, Trin II 626, 782

Schinterhans, dr alt (Übername), Sax I 569

Schlangen III 279 f., 302 ff., 381

Schlegel August Wilhelm (1767–1845), deutscher Sprachforscher und Dichter I XLV

Schlosserjöri (Übername; * um 1770), Seewis i. Pr. I 165

Schlosserteetli (Übername), vermeintliche Hexe, Küblis I 229

Schmaalztreeger (Übername), Trin II 782

Schmed Fidel, Disentis II 185

Schmed Giachen († 1899), Hirt, Disentis II 195

Schmed Johanna, Disentis II 183

Schmed-de Castelberg Monica, Disentis II 185

Schmelz Sepp, Chur I 591

Schmid, Familie, Rueras II 78

Schmid Anna (um 1900), Eierfrau, Glarus II 861

Schmid Christian, Pöstler, Arosa I 654

Schmid Christian, Langwies I 438, 444 f.

Schmid Hans, Malix I 478

Schmid Hans (um 1890), Zauberkundiger, St. Peter I 380, 478

Schmid Hansueli, Schulmeister, Tschiertschen I 888

Schmid Jöri, Flößer, Arosa I 348

Schmid Luzi, Arosa I 461

Schmid Marta, Tamins II 835

Schmid Paul (um 1870), Tamins II 836

Schmid Peter (um 1672), Malans I 136

Schmid Stephan, 1839–1878 Kaplan in Falera II 751 f.

Schmid Töni, Bauer, Langwies I 406

Schmid (N.N.), Bergün III 365

Schmid (N.N.), Chur I 636

Schmid (N.N.), Frau, Langwies I 626

Schmid (N.N.), Lehrer, Langwies I 399

Schmid (N.N.), Mesmer, Safien II 727

Schmid (N.N.), Sent III 460

Schmid (N.N.), Gemeindevorstand, Sent III 468

Schmid von Grüneck, Familie, Ilanz II 396, 402, 656

Schmid von Grüneck, Regiment in holländischen Diensten I 135, II 378

Schmidjöri (Übername) → Sprecher Jöri

Schmidt Anton (um 1619), Landammann, Castiel I 472

Schmidt Eduard (1859–1931), Arzt in Filisur III 342

Schneckenhandel II 868, III 265

Schneider Jetta, Haushälterin, Pfunds (Tirol) III 454

Schneiter Otto, Arzt, 1909–1921 Pfarrer in Avers III 294

Schneller, Familie, Chur I 591

Schneller Beebi, Tamins II 879

Schneller Paul, Zauberkundiger, Felsberg I 595, 641, 651, 870

Schneller Vinzens, Felsberg II 920

Schneller (N.N.), Förster, Felsberg II 830

Schneller (N.N.), Zizers I 102

Schnider-Peter (Übername), Tamins II 853, 863, 873

Schnyder (N.N.), Händler I 887

Schorsch (N.N.), Andeer III 256, 275

Schorta Andrea (1905–1990), Linguist II 11,
902, 946, 949, III 7, IV 28

Schott Albert (1809–1847), Sprachforscher
IV 21 f.

Schreiber (N.N.), Frau I 642

Schrîber Heiri → Roffler Heinrich

Schrîber Jeeri (Übername), Tamins II 846

Schriftlichkeit der Volkserzählung I X, XI,
XII f., XXVIII, XXX, XXXI, 20, 42, 137,
149, 215, 245, 368, 376, 447, 565, 742, 745,
759, 798, 818, 823, 848, 852, 871, 874, 875,
885, 887, 889, 894, 900, 901, 908, II 332,
423, 452, 517, 558, 559 f., III 7, 96, 334, 335,
368, 498, 505, 516, 519, 525, 532, 594, 596,
599, 633, 737, 750, 757, 873, 881, IV 18 f.

Schrofer Jakob, Trimmis I 79

Schrofer (N.N.), Ammann, Trimmis I 87

Schrofer (N.N.), im Winkel, Trimmis I 78

Schröttenthaler, Familie, Cazis II 934

Schuachterjeeri → Färber

Schulbrauch I 320

Schule I XI, XXVIII, 5, 12, 88, 99, 111, 132,
145, 331, 332, 334, 447, 677, 790, 888, II 79,
505, 535 f., 558, 854, 869, 948, III 65 f., 245,
258 f., 306 f., 594, 595, 664, 673, 675, 816,
IV 15 f., 25

Schuler (N.N.), Tiroler I 701

Schumacher (N.N.), Frau, Igis I 118

Schuochterhannes (Übername), Lüen
I 773

Schuochterjörli (Übername), Peist I 421

Schuochteruäli / -uäri (Übername),
Schuhmacher, Zauberkundiger, Küblis
I 234 f., 380, 446, 481

Schuoler (N.N.), Frau, Ardez III 559 f.

Schuoler (N.N.), Asylinsasse,
Rothenbrunnen III 35

Schwab Gustav (1792–1850), deutscher
Schriftsteller I 692

Schwabengängerei I 569 f., 835, II 204, 237,
295, 490 f., 645, 649, 680 f., 929 f., 934,
III 655

Schwabenkrieg II 669

Schwarz Marti (1863–1947), Heiler,
Haldenstein I 10, 12 f.

Schwarz (N.N.), Misox III 763

Schwarz (N.N.), Bauer, Rodels III 129

Schweizerische Gesellschaft für Volkskunde
I VI, XIII, IV 9 ff.

Schweizerischer Lehrerverein IV 10

Schwendener (N.N.), Andeer III 255

Schwendichuored (Übername), Heiler,
St. Antönien I 242 f.

Scolari Giuseppe, Arvigo III 871

Seelenbalken I 220, 310, 317, 322 ff., 565, 585,
II 587, 852, III 297

Seeli Caspar (um 1792), Falera, Schnaus
II 409 f.

Seeli Gieri, Schnaus II 410 f.

Seeli Gion, Jäger, Schnaus II 370, 391, 411

Seeli (N.N.), Poststatthalter, Waltensburg
II 253, 290, 302, 578, 614, 636

Seeli (N.N.), Waltensburg II 241

Segantini Giovanni (1858–1899), Kunstmaler
III 100

Segensformeln:
– bei der Arbeit I 33 f., 83 f.
– beim Niesen I 34

Seiler, Hotelierfamilie, Zermatt III 375

Selm, Familie, Scharans I 298

Semiliterarische Tradierung I XI, IV 17, 28

Senn Nikolaus (1798–1867), Lehrer,
Sagensammler II 788

Senti (N.N.), Landammann, Jenins I 144

Senti (N.N.), Frau, vermeintliche Hexe,
Malans I 129 f.

Sererhard Nicolin (1689–1755), evang.
Pfarrer, Chronist I 20, 157, 244, II 453

Sibestimmler → Schamaun Kaspar

Silva Stefano († 1863), Pfarrer in Arvigo
III 906 f., 924 f.

Simath Johann, 1890–1900 Pfarrer in Falera
II 746

Simelis Menge, vermeintliche Hexe, Tamins
II 864

Simeon (N.N.), Pfarrer auf dem Hof in Chur
I 485

Simiönlersch (Übername), Fanas I 178

Simmadschtînlisch → Rüedi Simon

Simmen (N.N.), Chur I 686

Simoness (N.N.), Schuhmacher,
Tumegl / Tomils III 126

Simonet J. Jacob (* 1863), Pfarrer, Historiker
II 759

Simonett Christoph (1906–1981),
Bauernhausforscher IV 28

Simrock Karl (1802–1876), deutscher Sprachforscher I 405, IV 23

Soldati, Familie, Mesocco III 690

Solèr, Familie, Vrin II 583

Solèr Gieri Antoni, Vrin II 471

Solèr (N.N.), Frau, Chur I 652

Solèr (N.N.), Laax III 149

Soliva Bruno, 1855–1859 Pfarrer in Vrin II 102

Soliva Giachen Antoni, Sedrun II 102 f.

Sooder Melchior (1885–1955), Volkserzählungssammler I XIII, II 778, III 970, IV 20 f.

Sozialgeschichte IV 28 f.

Spadin, Familie, Rhäzüns II 938

Spescha Giachen Plasch, Pigniu / Panix II 352

Spescha Placidus a (1752–1833), Naturforscher, Benediktiner von Disentis II 5, 95

Spescha Rosina, Pigniu / Panix II 356

Spescha (N.N.), Andiast II 351

Spiller, Familie, Sta. Maria i. M. III 396

Spinerchlas (Übername), Heiler, Davos Monstein I 312 f.

Spinnstubenbräuche III 389 f., 527, 618 f.

Spitteler Karl (1845–1924), Schriftsteller I XXI, 536

Splendori, Familie, Grono III 783, 791

Spottlied II 262

Spottverse I 69, III 184, 926

Sprecher Andreas, Maladers I 545

Sprecher Betti, St. Peter I 461

Sprecher Christian (Übername: Brüälsch Hitti; um 1799), Furna I 209, 221

Sprecher Engelhard, Knecht, Molinis I 338

Sprecher Jacob (um 1769), Ammann I 223

Sprecher Jöri (Übername: Schmidjöri), Schmied, Calfreisen I 550, 579 f.

Sprecher Martin (Übername: ds Badunja-/Badunscha-Martschi), Spaßvogel, Calfreisen I 908

Sprecher Martin (Übername: ds aalt Müller Martschi), Calfreisen I 875

Sprecher Martin, Tschiertschen I 765

Sprecher Moritz, Jäger, Calfreisen I 496

Sprecher Neini, Castiel I 596

Sprecher Peter (ca. 1882–1917), Calfreisen I 547

Sprecher Peter, Langwies I 402

Sprecher Peter, Peist I 439

Sprecher Salomon, 1867–1876 Pfarrer in Tschiertschen I 606

Sprecher Simon, Knecht, Castiel I 622

Sprecher Valentin, Maladers I 895

Sprecher (N.N.), Davos I 317

Sprecher (N.N.), Parpan I 794

Sprecher (N.N.), Peist I 791

Sprecher (N.N.) I 208, 530, 559, 586, 614, 884

Sprecher von Bernegg, Familie I 137, 183

Sprecher von Bernegg Andreas (1895–1953), Dr. iur., Maienfeld I 146

Sprecher von Bernegg Fortunat (1585–1647), Chronist I 375

Sprecher von Bernegg Johann Andreas (1819–1882), Schriftsteller, Historiker I XXX, 103, 245, 375, II 284

Sprichwörter II 100 f., 878, 934, III 567, 690, 830 f., 886

Stäger (N.N.), Nachtwächter, Haldenstein I 709 f.

Stanga Ida, Roveredo III 829 ff.

Stanga Odette, Roveredo III 817

Stebler, Familie, Thusis III 265

Stecchetti Giulio, Kapuziner, 1871–1880 Pfarrer in Sevgein II 618

Stecher Annabarbara, Tarasp III 666

Stecher Paul, Senn, Tarasp III 513

Stecher (N.N.), Frau, Ardez III 578

Stegebabi (Übername), vermeintliche Hexe, Maladers I 835

Steiner Jakob († 1915), Arzt, Lavin III 595

Steiner Jon Steivan, Ardez III 551, 568 f., 577, 581

Steiner Mengia, Ardez III 551, 568 f., 577, 581

Steiner Peider Schop, Ardez III 552

Steiner Uorschla, Ardez III 551, 568 f., 577, 581

Steiner (N.N.), Lavin III 605, 660

Steiner (N.N.), Wegmacher, Selva II 18, 21

Sternenorakel III 732

Stiffler Hans (Übername: Gschwornä Hans; um 1870), Verhörrichter, Wirt, Küblis I 196, 219, 226, 233 f., 237, 247, 257, 266 f., 311, 398, 682, 761, 764

Stock Barbara, Mastrils I 22

Stockalper Eugen (1783–1852), Oberst, Kommandant der Schweizer Regimenter in Neapel II 411

Stoffel, Familie, Rheinwald III 308, 311, 314f.

Stoffel Simon, Avers III 233

Stoffel (N.N.), Frau, Luven II 927

Strahler (Kristallsucher) II 6, 71, 97

Strebel (N.N.), Frau, Thusis III 263

Strimer Andreia, Wegmacher, Ardez III 535

Strimer Nuot, Ardez III 543, 546

Strimer Sep, Ardez III 579f.

Strimer (N.N.), Frau, Ardez III 469

Strub Augustin (um 1664), Avers III 288

Studach, Familie, Malans I 135, 142f.

Stumpf Johannes (1500–1577/78), Chronist I XI, 790, II 493

Stupan, Familie, Ardez III 520, 540

Stupan Anna, Ardez III 487

Stupan (N.N.), Lehrer, Ardez III 536

Stupetti Walburga, Chur I 635f.

Stupetti (N.N.), Schwestern, Chur I 634

Stutzheiri (Übername), Peist (?) I 429

Surselvisch III 25

Sutermeister Otto (1832–1901), Pädagoge, Märchensammler I XVII, XLI, 249, 442, 900, II 541

Sutter (N.N.), Vättis, Bonaduz II 843

Svanin de la Mariola (Übername), Roveredo III 795ff.

Szadrowsky Manfred (1886–1974), Germanist I VII, II 657, 878f.

Tambornino Alois († 1943), Lehrer, Trun II 218

Tamò Battista, San Vittore III 864

Tamò-Frizzi Margherita, San Vittore III 862

Tamoni Giovanni, Cama III 745

Tarnutzer Niklaus (Übername: Salfschchlas), Zauberkundiger, Schiers I 175, 185, 193, 200f., 207ff., 210, 217f., 220f., 290, 682, 729, 737

Tarnutzer (N.N.), Dachdecker, Prättigau III 439f.

Tarschinis-Lisi (Übername), Grüsch I 191

Taufbräuche I 34, 204, 218, 525, III 115, 490

Taverna Johann Martin, Schuhmacher, Küblis I 226

Taverna (N.N.), Susch III 629

Tenner Ignazi, Breil/Brigels II 230f.

Tesseln II 34, 51f.

Tester (N.N.), Sils i.D. III 194

Tetzner Lisa (1894–1963), Jugendschriftstellerin, Märchensammlerin IV 11

Theobald, Kapuziner (um 1911) I 26

Theobald Gottfried L. (1810–1869), Naturwissenschaftler, Sagensammler I 215, 330, II 5, 6, 31, 55, 64, 70, 79, 95, 148, 177, 215, 416, 456, 485, 570, 649, 660, 701, 844, 846, 872

Theus (N.N.), Glockengießer, Felsberg I 436

Thom Baltasar jun., Susch III 417

Thom-Filli Ursula (1844–1920), Zernez, Susch III 608

Thom (N.N.), Susch III 624

Thom-Planta (N.N.; um 1925), Frau, Susch III 639

Thomann, Familie, Schmitten (Seewis) I 174

Thomas J. (um 1840), Arzt, Klosters I 196

Thomas (N.N.), Hebamme, Chur I 705

Thöni (N.N.), Sensenhändler aus dem Montafun III 317

Thöny, Familie, Chur I 652f.

Thöny, Familie, Grüsch I 166

Thöny Jakob, Almens III 221

Thöny (N.N.), Schreiber, Grüsch I 192

Thöny Andreas (Übername: Huswaldandres), Heiler, St. Antönien-Rüti I 243

Thöny-Gredig (N.N.), Frau, Zuoz III 547

Thumb von Neuburg, Rittergeschlecht I 35

Thyß von Tschiertschen (um 1461) I 615f.

Tierkreiszeichen → Mondeinfluß

– Arbeitstermine I 324f., 391f., 527f., 599, 891, II 16, 100f., 531, 785, 877, 918, III 226, 613f.

– Geburtstermine I 567, III 326f., 343f., 499, 655

Tilly Johann Tserklaes Graf von (1559–1632), österr. Feldherr I 136

Tiner (Übername), Familie, Tujetsch II 100

Tini Carlo Giuseppe († 1849), Kaufmann, Grono III 777ff.

Tirrlixander → Hunger Alexander

Tischhauser Emanuel, 1893–1907 Pfarrer in Seewis i.Pr. I 164

Tischhauser Joh. Jakob, 1848–1850 Pfarrer in Castiel I 530

Tobeljâggeli (Übername), Nufenen III 310

Toggilochanderschi (Übername), Klosters I 258

Togni, Familie, San Vittore III 853
Togni Domenica, San Vittore III 847
Tognola Pedrin, Grono III 893
Tomaschett Modest, Danis II 252
Toni Hafner (Übername), Ofenbauer,
  Breil / Brigels II 231
Toni Mann (Übername), starker Mann,
  Mompé Tujetsch II 152
Tönjachen Rudolf, Ftan III 512
Töpferei Deragisch, Bugnei II 130
Toscan (N.N.), Küfer, Chur I 692
Toscano-Minghetti Gaspare, Mesocco
  III 697
Tosio Emilio Mario, Redaktor, Chur I 441
Totenbräuche I 34, 93, 171, 193, 201, 204, 211,
  230, 303, 317, 321, 341, 359, 390, 391, 403,
  442, 471, 491, 514, 526, 565 f., 577, 592 f.,
  605, 615, 619 f., 661, 824, 883, 907, II 299,
  359, 587, 671, 855 f., 879, III 20, 297, 334,
  349, 364, 388, 490 f., 522 f., 544, 555, 607,
  632, 649, 801
Tourismus I XVII, XXXII, 208 f., 238, 276,
  II 71, 91, 101, 466, 776 f., 948, III 307, 968 f.,
  971, IV 15 f., 28
Travers, Familie, Ortenstein I 638, III 11, 13,
  17, 22, 28 ff., 34, 40, 45 f., 48, 96, 114, 191,
  216
Triacca Samuel, starker Mann, Morissen
  II 452 f.
Trivulzio, Grafenfamilie, Mailand, Mesocco
  III 691, 900
Troger, Familie, Roveredo III 809
Troja-Sagen II 457
Truaisch Marti, Obersaxen II 306
Truog Jakob (1868–1944), Heiler, Grüsch
  I 175, 178
Truog Jakob Rudolf (1865–1953),
  evang. Pfarrer I 224
Truog Toma, Grüsch I 182
Tschamun Gregor, Trimmis I 50
Tschamüüni → Schamaun Kaspar
Tschander Familie, Zernez III 668
Tschander Ottilie, S-chanf III 357
Tscharner, Familie, Almens III 93
Tscharner, Familie, Scheid III 16
Tscharner, Familie, Tomils III 193
Tscharner-Luzi Babette (* 1854), Scheid III 5
Tscharner Gaudenz, Feldis III 126
Tscharner Hans († 1886), Almens III 99

Tscharner Luzi, Almens III 97
Tscharner Thomas, Knecht, Almens III 114
Tscharner (N.N.), Feldis, Almens III 141
Tscharner von, Familie, Bern I 701
Tscharner Johann Karl von (1812–1879),
  Jurist und Journalist I 14, 64
Tscheinen Moriz (1809–1889), Pfarrer,
  Sagensammler I 849
Tschett Giuchin (Übername; um 1845),
  Lugnezer Original II 426, 439
Tschirky (N.N.), Schmied I 26 f.
Tschofen Josef, Maurer aus dem Tirol I 755
Tschudi Friedrich von (1820–1886),
  Naturwissenschaftler I 469, II 278, III 596
Tschumpert Martin (1830–1911), Pfarrer und
  Sprachforscher I 12, 155, 393, 753, 854
Tuor, Familie, Surrein II 201
Tuor Alfons (1871–1904), romanischer
  Schriftsteller II 504, 576
Turbächindschi (Übername),
  Davoser Original I 291
Turni Chlâs, Montafuner Hirte,
  Tschiertschen I 612
Turtè-Turtatsch (Übername) II 387

Ueler, Familie, Siat II 490
Uffer Leza (1912–1982), Märchensammler
  II 883, 893, III 519, 591, 604
Uhland Ludwig (1787–1862),
  deutscher Dichter II 681
Uhrelori (Übername), Zizers I 831 f.
Umlaufchaschper (Übername), Safien II 729

Vaier (Übername), Roveredo III 836
Valär Hans (1871–1947), Mundart-
  schriftsteller, Davos III 214
Valär (N.N.), Davos I 487
Valendas, Herren von II 660, 667, 682
Valier Battesta, Viehhändler, Camischolas
  II 87 f.
Valier-Cavegn Martin, Zarcuns II 65
Valier (N.N.), Obersaxen II 232
Valtiärli, ds âlt → Jeger Walter
Varobbi (N.N.), Mesocco III 691 f.
Vasella Giovanni (1861–1921), kath.
  Geistlicher, Lehrer, Poschiavo III 673
Vaz, Freiherren von I 539, 741, 759
Veltlinermord (1620) II 822
Venzin Cesare, Holzarbeiter, Sorte III 734

Venzin (N.N.), Mesmer, Disentis II 169, 180, 183

Veraguth, Familie, Thusis III 201, 206, 209

Veraguth (N.N.), Fräulein, Flims II 928

Verlobungsbräuche I 204, III 209

Vernaleken Theodor (1812–1907), österreichischer Sagensammler I 149, II 765

Vetsch Ursula, Jenaz I 734

Victor II., Bischof von Chur (8. Jh.) III 237

Viehhandel III 97, 260, 290

Viehsegen I 527, 597 ff.

Vieli Georg, 1893–1917 kath. Pfarrer in Ilanz II 390

Vieli Georg Anton (1811–1857), Arzt, Cumbel II 424

Vieli Ramun (1895–1953), Romanist, Seminarlehrer, Chur I XXXII, XXXV, II 395, 933, 945

Vieli (N.N.), Dr., Rhäzüns III 130

Vincenz (N.N.), Wirt, Peiden Bad II 446

Vinzens Matthias, Tschiertschen I 426

Viscardi (N.N.), San Vittore III 852 f.

Vischer Eberhard, 1890–1893 Pfarrer in Arosa I 342, 388, 598

Vital-Rosler Margarita, Susch III 637

Vital Not, Chur I 644

Vltîndli, ds schlächt (Übername), Jenischer I 383

Vögeli (N.N.) III 239

Völker Bernhard (um 1826) I 700

Volkslieder I XXIII, 265, 850 ff., II 262, 680 f., 762 f., 898, III 553, 825–828, 831 ff.

Volksschauspiel I 98 f., II 505, 541, 571

Vollmar (N.N.; um 1850), Scharfrichter, Chur I 787

Volóch (Übername), Calancatal III 886

Vonbun Franz Josef (1824–1870), österreichischer Arzt, Sagensammler I 272, II 42, 721, 765

Vonmoos, Familie, Malans I 135

Vonmoos Elisabeth, Ramosch III 435

Vonwald Peter, Valzeina I 82 f., 723 f.

Wachter Sepp, Bauer, Zizers I 102

Walder Johann Georg († 1866), Valata II 313

Waldregaada-Chaschperli, vermeintlicher Hexenmeister, Says I 95

Walkmeister Christian (1848–1944), Lehrer, Schriftsteller I XXX, 442, 565

Walli Burk, Jenaz I 732

Walser, Familie, Grüsch I 166, 183

Walser Eberhard, Kapuziner, 1868–1905 Pfarrer in Mastrils I 575, 714, III 71

Walser Johannes (Übername: Weisgerber), Kutscher, Chur I 702

Walser-Rütner Margret (um 1799), Heldin der Franzosenzeit, Seewis i. Pr. I 165 f.

Walser Peter, 1687–1695 Pfarrer in Grüsch I 192

Walser Tschett (um 1850), starker Mann, Chur I 655

Walser (N.N.), Haldenstein I 4

Walther (N.N.; um 1885), Präsident, Sagogn II 590

Waschen I 191

Waser, jenische Familie II 189, III 96, 264, 268, 377

Waser (N.N.), Pfarrer, Kanton Zürich II 867

Weber, Familie, Langwies I 409, 450

Weber Lienhard, Langwies I 882

Weber (N.N.), Zizers I 103

Weckher, Familie, Andiast II 339

Weckher Johann Paul (um 1731), Fähnrich, Andiast II 338, 349, 357

Weckher Julius (um 1587–1596), Landrichter, Andiast II 338

Weckher Lund, Breil / Brigels I 702

Wegerich Joh. Baptist (um 1758), Chur I 675

Wehrli Lukas, Bahnwärter, Klosters I 269

Weihnachtsbräuche I 359, 446, 515, II 917, III 105, 285 f., 490, 591, 732

Weisgerber → Walser Johannes

Weiß Richard (1907–1962), Professor der Volkskunde I VII f., 33, 394, II 393

Weißtanner Christian (1905–1987), Pfarrer, Jenaz I V, 731 f.

Wellinger (N.N.), Spaßvogel, Schluein II 614

Wetterregeln I 99, 271, II 16, 299, III 514, 554 f., 675, 677, 852, 947

Wetzel Leopold, Heiler, Sevgein II 623

Wieland Christian, Grüsch I 184

Wieland Hans Ulrich, Hirt, Trimmis I 724

Wieland Peter, Safien II 737

Wieland (N.N.), Weinhändler, Thusis III 148

Wieland (N.N.), Schafhirt, Molinis, St. Peter
I 502

Wiget, Konfektionsgeschäft, Chur I 857

Wildhaber Robert (1902–1982),
Volkskundler, Basel I 760

Wilhelm, Familie, Schiers I 207

Wilhelm Bartli (* 1844), Peist I 419, 781

Wilhelm Christian (um 1872), Lehrer, Peist
I 438

Wilhelm Paul, Peist I 626

Wilhelm Peter I 600 f.

Wilhelm (N.N.), Bauer, Peist I 898

Willi Kaspar, 1868–1879 Bischof von Chur
II 915

Willi Ulrich (um 1499), Pfarrer in Valendas
II 669

Willi Verena, Jenins I 146

Willi (N.N.), Landwirt, S-chanf III 657

Witzemann, Familie, Grabs III 211 f.

Wohlwend Peter, Chur I 657 f.

Wolf Pietro, Mesocco III 697

Wortspiele I 291, III 850 f.

Wossidlo Richard (1859–1939), deutscher
Volkskundler, Volkserzählungssammler
I LV

Wunderli, Familie, Chur I 633

Wyß Christine (um 1915), Fanas I 202

Wyß Lienhard, Bauer, Grüsch I 178

Zangerle Flurin (1859–1932), Schwank-
erzähler, Müstair III 416–420

Zanolari Giacomo (1891–1953), Kunstmaler,
Chur III 373

Zarn, Familie, Domat / Ems II 911

Zaubersprüche I 388 f., 596, 599, II 722 f.

Zendralli Arnaldo Marcelliano (1887–1961),
Kantonsschullehrer, Regionalforscher,
Chur, Roveredo II 11, III 738

Zindel, Familie, Maienfeld I 145

Zindel (N.N.; Übername: Roßzindel),
Pferdehändler, Maienfeld I 134

Zinsli Lorenz (um 1913), Heiler, Valendas
II 666, 680

Zinsli Michael (Übername: Gabmämichel),
starker Mann, Safien II 731

Zinsli Michel, Heiler, Glas II 733

Zinsli Paul (* 1906), Universitäts-
professor, Chur, Bern I VIII, XXXVI,
628, II 284, 702, 708, 718 f., 730, 873,
IV 13, 22, 27

Zinsli (N.N.), Fuhrmann, Chur I 643 f.

Zinsli (N.N.), Frau, Glas II 733

Zinsli (N.N.), Schulmeister, Heiler, Glas
III 243

Zinsli (N.N.), Lehrer, Jenins I 145

Zinsli (N.N.), Schneider, Malans I 107

Zippert Hans, Langwies I 431

Zippert Jakob (Übername: Ziriak),
Langwies I 368

Zippert Joos, Langwies I 403

Zippert Peter, Ammann, Langwies I 360

Ziriak → Zippert Jakob

Zoller, Familie, Vrin II 583

Zoller Kathrina, Obersaxen II 291

Zschokke Heinrich (1771–1848),
Volksaufklärer I XXVI

Zuccoli Domenica, Grono III 792–795

Zuckerbäcker I 302, 543, III 600

Zündhölzlipeter → Huber Peter

Zwiebelorakel II 917

Zwissig Rosa (1867–1897), Pfarrköchin,
Untervaz I 27

Inhalt

Arnold Büchli und seine «Mythologische
Landeskunde von Graubünden» 5

Register 37
– Motive, Themen, Typen 39
– Klassifizierung nach dem internationalen Typen-
   verzeichnis von Aarne/Thompson 123
– Erzähler und Erzählerinnen 125
– Geographische Namen 147
– Personen und Sachen 191